财智睿读

U0638641

跨国公司前沿理论
与专题研究

林季红 著

The Frontier Theories and Special Topics of MNCs

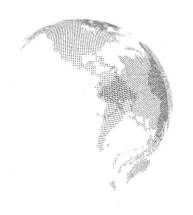

中国财经出版传媒集团

经济科学出版社
Economic Science Press

图书在版编目（CIP）数据

跨国公司前沿理论与专题研究/林季红著 . —北京：
经济科学出版社，2020.4
ISBN 978 - 7 - 5218 - 1493 - 4

Ⅰ. ①跨…　Ⅱ. ①林…　Ⅲ. ①跨国公司 - 对外投资 -
直接投资 - 研究　Ⅳ. ①F276.7

中国版本图书馆 CIP 数据核字（2020）第 065148 号

责任编辑：周秀霞
责任校对：蒋子明
责任印制：李　鹏　范　艳

跨国公司前沿理论与专题研究

林季红　著

经济科学出版社出版、发行　新华书店经销
社址：北京市海淀区阜成路甲 28 号　邮编：100142
总编部电话：010 - 88191217　发行部电话：010 - 88191522
网址：www. esp. com. cn
电子邮箱：esp@ esp. com. cn
天猫网店：经济科学出版社旗舰店
网址：http：//jjkxcbs. tmall. com
北京季蜂印刷有限公司印装
787 × 1092　16 开　20.5 印张　380000 字
2020 年 10 月第 1 版　2020 年 10 月第 1 次印刷
ISBN 978 - 7 - 5218 - 1493 - 4　定价：72.00 元
（图书出现印装问题，本社负责调换。电话：**010 - 88191510**）
（**版权所有　侵权必究　打击盗版　举报热线：010 - 88191661**
QQ：2242791300　营销中心电话：010 - 88191537
电子邮箱：**dbts@ esp. com. cn**）

本书的出版得到福建省专业学位研究生联合
培养示范基地建设项目经费的资助

前　言

　　《跨国公司前沿理论与专题研究》的内容分为四大部分：跨国公司前沿理论研究、模块化生产与全球汽车业竞争格局演变、战略管理相关问题研究、全球生产网络与全球价值链问题研究。具体包括：国际市场进入方式、跨国公司子公司理论、试论国际生产折衷理论的解释力及其局限、新新贸易理论与企业资源基础理论相互融合探析；模块化生产对全球汽车产业竞争格局的影响、模块化生产与全球汽车业整零关系的演变、美欧日汽车生产网络特点比较分析、日本汽车制造商与供应商的协作关系；商业模式创新与企业战略、企业社会责任与企业战略、跨国并购与战略联盟比较分析；纵向一体化与全球生产网络、全球生产网络背景下中国产业的技术进步、全球生产网络的知识扩散与转移机制、国际生产非一体化与企业价值创造方式的演变等。

　　本人长期从事跨国公司与国际投资问题研究。本书是对过去 10 多年科研和课题研究的一个阶段性总结，部分文章是在已发表的论文基础上做进一步的扩展、更新和补充，这些论文体现了本人的研究兴趣和长期关注的主要问题。理论前沿和专题的研究是在大量中英文文献的基础上进行梳理、分析和评论，读者可以从中了解有关跨国公司和全球生产网络等领域研究的不同理论和主要观点。本书在写作过程中，厦门大学经济学院潘竟成、孟静、吴秀芬、赵超等博士和硕士研究生参与了部分资料的编译和整理工作，在此向他们表示诚挚的感谢。

林季红

2020 年 2 月 15 日

目　录

第一部分　跨国公司前沿理论研究

国际市场进入模式研究的前沿与理论综述 ……………………………（ 3 ）

跨国公司子公司理论流派及最新进展：文献综述与理论分析 …………（ 40 ）

试论国际生产折衷理论的解释力及其局限 ……………………………（ 59 ）

新新贸易理论与企业资源基础理论相互融合探析 ……………………（ 80 ）

第二部分　模块化生产与全球汽车业竞争格局研究

模块化生产对全球汽车产业竞争格局的影响 …………………………（ 99 ）

模块化生产与全球汽车业整零关系的演变 ……………………………（119）

美欧日汽车生产网络比较研究 …………………………………………（136）

日本汽车制造商与供应商的协作关系 …………………………………（151）

第三部分　战略管理相关问题研究

商业模式创新与企业战略：理论前沿与最新发展 ……………………（173）

企业战略与企业社会责任：文献综述与评论 …………………………（194）

跨国并购与战略联盟的比较分析 ………………………………………（206）

第四部分　全球生产网络与全球价值链问题研究

纵向一体化、外包与全球生产网络研究 ………………………………（223）

全球生产网络背景下中国产业的技术进步 ……………………………（255）

全球生产网络的知识扩散和转移机制 …………………………………（273）

国际生产非一体化与企业价值创造方式的演变 ………………………（300）

第一部分　跨国公司前沿理论研究

国际市场进入模式研究的前沿与理论综述

摘要：本文介绍国际市场进入模式的类型，然后分析几种解释国际市场进入模式的主要理论，并结合国内外文献，分析和评述国际市场进入模式研究的最新前沿和理论发展。

关键词：进入模式　理论前沿　跨国公司

一、国际市场进入模式的定义及分类

（一）国际市场进入模式的定义

鲁特（Root，1994）认为，国际市场进入模式是一种组织和执行国际商务活动的制度安排，也就是企业为了将产品、技术、人力、管理经验等资源移转到其他国家（或地区）的方式。德雷斯基（Deresky，1994）认为，国际市场进入策略的定义系指企业为因应国内市场饱和、国际竞争、开发新市场等，所采取进入顺序的一种过程，初期往往采取出口或授权方式进行，之后以合资或独资方式进行海外投资。莎马和艾拉米里（Sharma & Erramilli，2004）将国际市场进入方式定义为：一个允许企业在东道国通过市场运作（如通过出口方式）、或生产和市场运作（如契约方式、合资方式、全资方式）执行其产品市场战略的方式。

按照以上学者对进入模式的定义，企业国际市场进入模式涉及企业各种有形与无形资产的海外转移，可以将其理解为企业以市场国际化、采购国际化、生产国际化和研发国际化为表现形式的国际资源配置方式。

（二）国际市场进入模式的类型

一个企业要进入本国以外的市场，有很多可供选择的方式。进入模式分为贸易式进入、契约式进入和对外直接投资三大类（Root，1994），见表1。

表1   国际市场进入模式的传统分类

进入模式的主要类型	具体分类
贸易式进入	间接出口（Indirect Export）
	直接出口（Direct Export）
契约式进入	许可合同（Licensing Agreement）
	特许经营（Franchising Agreement）
	分包合同（Subcontracting Agreement）
	管理合同（Management Contracts）
	服务合同（Services Contracts）
	交钥匙合同（Turnkey Contracts）
对外直接投资	合资企业（Equity Joint Venture）
	全资子公司或附属机构（Wholly Owned Subsidiaries）（包括新建和并购）

资料来源：Root，F. R，Entry Strategies for International Markets，Lexington：New York，1987.

下面简要介绍进入模式的几种主要类型。

1. 贸易式进入模式

贸易式进入模式是指企业将产品出口到目标市场的进入模式。出口（Export）是许多跨国企业进入国际市场早期最常用的推进战略。如果企业仅仅从事出口业务，实际上算不上严格意义的跨国经营，但却是企业进入国际市场的最基本的推进方式。出口战略包括间接出口和直接出口两种基本方式，两者的主要区别在于中间销售商（代理商）是在国内还是国外。间接出口是指企业通过本国的外贸公司或国外企业设在本国的分支机构开展的出口活动，即利用各种出口中介机构向国外市场销售本企业的产品；直接出口则是指企业凭借自身的营销力量在国际市场上建立自己的营销网络，直接经营出口业务。不论是间接出口还是直接出口的国际市场进入战略，优点都在于投资金额较少。但缺点在于较高的海外运输成本；面临贸易壁垒，比如对特定商品的进口配额，反倾销诉讼等；面临政治风险、汇率波动风险等。

2. 契约式进入模式

契约式进入模式是指在不涉及股权或企业产权的条件下，通过契约向国外企业转让一项或几项无形资产，然后由技术出让企业向使用方收取相应费用和报酬的方式。契约式进入模式通常包括许可协议、特许经营、合同制造、管理合同、交钥匙合同等多种形式，下面对这几类进入模式进行简单介绍。

（1）许可协议。许可协议也称为许可证协议或许可合同，是指技术转让双方通过签订协议，由技术被许可方/引进方支付一定的报酬或使用费，技术许可方/

转让方将自己所拥有的某项技术的使用权、产品的制造权或销售权转让给技术引进方的一种契约。许可协议的有效期一般为 5 ~ 10 年，其优势在于不必承担开发国际市场的成本和风险。与进出口战略相比，许可协议绕过了市场壁垒，克服了高运输费用等障碍。

（2）特许经营。特许经营是许可经营的一种形式，是指在经营中已经取得成功经验的企业，将其商标、专利、技术诀窍或经营管理方法的使用权转让给另一家企业，并由此扩大产品销售或者取得使用费。特许方不仅将无形资产，比如商标，出售给特许方/加盟店，同时还要求特许方严格遵守特许方的经营规则。特许经营和一般的许可协议相比，更强调对被特许方的控制。麦当劳通过特许经营建立起来的全球加盟连锁商业帝国，就是这种海外推进战略的典型案例，麦当劳不仅对加盟店的经营制定了严密的管理规范，还帮助加盟店组织供应链，提供管理培训和财务支持等。

（3）分包合同。分包合同是介于许可经营与投资进入模式之间的一种契约进入模式，是指一家公司将一具体的生产任务或企业某一经营部门承包给另一家公司。对制造业来说，分包的内容可以包括从采购、设计、生产、组装到营销的任何环节。其中合同制造（Contract Manufacture）是指企业与国外制造商签订合同，并由该制造商生产产品，而企业负责产品销售的一种合作形式。合同制造能使企业尽快进入国际市场，其风险极小。它有利于企业同国外制造商建立合伙关系或在将来买下它的全部产权。

（4）交钥匙合同。交钥匙合同是指买卖双方签订的以成套工厂设备和技术转让为目标的买卖协议。指承包商从工程的方案选择、建筑施工、设备供应与安装、人员培训直至试生产承担全部责任的合同，最后把一个随时可以使用的工程交给买方。又称启钥契约、一揽子合同。交钥匙合同是由设计合同、许可证合同、土木工程合同以及机械合同等构成的一个复杂的整体。交钥匙合同涉及复杂的前期谈判和大额费用，而且建设的工期较长，企业承担的政治风险和其他意外风险比较大，但某些产品的属性决定了必须要采用交钥匙合同的模式，如大型电信设备制造商交付的网络与基站就要求企业负责项目的全过程。

（5）管理合同。管理合同是指具有管理优势的国际企业经由合同安排委派其他管理人员到另一国的某个企业承当经营管理任务，并获取一定的管理费。管理合同实际上是一种国际性的管理技术贸易。这种合同上的管理权，可以用于管理某个企业的全部经营活动，也可以只是管理该企业的某一部分活动或某项职能，如生产或营销。

相对于资金实力、投资风险而言，以商标、专利等为主要内容的无形资产状况，对企业是否采用契约方式进入国际市场起着决定性的作用。如果拥有一定的无形资产优势却又缺乏更大的资金实力，那么，契约方式是进入国际市场是一种比较理想的选择。根据西方跨国公司的国际化经营实践和许多相关研究，以契约模式进入国际市场的企业正在越来越多的集中于高科技制造领域和服务领域，以技术、商标和管理等无形资产为主进行海外扩张的企业更多地集中在餐饮、旅游以及软件、旅游等具有高科技特点的产业当中。

3. 对外直接投资进入模式

对外直接投资是企业将资金、资产直接投入到东道国的经营单元，并直接参与其经营管理活动的国际经营行为。与证券投资不同，直接投资是一种"股权投资"，投资者对国外企业有一定程度的控制权。亨那特和帕克（Hennart & Park，1993）认为可以从建立方式和所有权结构这两个角度来研究跨国企业海外投资的进入模式。一个角度根据建立方式将进入模式分为绿地投资和跨国并购，另一个角度根据所有权结构将进入模式分为全资和合资。大部分国内外学者在分析进入模式问题时都按照这两种方式来划分。

（1）绿地投资与跨国并购。绿地投资就是企业在国外投资从头建立一个全新组织，这一过程可以由企业独立完成，也可以与合作伙伴共同投资完成。投资建设的对象可以是一个部门、办事处或子公司或分公司，从价值链分解来看，可以是采购、研发、生产、销售的任何环节。

联合国贸发会议（UNCTAD）出版的《2000 年世界投资报告：跨国并购与发展》对二者进行了详细的定义和区分：①跨国兼并是指原来属于两个不同国家企业的资产和经营被结合成一个新的法人实体。②跨国收购则是指企业资产和经营的控制权从当地企业转移到外国公司。对于跨国收购，理论界一直对于收购股权比例达到多大份额才能实施一定的"控制权"存在分歧，UNCTAD 在定义中明确将 10% 作为标准，超过 10% 视为跨国收购，否则视为证券投资。跨国并购同时表现为跨国出售和购买两个方面，其中收购者或购买者所在国家称为"母国"，目标企业或被收购企业所在国家称为"东道国"。跨国并购是企业优化资源配置，实行资产重组，实施海外战略推进的常见方式。在选择了合适的并购对象，承担合适的并购成本，实现了并购后协同效果的前提下，跨国并购可以帮助企业克服国际市场进入障碍，能够帮助新的进入者在目标市场和目标行业迅速实施战略和确立强大的市场地位。

（2）独资与合资。完全独资经营（Wholly Owned Venture）是指跨国公司按照东道国的法律和政策，并且经过东道国政府的批准，在其境内单独投资建立全资控股的子公司，独立经营、自负盈亏的一种国际市场推进战略。一般来说，发达国家的跨国公司由于拥有较强的资金实力和技术优势，往往偏好于选择独资经营方式。但 20 世纪 90 年代后，一些发展中国家开展国有化运动，或者对外国企业的股权采取了种种限制，跨国公司在发展中国家设立独资企业的势头因而有所减弱。

为避免在海外投资巨大的政治和经济风险，许多跨国公司选择合资（Joint Venture）的海外推进战略。合资经营方式是跨国公司与国外企业共同投资、共同经营、共担风险、共负盈亏的经营方式。合资经营方式与合作经营不同之处在于，合资经营是股权经营，按股分配利益；合作经营是合伙关系，按协议分配利益。合资经营的优势在于可以减少或避免政治风险；可以利用当地的合伙者与东道国的关系等。

一般来说，从控制权角度来看，出口＜许可协议和特许经营＜合资＜完全独资；而从投资风险来看，出口＜许可协议和特许经营＜合资＜完全独资。因此，对于刚进入国际市场的跨国企业而言，往往会选择相对较低的控制权和较低的投资风险，比如出口；当获得海外经营经验后，则会逐步采取较高控制权和较高的投资风险战略，比如完全独资经营。

显然，企业进入国外市场都有一定的风险性，比如信息不对称以及外国经营环境的陌生性导致的成本等。为研究进入方式选择问题，学者们采用了各种各样的理论视角，虽然大部分人使用的是交易成本经济学和 OLI 框架。一个成功的国际化策略必须选择一个最佳的进入方式，而这是由公司、行业和国家（比如文化和制度）等多方面因素决定的。进入国外市场的方式的选择会因股权形式（比如绿地投资、收购、合营）和非股权形式（比如出口、联盟）而不同。绿地投资企业一般是在新的地理市场上建立一个拥有 100% 股权的子公司。这样，他们对内部资源和知识及其转移拥有最高的控制权，同时也承担最高的成本。这些成本包括购买机械设备，保证企业在新环境里能够有效运作，以及与供应商、经销商和政府建立关系和网络所需的成本。而如果使用跨国并购的方式，收购方收购一家外国公司后，可以得到它的资源，如知识基础、技术和人力资本，并且可以直接进入当地市场，获得主要的顾客。在资产控制权上，跨国并购低于绿地投资但高于国际战略联盟。

4. 战略联盟

战略联盟是指两个或两个以上的企业通过任意形式的合作。在一次性的短期合同到完全合并这两种极端形式之间的所有其他合作形式，都可以归入战略联盟的范畴。很多学者从不同的标准出发，还将战略联盟划分为不同的类型。例如，希特（Hitt，2007）根据合作伙伴与建立的战略联盟之间是否存在资产关系以及资产关系的密切程度，将战略联盟区分为资产联盟和非资产联盟两种类型。根据合作伙伴是否来自相同产业，是否存在直接竞争关系，战略联盟可以分为非竞争者之间的战略联盟和竞争者之间的战略联盟。其中，非竞争者之间的战略联盟进一步被分为：国际合资企业、纵向伙伴关系和跨产业合作协定；竞争者之间的战略联盟进一步被分为：供应共享型联盟、准集中化联盟和互补性联盟（Dussauge & Garrette，1999）。

战略联盟就其本身而言是非常复杂的，它可同时表现为企业与市场之间的一种组织形式、企业之间相互合作的关系和企业为了获取竞争优势而采取的一种战略行为。战略联盟不涉及参与企业的所有权结构的变化，也就是说，联盟中的企业仍保持着各自独立的所有权。企业之间的合作是松散性的，也正因为如此，企业具有更大的灵活性和更多的选择机会。机会来临时，聚兵会战。目标达到后，或再图合作，或各奔前程。战略联盟作为介于市场与企业的中间组织，发挥着组织化市场的作用。进入21世纪以来，越来越多的企业采取了战略联盟（Strategic Alliance）这种战略来开拓国际市场。

二、国际市场进入模式的不同理论解释

（一）交易成本理论和内部化理论的视角

交易成本理论（The Transaction Cost Analysis）是国际市场进入模式研究的主流理论，它以产业组织理论的不完全竞争与市场失灵为基本假设前提，并假定进入的市场足够大，以此构筑交易成本最小化的分析框架。自从威廉姆森（Williamson，1975）开创交易成本理论以来，该理论成为分析诸多经济问题的重要工具。交易成本分析模型的基本观点是，一般情况下，在大量的风险和不确定因素下，国际市场进入模式的选择是控制与资源投入之间的均衡。

真正将交易成本理论应用于国际市场进入模式选择的是安德森和加提仁（Anderson & Gatignon，1986），他们研究的进入模式包括契约式进入模式（主要是许可经营和特许经营）和投资式进入模式（合资企业和独资企业），将进入模式按照控制程度进行细分，具有较强的指导意义，包括高度控制模式、中度控制模式和低度控制模式三种，具体分类如表2所示。他们还提出有效的进入模式取决于四个因素，即交易特定资产（Transaction-specific Assets）、搭便车的潜在问题（Free-riding Potential）、外部的不确定性（External Uncertainty）、内部的不确定性（Internal Uncertainty），这四个因素与海外公司的控制程度均正相关。换句话说，企业拥有的交易特定资产越多，外部不确定性越高，企业的代理问题越突出，"搭便车"的机会越多，公司就越倾向于选择控制程度高的市场进入方式。在此基础上，他们提出九个命题：交易特定资产越高，企业选择控制程度高的进入模式其长期效益越高；对于掌握非标准化的产品和加工方法的企业，选择控制

程度高的进入模式其长期效益越高；如果产品的客户化程度高，选择控制程度高的进入模式其长期效益越高；产品越成熟，越应选择低控制的进入模式；在国家风险高并且交易特定资产强的情况下，企业越应选择控制程度高的进入模式；企业对海外子公司的控制程度应该与其海外经营经验正相关；当社会—文化距离大时，只有当跨国公司有充分的经营优势时，选择高控制的进入模式才更有效；企业经营实力越雄厚，选择低控制模式的必要性越低；企业的品牌价值越高，越应选择高控制的国际市场进入模式（Anderson & Gatignon，1986）。表2根据控制程度的不同对进入模式进行分类。

表2 根据进入者控制水平对进入模式进行分类

<u>高度控制模式：绝对控股</u>

　　全资子公司

　　控股股东（有多个合伙人）

　　控股股东（有少量合伙人）

　　控股股东（一个合伙人）

<u>中度控制模式：对等权益</u>

　　较大权益股东（有多个合伙人）

　　较大权益股东（有少量合伙人）

　　对等权益股东（50/50）

　　契约式合资股东

　　管理合同

　　限制性排他合同（如分销协议、许可经营）

　　特许经营

　　非排他性限制合同

　　排他性非限制合同

<u>低度控制模式：分散权益</u>

　　非排他性非限制合同（如集中分销、某些许可经营）

　　小股东（有很多合伙人）

　　小股东（有少量合伙人）

　　小股东（有一个合伙人）

资料来源：Anderson，Erin and Hubert Gatignon，1986：Modes of Foreign Entry：A Transaction Cost Analysis and Propositions，Journal of International Business Studies，17（Fall），126.

　　外国市场进入模式的选择包括以下两个步骤：首先，进入者决定是否在新的国外市场中持有股份。其次，在持有股权和不持有股权的两种选择中，进入者再分别选择特定的进入模式，如非直接出口、许可证经营、特许经营、合资企业和全资子公司。进入方式可分为两类：股权和非股权。这两类进入方式之所以不同，是因为在投入要求和控制权上存在很大不同。首先，股权方式（如合资企业和全资企业）由于相对较大的投入，企业总部也因此拥有更高水平的控制权。其次，非股权方式（契约方式比如许可证、研发合约和联盟）由于投资密集度较小，因此控制权也处在较低水平。股权结构是影响母公司控制权的核心要素（Pan & Tse，2000）。

一般来说，进入方式的选择会因股权形式（比如绿地投资、收购、合营）和非股权形式（比如出口、联盟）而不同（Delios & Beamish，1999）。绿地投资企业是在新的地理市场上建立一个完全所有的子公司。同样地，它们对内部资源和知识拥有最高控制权，当然，这也必须承担最高的成本（Hennart & Park，1993）。这些成本包括购买机械设备，以及为保证企业在新环境里能够有效运作，还必须同供应商、经销商和政府建立必要的关系和网络（Andersson et al.，1997）。收购方收购一家外国公司后，可以得到它的资源，如知识基础、技术和人力资本，并且可以直接进入当地市场，获得主要的顾客。在资产控制权上，跨国并购低于绿地投资但高于国际联盟（Newburry & Zeira，1997）。可见，并购可能是由降低或避免交易成本引起的。国际联盟提供了对重要资源的进入通道，联盟企业进入外国市场后共享成本和分担风险。所以，当形成一个联盟时，公司的成本和风险相对于其他股权形式的进入方式而言是适中的。但是，联盟企业对其他联盟企业的控制权很小，当它们进行合作和协调时也存在一种潜在的交易成本。

学者们应用交易成本理论分析国际市场进入方式（Contrator，1998）。交易成本理论背后的基本原理是企业需要建立管理结构以使成本和进入并在一个外国市场运营的非效率最小化（Hennart，1986）。从交易成本的角度，转移技术中的隐性知识以及专用性资产投资决定了公司最有效的治理结构。隐性知识代表了交易中的传播风险，专用性资产代表了交易中的机会风险。隐性知识很难用语言描述，难以估值或转移。这种知识一旦向对方显露其价值就会降低。传播这种知识的成本很高，因为其中会涉及一些无法用产权保护的特定知识，因此有很高的传播风险。这些传播中的风险和困难使得企业更愿意用自身的人力资本在组织内部传播技术，用现有的组织途经来规范传播过程。因此，企业需要向新的商业单位转移隐性知识技术时，更愿意使用内部化发展模式而不是合作安排或收购方式。

FDI 的进入方式可分为全资企业、股权式合资企业、合作企业以及股份制公司四种（Wei et al.，2005）。基于交易成本理论，他们尝试研究国家吸引 FDI 的经验、东道国特殊的地区、外国公司的资金投入、文化差异以及东道国行业的资本密集度对外国投资者在中国对四种进入方式选择的影响。在中国 FDI 的四种类型中，中外合作企业的所有权和控制权是由契约规定的，而全资企业、股权合资企业和股份制公司的所有权和控制权是根据股权而确定的。经验和政策努力可以降低环境的不确定性并提高交易的效率。东道国吸引 FDI 的经验越丰富，外国投资者比起股权合资企业和股份制公司更多采用全资公司的方式，并且他们较不可能采用中外合作企业的方式。有时，东道国和该国的一个特定的地区是同时选择的，而在另一些情况下，地区是在确定国家之后再选的。无论何种情况下，国内区域层次的地区特定因素都被认为对外国进入方式的选择有影响。在更受欢迎的地区外国投资者更倾向于选择全资企业、股权合资企业和股份制公司而非中外合作企业。企业根据风险和回报的权衡以作出进入方式的选择，这种选择可能由可利用的资源及对控制权的需要决定。一个大的投资要求跨国公司有能力确保资金资源的安全性。因此，为了获得高度控制权，公司通常采取全资企业。合资企业涉及投资、风险以及回报的分摊，且控制权与投资企业的股权参与相匹配。所以，对当地投资所需要的资源投入越大，企业采用合作或者合资的可能性就越小。由于东道国和母国文化差异的存在，海外华侨更偏好中外合作企业和全资企业，其他外国投资者偏好股权合资企业。另外，他们还提出了行业特定因素影响跨国公司的进入方式选择，如果一个东道国行业的资本密集度高，外国投资者倾向于选择全资企业，而非股权合资企业、中外合作企业或股份制公司。

内部化理论的代表人物是英国里丁大学的巴克利和卡森（Buckley & Casson，1976），在《跨国公司的未来》一书中，他们系统地提出了跨国公司的内部化理论。该理论认为企业之所以从事对外直接投资活动，是由于市场的不完全性造成的，即市场交易难以保证企业获得最大限度的利润，于是企业在跨国经营活动中将中间产品（如企业的专有知识）内部化，以获取最大利润。巴克利和卡森对该理论进行拓展，以此来重新解释进入方式。这些发展包括：明确地描述公司生产分配功能，承认来自东道国的竞争，所有权和内部化优势的差别，以及合资企业中相互信任的重要性。通过这些假设，该理论解释了基于彼此相对成本之上的企业在东道国进入方式的选择（Buckley & Casson，1998）。以交易成本理论为基础的内部化理论认为，跨国公司倾向于通过提高股权占比，来解决因信息不对称、市场失效及机会主义行为等造成的内部交易成本过高的问题。交易成本理论的基本假设是企业将会内部化那些可以以较低成本运营的活动，而外包那些其他供应商具有成本优势的活动。

但是，坎特韦尔（Cantwell，1991）认为，巴克利和卡森的内部化理论只是提供了不同交易模式的选择，它没有深入研究企业的成长过程。该理论的缺陷包括：其一，成本最小化目标的假说是有局限的，因为它排斥通过外国市场进入是为了增强公司能力的假设；其二，认为东道国竞争者仍然是拥有较差技术的垄断者并且在与跨国公司的交易中处于被动。这个假设在今天的市场中未能很好地看待跨国公司全球竞争的动态本质。此外，内部化理论没有分析隐性知识的学习是企业之所以内部化的重要原因。

巴克利和卡森认为，中间产品市场是不完全的，表现在要么没有或只有很少可供企业进行产品交换的市场，要么市场效率低，使交易成本上升。特别是一些知识产品具有公共产品的性质，其外部市场极不完全，而且知识产品在消费市场还存在外部经济性。而如果企业利用知识产品这种公共产品的非排他性的特点，将知识产品在内部市场转移和使用则可以使跨国公司获得超额垄断利润。可见，内部化理论主要是通过探讨中间产品的交换应该如何组织来检验企业的效率，而所有权优势和企业间的竞争在他们看来是次要的问题。他们认为所有权优势不是跨国公司存在和国际生产的必要条件，企业可以通过中间产品市场的交换而成长。内部化理论企图抛开所有权优势来解释为什么企业取代中间产品市场的交易，或者为什么跨国公司会取代中间产品的国际贸易。

但是事实上，企业技术能力的积累及其内部生产的增长都会影响交易成本本身。企业的交易以及与其他企业的合作安排的本质和范围，还有企业的市场份额都有赖于其相对于其他企业的创新能力和竞争优势。因此，内部化理论如果要继续向前发展，还有必要解释交易成本本身是如何受经济增长和企业的技术创新影响的。另外，内部化理论将技术看作公共产品，而此时的技术其实只是等同于信息和公共的知识。而实际上，信息和公共的知识仅仅是知识的一部分，属于显性知识。而技术的另外不可分割的一部分是隐性知识，隐性知识是通过企业的内部学习获得的，隐性知识本来就是无法用来交换的。内部化理论后来增加了有效地使用知识的需要以及不断地创造新的技术的需要，这种扩展是有必要的。此外，内部化理论的分析方法还需考虑在不同的制度安排下交易所得的分配问题，因此，跨国公司不一定喜欢最有效的或成本最低的安排，如果其他方式的利润更高。内部化特别需要前期的投资，这意味着高固定成本，低可变成本，以及较高的固定成本对可变成本的比率。而外部化有着高可变成本和低固定成本。这种不同对 R&D（创建或获得 R&D 设施通常要求高固定成本，而许可证技术常常需要包括支付每一单位的版税）、生产（创建/得到分支机构或是外包生产）和营销（开设销售处或是委托给代理）活动有不同的影响。因此，当其他因素相同时，最小化成本的考虑将使有着较低产出和销售额的企业更倾向于外包，有着较高产出和销售额的企业倾向于内部化它们的活动（Buckley，2007）。

以威廉姆森（Williamson，1985）为代表的交易成本学派认为，交易成本理论在解释进入模式选择时同样重视专用性资产的作用。专用性资产是指那些投资于实物或者人力的只在特定某些种类的交易中有价值的资产。如果进入新的商业领域需要专用性资产投资，企业就会因转移成本或可用供应商的限制有很高的退出壁垒和灵活性的丧失。专用性资产可能由于机会主义在交易中产生合同上的难题。当一个企业通过搭便车或剽窃技术占另一个企业的便宜，就很容易出现机会主义。所以，为了保护专用性资产投资，企业会避免使用合作模式。至于收购和内部化发展之间的选择，交易成本理论强调进入新的商业领域时，要注意开发现有企业的特定资源和重新开发新的特定资源之间的区别。如果是前者，它们更偏向于在刚开始时，使用内部化发展模式作为进入方式。内部化的方式使企业可以自己选择管理规则、雇用团队，如果采用收购的方式，则需要对彼此的公司员工和企业文化进行磨合。如果进入新行业需要重新投资新的专用性资产并且还要依靠熟练雇员和经理，这时收购就是一种很好的选择。

邓宁（Dunning，2001）指出，企业采取内部化或战略联盟或纯粹市场交易通常需要具备不同的条件，是针对不同的情况做出的。如表 3 所示。

表3 企业的交易方式

更多采取内部化的情况	更多采用战略联盟的情况	更多采用外部纯粹市场交易的情况
整体或全面地管理或战略性获取各种资源、生产和人力资源管理的需要	创新活动的日益增长的成本，产品生命周期缩短	某些互联网交易
沿着价值链将生产和创新过程更密切地融合在一起	鼓励当地企业家精神的需要以及接受不同文化的需要来适应全球化，服务部门尤其如此	对某些标准化产品的消费产品（特别是那些价格敏感性产品）
日益增长的范围经济的需要，产品要求类似的投入或出于类似的分销或营销的需要	沿着价值链将生产和创新过程更密切地融合在一起	
隐性知识的日益增长的重要性；学习和经验积累的重要性；团队工作及其决策偏好；由于需求的多变性，开发技术密集型产品需要面对面交流	对市场增加"发言权"的策略	政府、非政府组织的压力和/或超国家机构对巨型跨国公司层级制垄断力量的削弱
	政府、非政府组织的压力和/或超国家机构对巨型跨国公司层级制垄断力量的削弱	

资料来源：Dunning J. H. ，2001：A Rose by Any Other Name? FDI Theory in Retrospect and Prospect，University of Reading and Rutgers University.

自 20 世纪 90 年代以来，对交易成本和内部化理论的研究已经拓展到合资企业和全资子公司之间及绿地投资与收购之间的选择。跨国公司想要从国外得到的投入或许是一种企业嵌入式的技术知识，往往是隐性的。通过绿地投资实现对该技术的利用，其成本往往比收购实现的成本更低，因为绿地投资能够使跨国公司从一开始就积累技术并使得公司精选的员工很好地接受该技术。另外，缺乏专有技术的跨国公司则采取主动措施来改善竞争地位。这些知识的获取相当费时，通过内部开发的成本很高，同时由于知识的隐性和公司的嵌入式特征，很难通过市场获得，因此跨国收购就成为一种高效率的方式。若在国外市场加工的产品与国内截然不同，这样的跨国公司往往缺乏生产该产品的技能，因此更偏向于采取收购的方式，原因在于该方式能够更有效地获取隐性的经验型技能。生产与国内市场高度相关或完全相同的产品的跨国公司，也即已经具备相当熟练程度或数量的技能的跨国公司，一般采取绿地投资实现对外扩张（Hennart & Park，1993）。爱尔兰戈（Elango，2005）在综合运用垄断优势论、交易成本理论和国际生产折衷理论的基础上，比较了制造行业跨国公司在跨国并购和绿地投资两种进入战略之间的选择，研究表明，以实物投资为主的企业会选择新建投资的模式，而以人力资本为主的企业会选择跨国并购。

跨国并购的进入方式一般受以下三方面因素的影响：（1）公司层面（firm-level）的因素，如多国经验、地方经验、生产的多样性、内在同构和国际性策略；（2）产业层面（industry-level）的因素，如技术强度、广告强度和销售能力；（3）国家层面（country-level）的因素，如东道国市场发育程度、母国和东道国的文化特质、收购方所在母国的具体文化（特别是避免不确定性和风险倾向）等。因此，一些研究者发现产业因素和国家因素会增加以并购方式进入的可能性，诸如市场发育程度的高低、母国与东道国的文化差距、母国文化中的不确定性规避。此外，公司的因素诸如产品的多样性、多国经验与地方经验、相关投资大小、相对晚期进入市场等，也对并购有正面影响（Sharma & Erramilli，2004）。

（二）国际生产折衷理论的视角

邓宁（1977）在海默（Hymer，1960）和金德尔伯格的垄断优势理论以及维农（Vernon，1966）的产品生命周期理论基础上，综合了西方经济理论中的厂商理论、区位理论、产业组织理论，吸收了国际经济学中的各派思想，创立了一个关于国际贸易、对外直接投资和非股权转让三位一体的理论，提出并发展了具有广泛影响的折衷范式（Eclectic Paradigm，OLI）。国际生产折衷理论的最初版本是建立在所有权优势（O）、区位优势（L）、内部化优势（I）之上，并解释了三种不同国际市场进入模式：出口、许可证交易和FDI。具体来说，所有权优势与控制、成本和企业内部关系的利益相关；区位优势关注资源可获得性、资源投入以及资源的成本；内部化优势则是对降低交易成本和协调成本的考量。国际生产折衷理论最初主要是解释企业进行国际经济活动的类型选择和 FDI 的动因，但是后来邓宁将折衷范式的解释对象从最初的出口、特许、FDI，扩展到合资、非股权联盟、网络协调、战略合作等活动类型，使跨国公司由原先的面对外部条件被动选择市场进入方式演变到主动利用国际商务环境来组织全球生产和经营活动，因而具有管理和动态的特征（Dunning，1995）。

20 世纪 90 年代以来，有关进入模式选择的研究又有了新的进展。阿加瓦尔和拉马斯瓦米（Agarwal & Ramaswami，1992）将国际生产折衷理论中的各变量之间的关系纳入考量，并将其影响因素简化为：（1）所有权优势：企业规模大小、国际化经验与产品发展能力；（2）区位优势：市场潜力、投资风险；（3）内部化优势：契约风险。最后得出以下结论：规模大且具有国际化经验的企业，偏好以独资或合资的方式进入，规模小且缺乏国际化经验的企业，在较有市场潜力的国家，倾向于通过合资方式进入国际市场。

康特拉特（Contractor，1990）指出，当拥有特殊的产品或技术时，企业首先考虑出口方式，由现有的公司提供产品，然后考虑以资本投资、授权及其他方式进行，比如将独特的技术或无形资产移转至当地企业，以获取收益。因此，国际市场进入模式将依照东道国特性、涉入程度高低、市场规模及技术能力等不同考量而分为出口方式、海外直接投资以及授权于当地企业等三种类型。希尔等（Hill et al.，1990）认为，进入国际市场的策略包含非股权的契约模式、以股权为基础的契约合作方式，以及全资子公司等各种不同的进入模式，而且其中隐含不同的控制程度、资源投入程度及风险分散程度。海外进入方式主要有授权协议、合资、全资子公司三种类型。在对具有跨国公司进入战略选择经验的管理者调查的基础上，将跨国公司全球战略变量纳入进入战略选择的理论分析，并提出进入模式选择的综合分析框架。在这个综合框架中包括了三类共九种因素以及这些因素对跨国公司进入战略选择的影响（Kim & Hwang，1992）。马克奇里（Mucchielle，1992）对折衷范式进行了修改，提出"竞争优势 – 比较优势 – 战略优势"分析模式，也产生了一定的影响。

托伦蒂诺（Tolentino，2001）指出，企业或跨国公司既可以被看作是积极地通过在最终产品市场创造内生的结构性市场不完全并从中获利的主动者，也可以看作是对外生的中间产品市场交易不完全的一种被动反应者。这样，可以将古典的、熊彼特主义以及新古典的对企业和跨国公司的分析纳入一个统一的框架。因此，OLI 范式还必须探讨"为了维持垄断性所有权优势而将中间产品的内部化"与"为了竞争性所有权优势而将市场或中间产品内部化"之间的区别，这种探讨必须区分"内生性和结构性的最终产品市场不完全"和"外生性和交易性的中间产品市场不完全"二者的不同含义。托兰惕若认为，所有权优势既包括垄断性优势也包括竞争性优势，但是所有权优势应扩展，从原来主要强调贝恩式有助于建立进入壁垒的垄断优势扩展到在最终产品市场主动发挥垄断优势的范畴。

邓宁指出，除了资产所有权（O_a）优势、交易性所有权优势（O_t）之外，还应该增加一个新的 O_i，即与制度相关的竞争优势。这种优势包括了某个特定企业的激励结构，这种激励结构能够促进和影响资源、能力和市场机会的创造、使用或获取。而且在某一特定时点，这种制度性的内容包括内生的和外生的激励机制、规划和管理（以及企业对它们的反应）。这其中的每一种都会影响管理的决策和企业利益相关者的态度和行为，而且也会影响在财富创造过程中相关的经济和政治因素。这种制度既可以是正式的，也可以是非正式的，而且是受到企业自己的以及外部执行机制的支持。巴克利认为，跨国公司理论和国际市场进入方式的研究应关注市场的动态性和不确定性；企业行动选择的柔性和价值；通过合资和企业网络所进行的协作；管理能力和企业文化；组织变革等方面。桂辛格（Guisinger，2001）也认为，国际生产折衷理论（OLI）还应考虑企业内部组织特点的细节，应考虑那些更细的企业结构诸如商务过程，应吸取组织理论中的一些对企业利润有助的东西。他提出对 OLI 框架的修改，将 OLI 变为 OLMA，即所有权优势、区位优势、进入方式和调整（Mode of Entry and Adjustment）。

（三）资源基础论的视角

根据企业资源基础论（RBV），企业（或公司）是一系列相互联系的异质资源和资源转化活动的集合体。换句话说，每个公司都是独一无二的，这种独一无二的性质来源于其拥有的资源，资源间的相互兼容性以及配置的方式。进一步说，公司的这一性质短期内不会改变，因为公司拥有的资源相对来说是不可流动的（Barney，1991）。不可流动的意思就是，一个公司想要获取和另外一个公司相同的资源是很困难的。简言之，一个公司在其产业内是独一无二的一个实体，然而市场不完善和市场失灵的范例导致把公司的独特性割裂来看，他们认为公司是一个同类的实体（在完全竞争的情况下）或是异类的实体（在市场失灵的情况下）。通过对资源异质性的假设，企业资源基础论对公司的看法更接近现实，这一观点越来越得到支持。

资源基础论认为，跨国公司所拥有的资源或能力是企业战略形成的基础，任何企业，包括从事跨国经营的企业，都是由一组资源所构成的，这些资源可以是资金、人力资本、技术、管理技能、营销渠道、信息等。企业的能力或优势取决于这些内部资源的构成和组合，企业只有通过合理配置和利用这些资源，才能充分发挥这些资源的效能，改善其市场绩效。自 20 世纪 90 年代以来，资源基础论受到极大的关注，该理论强调企业的成长过程，特别是从动态的角度分析跨国公司如何获取核心能力和竞争优势。

科古特和赞德（Kogut & Zander，1993）将跨国公司所具有的优势区分为"初始优势"和"后续优势"，初始优势是企业在母国建立的优势，而后续优势是企业通过国际化经营所带来的优势，他还建议对外直接投资的研究应将重心从对企业第一次进入国际市场的关注，转向如何通过协调多国化的经营网络以获取可持续的竞争优势。跨国公司可以通过企业内部或者生产交易方式向东道国转移资源，这两种选择主要是看公司能否把形成优势的资源转移给东道国合作者的能力。如果公司缺乏这种能力，它通过内部方式转移资源，如通过全资子公司。资源基础论认为，以成因模棱两可、复杂性、隐性知识和不可替代性为特点的资源很难被竞争者复制（Teece，1998）。知识越缺乏系统性、难以传授和复杂，被复制和转移就越困难（Kogut & Zander，1993）。马霍克（Madhok，1997）认为，其不易被模仿源于其被嵌入的状态，例如，当资源被深深地嵌入其组织程序时，它们就成为该企业所特有的。由于资源很难被模仿，它们转移到其他公司造成了竞争优势的丧失，从而促使公司采取内部转移的方式。而且，被嵌入的知识往往存在于复杂的社会互动和组织内部的团队关系中。它不能被系统地编码而只能通过密切的交往和互动进行转移。嵌入知识的传播需要通过已建立好的程序和组织过程。因为这些原因，内部化模式在转移不易模仿的能力方面比市场交易模式更有效。

根据资源基础论的观点，一个企业拥有一系列资源，如金融资产、有形资产和专业知识等，企业借助这些资源传递消费者价值、实现竞争优势及为股东赢得满意的回馈。当企业要进入外国市场时，它面临的一个十分严峻的问题是它的竞争优势是否能在新的市场仍发挥作用。诀窍比任何其他企业资源产生更多的优势，因为它非常复杂、独特和难以言表。其他能力包括关系的建立和外部环境的维持（如消费者、战略伙伴）。它们反映了一个企业的知识共享和学习能力，还有管理层、员工及有形资产之间的互动交流。这种互动包括日常运作和企业内的知识诀窍流动。还有日常运作时个人及团队间心领神会的执行。能力是自然的心领神会，因为它们紧密的嵌入组织经验、学习和实践中。因此，能力被认为是最难复制的资源，因为它模糊难测。企业资源基础论倾向于将能力看作所有资源中对企业成功最重要的因素（Galbreath，2005）。企业要想在新的市场中取得成功，很大一部分依赖于能将专业知识等竞争优势很好地转移到新的市场中去，同时当地市场合伙人吸收该专业知识的能力也十分重要。企业在进入新的市场时，对新的当地市场的情况并不了解，想及时发现新市场中节约成本的方法理念也是十分困难的，因此企业要充分利用当地合伙人的作用，弥补企业对当地市场的不了解（Madhok，1997）。外国进入者和当地合伙人进行合作更大的利益来自可以向其转移专业知识，而如果没有这种合作，外国进入者只能尝试拥有更大的市场控制权。但合作产生的利益也会被交易成本所削减，交易成本包括设计、谈判、执行和管理控制交易的成本，当进入者对当地投资合伙人的了解不多或与之合作的经验较缺乏时，当地投资合伙人的资源和能力将面临风险，将使交易成本升高，这种情况下市场进入者更倾向于选择高股份投资的进入模式以避免机会主义（Brown et al.，2003）。

实际上，企业上游能力（技术）和下游能力（营销、品牌）与企业的并购和新建投资选择之间存在密切关系。由于营销、品牌等下游资源和能力具有地域上的不可替代性，因此只有当企业在所进入的产业拥有营销、品牌方面的绝对优势时，企业才会选择并购；相反，由于技术等上游能力具有地域上的可替代性，企业只需和东道国企业相比具备相对的技术优势就会选择并购。基于资源基础论，有学者从三个特定方面对企业资源观与现行范式进行对照评估，分别是企业的观念构建、竞争以及利润最大化机制，从这三个现有企业范式的角度，为每一种企业资源观的解释都提供了相应的解释加以对照，以显示各种解释之间的相似与不同。他们以以下四个主要概念为基础推导出了具备两个阶段的理论平台：企业在东道国建立生产运营方面竞争优势的可能性，在营销运营方面建立竞争优势的可能性，将生产运营方面获取资源的优势转移给东道国伙伴的能力，以及将营销运营方面的优势转移给东道国伙伴的能力。他们还对以下七种进入方式的选择做出解释：间接出口，通过东道国中介的直接出口，通过公司本身渠道的直接出口，契约性生产，联合生产，建立合资企业，以及全资子公司（Sharma & Erramilli，2004）。

资源可定义为企业拥有的潜在经济收益的要素。资源分为有形资源和无形资源两个基础类型。有型资源包括金融资产和实体资产，而无形资源包括知识产权资产、组织资产以及商誉等。通过研究他得出以下三个结论。第一，组织资产，例如文化、人力资源管理战略和公司结构会显著影响一个企业的成功。所以企业针对此类资产应该有审慎有计划的发展，尤其是应当考虑到它们对企业能力发展和应用的协同效应。第二，信誉资产属于企业最重要的资源之一。一个好的信誉会带来财务及社会价值上的积极影响。基于这个理论，战略性的建立与维护一个好的信誉在企业资源管理中是非常必要的。第三，对于有形资产的研究，不同于以往资源基础论的观点，对于企业的成功的贡献应该仍有一席之地。企业内可以生产高使用价值的金融及实体资产仍可用于阻碍模仿从而产生竞争优势（Galbreath，2005）。

企业成功的水平差异在于深度挖掘资源的障碍和复制模仿的障碍。因此需要寻找那些与企业成功相关的资源即那些竞争者无法复制的资源（Wernerfelt，1984）。研究者应该关注那些天生就是无形的资源。而保护资源被竞争者复制的有效途径是通过产权立法。无形资产如版权、专利、注册设计和商标都可以通过产权来保护。立法保护可以阻碍竞争性模仿（Hall，1992）。其他形式的知识产权包括保密技术。保密技术是企业独特战略与特殊商业模式发展的需要。这可以使得这些独特的资产无法被竞争者复制（Kotha et al.，2002）。组织资产也是那些可以阻止复制的无形资产。例如，合同（特许权合同，许可权合同）可能是某些企业最重要的资源。因为合同有法律保护，它可以阻止竞争者复制（Barney，1991）。同样，其他的组织资产如文化、人力资源管理战略和组织结构也都很难复制和模仿。这些难以复制的组织资产经过一段时间的积累就产生了高度的资产专用性（Grant，2002）。

企业成长理论（Penrose，1959）是构成资源基础理论的基础之一。它把企业的发展归因于企业的内部化过程。主要观点之一，即企业发展受限的主要原因是在有限时间内企业可以招募并加以培训的管理人员有限。这主要适用于绿地投资，因为收购本身都包含对企业管理人员的收购。子公司越大，所需的管理人员越多，从而对跨国公司母国的招聘培训计划压力越大。结果，相对较大的子公司一般采用收购的方式而不是绿地投资（Hennart & Park，1993）。相对较小的跨国公司的建立往往是为了获得市场基点，所需的管理资源较少，因此更偏好绿地投资。进入模式牵涉到在东道国市场有效使用资源的组织结构的设置。根据资源基础论，企业在进行投资时，总是希望在将来获得超额回报。很明显，只有当在东道国形成竞争优势的可能性相当大时，企业才会进行投资。如果公司意识到，由于这些原因它在生产和营销运作中形成竞争优势的可能性很小时，它就不太可能进行必要的基础设施的投资。公司在国内会保持这种运作，而运用另外一个国家在那个市场的营销渠道来推销它的产品，比如采用间接出口模式。也就是说，公司可以选择不进入这个市场。这个逻辑也同样可以作为解释在东道国市场上生产或营销区位的基础。例如，如果公司相信它能在生产相关的领域形成比较优势，而非在市场相关活动中形成优势，它会考虑在东道国建立生产设备，并把它作为服务其他市场的源泉。另外，如果它只能在营销相关活动中形成竞争优势，而不是在生产相关的领域形成竞争优势，公司会将其所有产品活动区位放在国内（或其他区位），运用一些出口模式为东道国市场服务。简言之，公司的生产、营销区位与其在东道国建立相关的竞争优势的能力是息息相关的。如果关键优势易于转移，公司选择外国产品模式，如果基本优势很难转移或转移成本过高，公司将选择出口模式（Root，1994）。

阎大颖（2006）认为对于企业本质的认识，不应局限于替代市场交易的内部化组织，而是要从企业价值创造的角度出发，强调企业是一种创造、吸收、传递和更新隐性知识（特别是技术和知识）的社会性组织。国际战略管理论、组织能力论、动态能力和组织学习论、资源基础论等正是以此为逻辑起点，从不同角度揭示管理要素、知识要素、实体要素三位一体的资源和能力体系是企业生存和发展的基础，也是企业价值和核心竞争力的源泉。任何经营、管理、资产整合和组织变革等企业行为的根本目标都是获取保持核心竞争力的资源和能力。企业能力论和资源基础论学派已开始构建基于企业国际化核心竞争力和战略资源的跨国并购理论模型，这有助于更深入地理解国际经济一体化背景下企业边界的合理确定。资源基础论关注资源为何在这些公司配置而不是在那些公司配置。从资源基础论的角度看，企业资源能力以及企业将内外部资源在全球复合一体化战略下进行整合是企业竞争力的动力和源泉。资源基础论不仅能够解释基于开发现有优势的进入模式的选择，也可以解释新优势发展的进入模式选择。而传统的理论只能解释基于开发现有优势。从企业资源配置的观点来看，资源基础论提供了一个独特的解释进入模式选择的方法，从而有希望为解释进入模式选择提供一个理论平台。资源基础论认为，通过在生产和营销领域公司所拥有的专有资源获得超额回报是一家公司进行跨国经营的主要动力。这些资源如果有效地转移给一家东道国企业，就会产生一家具有成本优势或者其他类型优势的公司。因此，考察跨国公司在东道国生产和营销的模式和出口模式，可以关注：公司在东道国进行生产领域建立竞争优势的可能性；在东道国进行营销领域建立竞争优势的可能性；向东道国伙伴转移生产方面优势的能力以及向东道国伙伴转移营销方面优势的能力。前两个是与在东道国进行生产和营销活动有关的区位相关，后两个则跟它们的所有权优势相关。

对跨国公司来说，无论是企业特定优势还是区位特定优势，都还只是企业建立竞争优势的基础或源泉，而将其转化为竞争优势的关键是跨国公司能否将母公司的特定资源与子公司及其所在国的特定资源加以有效的整合。一个公司可以通过企业内部或者生产交易方式向东道国转移资源，这两种选择主要是看公司能否把形成优势的资源转移给东道国合作者的能力。如果公司缺乏这种能力，它通过内部方式转移资源，如通过全资子公司。其他影响公司转移资源能力的因素是东道国缺乏吸收资源的能力。如果跨国公司确认当地企业有这样的能力，它会选择内部化的模式，否则，它会选择市场交易模式。比如酒店业在发达国家青睐特许经营，因为受让人能够吸收资源；但是在特许经营人的能力还不成熟的欠发达的国家，则倾向于公司的直接运营。概括来讲，所有权决策主要决定于跨国公司将其关键资源转移给东道国合作者的能力。如果公司能有效或高效地进行转移，它可能选择合作模式，否则选择独资模式。

　　由于动态竞争假设和资源异质性假设，资源基础论可以将"进入模式决定"与企业战略和竞争优势融合在一起。资源基础论不仅能够解释基于开发现有优势的进入模式选择，也可以解释新优势发展的进入模式选择。另外，传统的理论则只能解释基于开发现有优势。从企业资源配置的观点来看，资源基础论提供了一个独特的解释进入模式选择的方法，从而有希望为解释进入模式选择提供一个理论平台。彭维刚（Peng，2001）认为对跨国投资进入模式选择的解释上，交易成本理论和资源基础理论存在三个关键区别：第一，二者的分析均建立在外部市场失灵基础之上，但市场失灵的来源不同。交易成本理论认为失灵是由机会主义导致的，而资源基础论则将失灵归因于企业资源的异质性。第二，进入行为是否多次发生？交易成本理论一般只关注于一次性的进入行为，这种行为是建立在相对静态的条件下的，而资源基础论则强调动态、纵深发展的过程，在这一过程中会有多次进入行为发生，其进入行为是建立在企业自身能力和对之前进入经验的总结学习基础之上的。第三，对于企业特定优势的关注角度不同。交易成本理论关注于企业特定优势的运用，而资源基础论不仅强调运用，也强调发展。从本质上来说，资源基础论关注公司，它主要是从资源的禀赋和配置来观察企业，并关注企业之间的竞争和长期目标的完成。如今，企业竞争已经变成动态的了，资源基础论对企业间的动态竞争作了假设。这与早期的企业理论而言是一大进步，早期理论假设竞争是静态的。根据资源基础论，资源的异质性使得公司能够把竞争朝自己希望的方向推进。因此，企业必须注意竞争者的行动，因为竞争者可能通过复制他们的资源或者开发出有效的方法来侵蚀他们的优势。应当注意到，对于公司竞争优势的威胁也可以通过市场的不完全和市场失灵的例子清楚地看到，而处理这种威胁的机制是对各种经济活动建立阻止其进入或者国际化的障碍。然而，资源基础论中处理竞争优势的机制是通过资源壁垒的建立和维持。柯利斯和蒙哥马利（Collis & Montgomery，1995）认为，企业可以通过配备有价值的、稀有的、不可模仿的、不可替代的资源来促进其竞争优势的维持（如建立资源壁垒）。

　　资源基础论认识到长期利润最大化是公司的主要目标（Wemerfelt，1984）。这个观念是从市场不完全和市场失灵的理论中借用来的。然而资源基础论在实现利润最大化的方法上跟他们有所区别。根据资源基础论，当一家公司的产品－市场策略是起作用的或者有效地配置了适当的公司独有资源时，它就可以实现持续性的竞争优势，这可以让它实现超常收益，从而实现它的长期利润最大化。比如跨国公司凭借其竞争优势获得超额收益就是其进入国外市场的主要动力。拥有差异化产品或者专利技术的公司会试图在国外市场开发它们的优势，因为超额收益会从这种优势的开发中产生。而且，一家公司的国际经营中的这种优势应当具有两个主要特点：（1）它应当是可持续的；（2）成本可以有效地进行跨国转移。资源基础论认为，通过在生产和营销领域公司所拥有的专有资源获得超额回报是一家公司进行跨国经营的主要动力。这些资源如果有效地转移给东道国市场就会产生一家具有成本优势或者其他类型优势的公司。因此，考察跨国公司在东道国生产和营销的模式和出口模式，可以关注：公司在东道国生产领域建立竞争优势的可能性；在东道国营销领域建立竞争优势的可能性；向东道国伙伴转移生产方面优势的能力以及向东道国伙伴转移营销方面优势的能力。前两个是与在东道国进行生产和营销活动的区位相关，后两个则与他们的所有权优势相关。他们一起解释了七种不同的东道国生产和营销模式以及出口模式。当一个公司进入国外市场，它通常会依靠其现有资源在国外市场上竞争。因为转移现有资源通常比从头开发一样新产品的效果更好、效率更高（Contractor，1984）。

　　模式选择是在成本与收益之间的权衡。由于各个公司发生的成本（投资成本、运营成本、机会成本、风险等）和取得的利润不同，进入模式也会有显著的不同。大部分进入模式趋向于与成本一致。一般来讲，出口与非股权模式花费少，而合资和子公司模式花费多。各种模式的区别主要在于模式中提出的评估利润本质的方法。例如，在交易成本方法中，利润的来源在于交易成本的降低。在资源基础论理论中，利润来自以最小的资源价值损失为代价，实现资源向东道国的有效或高效率的转移。界定一种资源的价值，要根据它对公司竞争优势的贡献。贡献越大，资源的价值也越大。因此，进入模式的挑战是资源从母国转移到东道国，而同时不损害其价值，例如不影响它产生竞争优势的能力。大部分的进入模式在保存转移资源价值方面是一样有效的，它们效率的不同是由于其他的原因。在假设这一进入国外市场的一般动力后，就可知道资源基础论是如何阐明进入模式选择中的区位决策和所有权决策的（Sharma & Erramilli，2004）。

　　资源基础论认为，企业会在他们具有竞争优势的领域进行生产和营销活动。假设公司在国内享有优势，那么在本国从事生产和营销活动，就是企业的区位选择。内部化理论的新版本也能解释区位的标准，这种理论把公司分为生产和市场营销两部分，并把成本最小化作为这些运营区位的基础。公司会将它的特有资源与东道国相关要素相匹配，选择东道国市场，并评估基于这种市场选择下建立竞争优势的机会。另外两个因素也影响公司在东道国建立竞争优势的能力。首先，由于与母国地理原因相关联，产生资源的关键优势可能无法被转移到东道国市场。其次，即使这种资源可以被转移，它也可能和东道国的因素不相匹配而无法产生竞争优势。有关进入模式的文献确认了许多因素，如原材料、熟练技工、东道国政府政策与法律、基础设施的可获得性，以及市场大小，这些因素都会影响企业竞争优势的形成。例如，一个公司可能拥有一种能潜在产生低成本优势的特有资源，但是东道国因素不适合的话就不能产生这种优势。如果必要的原材料或劳动力无法进入，或者政局不稳或风险大，成本将会增加。同样地，东道国政策也会对一个外国公司的竞争优势产生负面影响。例如，东道国为了保护国内工业会对外国企业进口某种资源有最高的数量限制，甚至根本不允许进口。简言之，一个公司在东道国形成竞争优势的能力依赖于产生这种优势的资源转移到东道国的程度，也依赖于这些特定资源与东道国相关要素相融合的程度（Root，1994）。

如果公司意识到，由于这些原因它在生产和营销运作中形成竞争优势的可能性很小时，它就不太可能进行必要的基础设施的投资。公司在国内会保持这种运作，而运用另外一个国家在那个市场的营销渠道来推销它的产品，如用间接出口模式。也就是说，公司可以选择不进入这个市场。这个逻辑也同样可以作为解释在东道国市场上生产或营销区位的基础。例如，如果公司相信它能在生产相关的领域形成比较优势，而非在市场相关活动中形成优势，它会考虑在东道国建立生产设备，并把它作为服务其他市场的源泉。另外，如果它只能在营销相关活动中形成竞争优势，而不是在生产相关的领域形成竞争优势，公司会将其所有产品活动区位放在国内（或其他区位），运用一些出口模式为东道国市场服务。简言之，公司的生产、营销区位与其在东道国建立相关的竞争优势的能力是息息相关的。如果关键优势易于转移，公司选择外国产品模式，如果基本优势很难转移或转移成本过高，公司将选择出口模式。

国际市场进入方式决策的潜在驱动力量可能是企业能力的发展和部署的一个更广阔的问题。这是因为今天在全球市场竞争成功需要的不是单一的能力，而是能力的一个复杂的集合（Madhok，1997）。公司可以通过企业内部或者生产交易方式向东道国转移资源，这两种选择主要是看公司能否把形成优势的资源转移给东道国合作者的能力。如果公司缺乏这种能力，它通过内部方式转移资源，如通过全资子公司。其他影响公司转移资源能力的因素是东道国缺乏吸收资源的能力（Cohen & Levinthal，1990）。东道国合作者必须要有所需的人员、技术、资金和组织能力，从而吸收公司资源，进行创造价值的生产和营销活动，从而创造竞争优势。如果公司确认当地公司有这样的能力，它会选择内部化的模式，否则，它会选择市场交易模式。例如，酒店业在发达国家青睐特许经营，因为受让人能够吸收资源；但是在特许经营人的能力还不成熟的欠发达的国家，则倾向于公司的直接运营。概括来讲，所有权决策主要取决于进入公司把它关键资源转移给东道国合作者的能力。如果公司能有效和高效地进行转移，它可能选择合作模式，否则选择独资模式。当然，还有利益分配的问题。跨国公司不一定喜欢最有效的或成本最低的安排，如果其他方式的利润更高。表4是资源基础论对国际市场进入方式选择的理论解释。

表4 资源基础论对国际市场进入模式选择的解释

生产活动		市场营销活动		进入模式
公司在东道国建立竞争优势的可能性	公司将优势资源产生能力转移给东道国合作伙伴的能力	公司在东道国建立竞争优势的可能性	公司将优势资源产生能力转移给东道国合作伙伴的能力	
低	无	低	无	不进入，间接出口
低	无	高	高	通过东道国中介直接出口
低	无	高	低	通过公司拥有的渠道直接出口
高	高	高	高	合同方式（许可证生产或者特许权）
高	高	高	低	生产合资企业
高	低	高	高	营销合资企业
高	低	高	低	全资子机构

注："无"指的是不适用。

资料来源：Sharma, V. M. and Erramilli, M. K. , 2004：Resource – Based Explanation of Entry Mode Choice. Journal of Marketing Theory and Practice, 12 (1)：1 – 18.

（四）战略行为理论的视角

与其他理论不同的是，战略行为理论认为企业利润源于相对的竞争优势，企业选择进入模式不应局限于自身的成本或资源分析，而应从如何提高企业竞争地位的角度进行决策。该理论认为，企业的竞争优势和超额利润如果能够存在，往往是由于该市场存在某种"进入壁垒"，从而使业外企业无法进入市场。因此，企业考虑进入方式时，首先要考虑是否能够克服该市场的进入壁垒，占领有利于竞争的战略地位。因此，企业进入国际市场就是克服既有壁垒并创造新壁垒的过程。

市场进入战略行为理论的渊源可以追溯到海默的垄断优势论（Hymer, 1960）。海默认为，任何关于跨国经营和直接投资的讨论都涉及垄断问题，而垄断优势是市场不完全竞争的产物。垄断优势来自四种市场不完全形态：（1）由规模经济引起的市场不完全；（2）产品市场的不完全；（3）资本和技术等生产要素市场的不完全；（4）由政府课税、关税等措施引起的市场不完全。前三种市场不完全使企业能够拥有垄断优势，第四种市场不完全使企业通过对外直接投资利用其垄断优势实现价值增值。

尼克博克（Knickerbocker，1973）的寡占反应论认为，企业对外投资可能源于对其对手海外投资的反应，或者为了争夺总体市场份额，从而表现出"跟随对手行动"的特征。在寡占市场结构中，如果一家厂商率先到海外去投资建厂，其他几个对手就会相继模仿，并采取跟进策略，以抵消抢先者可能得到的任何优势。也就是说寡占反应行为，导致了跨国公司对外直接投资的成批性，是对外直接投资的主要原因。尼克博克指出，美国寡占企业大量对外投资是采取跟进战略，以维持寡占企业之间的力量均势。因此，美国企业对外投资具有时间上和地理上相对集中的特点。该理论以企业行为补充了市场不完全理论。它说明跨国公司对外直接投资会造成新的市场不完全性，从而又引起其他企业相继做出反应，结果是将一国的寡占市场结构转移到国际市场。这是以寡占企业行为来解释国际经营活动的典型理论。追随潮流效应表现为一旦有一个企业向国外市场扩张，同行业的其他企业为了确保国内外的市场地位，也竞相向国外扩张。比如，可口可乐在某国投资后不久，百事可乐随后跟进。在集中程度越高的行业，追随潮流现象更加明显。尼克博克把这种现象称为"寡占反应"。继日本重要生产厂家日本电器公司（NEC）于1978年在美国直接投资后，日立在1979年、东芝在1980年、三菱在1983年也随后跟进。这种"追随潮流"的行动，不仅在同一国家企业之间发生，在不同国家企业之间也是如此，表现为不同国家的企业相互进入彼此市场或第三国市场。此时的投资不一定是因为合理的扩张性动因，而可能仅仅是基于战略动因。凯夫斯于1982年的一份研究报告认为，欧洲跨国公司于20世纪70年代后期在美国建立诸多分、子公司，完全是对前期美国在欧洲投资的反应。相互竞争的企业在第三国市场上也是如此，美国，日本企业在新加坡以及发展中国家和地区多建立类似产品的生产线（刘海云，2001）。

格雷汉姆（Graham，1995）从博弈的角度分析企业的海外竞争行为。他认为，寡头之间的反应不仅仅只限于国内厂商，当某寡头向国外建立一家子公司时，东道国该行业的原有厂商之间的实力均衡被打破，利益受到损害，他们会向这家子公司的母国直接投资，以威胁入侵者在母国的市场份额，完成威胁的交换。企业进入国际市场面临的进入壁垒包括：①规模经济效应，当企业要进入规模经济效应明显的国际市场时，其在短期内的销售水平往往无法达到最低限度生产规模，此时企业可以采取先出口，再逐步占领目标国市场，等销售量达到最低生产规模后，再把进入方式由出口改为当地生产；②市场原有企业的品牌信誉很高，在这样的行业，进入市场的一种常用方式是收购兼并品牌信誉高的公司；

③经验曲线。经验曲线是指在给定的技术和规模下，随着经验的增加而带来的成本优势。在这种情况下，面临成本劣势的新进企业应当避免直接竞争，采取其他渠道进入市场。该理论的重要贡献在于突破了"组织自发展"视角的局限，将企业竞争战略引入决策模型，避免了"成本最小化"的思维定式。但该理论主要是对投资进入模式进行解释，未涉及更多模式的比较，它仅适用于寡头企业的投资行为，对一般企业则缺乏普遍意义。

（五）国际化发展路径模型的视角

国际化发展路径模型（Uppsala School，又称为北欧学派）通过引入心理距离、经验知识两个概念解释了公司进行国际化的过程（Johanson & Weidersheim - Paul，1975）。该理论认为，心理距离会影响一个公司对市场的选择，而经验知识会影响一个公司利用资源的模式。根据国际化发展路径模型，随着企业国际化经营经验的积累，企业进入国外市场的方式是不断变化，并且这种变化是遵循一定的轨迹的。基本遵循的轨迹如下：偶尔的间接出口→直接出口（通过海外代理商或建立海外营销机构)→建立生产性合资公司→建立生产性独资公司。企业国际化是一系列渐进决策的结果，是不确定性递减与经验学习的过程，这是由于随着企业对外围市场知识的增加，企业会提高资源承诺，相应选择控制程度更高的进入模式（Johanson & Vahlne，1977）。

海外经验丰富的公司更倾向于采取独资子公司模式而不是契约模式或者合资模式。企业的每一次投资都是逐渐降低关于当地习俗、消费者偏好和市场结构方面不确定的过程，同时又是加强与当地客户、供应商、竞争者和政策制定者联系的过程。遵循渐进的进入路径，企业与当地的联系逐渐加强，投资经验也逐渐加强，从而降低了高资源承诺进入方式的风险（Gomes Casseres，1989；Agarwal & Ramaswami，1992）。该理论的重要贡献是区分了销售性进入和生产性进入，其关注的是进入模式的控制程度和资源承诺，认为国际化现状是影响后续国际化的重要因素，认为国际化现状是影响后续国际化的重要因素，最初选取的影响因素主要考虑了国际经营经验的一个变量，而且这种经验主要是市场和文化方面的知识。发展阶段模型的隐含假设是当地市场知识是企业进入国际市场的主要限制因素，尤其是当国际市场进入为市场寻求型时，这与当时北欧学派的研究对象较为契合。由于局限于企业内部的知识和经验，该理论显然不能解释企业违反渐进路线的冒进策略，也不能有效地区分绿地投资和收购两种独资企业的情况，而且早期的研究大多关注单一业务的进入模式，较少从动态角度研究不同业务进入顺序问题，因此后来的研究者对理论进行了补充和修正。

（六）制度理论的视角

制度理论，考察公司如何进入并在一个由一定规则、规范和价值定义的制度环境中运营。该理论认为企业往往遵守他们所处环境中通行的规则，以获得自己的合法性和生存（DiMaggio & Powell，1983）。制度理论认为企业在对外直接投资时，会面临东道国不同制度环境的挑战，承受来自陌生的制度和文化差异的压力。因此在进行海外投资进入模式选择决策的过程中，不仅需要考虑母国制度环境，还要关注东道国的制度环境。一些学者应用该理论指出，跨国公司的子公司面临来自内（母国）、外（东道国）部环境的整合压力（Kostova & Zaheer，1999），如全球一体化和当地化的压力（Prahalad & Doz，1987）。海晶（Harzing，2002）引用该观点解释跨国公司内部化战略对其建立模式的选择的影响，她认为遵循全球化战略的跨国公司的子公司面临内部整合的强大压力，而采取多样化国内政策的子公司则面临巨大的外部整合压力。根据她的观点，内部整合更易通过绿地投资实现，因为该投资允许跨国公司的资源从一开始就进行部署；而外部整合则更容易通过收购实现，因为他们已经成为嵌入东道国环境中的当地企业。结果，实施全球化战略的跨国公司偏好绿地投资，而采用多样性国内战略的跨国公司倾向于收购。

邓宁（Dunning，2006）指出，基于区位的制度和制度性框架应该成为研究国际商务活动决定因素的重要方面。而且一个国家制度的内容和质量的提升将极大地影响个人和组织财富创造的过程，也会对跨国公司 FDI 的流入和流出产生巨大影响。东道国以及超国家机构在专利保护、银行管制、反腐败立法透明度以及安全等方面的制度性建设都会影响到跨国公司的制度性竞争优势。对产业层面的有关规定的反应也会采取不同的激励结构。再比如，一个公司可能拥有一种能潜在产生低成本优势的特有资源，但是东道国因素不适合的话就不可能产生这种优势。如果必要的原材料或劳动力无法进入，或者政局不稳或经济风险大，成本将会增加。同样地，东道国政策也会对一个外国公司的竞争优势产生负面影响。例如，东道国为了保护国内工业会对外国企业进口某种资源实行最高的数量限制，甚至不允许进口。总之，跨国公司在东道国形成竞争优势的能力很大程度上依赖于产生这种优势的资源转移到东道国的程度，也依赖于这些特定资源与东道国相关要素相融合的程度。

常和麦琪若（Chan & Makino，2007）认为，跨国公司在面临东道国的制度压力时，会尝试向其子公司让出一部分股权来换取合法性。制度因素会影响跨国公司在国外投资时选择的进入模式，直接影响采用合资子公司和全资子公司的数量。他们还认为，采用合资子公司时拥有多数股权，相同股权和少数股权的不同情况，而这三种合资形式提供了外国合法性管理的一个信号。另外，选择合资还是独资体现了一个重要的市场进入决定，而当选择合资作为进入模式时，跨国公司已准备好了用股权来交换合法性。他们还从多水平的制度环境角度来考虑跨国公司选择怎样的股权结构，即分别从东道国，当地工业及母公司这三个方面考虑。跨国公司在投资新的子公司时，当面临来自东道国和当地工业的很大的压力时，为了获得在东道国或当地工业的外部合法性，将更倾向于占有一个较低的股权份额。而在母公司这一角度考虑，当面临来自母公司内部很大的压力时，为了维系内部合法性，将倾向于占有较高的股权份额。而当东道国政局不稳时，跨国公司将更倾向于牺牲股权份额来换取合法性。此外，跨国公司在投资新的国外子公司时，会参考和其相同母国的其他跨国公司之前的投资行为。采用拥有相同股权和少数股权的合资形式的数量越多，它将倾向于占有越低的股权份额；采用拥有多数股权的和全资子公司的数量越多，它将倾向于占有较高的股权份额。并且东道国政局的不稳对跨国公司占有在该国子公司股权份额有消极影响。在东道国和当地工业的政局不稳定会削弱第二种积极关系，加强第一种消极关系。并且从制度环境角度考虑，这种关系在当地工业水平上比国家水平有更强烈的体现。

东道国环境的不确定性确实非常值得研究。不确定性（如高国家风险、高交易成本）意味着更高水平的垂直内部化。由于相联系的合理性，在很不确定的情况下，为了与合作者订立合约而预测未来不测事件是很困难的。因此，内部化活动可能对接受外部不确定性很有帮助。但是，交易成本因素忽略了策略灵活性的优势。在高风险国家，如果最初的模式由于环境未知的变化，变得不那么有效率，企业可能必须保持必要的灵活性以改变为不同的进入模式。当不确定性产生一种条件，投资机遇的价值不能被准确地预测，企业因此会通过最初较低的投资，来得到未来投资的选择。合作进入模式在这种情况下十分有吸引力。更进一步，从资源禀赋的观点，高国家风险意味着需要保护企业的资源，以及建议避免全部的所有权。法规限制可能降低建立全资子公司的可能。如果企业需要面对来自东道国政府接受的进入方式的压力，企业可能更愿意采用相应鼓励的进入方式。新制度理论强调社会的观点（特别是同行的和合法的），而法规限制的影响通常不只在法律和经济方面。法规限制减少对企业来说可行的进入方式是鼓励与当地合作者的合作安排和限制在东道国的全资子公司的规则改变原有进入方式的优势（Delio & Beamish, 1999）。

跨国公司在面临东道国的制度压力时，会尝试向其子公司让出一部分股权来换取合法性。制度因素会影响跨国公司在国外投资时选择的进入模式，直接影响采用合资子公司和全资子公司的数量。他们还认为前人的研究忽略了一个重要方面，即采用合资子公司时拥有多数股权、相同股权和少数股权的差异性，而这三种合资形式提供了外国合法性管理的一个信号。另外，选择合资还是独资体现了一个重要的市场进入决定，而当选择合资作为进入模式时，跨国公司已准备好了用股权来交换合法性。他们还从多水平的制度环境角度来考虑跨国公司选择怎样的股权结构，即分别从东道国，当地工业及母公司这三个方面考虑。跨国公司在投资新的子公司时，当面临来自东道国和当地工业的很大的压力时，为了获得在东道国或当地工业的外部合法性，将更倾向于占有一个较低的股权份额。而在母公司这一角度考虑，当面临来自母公司内部很大的压力时，为了维系内部合法性，将倾向于占有较高的股权份额。而当东道国政局不稳时，跨国公司将更倾向于牺牲股权份额来换取合法性。政局的稳定情况是影响投资行为的重要因素（Makino & Chan，2007）。

制度理论考察公司如何进入并在一个由一定规则、规范和价值定义的制度环境中运营（Davis et al.，2000）。制度理论的一个重要的原则是同质性。内在的同质性的压力对决策者进入方式选择有很大影响（Brouthers，2002）。制度性因素对跨国公司股权战略选择行为发挥着重大影响，国家风险、东道国政府股权比例管制乃至文化差异都是重要影响因素，（Beamish & Banks，1987）；Contractor & Lorange，1988）等。这些研究强调制度性因素对跨国公司占股比例选择的影响。比如，法规限制可能降低建立全资子公司的可能性。相比全资子公司，法规限制与合作进入方式的正相关更多。再比如，以企业母国文化特征为代表的权力距离与建立全资子公司间，有着很强的正面联系。而国家的风险、法规的限制、市场增长和市场规模与全资子公司间有着负面的联系。对国际投资更为开放的国家，国外企业可能更愿意从熟知的企业和长期供应商（更可能来自其本国）那里采购。这使这些国家的全资子公司变得更有吸引力。

跨国公司进入模式的选择受文化距离的影响，也即是一国公共价值观与其他国家的差异程度。与一国文化距离越大，跨国公司转移无形资产（如组织和管理实践等）到该国的子公司的成本就越高（Hennart，2000）。不过，成本的上升在新建子公司和被收购的子公司之间会有不同。转移到被收购的子公司的成本随文化距离的增大有明显增加，这是因为该子公司的员工需要习惯不同的业务。文化距离越大，员工对跨国公司收购方企业的熟悉度和舒适度越低，因此跨国公司将公司的业务成功实施到被收购的子公司中去的难度就越大。相反，新建子公司的转移成本很难随文化距离而变化，因为他们可以雇用新的员工（包括当地员工），这些员工更容易接受子公司的业务。跨国公司是否选择绿地投资或者收购，也应与母国和目标国间的文化距离有关（Larimo，2003）。

（七）组织学习的视角

组织能力理论把企业看作一系列能力和知识（包括组织、技术和个人能力）

的集合。企业如何进入国际市场是一个企业"边界"的问题，它直接受企业能力形成和发展的制约。组织能力理论主要从企业组织机构内部的学习推广信息技术的角度，考察企业的"知识结构"和传授能力，重点在于理解与产品技术知识不同的组织知识和技术，以及这些组织知识和能力对选择市场进入方式的影响。巴克马和维慕能（Barkema & Vermeulen, 1998）从组织学习的角度研究跨国公进入模式的选择。该观点假设不同背景下的公司面临各种各样旨在加强其知识基础和技术能力的想法和行为，认为在许多国家开展业务的跨国公司可能已经掌握了许多技能。因此，具有一定国际经验的跨国公司可能对绿地投资有明显的偏好知识的默会性越高，其向全资子公司转移的可能性越大；知识的可编码性和可传授性越强，转移到合作伙伴的可能性越大；知识复杂性的提高意味着其可教授性的降低，转移到合作伙伴那里的难度增强，采用全资子公司就是一种常见的选择（Kogut & Zander, 1996）。

跨国公司 FDI 的目的在于发挥竞争优势，包括技术开发和资源互补，维护技术垄断地位。跨国公司不断发展其技术能力和隐性技术经验，从而实现技术的动态积累过程。海格杜恩（Hagedoorn, 1993）指出，全球化使企业更多地采用外部资源来减少创新的时间、成本和风险，并使其运作更具灵活性。全球化带来的合同执行的改善、交易和执行成本的下降使企业比以前更容易确认、建立和监督协作性关系，因此层级制控制和完全内部化已不再是跨国公司的首选，特别是在创新领域。有大量的实证研究表明，自 20 世纪 90 年代以来，资产寻求型或资产互补型的 FDI 的重要性在不断上升。科慕勒（Kuemmerle, 1996）发现，制药和电子部门的大型跨国公司在海外研发基地的增加主要是为了获得新知识而不是利用现有知识。从组织学习的角度看，跨国公司的优势在于它能够获取多个地区的当地知识或技术。研究表明，外国跨国公司在美国的子公司可以大量地吸取当地企业的技术。同样地，美国在国外的子公司也更倾向于使用当地专利（Almeida, 1996）。有学者通过研究美国的生物技术产业发现，在该产业投资的外国企业的主要目的是获得当地企业的先进技术。而且外国跨国公司在美国生物技术企业进行股权投资时还伴随高水平的专利购买活动，因此可以获得国家特定的或企业特有的技术优势。近来的研究正在探讨知识开发与知识运用的关系。而跨国公司的优势就是它能够获取多个地区的当地知识或技术并加以开发和运用（Shan & Song, 1997）。根据多茨等（Doz et al., 1997）的研究，现在正出现一种"无国界"企业。这些企业能够同时在世界范围内获得当地化或特定市场的知识和技能并将其加以组合。由于以知识为基础的资产分布的分散性以及资产增强活动的日益专业化，企业更有必要开发国外的互补性资产和协同性资源。企业必须确认这些资产的来源并有效地获得，然后与自己现有的核心能力加以整合，这样可以创造更大的竞争优势。科恩和列温索尔（Cohen & Levinthal，1990）认为，知识创造与知识转移之间具有互补性。如果吸收能力是接受者知识储备的一种功能，那么使用知识就不能与创造知识截然分开。因此，跨国公司从母国基地向其海外子公司转移知识的能力很大程度上要看海外子公司本身是否从事知识开发。企业开发和应用知识的机制以及企业相对于其他制度形式的优点关键要看特定知识的具体特点。虽然在信息以及其他显性知识方面的市场失灵的根源是众所周知的，但在隐性知识方面，跨国公司的优势才更加明显。

班伯格（Bamberger，1991）等将组织学习能力范畴引入交易费用的研究框架，发展出国际经营的动态阶段论。他们认为，管理者要善于洞察国际市场环境，把握时机，通过不断进行组织变革和经营创新，分阶段地推进国际化进程。随着自身经验和资源禀赋的积累，逐渐提高进入方式的控制程度。具体而言，企业在国际化起步阶段，应先全面搜集国际市场信息；在此基础上，如果观测到海外投资的潜在收益可能性，可从出口和技术许可证等非股权模式开辟东道国市场；在对东道国有较深了解并有足够的市场基础上，再拓展并购、合资、战略联盟等形式的合作，最后通过独资兴建企业，将东道国的优势资源整合到跨国企业内部。

从组织学习的角度看，并购和战略联盟都是企业的外部成长方式，但是并购和战略联盟是有显著区别的。并购是将目标企业纳入自己的企业内部，也就是控制其所有权，然后通过内部的组织安排将各种有价值的技能加以消化吸收。而战略联盟则是通过建立一个学习基地，形成一个独立性很强的正式组织来实现学习。比如通用与丰田汽车组建 NUMMI 合资企业来实现各自的学习目标。克莱斯勒与三菱公司组建股权对等的合资企业其目标就是学习日本的管理和制造技术，以获得第一手的管理经验。虽然通过联盟学习，风险和成本较小，但由于伙伴之间仍然存在竞争，因此有些关键技能难以学到。通过并购学习的优点是学习比较有保障，在内部通过行政或组织手段可以推进学习，缺点是必须建立在能够并购目标企业的前提之上，而现实中有很多企业是值得学习的，但却难以将之并购。再者，从发展中国家的点来看，内部化方式的最大缺陷在于受到跨国公司"所有权优势"的控制。虽然跨国公司有效的内部技能与知识市场使之很容易地在公司内部使用新技术，但这个过程可能会阻碍东道国经济中学习过程的进一步深化和溢出。而且，相比当地公司以外部化技术转让方式购买许可证或设备并完善所获取的技术，内部化方式可能会使子公司很少努力去对技术进行吸收、适应性调整或进行创新（联合国贸易与发展会议，1999）。

有学者对多行业经营的跨国公司（即产品多元化跨国公司）进行了类似的研究。这些跨国公司也可能已经具备多种技能，因此也会偏好绿地投资。这一情况适用于任何生产多元化的水平。但是，如果跨国公司经营的行业数量大到一定程度，其对建立模式的选择则会从绿地投资改为某一种收购。而当广泛多元化的跨国公司的高层管理人员无法对公司所暴露的所有问题和想法做出反应时，将会促使他们将公司的结构转变为 M 型。因为在 M 型企业中各部门间联系松散，也就很难实现知识的转移。结构的这一改变限制了组织内部的学习，导致企业只能掌握较少的知识技能，因此收购的可能性增加。据此学者们预测了跨国公司产品多样化水平与对绿地投资偏好之间的关系呈倒 U 型曲线（Barkema & Vermeulen，1998）。

结论

总之，企业进入国外市场有很大的风险性，比如信息不对称以及外国经营环境的陌生性导致的成本和风险。为研究进入方式选择问题，学者们采用各种各样的理论视角，虽然大多仍然使用交易成本和国际生产折衷理论的研究框架。但是事实上，资源基础理论和组织学习理论也很值得关注。到目前为止，也有不少文章研究交易成本和资源基础理论之间的互补性。两种理论互补的本质基于这样的假设：特定资产和特定能力有着共同的特征，即难以交易和模仿。一些学者认为，任何一种理论都难以解释企业间的合作，需要将两者加以结合。交易成本理论主要强调企业作为组织经济活动单位的管理效率（从交易方面分析），资源基础理论则从资源角度强调竞争优势的能力。实际上，交易成本理论强调管理技能，资源基础理论强调生产技能。

就股权和非股权安排来看，跨国公司并购和战略联盟可以说是两个有代表性的进入方式。跨国公司可以通过收购当地企业来进入外国市场，也可以通过组建战略联盟利用当地伙伴的设施、知识和关系。在新产品开发方面，战略联盟可以用来集聚不同企业的技术诀窍和专家。如果目标企业的资源并不都是有价值的，或者当并购无法轻易地处置累赘或无用的资源时，战略联盟就成为较好的选择。当企业不想获得的资产是难以分离出去时，战略联盟可以使企业获得它想要的资产，而不去理会不想要的资产。也就是说，战略联盟的显著优势是可以获得它最想要的那些资源。

跨国战略联盟与跨国并购反映了企业全球性重组战略，是企业面对全球化以及技术变化的挑战的战略抉择。一方面，企业积极地参与兼并、收购，特别是在相同的或相关的领域在全球范围内出售其非核心业务，收购战略资产来增强其核心竞争力。另一方面，沿着价值链或在价值增值链之间企业又有"非内部化"的趋势。战略联盟不涉及参与企业的所有权结构的变化。由于其合作是以松散的形式进行，因此面对瞬息万变的市场环境和不可预测的新的竞争产品的出现，企业有更大的灵活性，有更多的选择机会。非股权联盟使参与企业能够迅速改变其战略。

学习型战略联盟是最适合的转移隐性知识的工具。只有在这种战略联盟中，干中学、干中教的互动式学习才成为可能。战略联盟可以创造一个便于知识分享、移动的宽松环境，采取人员交流、技术分享等方式来增强联盟各方的联系，从而使经验性知识有效地移植到联盟各方，进而扩充乃至更新企业的核心能力，真正达到企业间合作的目的。

参 考 文 献

［1］陈宝森：《美国跨国公司的全球竞争》，中国社会科学出版社 1999 年版。

［2］陈朝高：《西方跨国公司经营战略》，时事出版社 1996 年版。

［3］康荣平：《大型跨国公司战略新趋势》，经济科学出版社 2001 年版。

［4］刘海云：《跨国公司经营优势变迁》，中国发展出版社 2001 年版。

［5］联合国贸易与发展会议：《1999 世界投资报告》，中国财政经济出版社 2000 年版。

［6］席酉民：《跨国企业集团管理》，机械工业出版社 2002 年版。

［7］阎大颖：《企业能力视角下跨国并购动因的前沿理论述评》，载于《南开学报》2006 年第 4 期。

［8］Agarwal, S. and Ramaswami, S. N. , 1992：Choice of Foreign Market Entry Mode：Impact of Ownership, Location and Internalization Factors, Journal of International Business Studies, 23 (1), pp. 1 – 27.

［9］Almeida, Paul, Jaeyong Song and Robert M. Grant, 2001：Are Firms Superior to Alliances and Markets? An Empirical Test of Cross-border Knowledge Building, Working Paper.

［10］Anderson, Erin and Hubert Gatignon, 1986：Modes of Foreign Entry：A Transaction Cost Analysis and Propositions, Journal of International Business Studies, 17 (Fall), 126.

［11］Anderson, Erin and Anne T. Coughlan, 1987：International Market Entry and Expansion Via Independent or Integrated Channels of Distribution, Journal of Marketing, 11.

［12］Anne Canabal, 2008：Entry mode research：Past and future, International Business Review 17, pp. 267 – 284.

［13］Bamberger, P. , 1991：Reinventing innovation theory：Critical issues in the conceptualization, measurement, analysis of technological innovation. Research in the Sociology of Organizations, 9, pp. 265 – 294.

［14］Barkema HG, Vermeulen F. , 1998：International expansion through start-up or through acquisition：a learning perspective. Academy of Management Journal 41 (1), pp. 7 – 26.

［15］Barney, J. B. , 1991：Firm resources and sustained competitive advantage, Journal of Management, 17, pp. 99 – 120.

[16] Barney, J. B., 2001: Is the Resource – Based View a Useful Perspective for Strategic Management Research? Academy of Management Review, 26 (1), pp. 41 – 56.

[17] Brouthers, K. D., 2002: Institutional, cultural and transaction cost influences on entry mode choice and performance. Journal of International Business Studies, 33, pp. 203 – 221.

[18] Brown, J. R., Dev, C. S. and Zhou, Z., 2003: Broadening the foreign market entry mode decision: separating ownership and control, Journal of International Business Studies, 34 (5), pp. 473 – 488.

[19] Buckley, Peter J. and M. Casson, 1976: The Futures of Multinational Enterprises, Macmillan, London.

[20] Buckley, P. and Casson, M., 1998: Analyzing Foreign Market Entry Strategies: Extending the Internalization Approach, Journal of International Business Studies, 29, pp. 539 – 562.

[21] Buckley, P., 2004: Globalization, Economic Geography and the Strategy of Multinational Enterprises, Journal of International Business, 35, pp. 81 – 89.

[22] Peter J. Buckley, Clegg J, Cross A, Zheng P, Voss H. and Liuxin, 2007: The Determinants of Chinese Outward Foreign Direct Investment, Journal of International Business Studies 38, pp. 499 – 518.

[23] Cantwell, J., 1989: Technological innovation and multinational corporations, Oxford, Basil Blackwell.

[24] Cantwell, J., 1995: The Globalization of Technology: What Remains of the Product Cycle Model?, Cambridge Journal of Economics, Vol. 19, No. 1, pp. 155 – 174.

[25] Cantwell, J. and Mudambi, R., 2005: MNE Competence-creating Subsidiary Man-dates, Strategic Management Journal, Vol. 26, No. 12, pp. 1109 – 1128.

[26] Cantwell, J. and Mudambi, R., 2011: Physical Attraction and the Geography of Knowledge Sourcing in Multinational Enterprises, Global Strategy Journal, Vol. 1, pp. 206 – 232.

[27] Cantwell, John, 1989: Technological Innovation and Multinational Corporation, Oxford: Basil Blackwell.

[28] Cantwell, John and Narula, Rajneesh, 2001: The Eclectic Paradigm in the Global Economy, MERIT – Infonomics Research Memorandum Series.

[29] Cantwell, John, 1990: Technological Accumulation and Third World Multinationals, Discussion Paper in International Investment and Business Studies, Working Paper, No. 139, University of Reading.

[30] Casson, Mark, 2000: Economics of International Business: A New Reasearch Agenda, Edward Elgar.

[31] Chan, Christine M, Shige Makino and Takehiko Isobe, P. W. Beamish, 2006: Interdependent behavior in foreign direct investment: the multi-level effects of prior entry and prior exit on foreign market entry, Journal of International Business Studies, 37, 5, pp. 642 – 665.

[32] Chan, Christine M, Shige Makino, Takehiko Isobe, P. W. Beamish, 2007: Intended and unintended termination of international joint ventures, Strategic Management Journal, June 14th.

〔33〕Chang, S. J. and Rosenweig, P. M., 2001: The Choice of Entry Mode in Sequential Foreign Direct Investment, Strategic Management Journal, Vol. 22, No. 8, pp. 747 – 776.

〔34〕Cohen, W. M. and Levinthal, D. A., 1989: Innovation and Learning: the Two Faces of R & D, Economic Journal, Vol. 99, No. 397, pp. 569 – 596.

〔35〕Cohen, W. M. and Levinthal, D. A., 1990: Absorptive Capacity: a New Perspective on Learning and Innovation, Administrative Science Quarterly, Vol. 35, No. 1, pp. 128 – 152.

〔36〕Contractor, F. J., 1990: Ownership Patterns of U. S. Joint Ventures Abroad and the Liberalization of Foreign Government Regulations in the 1980s: Evidence From the Benchmark Surveys, Journal of International Business Studies, 21, pp. 55 – 73.

〔37〕Coase, R. H., 1937: The Nature of the Firm, Economica, 4.

〔38〕Collis, David J. and Cynthia A. Montgomery, 1995: Competing on Resources: Strategy for the 1990s, Harvard Business Review, 73 (July – August), 118 – 128.

〔39〕Conner, Kathleen J., 1991: A Historical Comparison of Resource-based Theory and Five Schools of Thought Within Industrial Organization Economics: Do We Have a New Theory of the Firm? Journal of Management, 17 (March), pp. 121 – 154.

〔40〕Contractor, F. J., 1990: Ownership Patterns of U. S. Joint Ventures Abroad and the Liberalization of Foreign Government Regulations in the 1980s: Evidence From the Benchmark Surveys, Journal of International Business Studies, 21, pp. 55 – 73.

〔41〕Contractor, F. J. and Peter Lorange, 2002: The Growth of Alliances in the Knowledge-based Economy, Pergamon Press, pp. 3 – 4.

〔42〕Contractor, Farok J., 1984: Choosing Between Direct Investment and Licensing: Theoretical Considerations and Empirical Tests, Journal of International Business Studies, 15 (Winter), pp. 167 – 188.

〔43〕Contractor, Farok J. and Sumit K. Kundu, 1998: Franchising Versus Company – Run Operations: Modal Choice in the Global Hotel Sector, Journal of International Marketing, No. 3.

〔44〕Contractor, F. J. and Lorange, P. 1988: Why should firms cooperate? The strategy and Economics Basis for Cooperative Ventures, in Contractor and Lorange ed. Cooperative Strategies in International Business. New York: Lexington Books.

〔45〕Das, T. K, Bing – Sheng Teng, 2000: A Resource – Based Theory of Strategic Alliances, Journal of Management, Vol. 26. No. 1.

〔46〕Davis, P. S., Desai, A. B., and Francis, J. D. 2000: Mode of international entry: An isomorphism perspective, Journal of International Business Studies, 2, pp. 239 – 258.

〔47〕Delios, A. and Beamish, P. W., 1999: Ownership strategy of japanese firms: transnationalnal, and experiences influences, Strategic Management Journal, 20, pp. 915 – 933.

〔48〕Deresky, H., 1994: International Management: Managing across borders and cultures, New York: Harper.

〔49〕DiMaggio, P. J. and Powell, W. W., 1983: The iron cage revisited: Institutional isomorphism and collective rationality in organizational fields, American Sociological Review, 48,

pp. 147 – 160.

［50］Dirk Morschett, Hanna Schramm – Klein and Bernhard Swoboda, 2010: Decades of Research on Market Entry Modes: What do We Really Know about External Antecedents of Entry Mode Choice? Journal of International Management, 16, pp. 60 – 77.

［51］Doz, Y., Asakawa, K., Santos, P. and Williamson, P., 1997: The Multinational Corporations, INSEAD working paper series, 97/60/SM.

［52］Dunning, J. H. and Narula, R. （2004）, Multinational and Industrial Competitiveness: A New Agenda, Cheltenham: Edward Elgar.

［53］Dunning, J. H., 1980: Toward an Eclectic Theory of International Production: Some Empirical Tests, Journal of International Business Studies, 11, pp. 9 – 31.

［54］Dunning, J. H., 1988: The Eclectic Paradigm of International Production: A Restatement and some possible Extension. Journal of International Business Studies, 19, pp. 1 – 31.

［55］Dunning, J. H., 2000: Globalization and the Theory of MNE Activity, from Neil Hood and Stephen Young, The Globalization of Multinational Enterprise Activity and Economic Development, Macmillan Press LTD.

［56］Dunning, J. H., 1995: Reappraising the Eclectic Paradigm in An Age of Alliance Capitalism, Journal of International Business Studies, No. 3.

［57］Dunning, J. H., 2001: The Eclectic （OLI） Paradigm of International Production: Past, Present and Future, International Journal of the Economics of Business, Vol 8, No. 2.

［58］Dunning, J. H., 2000: Globalization and the Theory of MNE Activity, from Neil Hood and Stephen Young, The Globalization of Multinational Enterprise Activity and Economic Development, Macmillan Press LTD.

［59］Dunning J. H., 2001: A Rose by Any Other Name? FDI Theory in Retrospect and Prospect, University of Reading and Rutgers University.

［60］Dunning J. H., 1997: Alliance Capitalism and Global Business, London and New York: Routledge.

［61］Dunning J. H., 1993: Multinational Enterprises and the Global Economy, Wokingham, Berkshire: Addison Wesley.

［62］Dussauge P, Garrette B. and Mitchell W. 2000: Learning from competing partners: outcomes and durations of scale and link alliances in Europe, North America and Asia ［J］. Strategic Management Journal, 21 （2）, pp. 99 – 126.

［63］Elango, B. 2005: The Influence of Plant Characteristics on the Entry Mode Choice of Overseas Firms, Journal of Operations Management, 23, pp. 65 – 79.

［64］Erramilli, M. Krishna, 2004: Resource-based Explanation of Entry Mode Choice, Journal of Marketing, Winter, pp. 1 – 19.

［65］Galbreath, Jeremy., 2005: Which resources matter the most to firm success? An exploratory study of resource-based theory, Technovation, Volume 25, Issue 9, September, pp. 979 – 987.

［66］ Gatignon, Hubert and Anderson, 1988: The Multinational Corporation's Degree of Control Over Foreign Subsidiaries: An Empirical Test of a Transaction Cost, 4 (2), pp. 305 – 336.

［67］ Glaister, K. and P. Buckley, 1996: Strategic motives for international alliance formation, Journal of Management Studies Vol 33, pp. 301 – 332.

［68］ Gomes – Casseres, B., 1990: Firm Ownership Preferences and Host Government Restrictions: An Integrated Approach, Journal of International Business Studies, 21 (1), pp. 1 – 22.

［69］ Grant, Robert M., 1991: The Resource – Based Theory of Competitive Advantage: Implications for Strategy Formulation, California Management Review, 33 (Spring), pp. 114 – 135.

［70］ Graham, Edward. and Paul R Krugman, 1995: Foreign Direct investment in the United States, volume3.

［71］ Grant, R. M., 1991: Toward a knowledge-based theory of competitive advantage: implications for strategy formulation, California Management Review, 34, pp. 114 – 135.

［72］ Guisinger, S., 2010: From OLI to OLMA: Incorporating Higher Levels of Environmental and Structural Complexity into the Eclectic Paradigm, Pages 257 – 272, Published online: 21 July.

［73］ Hagedoorn, J. and Narula, R., 1996: Choosing modes of governance for strategic technology partnering: international and sectoral differences. Journal of International Business Studies, 27, pp. 265 – 284.

［74］ Hannan, M. and Freeman, J., 1984: Structural Inertia and Organizational Change, American Sociological Review, Vol. 49, pp. 149 – 64.

［75］ Harzing A. W. (2002). Acquisitions versus greenfield investments: International strategy and management of entry modes. Strategic Management Journal, 23, pp. 211 – 227.

［76］ Hennart, J. F., 1988: A transaction costs theory of equity joint venture, Strategic Management Journal, 9, pp. 361 – 74.

［77］ Hennart, J. F., 2009: Down with MNE – centric Theories! Market Entry and Expansion as the Bundling of MNE and Local Assets, Journal of International Business Studies, Vol. 40, pp. 1432 – 1454.

［78］ Hennart, J. F., 1986: Internalization in Practice: Early Foreign Direct Investments in Malaysian Tin Mining, Journal of International Business Studies, 17.

［79］ Hennart, Jean – Francois and Young – Ryeol Park (1993), Greenfield vs. Acquisition: The Strategy of Japanese Investors in the United States, Management Science, 39 (9), pp. 1054 – 1070.

［80］ Hennart J F, and Park Y R., 1993: Greenfield vs. Acquisition: The Strategy of Japanese Investors in the United States, Management Science, 39 (9), pp. 1054 – 1070.

［81］ Hill, C. W., P. Hwang and W. C. Kim., 1990: An eclectic theory of the choice of international entry mode, Strategic Management Journal, 11. pp. 117 – 12.

［82］ Hitt, Michael A., Duane A., Ireland and R. E, Hoskisson, 2007: Strategic Management, 8th edition, Southwwestern Cengage Learning, USA.

［83］ Hymer, Stephen. H., 1960: The International Operations of National Firms: A Study of

Direct Foreign Investment, MA: MIT Press.

[84] Johanson, J. and Vahlne, J. E., 1977: The Internationalization Process of the Firm—A Model of Knowledge Development and Increasing Foreign Market Commitments, Journal of International Business Studies, 8 (1), pp. 23 – 32.

[85] Johanson, J. and Wiedershim-paul, 1975: The internationalization of the firm: four Swedish cases, Journal of Management Studies, Vol. 12, pp. 305 – 322.

[86] Kim and Hwang, 1992: Global Strategy and Multinational's Entry Mode Choice Journal of International Business Studies, 23 (Spring), pp. 29 – 53.

[87] Kogut, B. and Singh, H., 1988: The effect of national culture on the choice of entry mode, Journal of International Business Studies, 19, pp. 411 – 432.

[88] Kostova and Zaheer, 1990: Organizational legitimacy under conditions of complexity: the case of the multinational enterprise, Academy of Management Review, 24 (1), pp. 64 – 81.

[89] Kogut, B. and Chang, S. J., 1991: Technological Capabilities and Japanese Foreign Direct Investment in the United States, Review of Economics and Statistics 73.

[90] Kugut, B. and Zander, U., 1996: What Firms Do: Coordination, Identity, and Learning Organization Science, 7, pp. 502 – 518.

[91] Kuemmerle, W., 1996: The Drivers of Foreign Direct Investment into Research and Development: An Empirical Investigation, Working Paper No. 96: 062, Boston: Havard Business School.

[92] Larimo, J. 2003: Form of Investment by Nordic Firms in World Markets, Journal of Busines Research, 56 (10), pp. 791 – 803.

[93] Madhok, A., 1997: Cost, value and foreign market entry: The transaction and the firm, Strategic Management Journal, 18, pp. 39 – 61.

[94] Makino, Shige, Christine M. Chan, Takehiko Isobe, and Paul W. Beamish, 2007: Intended and unintended termination of international joint ventures, Strategic Mangement Journal, June 14th.

[95] Makino, S. and Neupert, K., 2000: National culture, transaction costs and the choice between joint ventures and wholly owned subsidiary, Journal of International Business Studies, 31, P. 705.

[96] Michael Borrus and John Zysman, 1997: Globalization With Borders: The Rise of Wintelism as the Future of Industrial Competition, Industry and Innovation, December.

[97] Narula, R., 2003: Globalisation and Technology, Cambridge, Polity Press.

[98] Neil Hood and Stephen Young, 2000: The Globalization of Multinational Enterprise Activity and Economic Development, Macmillan Press LTD.

[99] Newburry, William and Yoram Zeira, 1997: Generic differences between equity international joint ventures (EIJVs), international acquisitions (IAs) and international greenfield investments (IGIs): Implications for parent companies, Journal of World Business, Elsevier, Vol. 32 (2), pp. 87 – 102.

[100] Pan, Y. and Tse, D. K., 2000: The Hierachical Model of Market Entry Modes. Journal of International Business Studies, 31, pp. 535 – 554.

[101] Paz Estrella Tolentino, 2001: From a Theory to a Paradigm: Examining the Eclectic Paradigm as a Framework in International Economics, International Journal of the Economics of Business, Taylor & Francis Journals, vol. 8 (2), pp. 191 – 209.

[102] Peng, M. W., Lee, S. H., and Tan, J. J., 2001: The Keiretsu in Asia: Implications for Multilevel Theories of Competitive Advantage, Journal of International Management.

[103] Peng, Mike W., 2001: The Resource – Based View and International Business, Journal of Management, 27 (6), pp. 803 – 829.

[104] Penrose, E. T., 1959: The Theory of the Growth of the Firm, Oxford University Press.

[105] Prahalad, C. K. and Y. L. Doz, 1987: The Multinational Mission: Balancing Local Demands and Global Vision, John Wiley & Sons, Ltd. Strat. Mgmt. J., Vol. 19, 97 – 114 (1998) Free Press, New York.

[106] Root, F. R, 1987: Entry Strategies for International Markets, Lexington: New York.

[107] Rugman, Alan M., 1986: New Theory of the Multinational Enterprise: An Assessment of Internalization Theory, Bulletin of Economic Research, May 19.

[108] Sharma, V. M. and Erramilli, M. K., 2004: Resource – Based Explanation of Entry Mode Choice [J]. Journal of Marketing Theory and Practice, 12 (1), pp. 1 – 18.

[109] Shan, W. and J. Song, 1997: Foreign direct investment and the sourcing of technological advantages: Evidence from the biotechnology industry, Journal of International Business Studies, Volume 28, No. 2, pp. 267 – 84.

[110] Shimizu, Katsuhiko and Hitt, Michael A., 2004: Theoretical foundations of cross-border mergers and acquisition: A review of current research and recommendations for the future, Journal of International Management, 10.

[111] Teece, D. 1992: Competition, Cooperation and Innovation: Organizational arrangements for regimes of rapid technological progress, Journal of Economic Behavior and Organization, 18.

[112] Wei, Y., Liu, B. and Liu, X. 2005: Entry Modes of Foreign Direct Investment in China: A Multinomial Logit Approach, Journal of Business Research, 58 (11), pp. 1495 – 1505.

[113] Wernerfelt, B., 1984: The Resource – Based Theory of the Firm, Strategic Management Journal, 5, pp. 171 – 180.

[114] Williamson, O. E., 1975. Market and Hierarchies. Free Press, New York.

[115] Williamson, O. E., 1985. The Economic Institutions of Capitalism. Free Press, New York.

跨国公司子公司理论流派及最新进展：
文献综述与理论分析

摘要：本文梳理过去 30 年有关跨国公司子公司理论的研究文献，对战略—结构流派、母子公司关系流派、子公司角色流派以及子公司发展流派的最新研究成果进行归纳和总结，比较全面地展示了跨国公司海外子公司理论研究的发展脉络。

关键词：跨国公司　子公司理论　全球化战略　当地化战略

一、引言

传统的跨国公司理论认为，子公司自身的发展和演变完全由外部因素决定。根据外部因素的不同，子公司的发展和演变又可细分为两种类型：即母公司决定型和当地环境决定型。母公司决定型是指跨国公司母公司决定子公司的资源分配以及责权利安排，子公司执行总部的计划和任务。母公司的决策和行为是决定子公司发展演变的主要因素，子公司完全处于从属和被支配的地位。

但是在全球化和越来越激烈的国际竞争背景下，在实现全球一体化和效率、地方敏感性和差异化以及全球创新和差异化等复杂挑战的过程中，跨国公司的海外子公司会根据其制度背景和内部能力承担不同的战略角色（Bartlett & Ghoshal，1986）。外国子公司所扮演的战略角色的不同，将导致总部与子公司关系发生变化。总部—子公司关系的背景包括以下因素：战略控制的轨迹、依赖和相互依赖的性质、共同价值的存在、决策的轨迹和战略的焦点（Bartlett & Ghoshal，1988）。因此，不同的总部—子公司关系环境将为跨国公司总部带来不同的治理问题。

在过去的 20 年里，跨国公司子公司管理及其理论成为国际战略管理领域的研究热点。伯金萧和胡德（Birkinshaw & Hood，1998）对当时已有的跨国公司海外子公司理论研究进行归纳总结后，首次创新性地将其划分为三大流派：母子公司关系（Headquarters – Subsidiary Relationship）流派、子公司角色（Subsidiary

Role）流派及子公司发展（Subsidiary Development）流派。2001 年，伯金萧在上述分类基础上进行补充，加入了战略—结构（Strategy – Structure）流派，更全面地展示了跨国公司海外子公司理论研究的发展脉络。

二、跨国公司子公司理论研究的不同流派和主要观点

（一）战略—结构流派

作为跨国公司海外子公司理论研究的最早分支，其思想基础是钱德勒的"结构跟随战略"，即企业的组织结构必须与企业的目标战略相适应，前者要随后者的变化做相应的调整。钱德勒（1966）研究了美国一些大型组织的结构如何受到增长和战略变化的影响。观察到的增长和战略通常涉及某种类型的国际扩张，最终导致一些外国所有权结构。劳伦斯和罗斯（Lawrence & Lorsch，1967）指出，组织的不同部分通常在时间、方向、目标、形式和其他行为方面存在差异。他们还讨论了如何根据组织所处的环境，通过不同程度的协作来实现工作的统一，通过集成来提高组织的效率。福纳克和斯托福德（Fouraker & Stopford，1968）的研究发现，大多数美国国际组织具有多样化的产品线和分散的部门结构。斯托福德和威尔斯（Stopford & Wells，1972）展示了如何通过全球产品部门或区域结构，提高外国产品的多样性和销售额占总销售额的比例，从而导致采用全球矩阵结构。他们提出的"阶段模型"，用企业海外销售的比重和产品的多样化程度作为衡量尺度，描述了跨国企业在国际化不同阶段其组织结构的演化过程。在过去的几十年里，这项工作得到了复制和扩展。最初的观点主要是跨国公司的企业中心。例如，丹尼斯等（Daniels，Pitts & Tretter，1985）发现全球功能结构的一致性和相对较低的产品多样性水平。此外，它们的探索性研究表明，随着企业的成长，它们通常会从一种结构转向另一种结构，典型的路径是从国际部门转向地区（或地理部门）结构。它们在世界不同的地方有许多不同的子公司（空间差异化），具有不同角色的子公司（水平差异化），在整个跨国公司中有许多不同的组织层次（垂直差异化）。波音公司就是一个非常差异化的组织的例子，它拥有数百家子公司，主要是高度专业化的公司，有的离西雅图很近，有的离西雅图很远，有的大，有的小。一个客机营销部门将与武器系统的研发工作大不相同。国际战略关注跨国公司的不同部门在多大程度上是整合和协调的，以及国际能力的创建和控制（Roth，Schweiger & Morrison 1991）。多国国内战略意味着跨国公司允许每个子公司独立经营，并相对独立，试图最大化每个子公司在自己的市场上的优势（Luo，2002）。这与上面开发的 LR 概念是一致的。全球战略意味着跨国

公司试图将整个组织作为一个整体来管理，以获得集体利益。这通常意味着子公司和总部之间的协调努力，更大的中央集权。然而，全球战略并不意味着必然使用"千篇一律"的方法对待它们的子公司。坎特和德雷特勒（Kanter & Dretler，1998）提到了以下关于全球战略的谬论："全球战略意味着在任何地方以同样的方式做每件事"和"全球化需要放弃国家形象和价值观"。同样，在权衡了"辅助性因素"和"东道国国家因素"后，伯金萧和胡德（Birkinshaw & Hood，1998）得出结论："子公司似乎需要一定程度的决策自主权"。

巴特勒和高赛尔（Bartlett & Ghoshal，1988）提出的"跨国组织"理论，大大发展了战略—结构流派。他们指出，在实现全球一体化的同时保持当地的灵活性是跨国组织的一个特征。该理论在 I－R（integration-responsiveness，即一体化—反应性）分析框架的基础上，将跨国公司分为多国组织、国际组织、全球组织以及跨国组织四类。不同组织类型下的跨国公司与海外子公司的不同关系会导致子公司的角色与地位差异化。一般来说，当地的竞争越激烈，经营环境越复杂，企业就越有自主权在当地做出反应。此外，全球市场越分散，本地客户需求越明显，本地采购需求越迫切，异质成本和贸易壁垒越多，全球化程度就越低，因此当地响应（LR）的必要性就越大。另外，行业全球化程度越高，一个国家的竞争对手和竞争基础与其他国家越相似，对 LR 的需求就越少，全球一体化的回报就越大。全球一体化（GI）的力量包括要求业务单位相似、与组织其他部分保持一致、避免冲突和实行各种形式的同构的制度压力。跨国公司采用全球化战略，通过协调其整体的全球努力，使其在不同地点的相对狭窄的活动范围。因此，这一战略需要对一体化机制作出认真承诺，以实现所需的协调、沟通、关键路径调度和信息及其他资源的共享（Prahalad & Doz，1987）。当地反应灵敏的子公司反映的竞争情况更类似于自主公司。因此，有必要制定战略结构或有事项，以提高子公司本身的效率是更加明确的。多国内战略要求跨国公司允许各子公司自行组织，以最大限度地发挥其作用。波特（Porter，1986）在 C－C（Configuration－Coordination Model）模型中讨论了跨国公司对活动的配置度和协调程度的选择。波特认为，在跨国公司战略的决定因素中有两个最为重要：其一是国际化活动的协调，跨国公司将分属不同国家相互联系的业务活动彼此连接起来，即是母子公司关系的一体化（Configuration）；其二是价值链活动的区位组态，在世界范围内跨国公司的经营活动如何布局，即与当地化有关的协调（Coordination）。将两个维度组合起来形成一个公司国际化战略的模型，提出四种公司层面的战略选择：（1）国家集中化战略，即公司内存在较低水平的协作，但经营活动却分散在不同的国家，子公司仅在本国市场经营；（2）出口型战略，即以活动集中，协作较少为主要特征，基于出口而采用营销分散的战略；（3）全球战略，尽管其子公司在全球分布，但通过经营职能的地区集中紧密合作以获得持续竞争优势；（4）高对外投资战略，即带有大量海外子公司之间协调的战略要求分散于不同地区的经营活动在区域或全球范围内高度协作。加里若和马提涅兹（Jarillo & Martinez，1990）的研究则体现出子公司适应外部环境的一体化——当地响应压力而实际采取的战略选择行为，他们把子公司战略角色分为三种：自治型子公司、积极型子公司和接受型子公司。与母公司或兄弟公司相对独立，拥有价值链中大多数经营环节的自治型子公司，实施自治性战略；只执行价值链中部分环节，并与关联公司高度一体化的接受型子公司，实施接受性战略；在当地开展很多价值活动而且与母公司或者其他子公司紧密协调的积极型子公司，实施积极性战略。

（二）母子公司关系流派

自 20 世纪 80 年代以来，母子公司关系流派开始逐渐成为海外子公司理论研究的主流，该流派研究重心放在决策的集权化和形式化，以及如何整合子公司的资产以使母公司的利益最大化上。跨国公司不仅是一个由承担生产、销售或服务职能的子公司所构成的高效网络，同时也是一个不断从全球范围内搜寻和获取资源、知识，进行整合、创造，进而不断获取和更新优势的企业。因此，对跨国公司母公司与子公司之间的关系，以及子公司扮演的角色需要重新审视。

对跨国公司母子公司关系研究的重视，主要是因为当时子公司多是局限于当地的销售和生产，母公司如何控制与协调子公司是一个非常重要的问题，因此所有子公司的研究都起始于子公司与母公司的联结（Birkinshaw & Hood，1998）。例如，多茨和普拉哈拉德（Doz & Prahalad，1987）认为，跨国公司母子关系的核心是母公司对子公司的控制，因此，他们分别从母公司对子公司的控制模式与控制工具方面进行了深入研究。高赛尔和若里尔（Ghoshal & Nohria，1989）则强调了母公司应针对子公司所处"结构化情境"来采取相应的控制与协调模式进行差异化管理。在跨国公司中盛行的三种不同的协调模式，分别是在日本跨国公司中主导的集权制模式（centralization）、在美国跨国公司中主导的正规化模式以及在欧洲跨国公司中主导的社会化模式（Bartlett & Ghoshal，1989）。此外，跨国公司通过子公司所在区位的差异寻求优势的来源也逐渐受到重视。罗斯和莫里森（Roth & Morrison，1992）发现有些子公司甚至会取代跨国公司母公司地位，成为跨国公司中某一全球产品主导者。自 20 世纪 80 年代后，跨国公司海外分支机构已经成为跨国公司研究中相当重要的研究层次与研究单位。在这种背景下，不能仅局限于对跨国公司母子公司间关系的研究，而是要注意到子公司在跨国公司网络中的差异化的角色分工（Taggart，1998）。

在跨国公司关系研究中，过去一直是以母子公司关系为主线，而各个子公司之间关系的研究并未得到重视。在母子公司间关系研究中所得到研究结论不一致的原因在于忽略了子公司与其他子公司是联结的网络，尤其在当今的跨国公司中，几乎所有的活动都牵涉到跨国公司内部每一个单位之间的互动（Birkinshaw & Hood，1998）。此外，跨国公司通过子公司所在区位的差异寻求优势的来源也逐渐受到重视。莫里森（Morrison，1992）发现有些子公司甚至会取代跨国公司母公司地位，成为跨国公司中某一全球产品主导者。

跨国公司作为一种组织形式的独特性在于不同的个体嵌入在不同的国家环境中，其关系网络也有很大差异。跨国网络是跨国公司增强当地反应能力，同时利用全球规模经济，寻找关键性知识和技能等优势的一种新的解决方案。高赛尔和巴特里特（Ghoshal & Bartlett，1990）将研究重点从对母子公司关系、海外投资转移到了管理现有海外子公司网络的协调任务以及对该网络的潜在范围经济所产生的竞争优势的分析等。他们提出了跨国公司差异化网络。跨国公司是一个组织间的系统，而非单一的组织。由于跨国公司各子公司的异质性，因此需要从微观的组织角度透过跨国公司网络来讨论跨国公司组织内的差异，建构一个更为完整的跨国公司运营框架。此外，他们还提出了组织间理论并发展了跨国公司内部的差异化组织间网络模型，该模型是基于跨国公司的一系列特性，如资源配置和权力分配、外部网络的结构特征等。

在国际商务文献中，许多学者对海外子公司向跨国公司提供核心资源、能力和竞争力进行了研究。从资源基础论来对跨国公司海外子公司的资源、能力和竞争力的发展给予进一步的分析，从内部和外部网络的角度探讨海外子公司是如何在网络中培育能力。有学者在研究 FDI 区位选择中将"网络关联"变量同"企业特定资源""区位特定因素"一起纳入整体框架中。他们通过对中国台湾企业的行为分析发现，由于中小企业缺乏将资源内部化的能力，但可利用网络资源来弥补其不足，中小企业热衷于外部关联，而较少或不擅长以 FDI 进行内部关联；中国台湾企业对美国的 FDI 属于战略关联，而对东南亚和中国内地的 FDI 是相关关联；小企业在 FDI 的区位选择上比大企业更易于相关关联（刘婷，2006）。

科古特（Kogut，1988）认为，股权结构是影响母公司控制权的核心要素。跨国公司到另一个国家或地区进行投资，首先要确定自己的股权战略，即是独资经营还是合资经营。在国际化管理研究中，对国外子公司股权结构的选择是一个十分关键的课题。跨国公司在进入外国市场时，面临是采用全资子公司的形式还是采用合资企业的形式的问题。若采用合资企业的形式，其面临的主要问题是股权应怎样在合伙人之间分配，分配股权的多寡将直接影响到利益的分配、奉献的分担和分享公司控制权的依据，因而成为影响合资各方对合资企业控制程度的最直接因素，其他控制手段，如关键职位的任命权、预算和资源分配权等，大多是股权的衍生物。

国外对股权结构战略选择从研究角度和方法的不同来划分，大体上有以下几种理论。第一种可称为内部化理论或交易成本理论（Wlliamson，1975；Buckley & Casson，1976）。这种理论强调，跨国公司倾向于通过提高股权占比，来解决因信息不对称、市场失效及机会主义行为等造成的内部交易成本过高的问题。交易成本理论的基本假设是企业将会内部化那些可以以较低成本运营的活动，而外包那些其他供应商具有成本优势的活动。第二种理论可称为讨价还价理论，认为跨国公司母公司与东道国政府的讨价还价实力，决定了其海外投资分支机构的股权结构（Kobrin，1987）。这个讨价还价的结果无疑受外方合资方、东道国合资方以及东道国政府讨价还价实力的影响（Dunning，1988）。第三种理论可称为资源决定论，认为跨国公司进行海外投资时，对当地战略资产和经营性资源依赖程度的大小，决定了其股权结构战略的选择，也就是说，跨国公司所拥有的资源或能力是企业战略形成的基础。跨国公司所拥有的资源或能力是企业战略形成的基础，任何企业，包括从事跨国经营的企业，都是由一组资源所构成的，这些资源可以是资金、人力资本、技术、管理技能、营销渠道和信息资源等等。企业的能力或优势取决于这些内部资源的构成和组合，企业只有通过合理配置和利用这些资源，才能充分发挥这些资源的效能，改善其市场绩效。第四种理论可称为制度因素影响论，它更多地强调制度性因素对跨国公司股权战略选择行为发挥着重大影响，认为国家风险、东道国政府股权比例管制乃至文化差异都是重要影响因素（Beamish & Banks，1987；Contractor & Lorange，1988）。

现实中，跨国公司母公司和子公司处于一个永久的讨价还价博弈过程，各方的权利怎样分配将直接影响到策略决定。伯金萧和胡德（Birksinshaw & Hood，1998）认为，能力和特许的变化是子公司发展的决定因素。能力的提高和特许的扩大导致子公司的发展，能力的降低和特许的丧失导致子公司的衰退。能力的变化可能超前或滞后于特许的变化，但最终能力应该与特许基本相符。多茨和普拉哈拉德（Doz & Prahalad，1981）首次提出了母公司对子公司长期保持控制权及影响子公司策略决定的困难性问题。伯金萧（2002）分析了跨国公司网络面临的组织挑战并提供了一些减少交易费用的建议。他在普拉哈拉德和多茨（Prahalad & Doz，1981）研究的基础上发现大量跨国公司的子公司在当地获得并发展了许多知识和权利，当地管理者做出许多使跨国公司整体利益最优化的决策，但这些决策常常不符合总部高层领导的意愿。

伯金萧和胡德（1998）从子公司角度考察，认为在大多数跨国公司内部存在各个子公司的竞争，并最终导致各个子公司角色地位的变化。他们认为，能力和特许的变化是子公司发展的决定因素。能力的提高和特许的扩大导致子公司的发展，能力的降低和特许的丧失导致子公司的衰退。能力的变化可能超前或滞后于特许的变化，但最终能力应该与特许基本相符。根据能力和特许的变化组合，子公司的演变模式可以归纳成下列五种：（1）母公司驱动型投资（Parent – Driven Investment，PDI）。（2）子公司驱动型特许扩大（Subsidiary – Driven Charter Extension，SDE）。（3）子公司驱动特许强化型（Subsidiary – Driven Charter Reinforcement，SDR）。（4）母公司驱动撤资型（Parent – Driven Divestment，PDD）。（5）子公司能力逐渐衰减型（Atrophy Through Subsidiary Neglect，ASN）。子公司良好的业绩会增加母公司对它的信任感和子公司在与母公司谈判中的地位，从而促进 PDI、SDE 和 SDR，阻碍 PDD 和 ASN。母子公司之间的融洽关系有利于它们之间的相互沟通，这会促进 PDI 和 SDE，抑制 PDD 和 ASN。子公司管理人员的创业冒险精神会促进 SDE 和 SDR，抑制 ASN。东道国的支持及其优惠措施会鼓励 PDI、SDE 和 SDR，抑制 PDD 和 ASN。东道国在整个跨国公司全局战略中的地位越重要，PDD 和 SDE 模式出现的可能性越大，PDI 和 ASN 模式出现的可能性越小。东道国要素投入的价格越低，PDD 和 SDE 模式出现的可能性越大，PDI 和 ASN 模式出现的可能性则越小。母公司和海外子公司之间紧张关系的起因是子公司要求自治的强烈愿望。

高赛尔和巴特里特（Ghoshal & Bartlett，1990）认为，母子公司以及子公司各单位之间的实际关系倾向于更具有联邦性，因为竞争性和相互依赖性并存。将跨国公司定义为联邦基于以下两个原因：（1）因为母公司及各个子公司的权利分配并不是平均的，而权利的多寡将直接影响到公司策略决定。（2）子公司的外部网络嵌入性高低是衡量子公司之间及母公司之间相互影响能力的一个重要指标（Andersson，Forsgren & Holm，2004）。

在有关子公司在跨国公司中发挥的影响的研究中，安德森等（Andersson et al.，2002）认为，子公司的外部嵌入性对产品的发展及公司发展进程的提升有积极作用。然而穆达比和拿瓦拉（Mudambi & Navarra，2004）认为，子公司对跨国公司的知识转移越多，越会削减母公司对它的控制。安德森等（Andersson，Forsgren & Holm，2004）融合了上述两个观点，认为母公司希望子公司致力于寻租行为以此来加大对子公司的控制。有关子公司的权利基础的研究方面，福雷斯根等（Forsgren et al.，1989）认为子公司在跨国公司内部的角色地位既基于外部也基于内部资源。子公司所处的当地环境被认为是一个重要的力量源泉，因为当地的环境是各个子公司差异的根本原因，母公司和子公司的关系不能被很好地理解，如果没有考虑到由于所处国家不同，不同子公司的主要客户群及政府权力是不同的（Doz & Prahalad，1993）。

福斯根等（Forsgren et al.，2000）把外部嵌入性作为解释子公司的能力发展的一个因素。当各方紧密地联系起来时，各方会更愿意也更易于进行信息的交换和交流，并且也更乐于向对方学习。子公司在变化的外部环境中识别新技术的能力以及随后的模仿学习该新技术的能力，都依赖于它和被学习方的关系是否紧密、跨国公司的网络系统是否紧密。当外部网络嵌入度很高时，子公司不仅能获得很高的学习、模范新技术的能力，并且也能通过在网络中于其他子公司的紧密联系与交流，发展出新的技术。首先，由于外部和内部嵌入要求公司识别、开发和管理潜在的有用的组织内部和组织内部关系，公司有限的资源意味着他们必须决定与哪些其他组织和/或部分组织连接。其次，管理人员对现有联系的社会和金融投资可能使他们不愿加强这些联系，从而可能导致一些不能增加公司知识的关系继续存在。最后，经理人对于设立新子公司的好处以及现有子公司的活动的不完全信息会影响投资决策。

安德森等（Andersson，Forsgren & Holm，2002）讨论了外部网络对子公司绩效和跨国公司竞争力培育的战略影响。子公司层面有两类关系嵌入影响了子公司的市场绩效和跨国公司竞争力培育，即业务嵌入（与外部网络中组织机构的交易关系）和技术嵌入（与其他组织间产品与生产技术开发的相互依赖性）。基于95家瑞典跨国公司子公司的调查表明，技术嵌入对两者具有显著影响，经营嵌入影响了姊妹公司的产品和过程发展及子公司的市场绩效。所以，子公司通过与个体单元之间的关联从外部环境中吸收新知识，这一行为对其市场绩效产生正的作用。同时，子公司吸收知识的能力在将知识转移到其他子公司的过程中对该子公司的战略地位产生影响。

有关子公司外部网络嵌入性的最新发展是由安德森等（Andersson，Forsgren & Holm，2002）提出：子公司的外部网络嵌入性越高，其在整个跨国公司策略决定的影响越大。子公司的外部网络嵌入性越高，其对其他子公司及母公司的能力发展越重要。子公司对其他子公司及母公司的能力发展越重要，其在整个跨国公司策略性决策的影响越大。母公司对子公司外部网络了解得越多，这个子公司在整个跨国公司中发挥的作用越小。子公司的外部网络嵌入性越高，母公司对该子公司外部网络了解得越多。子公司对其他子公司及母公司的能力发展越重要，母公司对该子公司外部网络了解得越多。

"网络化"子公司拥有高度的外部嵌入性（Fritsch，2015）。例如，一些日本和美国的制药和信息通信技术公司在英国投资以扩展他们的知识；为了有效运作，这些机构需要作为网络子公司运行，这些子公司的关键子公司员工拥有一些决策权。工会和工人也能够创造性地利用当地的制度资源，以提高公司一级培训的质量，改变了一些工人的技能，提高了特定类型知识的可用性（Kristensen &

Morgan，2012）。此外，由于文化、职业和部门的差异，任何特定企业的制度特征都可能是动态的（Allen，2013）。因此，任何特定的公司的动态、竞争和特定的母国制度环境将扩大知识寻求型子公司的共享权力，并使用特定的人力资源政策（Brewster，Wood & Goergen，2015）。因此，公司建立和管理不同类型的知识型子公司的能力会有所不同，而跨国公司寻求产生的知识的性质将影响子公司的嵌入性。总体而言，来自英国和美国等独立机构的企业，比来自日本等企业法人制度更有可能投资于知识扩张的海外子公司。由于处于独立机构制度下的公司在很大程度上是在孤立于其他组织的情况下发展竞争能力的，并且不依赖于其大多数员工对其能力的发展做出贡献（Allen，2013），它们必须自己管理风险，增加它们投资海外新机会的可能性。此外，它们的相对孤立意味着它们相对不受员工和业务伙伴的约束，提高了它们的海外投资能力（Whitley，2012）。在企业法人制度下，政府对国内大公司战略的影响以及商业协会在减少机会主义方面的作用将使这些公司能够与国内熟练的雇员分享一些权力。此外，国家支持和有影响力的商业协会可以促进大公司之间的联系（Whitley，2007）。

（三）子公司角色流派

对母公司而言，每个子公司都扮演着某种角色，承担着特定任务。随着海外子公司地位的提升，以子公司角色分类的研究逐渐受到重视，该领域的领头人——怀特和伯恩特（White & Poynter，1984）在分析加拿大跨国公司海外子公司后，对海外子公司进行角色分类，掀起了 20 世纪 80 年代学术界对海外子公司角色研究的热潮。他们依据子公司所承担的业务的不同，把海外子公司划分为微型复制品型、销售卫星型、合理化制造商型、产品专家型以及战略独立型五大类。对子公司角色分类的研究有两个基本目的：（1）母公司为提高竞争优势，在各个海外子公司间进行资源适度分配；（2）为海外子公司管理阶层提供建议以增强其竞争优势、增加与母公司的讨价还价能力（Taggart，1998）。同一个子公司所扮演的角色也会随着时间有所发展和演化随着时间发展，海外子公司通过它的网络关系或自身的发展可以积累有价值的能力和资源，这些能力导致海外子公司相对于母公司的地位显著提高（Birkinshaw & Hood，1998）。就目前的文献来看，国际学术界对子公司角色的研究共有四种类型：

（1）巴特里特和高赛尔（Bartlett & Ghoshal，1986）根据"海外子公司拥有的资源及能力"和"东道国市场的战略重要性"把海外子公司划分为战略领导者、贡献者、执行者和黑洞。而伯金萧和莫里森（Birkinshaw & Morrison，1995）指出，在跨国公司战略的整合反应框架内，三个基本的角色包括专业贡献者、本地实施者和世界授权：一是外国子公司作为专业贡献者。外国子公司作为专业贡献者，对总部的依赖程度较高，与同一跨国公司内的其他子公司的依赖程度较高。因此，外国子公司的行为和产出必须在协调的网络系统中相对可见。更重要的是，由于战略责任和战略控制在总部的范围内，外国子公司必须执行总部下达的战略，决策和规划的重心从外国子公司的管理者转移到总部。因此，总部的决策高度集中，以确保对全球竞争做出综合反应（Martinez & Jarillo，1989）。二是作为本地实施者的外国子公司。作为当地的实施者，外国子公司寻求在每个国家的产品、渠道和营销实践中满足不同寻常的当地需求。这导致外国子公司作为当地实施者的活动在很大程度上独立于国家各地点的其他子公司以及总部，因为识别和创建当地响应能力的能力。此外，由于战略责任和战略控制属于每一个外国子公司的范围，因此决策的地点从总部的管理者转移到子公司的管理者。因此，每个外国子公司的决策高度分散，以确保迅速和对当地情况敏感的反应。由于本地实施者在做出战略选择时拥有更大的选择余地（Hambrick & Finkelstein，1987），外国子公司主要是自给自足的，并奉行自己的战略。因此，为当地执行者提供了相当多的管理自由裁量权的机会，从而使子公司经理在决策方面受到较少的限制（Rajagopalan & Finkelstein，1992）。三是外国子公司作为世界授权。作为一项世界任务，外国子公司与总部共同制定和实施战略（Roth & Morrison，1992）。战略责任，通常以确保公司的总体目标仍然集中和协调在世界各地的总部，但战略控制则分散在整个组织的不同关键外国子公司，而不是集中在总部。作为一项世界任务，外国子公司在履行其全球任务时较少依赖总部，但与同一跨国公司内的其他子公司相互依赖。因此，即使附属机构作为一项世界任务在执行一项跨国战略方面发挥主导作用，它仍然是一个相互依存的网络系统的一部分。换句话说，当决策的重心转移到子公司时，子公司与其他子公司以及总部的相互依赖关系使得子公司仍然存在并在整个跨国公司的总体范围内活动。子公司对负责任的产品或服务的战略决策负责，但这并不一定意味着子公司拥有完全的自主权。此外，总部—子公司关系中存在的一套共同的价值观和目标可以发挥作用，减少他们的不同利益。共同的价值观和信仰提供了利益的和谐，消除了机会主义行为的可能性。因此，总部和子公司之间存在着共同的价值观和信念，这使得世界托管子公司更有可能利用其当地知识和资源来追求跨国公司的整体利益，而不仅仅是其自身的党派利益（Ouchi，1980）。

（2）加里若和马蒂涅兹（Jarillo & Martinez，1990）对 I－R 框架的拓展。根据海外子公司与其他子公司整合程度及其活动的当地化程度两个维度把海外子公司划分为接受型、积极型和自主型。塔格特（Taggart，1998）修正了加里若和马蒂涅兹的理论，并根据实证研究把子公司分成接受型、积极型、自主型和静止型四种类型。

（3）古帕塔和戈温达拉江（Gupta & Govindarajan，1991）从知识流动的程度和方向两个维度将跨国公司网络中的各个节点划分为全球创新者、地区创新者、执行者与整合者四种类型。所谓全球创新者，或者说跨国网络中知识的最大贡献者不再是位于国内的公司总部，而很可能是某个子公司。例如，瑞典爱立信公司传输系统的研究中心是在意大利。全球创新者是跨国公司网络中知识的重要贡献者；而知识整合者承担着为其他节点创造知识的重要责任。其所需要的知识不都是由自己创造的，而是有赖于其他节点知识的流入，整合者在此基础上整合创造出新知识，然后输给其他节点；执行者很少有属于自己的知识，而是高度依赖知识流入，是高流入、低流出的节点；当地创新者对所有职能领域的相关诀窍几乎均负有当地创新的责任。为了适应当地市场的特殊要求，当地创新者主要依靠本地资源实施创新。由于这类单元拥有的知识非常独特，通常难以在本地以外发挥作用。

（4）瓦尔森和沙布拉马里安（Sharon Watson & Mohan Subramaniam，2002）综合考虑了跨国公司中独立性的不同方面，根据独立性程度的高低将子公司划分为四类，分别是"孤独星"（lonely stars）、"主星"（dominant stars）、"消极星"（passive stars）和"星座"（constellation stars）。孤独星代指独立性最低的子公司，它对其他子公司的影戏很小，它对不同国家及环境产生的不同特定需求进行反应，因此拥有更高水平的策略决定自治权；消极星代指有一定独立性，但受其他公司支配的子公司，因此它的自治权很小；主星代指有一定独立性，并对其他子公司有单方面影响的公司，它管理整个公司的运作，因此拥有较高水平的自治权；最后一个"星座"代指有很高独立性，对其他子公司有多方面影响的公司，并且其他子公司也会影响它，它拥有较低水平的自治权，因为它必须综合考虑其他所有子公司的意见。他们认为，主星和孤独星将比消极星和星座拥有更高水平的策略决定自治权。因此主星和孤独星需要非直接的管理，而消极星和星座需要直接的管理；主星和星座比消极星和孤独星拥有更高水平的以绩效表现为标准和基准的薪酬体系；主星和消极星比星座和孤独星显示出更高水平的母公司社会化水平。

赵景华（2001）依据海外子公司战略地位的提升将海外子公司的角色演进划分为战略执行、战略进取和战略主导三个阶段，与这三个阶段相适应的三个不同类型的子公司角色分别是完全服从型海外子公司、相对独立型海外子公司以及中心领导型海外子公司。知识创新能力和知识流动的强弱性是影响海外子公司角色演进的重要因素，并在这两个维度下将子公司在跨国公司全球知识系统中的角色分成四类：强创新而弱传播子公司、强创新而强传播子公司、弱创新但强传播子公司以及弱创新且弱传播子公司（薛求知、李亚新，2008）。这些研究都很有启发性和学术价值。

（四）子公司发展流派

跨国公司海外子公司理论的早期研究关注母子公司关系的不同层面，如跨国公司活动的集中化、组织的正式化、控制、协作等，认为跨国公司是以母公司为中心和主导的，子公司的职能仅限于当地生产和销售，母子公司之间是层级关系。子公司只需发展与母公司之间的双向关系，按照母公司指示行事，不具备自主性。从20世纪90年代开始，全球竞争环境日益复杂，海外子公司的自主性和创新意识不断加强，学术界逐渐从发展的角度研究海外子公司角色和地位的演进过程，该流派也逐渐成为目前跨国公司理论研究中最重要的分支。巴特勒和高赛尔（Bartlett & Ghoshal，1986）提出了子公司角色理论，认为跨国公司在东道国设立的子公司的职能是不同的，每个子公司都扮演着某种角色，承担特定的战略任务。随后出现的子公司发展理论认为，海外子公司的发展是一个动态过程，并不是完全按照母公司战略意图进行，也不是在东道国长期充当一个固定的角色。随着时间发展，海外子公司通过它的网络关系或自身的发展可以积累有价值的能力和资源，提高在跨国公司组织网络中的战略地位和重要性。可见，该理论是以跨国公司的网络性和企业资源基础论为基础（赵景华，2001）。

子公司理论把跨国公司研究的视角由母公司或总部转移到了子公司层面，且摆脱了层级制组织结构的束缚，将跨国公司看作一个网络组织，认识到了不同网络节点上各个子公司在创新能力、企业家精神和战略地位方面的异质性，通过实证研究从子公司面临的具体环境出发分析了其与跨国公司其他单元的互动关系。伯金萧（Birkinshaw，1998）指出某些海外子公司经过一定时期的发展，在某个或某些特定领域表现出超常的能力与优势，并逐渐被总部和其他子公司认同，成为跨国公司的卓越中心。这些子公司一方面要开发自身的能力和知识，另一方面负责将其传播和推广到跨国公司的其他单元，因此受到母公司的重视。其中，塔格特（Taggart，1997）对170多家跨国公司在英国的子公司进行了持续性调查后发现这些子公司的战略角色随着时间的推移而逐步演变，但这种变化无规律可循。

企业资源基础论（RBV）研究的有关文献表明，独特、稀缺、不可复制和不可替代的资源是竞争优势的来源（Barney，1991）。大量的研究建立在这一前提之上，研究各种有形和无形资源是如何影响企业绩效的。关系资本是文献中关注的一种无形资源，对公司的业绩有积极的影响。关系资本可以通过企业间的关系来发展。当两家公司有密切的社会关系时，就会产生信任、承诺和知识共享等积极的结果。换句话说，关系资本的价值源于企业对资源的获取，这些资源来源于与其他企业的联系（Burt，1997）。在跨国公司的设置中，由总部和子公司组成的跨国公司网络可以通过加强正式和非正式的联系来形成和发展关系资本。改进的交流和持续的共享使他们能够发展关系纽带。由于潜在的资源（如知识、信息）可以通过这些关系纽带被吸收和获得。伯金萧和胡德（1998）也认为，同一个海外子公司所扮演的角色也会随着时间发展和演化，海外子公司通过它的网络关系或自身的发展可以积累有价值的资源和能力，这些能力导致海外子公司相对于母公司的地位显著提高。他们将影响海外子公司演进的因素归纳为三种：母公司的控制、东道国环境、子公司的选择。而解释母公司决定型的理论主要有两个：（1）以企业认知和行为理论为基础的国际化过程学说（Agarwal & Ramaswami，1992）。（2）国际产品生命周期理论及其发展（Rugman & Verbeke，1992）。即当地环境决定型——东道国当地的环境决定了子公司的发展演变过程（Ghoshal & Bartlett，1991）等。

伯金萧等（Birkinshaw，Hood & Young，2005）把子公司看作具有企业家潜力的半自治实体，认为子公司面临两种竞争环境，内部网络中要与跨国公司内部的其他子公司竞争，外部竞争环境则包括客户、供应商和竞争者等。通过对苏格兰24家跨国公司子公司的实证研究分析了子公司企业家精神与竞争环境之间的互动关系，及其对子公司绩效的最终影响。子公司的规模大小是十分重要的变量，因为规模的增加将伴随着有形和无形资源的增加（Grover & Davenport，2001）。赫德伦（Hedlund，1981）将子公司规模和自治程度联系起来，大胆提出了以下设想，将跨国公司子公司规模作为自变量，其自治程度作为因变量，在直角坐标轴将呈现倒U型的关系。约翰斯顿和蒙古克（Stewart Johnston & Bulent Menguc，2007）发展了这个理论，并从实证角度进行分析，得出了跨国公司子公司规模和自治程度的倒U型关系。并且从理论角度进行了解释：在子公司规模相对较小时，从资源依赖理论角度考虑，此时增加子公司的规模大小将会增加资源，从而增加子公司的自治程度，并且这种正向关系会一直持续到一个拐点出现。之后随着子公司规模增大，协调的复杂性越发明显，需要投入更多的管理经验和专门技术，子公司和其他公司（特别是母公司）的相互依赖性增强，因而需建立一个新的协调机制，从而子公司的自治水平下降。20世纪90年代中后期，有学者又提出子公司半自治模式理论，该理论建立在子公司自治模式的基础上，同时吸取了母公司决定论和当地环境决定论的某些合理成分。比如伯金萧伯和胡德（1998）认为子公司的发展除了受母公司和东道国环境的影响外，子公司本身的因素更显重要，尤其是在跨国公司网络中子公司被视为一个半自主的个体，子公司不重要的地位和身份将导致子公司较低的效率，子公司自治权的大小对其自身及整个跨国公司的发展都具有相当大的影响。

三、总结和评论

跨国公司子公司理论四大流派的出现和发展与其所处的时代环境息息相关。始于20世纪60年代的战略—结构流派，作为跨国公司海外子公司理论研究的鼻祖，该流派关于结构随战略而变的思想，对于当时跨国公司的全球经营而言，具有一定的指导意义，同时也为后续出现的各理论流派打下坚实的基础。70年代以来，随着全球一体化的不断深入，战略—结构流派难以合理解释跨国公司的行为，而母子关系流派的出现缓解了战略—结构流派的尴尬，并取而代之成为研究的主流。母子关系流派首次将研究视角深入跨国公司内部，探寻母公司与子公司之间的纵向层级关系，比战略—结构流派具有很大的进步性，为之后跨国公司海外子公司理论研究开辟了新的道路。直到现在，任何研究跨国公司海外子公司战略资源配置的理论，都离不开对母子关系的研究。当然，母子关系流派也不可避免地存有缺陷。该理论流派虽已涉及子公司，但仍然是站在跨国公司母公司的角度来研究母子公司之间战略与结构的协调，在分析中多以母公司利益为中心。同时，该流派一直以母子公司关系为主线，忽略了子公司与其他子公司之间的联结。另外，母子公司流派主张的是跨国公司以统一的方式来管理海外子公司，未能认识到各子公司所承担的角色和地位的差异性，因而就必定不能发挥各子公司的优势。

自20世纪80年代以来，子公司角色流派粉墨登场，并因其真正意义上以子公司为研究视角而为学术界所重视。与母子公司关系流派不同，该流派认识到了各子公司的战略意义上的角色差异性，提出了针对不同角色子公司采用不同的管理与控制机制，有效地避免了跨国公司在国际化过程中投资的盲目性，以网络化的战略部署来充分发挥各海外子公司的地区优势。但是，子公司角色流派也有着理论上的不足。该流派只是从静态的角度分析海外子公司的地位和作用，它认为海外子公司所扮演的角色是从一而终的，忽视了海外子公司的自治发展能力。随着全球经济环境的不断变化，跨国公司海外子公司的自主性和创新意识不断增强，子公司发展流派开始从发展的角度来研究子公司角色和地位的演变，以此来解释跨国经营中的新现象。与前三个流派不同，子公司发展流派运用企业演化理论与资源基础理论，以海外子公司能力与资源的积累为基础，以母公司战略动机的转变为动因，从长期、动态的角度对海外子公司的问题进行了探讨，这可能是跨国公司子公司理论未来研究的一个重要方向。

当今，跨国公司的研究已经从以母公司为研究焦点演化成以子公司为研究焦点，研究焦点转变的主要原因是子公司开始成为母子公司竞争优势的主要来源。

在跨国公司的经营过程中，关于母子公司的管理控制中最为关切的莫过于授予子公司多大的自治权，子公司的自治程度将会直接影响母公司和子公司之间的关系。子公司网络嵌入问题是当前跨国公司子公司理论研究的热点之一。子公司是跨国公司整体网络中的一个节点。其内部网络是母公司和各国子公司之间的关系网络；外部网络是跨国公司与外部的供应商、销售商、联盟伙伴以及东道国政府等利益相关者之间的关系网络。子公司只有与东道国的供应商、销售商、联盟伙伴和政府机构形成紧密的嵌入关系，才能吸收并开发出根植于当地的专有知识与技能。而子公司与母公司及其他子公司之间的嵌入程度，也关系到子公司能否将自身的专有知识转移到跨国公司的其他单元，并从其他单元吸收所需的知识与技能。

参 考 文 献

［1］刘婷：《服务业跨国公司网络研究》，复旦大学博士学位论文，2006 年。

［2］薛求知、李亚新：《跨国公司子公司特定优势的形成研究——从知识创新和流动的角度》，载于《研究与发展管理》2008 年第 2 期。

［3］薛求知、罗来军：《跨国公司控制合资子公司的机制探析》，载于《财贸研究》2006 年第 4 期。

［4］薛求知：《当代跨国公司新理论》，复旦大学出版社 2007 年版。

［5］赵景华：《跨国公司海外子公司角色演进的机制分析》，载于《齐鲁学刊》2001 年第 6 期。

［6］赵景华：《跨国公司海外子公司的三个理论流派比较研究》，载于《南开管理评论》2001 年第 6 期。

［7］Agarwal, S. & Ramaswami, S. N. , 1992：Choice of Foreign Market Entry Mode：Impact of Ownership, Location and InternalizationFactors, Journal of International Business Studies, No. 1.

［8］Allen, M. M. C. , 2013：Comparative capitalisms and the institutional embeddedness of innovative capabilities, Socio – Economic Review, 11, pp. 771 – 794.

［9］Allen, M. M. C. and M. L. Allen, 2015：Institutions and investments by emerging economy MNCs in developed economies. In P. Konara et al. （eds）, The Rise of Multination-als from Emerging Economies, pp. 83 – 98. London：Palgrave Macmillan.

［10］Andersson, U. , Forsgren, M. and Holm, U, 2001：Subsidiary Embeddedness and Competence Development in MNCs — A Multilevel Analysis. Organization Studies, 22（6）, pp. 1013 – 1034.

［11］Andersson, U. , Forsgren, M. & Holm, U. , 2002：The Strategic Impact of External Networks：Subsidiary Performance and Competence Development in the Multinational Corporation. Strategic Management Journal, 23（11）, pp. 976 – 996.

［12］Andersson，U.，Forsgren，M. & Holm，U. 2007. Balancing Subsidiary Influence in the Federative MNC：A Business Network View. Journal of International Business Studies，38（5），pp. 802 – 818.

［13］Asheim，B. T. and Coenen，L.，2005：Knowledge bases and regional innovation systems：Comparing Nordic clusters，Research Policy，34（8），pp. 1173 – 1190.

［14］Barney，J. B.，1991：Firm resources and sustained competitive advantage. Journal of Management，17（1），pp. 99 – 120.

［15］Beamish，P. M. and Banks，J. C.，1987：Equity joint ventures and the theory of the multinational enterprises，Journal of International Business Studies，Summer：1 – 16.

［16］Bartlett，C. A and S. Ghoshal，1986：Tap Your Subsidiaries for Global Reach. Harvard Business Review，64（6），pp. 87 – 94.

［17］Bartlett，C. A and S. Ghoshal，1988：Managing Across Borders：The Transnational Solution，Harvard Business School Press，Boston，MA.

［18］Birkinshaw，J.，and N. Hood，1998：Multinational corporate evolution and subsidiary development，London：Macmillan，St Martins Press.

［19］Birkinshaw，J.，2001：Making sense of knowledge management，Ivey Business Journal，65（4），pp. 32 – 36.

［20］Birkinshaw，J.，N. Hood and Young，S.，2005：Subsidiary entrepreneurship，internal and external forces，and subsidiary performance，International Business Review，14，pp. 227 – 248.

［21］Birkinshaw，J.，& Pedersen，T.，2009：Strategy and Management in MNE subsidiaries. In A. M. Rugman（Ed.），The Oxford Handbook of International Business（2nd ed.）. L，Leslie waters chair of international business.

［22］Carney，R. W. and M. Witt，2014：The Role of the state in Asian business systems，In M. A. Witt and G. Redding（eds），The Oxford Handbook of Asian Business Systems，pp. 538 – 560，Oxford：Oxford University Press.

［23］Chan，Christine M. and Shige Makino，2007：Legitimacy and multi-level institutional environments：implications for foreign subsidiary ownership structure，Journal of International Business Studies 38，pp. 621 – 638.

［24］Daniels，John D.，Robert A. Pitts and Marietta J. Tretter，1985：Organizing for dual strategies of product diversity and international expansion，Strategic Management Journal，July/September.

［25］Davis，S. M. & Lawrence，P. R..1977：Matrix. Reading，MA：Addison – Wesley.

［26］Delios，A. & Beamish，P. W. 1999. Geographic scope，product diversification，and the corporate performance of Japanese firms. Strategic Management Journal，20，pp. 711 – 72.

［27］Doz，Y. L. and Prahalad，C. K.，1987：The Multinational Mission：Balancing Local Demands and a Global Vision，Free Press.

［28］Forsgren，M.，1989：Managing the Internationalization Process，London：Routledge.

［29］Fouraker，L. E. and Stopford，J. M.，1968：Organizational structure and the multinational strategy. The Int. Exec. , 10, pp. 16 – 17.

[30] Fritsch, S. , 2015: Technological innovation, globalization, and varieties of capitalism: the case of Siemens AG as example for contingent institutional adaptation, Business and Politics, 17, pp. 125 – 159.

[31] Ghoshal, S. and N. Nohria. , 1989: Internal Differentiations within Multinational Corporations, Strategic Management Journal, 10, pp. 323 – 337.

[32] Grover, V. and Davenport, H. , 2001: General perspective on knowledge management: fostering a research agenda, Journal of Management Information Systems, 18 (1), pp. 5 – 21.

[33] Gupta, A. and Govindarajan, V. 1991: Knowledge flows and the structure of control within multinational coporations, Journal of Product Innovation Management, 24 (5), pp. 442 – 455.

[34] Harzing, A. W. , 1998: Configuration Analysis in International Management: The way forward? . Proceedings of the 25th Annual Conference, Academy of International Business. , UK Chapter, London.

[35] Hedlund, G. , 1981: Autonomy of Subsidiaries and Formalization of Headquarters-subsidiary Relationships in Swedish MNCs, In: Lars Otterbeck (ed.), The Management of Headquarters-subsidiary Relationships in Multinational Corporations. Gower, Aldershot, Hants.

[36] Hedlund, G. , 1986: The hypermodern MNC—A heterarchy? Human Resource Management, 25 (1), pp. 9 – 35.

[37] Ingmar Bjorkman, Carl, F. Fey, and Hyeon Jeong Park. , 2007: Institutional theory and MNC subsidiary HRM practices: evidence from a three-country study, Journal of International Business Studies 38, pp. 430 – 446.

[38] James H. Taggart, 1998: Strategy Shifts in MNC subsidiaries, Strategic Management Journal, Vol. 19, pp. 663 – 681.

[39] Jarillo, J. C. and J. I. Martinez, 1990: Different Roles for Subsidiaries: The Case of Multinational Corporations in Spain. Strategic Management Journal, 11, pp. 501 – 512.

[40] J. P. Couto, José Cabral Vieira and Maria Teresa Borges – Tiago, 2005: Determinants of the Establishment of Marketing Activities by Subsidiaries of MNCs, The Journal of American Academy of Business, March.

[41] Kanter, R. M. , & Dretler, T. D. , 1998: Global strategy and its impact on local oprations: Lessons from Gilette Singapore, Academy of Management Executive, 12 (4), pp. 60 – 68.

[42] Kobrin, Stephen J. 1987: Testing the bargaining hypothesis in the manufacturing sector in developing countries, International Organization 41 (Autumn), pp. 609 – 638.

[43] Kogut, B. and Singh, H. , 1988: The effect of national culture on the choice of entry mode. Journal of International Business Studies, 19, pp. 411 – 432.

[44] Kristensen, P. H. , 2016: Constructing chains of enablers for alternative economic futures: Denmark as an example, Academy Management Perspectives, 30, pp. 153 – 166.

[45] Kristensen, P. H. and G. Morgan, 2012: From institutional change to experimentalist institutions, Industrial Relations, 51, pp. 413 – 437.

［46］Kuemmerle，W.，1999：The drivers of foreign direct investment into research and development，Journal of International Business Studies，30，pp. 1 – 24.

［47］Lam，A.，2003：Organizational learning in multinationals：R&D networks of Japanese and US MNEs in the UK，Journal of Management Studies，40，pp. 673 – 703.

［48］Lawrence，P. R. and Lorsch，J.，1967：Organization and Environment，Harvard Business School Press，Boston.

［49］Morgan，G.，2016：New actors and old solidarities：Institutional change and inequality under a neo-liberal international order，Socio – Economic Review，14，pp. 201 – 225.

［50］Morgan，G.，B. Kelly，D. Sharpe and R. Whitley，2003：Global managers and Japanese multinationals：internationalization and management in Japanese financial institutions，International Journal of Human Resource Management，14，pp. 389 – 407.

［51］Ouchi，W. G.，1980：Markets，Bureaucracies，and Clans，Adm Sci Q，25，pp. 129 – 134.

［52］Prahalad C. K. and Y. L. Doz.，1987：The Multinational Mission：Balancing Local Demands and Global Vision.，New York：The Free Press.

［53］Porter，M. E.，1986：Changing Patterns of International Competition，California Management Review，28，pp. 9 – 40.

［54］Rene Belderbos and Jianglei Zou.，2007：On the growth of foreign affiliates：multinational plant networks，joint ventures，and flexibility，Journal of International Business Studies 38，pp. 1095 – 1112.

［55］Rajagopalan N.，Finkelstein S.，1992：Effects of strategic orientation and environmental change on senior management reward systems，Strategic Management Journal 13，pp. 127 – 142.

［56］Roth，Kendall，Morrison，Allen J. Business – Level Competitive Strategy，1992：A Contingency Link to Internationalization，Journal of Management，September 1.

［57］Ruby P. Lee，Qimei Chen，Daekwan Kim，and Jean L.，2008：Transfer Between Multinational Corporations' Headquarters and Their Subsidiaries：Influences on and Implications for New Product Outcomes，Journal of International Marketing，American Marketing Association Vol. 16，No. 2，pp. 1 – 31.

［58］Rugman，A. M.，& Verbeke，A. 1992：A note on the transnational solution and the transaction cost theory of multinational strategic management. Journal of International Business Studies，23（4），pp. 761 – 771.

［59］Sharon Watson and Mohan Subramaniam，2002：Managing interdependence in multinational companies：a configurational approach，Academy of Management Proceedings IM.

［60］Stewart Johnston and Bulent Menguc，2007：Subsidiary size and the level of subsidiary autonomy in multinational corporations：a quadratic model investigation of Australian subsidiaries，Journal of International Business Studies 38，pp. 787 – 801.

［61］Stopford，J. M. and Wells，L. T.，Jr. 1972：Managing the multinational enterprise. London：Longman.

［62］Su, Z. , M. W. Peng and E. Xie, 2016: A strategy tripod perspective on knowledge crea-tion capability, British Journal of Management, 27, pp. 58 – 76.

［63］Taggart, James H. and Taggart, Jennifer M. , 1997: Company-specific Factors and Inter-national Competitiveness, Business Strategy Review, Volume 8 Issue 3, pp. 43 – 51.

［64］Taggart, James H. , 1998: Strategy shifts in MNC subsidiaries, Strategic Management Journal, 21 December.

［65］White R. E. T. A. Poynter. , 1984: Strategies for Foreign – Owned Subsidiaries in Canada, Business Quarterly, 48（4）, pp. 59 – 69.

［66］Whitley, R. , 2007: Business Systems and Organizational Capabilities: The Institutional Structuring of Competitive Competences. Oxford University Press.

［67］Whitley, R. , 2012: Internationalization and the institutional structuring of economic or-ganization: changing authority relations in the twenty-first century. In G. Morgan and R. Whitley（eds）, Capitalisms and Capitalism in the Twenty – First Century, pp. 211 – 236. Oxford: Oxford University Press.

试论国际生产折衷理论的解释力及其局限

摘要：本文认为，国际生产折衷理论等主流理论对跨国公司投资行为的解释力存在局限。本文详细分析了主流跨国公司理论的局限性及其主要表现。本文认为，国际生产折衷理论应吸收资源基础论、战略管理理论以及企业网络理论的合理内核，从而使理论的解释力更强，并更具动态性和生命力。

关键词：跨国公司　战略联盟　国际生产折衷理论　企业资源基础论

国际生产折衷理论（OLI Paradigm）是英国里丁大学著名经济学家邓宁（Dunning，1977）在一篇题为《贸易、经济活动的区位与多国企业：折衷方法探索》的论文中提出来的。邓宁理论的最初版本是建立在所有权优势（O）、区位优势（L）、内部化优势（I）上，并解释了出口、许可证交易和FDI三种进入模式的选择。该理论的一个重要成就是将垄断优势融入内部化理论框架，同时引入区位优势这一重要概念，试图综合产业组织理论、内部化理论和区位理论的研究方法，建立跨国公司直接投资的一般理论。但是国际生产折衷理论的最初版本并没有解释合作的模式。邓宁（Dunning，1995）将折衷理论扩展以涵盖联盟资本主义的主要特点，将OLI的整合优势扩展以包含那些与外国的组织、资源、能力建立跨国价值增值和交易关系的因素。当今，国际生产折衷理论已经成为跨国公司的主流理论。但是本文认为，跨国公司新的发展趋势对国际生产折衷理论的解释力提出了越来越多的挑战。

一、国际生产折衷理论的局限性及其原因分析

国际生产折衷理论和内部化理论已经成为解释跨国公司行为的主流理论。与早期的理论相比，折衷范式虽然不能解释所有类型的FDI，但它能解释的一些现象，而其他的理论却解释不了，例如产品生命周期理论不能解释资源导向的FDI，寡占反应理论解释力完全依赖垄断性的市场结构，风险分散化理论面对寻找战略资产导向的FDI则束手无策等。当然，随着跨国公司的进一步发展，主流

理论也明显存在解释力的局限，主要表现在以下几个方面：

（1）国际生产折衷理论中的三个关键要素之一是所有权优势（也称垄断优势），但是垄断优势论主要是解释为什么会产生跨国公司，为什么会发生 FDI，而对跨国公司如何形成优势和利用优势并没有给予很好的解释，因此其分析是静态的观点。主流跨国公司理论向来都把跨国公司看作一种管理机构来确保公司特定资产的使用，而没有把它看作获取资源并进一步利用资源的工具。资源基础论和企业网络理论则对资源的获取和通过网络互动带动资源发展两方面做了更多的考虑。20 世纪 90 年代以来，资源基础论受到极大的关注，该理论强调企业的成长过程，特别是从动态的角度分析跨国公司如何获取核心能力和竞争优势。科古特（Kogut，1993）将跨国公司所具有的优势区分为"初始优势"和"后续优势"，初始优势是企业在母国建立的优势，而后续优势是企业通过国际化经营所带来的优势，他还建议对外直接投资的研究应将重心从对企业第一次进入海外市场的关注，转向如何通过协调多国化的经营网络以获取可持续的竞争优势。可以说，在跨国公司已经发展到相当程度，并在现有的全球竞争格局下，资源基础论关于跨国公司行为的解释更具指导意义。它更关注跨国公司之间在全球范围的竞争战略的调整。因此，对跨国公司的研究也从解释"为什么"到解释"如何"，从而使跨国公司理论向前迈进了一大步，且研究的重点更侧重经营战略、投资决策等方面，因此与前期的跨国公司研究相比更显微观化。

值得注意的是，资源基础论和企业动态演化理论对跨国公司某一竞争优势或所有权优势的确认和评估不是针对某一给定的时间，而是从动态的发展来看的。资源基础论强调企业特有资源的重要性。资源基础论认为，要创造和维持新的竞争优势，必须更关注公司所具备的资源和能力以及产生独特的和难以模仿的资产的策略，以及将自己的这些资产与其他企业的资产加以整合和协同的能力。在全球化时代，知识密集型资产日益增加的在地理上的分散性使企业更有必要寻求外国企业的资源和能力来与自己的资源进行互补。因此，除了增加其现有的所有权优势之外，企业越来越多地通过在全球范围以获得互补性的资产，而企业设计和执行策略的能力将增强这些资源的竞争力。企业动态演化理论认为，企业不仅仅是资源和能力的整合，而且这种整合代表着过去所创造的资产的不断积累，因此具有明显的路径依赖的特征。总之，资源基础论为国际生产折衷理论的发展提供了新的视角，加深了人们对跨国公司本质的认识。另外，垄断优势论将所有权优势（垄断优势）看作跨国公司从事对外直接投资的前提，但是没有论述企业国际化本身也能够给企业带来更多的所有权优势和后续的竞争优势。而事实上，跨国公司对外直接投资和参与全球竞争的一个重要目的就是获得可持续的竞争优势和扩大市场势力，因此，对外直接投资恰恰是跨国公司维持、增强和扩大所有权优势和竞争优势的重要手段。从现有的跨国公司的全球竞争的角度来看，垄断优势论必须引入动态分析，应探讨垄断优势是如何产生、维持和不断增强的，这样对跨国公司的研究才会更加接近现实。

（2）邓宁早期理论中关于内部化的解释主要是狭义性的，即把内部化看作企业内部使用其已有的所有权要素的一种方式。因此，它仍然是赞同针对交易市场不完全而将中间产品市场内部化的看法，这与巴克利和卡森的观点基本一致。内部化假说最早出现于巴克利和卡森（Buckley & Casson，1976）的著作《跨国公司的未来》，这是国际商务研究方面最有影响力的假说之一。大多数的文献关注于研究市场的不完善导致国际化企业内部化它们的海外活动并变成跨国公司的特殊情况。解释跨国公司产生的知识转移效率的关键是"内部化理论"，这提出了外部市场在转移知识专利方面的不足，激励企业建设或者获得完全自主的国外分支机构。更进一步，巴克利和卡森的重要贡献是打开企业"黑箱"和明确提出"企业内"和"企业间"知识和半成品在 R&D、生产和营销活动中的流动，以及对应的"企业外"知识和最终产品在企业和其顾客间的流动。但是 20 世纪 80 年代中期以来，邓宁区分了两种不同的内部化。邓宁对国际生产折衷理论（OLI）中的 I（内部化）的概念作了修改，从广义的角度将内部化看作是企业使用或转移它所拥有的资产所有权优势，同时也将它看作企业以其所拥有的这些优势为基础从事价值增值活动。因此跨国公司的行为是内生的结构性的市场不完全和最终产品市场失灵所导致的。

科斯认为，企业和市场是两种不同的资源配置手段，两者可互相替代。在市场上，资源的配置是由价格来调节，而在企业内部，资源的配置是通过权威，即通过组织和行政命令来完成。但是，企业为何要替代市场，相邻的生产环节为什么要实行一体化，在新制度经济学的交易成本理论看来，这主要是为了节约企业的交易费用。但是，该理论分析其实隐含了一个假设，即一项经济活动无论是在企业内部还是外部进行，其生产成本是没有差别的。但是现实是，不同企业显然具有不同的资源或能力，因此在从事相同的活动时其效率当然也明显不同，从而其生产成本也就不一样。本文认为，仅用交易成本理论来解释显然是不够的。因此，引入资源基础能力论可以更好地解释企业为何选择自制或外购，也可以更好地解释企业为什么必须在某些环节或领域与其他企业结成战略联盟。总之，一项经济活动是通过内部化来组织进行还是通过外部市场交易获得，应取决于其生产成本和交易费用或协调成本综合的比较。

必须指出的是，以科斯理论为基础的市场与企业的两分法忽视了企业间千丝万缕的并非市场交易的关系。在现实经济中，存在着大量的既不是纯粹市场也不是层级组织结构的复杂而多样的中间组织形式，而且有着蓬勃发展之势。特别是

20世纪90年代以来网络经济的产生和迅速发展对企业、市场二分法的企业理论提出了严重的挑战。从目前的趋势来看，企业理论可能的发展之一就是深化对企业本质的认识。企业的本质究竟是什么，科斯及其追随者认为，企业是市场的替代物，或企业与市场互相替代。但是事实上，在层级组织与市场之间，或者说在一体化与纯市场交易关系之间，还存在着广阔的中间地带。企业之间可以通过并购建立内部化关系，也可以通过职能分解从内部化回到市场关系，还可以形成一种既非一体化关系，也非市场交易关系的战略联盟关系。战略联盟的出现旨在消除纯粹市场关系的过高交易成本，同时避免一体化科层组织的过高管理成本。企业究竟选择哪种关系，则取决于成本收益的比较。20世纪90年代以来跨国公司的实践更多表现为两者的互相融合。新的更有活力的组织形式显然是介于企业与市场之间的某种中间形态。战略联盟既非纯粹的科层组织，也非纯粹的市场。也可以说，它既是科层，也是市场。这种中间组织形式利用了科层与市场的双重优势，在新经济和全球化竞争时代显示出更强的适应性和生命力。

科斯的理论及其推论之所以与现实不符是因为它仅仅将交易成本或组织成本作为唯一变量，既没有考虑分工和专业化等变量对企业组织形成的影响，也没有考虑交易效率提高的利益可以抵消交易费用带来的损失。此外，科斯理论还忽视了生产成本和企业团队生产效率，忽视了企业与市场在本质上的区别。市场与企业不是一种相互替代的对立关系，而是一种具有互补性质的相互依存关系。确实，如果要使科斯的理论本身向前发展，有必要解释交易成本本身是如何受经济增长和企业的技术创新影响的。交易成本理论虽然解释了在非市场制度安排下的情况（比如在企业内部），但是它忽略了管理策略的积极作用以及投资战略的影响。换句话说，跨国公司理论虽然能够解释企业存在的原因，但是它却把企业本身当作是一个对外部环境的被动的反应者，忽视了那些使企业具有活力和使企业成长的内在因素。而实际上企业技术能力的积累及其内部生产的增长会影响交易成本本身。科斯强调企业所处的市场条件或交易环境。但是，企业的交易以及与其他企业的合作安排的本质和范围，还有企业的市场份额都有赖于其相对于其他企业的创新能力和竞争优势。

坎特韦尔（Cantwell, 1991）认为，巴克利和卡森的内部化理论只是提供了不同的交易模式的选择，但是它没有深入研究企业的成长过程。该理论的缺陷包括：其一，成本最小化目标的假说是有局限的，因为它排斥通过外国市场进入是为了增强公司能力的假设；其二，认为东道国竞争者仍然是拥有较差技术的垄断者并且在与跨国公司的交易中处于被动。这个假设在今天的市场中未能很好地看待跨国公司全球竞争的动态本质。此外，内部化理论没有分析隐性知识的学习是企业之所以内部化的重要原因。巴克利和卡森认为，中间产品市场是不完全的，表现在要么没有或者只有很少可供企业进行产品交换的市场，要么市场效率低，使交易成本上升。特别是一些知识产品具有公共产品的性质，其外部市场极不完全，而且知识产品在消费市场还存在外部经济性。如果企业利用知识产品这种公共产品的非排他性的特点，将知识产品在内部市场转移和使用则可以使跨国公司获得超额垄断利润。内部化理论主要是通过探讨中间产品的交换应该如何组织来检验企业的效率，而所有权优势和企业间的竞争在他们看来是次要的问题。在他们看来，所有权优势不是跨国公司存在和国际生产的必要条件，企业可以通过中间产品市场的交换而成长。内部化理论企图抛开所有权优势来解释为什么企业取代中间产品市场的交易，或者为什么跨国公司会取代中间产品的国际贸易。而且内部化理论认为，国际生产的存在和发展通过跨国的垂直的和水平的一体化，其目的仅仅是减少市场交易成本。因此，该理论强调企业在组织中间产品交易中的重要性，而忽视企业的资产所有权优势以及企业之间在最终产品市场的竞争。

值得注意的是，邓宁 OLI 中的 I（内部化）与巴克利和卡森的内部化并不能等同看待。在内部化理论中，所有权优势是内部化的结果。因此不单单是资产所有权优势和交易性所有权优势的区别对内部化理论学者来说是不重要的，而且整个所有权优势的概念都被认为是无关的、多余的。而国际生产折衷理论则认为，除了降低交易成本之外，企业可能利用国际生产来作为降低每单位生产成本的手段，同时以此改善企业价值增值的能力。有时还利用准垄断的市场地位，或者通过跨国的生产重组来获得更大收益。通过生产的合理化或重组来创造共同治理的好处而不是通过降低交易成本。可见，所有权优势是很重要的，因为基于增强所有权优势的国际生产的发展可以使跨国公司相对于竞争对手更能维持或增加其在最终产品的市场份额。事实上，企业技术能力的积累及其内部生产的增长都会影响交易成本本身。企业的交易以及与其他企业的合作安排的本质和范围，还有企业的市场份额都有赖于其相对于其他企业的创新能力和竞争优势。因此，内部化理论如果要继续向前发展，还有必要解释交易成本本身是如何受经济增长和企业的技术创新的影响。

随着时间的推移，国际化企业需要决定它们的 R&D、生产和营销活动的区位，以及哪些活动应该内部化或外部化（如在企业边界以外，母公司与子公司的交易、许可证和外包的表现）。这些决策需要最小化企业营运、运输和知识转移的总体成本。两个主要的因素可能会影响区位和内部化决策：知识转移成本以及固定成本与可变成本的比率。另外，内部化理论将技术看作公共产品，而此时的技术其实只是等同于信息和公共的知识。而实际上，信息和公共的知识仅仅是知识的一部分，属于显性知识。而技术的另外不可分割的一部分是隐性知识，隐性知识是通过企业的内部学习获得的，隐性知识本来就是无法用来交换的。而且知识越缺乏系统性、难以传授和复杂，被复制和转移就越困难。而隐性知识不易被模仿的原因在于其被嵌入的状态，例如，当资源被深深地嵌入其组织程序时，它们就成为该企业所特有的。由于资源很难被模仿，它们转移到其他公司将造成竞争优势的丧失，从而促使公司采取内部转移的方式。而且，被嵌入的知识往往存在于复杂的社会互动和组织内部的团队关系中。它不能被系统地编码而只能通过密切的社会互动进行转移。进一步说，嵌入知识的传播需要通过已建立好的程序和组织过程。因为这些原因，内部化模式在转移不易模仿的能力方面比市场交易模式更有效。因此，内部化理论后来增加了有效地使用知识的需要以及不断地创造新的技术的需要，这种扩展是有必要的，因为跨国公司产生不是因为涉及知识交易方面的市场失灵，而是因为跨国公司转移知识以及与内在的与知识相关的过程的优越能力。此外，内部化理论的分析方法还需考虑在不同的制度安排下交易所得的分配问题，因此，跨国公司不一定喜欢最有效的或成本最低的安排，如果其他方式的利润更高（Cantwell，1991）。

科古特和占德（Kogut & Zander，1993）认为，内部化理论将注意力过分集中于如何使交易成本最小化，而不是强调通过外国市场的进入进行价值创造的潜能。仅仅强调交易成本最小化不能说明哪一种进入模式对企业来说是最好的。而且，内部化理论过分强调保护和利用企业已有优势的重要性而忽视发展新的企业优势。此外，内部化理论关注交易和交易成本，但是跨国公司某一特定进入方式或技术转让模式是与企业已有的知识和能力、企业为未来发展而将要转让的知识以及企业知识发展所处的社会环境密切相关的。实际上，跨国公司进行对外直接投资的动机并不仅仅是为了降低交易成本，更重要的是为了利用全球各个地区的区位优势，获取所需的资源和战略性资产并加以有效的整合，以此在全球竞争中获取可持续的竞争优势。战略管理研究强调通过知识转移进行价值创造以获得长期的潜在利益。这种长期价值的重要性将焦点转向了由跨国公司进行知识管理的更加动态的观点，比如公司能力的发展。因此，折衷主义范式只有在做一些重大的修改之后才能保持其解释力。扩展后的范式可以将最初的问题"跨国公司是怎样产生的？"延伸为"跨国公司为什么继续存在？"实际上，跨国公司继续存在（发展甚至繁荣）是因为跨国公司在知识创造和转移的管理上所拥有的独特的优势。跨国公司在接受和吸收知识方面具有特别的能力。因此，跨国公司的产生恰恰是因为跨国公司转移知识以及内在的与知识相关的过程中具有优越的能力。跨国公司作为一个机构享有组织优势，这种优势使得跨国公司以一种市场不能组织的方式组织经济活动。

（3）以交易成本理论为基础的内部化理论虽然解释了在非市场制度安排下的

情况（比如在企业内部），但它忽略了企业管理和企业家精神的积极作用及其对投资战略的影响。换句话说，内部化理论虽然能够解释企业存在的原因，但是它却把企业和跨国公司当作是一个对外部环境的被动的反应者，忽视了那些使企业具有活力和使企业成长的内在因素。而实际上企业技术能力的积累及其内部生产的增长会影响交易成本本身。科斯强调企业所处的市场条件或交易环境。但是，企业的交易以及与其他企业的合作安排的本质和范围，还有企业的市场份额都有赖于其相对于其他企业的创新能力和竞争优势。交易费用理论虽然在一定程度上认识到了企业的内部特征，但是它将企业抽象为交易费用节约的契约结构，因此具有不完整性。企业的契约论关注企业的各种"规制"，而不是企业的"生产"特性，缺乏对企业生产领域的深入分析，从而导致了对企业活动不再以生产成本，而仅仅以交易费用来区分。因此交易费用理论难以较好地解释企业的许多发展问题。而资源基础论将企业看作是一个知识积累的组织（或知识的集合体）而非仅仅是交易费用节约的组织（或契约的集合体），则代表了对企业的重新理解和新的研究视角。将企业看作是一个知识积累的组织可以更好地分析企业的成长、企业的长期绩效以及可持续的竞争优势等问题，而且也比企业的契约论具有更高的可操作性。企业资源基础论更重视从企业内部知识的积累、利用和延伸角度来研究企业。

威廉姆森关于影响交易费用的三个重要因素，即资产专用性、交易的不确定性和交易频率三个方面来分析企业参与战略性的联盟和合作关系的必要性。而资源基础论的有关思想则有助于对交易成本理论和跨国公司内部化理论做进一步的探讨。资源基础论认为，当资源不能有效地通过市场交易或并购获得的时候，战略联盟就可用来与其他企业共享或交换有价值的资源。战略联盟的必要性在于不完全流动、不可模仿和不可替代的资源可以通过联盟而获得。因此企业可以利用其现有的资源与其他企业的资源进行融合，从而创造更大的价值。事实上，跨国公司的投资行为不应静态地从跨国公司自身的动机来看，而应结合与其他跨国公司的行为互动来考察，因此寡占反应论对此可以做出更好的解释。该理论以企业行为补充了市场不完全理论。它说明跨国公司对外直接投资会造成新的市场不完全性，从而又引起其他企业相继做出反应，结果是将一国的寡占市场结构转移到国际市场。这是以寡占企业行为来解释国际经营活动的典型理论。追随潮流效应表现为一旦有一个企业向国外市场扩张，同行业的其他企业为了确保国内外的市场地位，也竞相向国外扩张。托伦蒂诺（Tolentino, 2001）指出，企业或跨国公司既可以看作积极地通过在最终产品市场创造内生的结构性市场不完全并从中获利的主动者，也可以看作对外生的中间产品市场交易不完全的一种被动反应者。这样，可以将古典的、熊彼特主义以及新古典的对企业和跨国公司的分析纳入一个统一的框架。因此，OLI 范式还必须探讨"为了维持垄断性所有权优势而将中间产品的内部化"与"为了竞争性所有权优势而将市场或中间产品内部化"之间的区别，这种探讨必须区分"内生性和结构性的最终产品市场不完全"和"外生性和交易性的中间产品市场不完全"二者的不同含义。托伦蒂诺认为，所有权优势既包括垄断性优势也包括竞争性优势，但是所有权优势应扩展，从原来主要强调贝恩式有助于建立进入壁垒的垄断优势扩展到在最终产品市场主动发挥垄断优势的范畴。

本文认为，国际生产折衷理论对 FDI 动机的探讨还有一个重要的方面没有加以考虑。国际生产折衷理论等主流理论主要是研究企业主动利用所有权优势来进行对外直接投资的情况。而实际上，很多企业的对外直接投资却不是主动的选择。国内市场的竞争状况会影响企业是否进行对外直接投资及其时机的选择。行业中的非领先企业之所以更早从事海外投资恰恰是因为它们在国内产业竞争中所处的地位较弱，比如本田更早从事对外直接投资，原因并不是本田比丰田和日产具有更强的垄断优势或竞争优势，而恰恰相反，它是被迫而为之。因此，跨国公司的对外投资行为就其关系来说是十分复杂的，它们在某一外国市场的行为，可能是母公司的经营目标直接驱动和规定的，也可能是国内竞争所迫，或者是对国际市场竞争者行为跟进的防御性措施。而在实施对外直接投资之后，它们在一国市场上不仅要面对当地同行业的竞争者，也要面对其他国际竞争者，同时还要面对潜在的加入者、替代者、购买者和供应者。因此，跨国公司在确定战略和战术时，一方面要考虑这几种竞争的力量，另一方面其重点应对的对象会有很大不同，而重点放在哪里则与进入市场的深度和市场结构的变化有很大的关系。比如，在进入市场的初期，跨国公司的主要目标是市场进入和渗透，其行为主要是针对当地的竞争对手和顾客，而在市场战略发展阶段其行为则主要是针对其他国际竞争者或市场参与者。当然，在不同阶段，跨国公司会采取不同的市场行为：在某些市场，抢先进入的跨国公司会通过构筑后来者的进入壁垒来减少市场的竞争者。其策略有可能通过降低价格来减少对潜在进入者的吸引力，也可能通过联合供应商，形成有效持续的供应网络，降低采购成本，同时削弱或切断竞争者的供应力量。也有可能通过巨额的广告投资，增强自身产品的影响力并增加潜在进入者的竞争成本。

（4）内部化理论和国际生产折衷理论最初都没有解释合作的模式，而后来他们将战略联盟和合资企业也归入内部化的做法则是不恰当的。邓宁（Dunning，1995）认为，联盟资本主义已经成为 20 世纪 90 年代的新范式。鉴于这个变化，他提出了一个修正的框架，并试图将企业战略和结构复合中的更加复杂的因素，如联盟和网络融入折衷模式。他认为，折衷模式可以扩展到包括由网络和联盟形成的非股权关系。而且任何一个所有权优势都可以被分为两组：一是由一个企业独自占有，另一组是与其他企业共同分享或者企业可以根据协议在内部化范围内进行交易。换句话说，在新的框架中，O 扩展到包括合作者的技能和能力，L 扩展到包括在区位之间的一体化，I 扩展到包括合作的结构。但本文认为，战略联盟是一种非内部化的组织方式，所有权的发挥也同独资企业有所不同。跨国公司之间的战略联盟会产生一种协同优势，这种协同优势可以弥补甚至超过因采取联合方式而在不同程度上减少的内部化优势或所有权优势。战略联盟这种中间组织形式在新经济和全球化竞争时代显示出更强的适应性和生命力。战略联盟是介于市场和企业之间的一种中间组织形式，它既可以规避高额的市场交易费用，又可避免完全内部化所导致的较高的组织成本。战略联盟是为有效利用组织和市场双重优势的一种组织创新，它不仅可以保持联盟成员的相对独立性，又可提高资源的利用效率，同时还增强了企业的战略灵活性。企业之间所创造的准内部化市场因此也受到更多的关注。

交易费用理论虽然可以在一定程度上解释跨国公司外部化的原因。但是，要更清楚地说明战略联盟这一重要发展趋势，则应结合资源基础论来加以论述。坎特韦尔（Cantwell，2001）在分析企业为什么日益倾向采取准层级制或准内部一体化的安排胜过完全的内部化时指出，成本因素并不能完全解释合作的增长。如果是这样的话，那么交易成本和监督成本的下降至少可以使传统的层级制安排也同样受益。要回答这个问题，必须从战略联盟的"战略"来考虑。现代企业的竞争很大程度上表现为对外部战略性资源的争夺。而通过战略联盟可以增强企业自身的弱势部位。因此企业倾向于利用"非内部化"方式来进行技术创新，特别是通过战略联盟的方式。跨国公司战略联盟的飞速发展及其联合与竞争网络的形成，正是跨国公司适应国际竞争环境的变化趋势而进行的战略调整。在当今的国际竞争中，一个公司的竞争地位不再完全取决于公司内部所拥有的能力和资源，而在相当程度上取决于与世界范围内其他公司或企业所结成的战略联盟网络的广度和深度。

科斯认为，企业组织是市场机制的替代物，市场交易费用与组织协调管理费用相等的均衡水平确定了组织的边界。但是以科斯理论为基础的市场与企业的两分法忽视了企业间千丝万缕的并非市场交易的关系。在现实中，其实存在着大量的既不是纯粹市场也不是层级组织结构的复杂而多样的中间组织形式，而且有着蓬勃发展之势。特别是 20 世纪 90 年代以来跨国公司生产网络的迅速发展对企业、市场二分法的企业理论提出了严重的挑战。本文认为，市场—中间组织—企业三分法比市场—企业两分法更有说服力，而将战略联盟和外包归入内部化是不恰当的。如果将战略联盟看作是准内部化（而非准市场化），那么战略联盟也仍然可以归入企业为克服市场交易的不稳定性或不确定性而采取的一种内部化程度不那么高的形式。如果把企业内部交易和市场外部交易看作两种极端的交易方式，而把战略联盟当作中间组织形式来看的话，那么 20 世纪 90 年代以来日益盛行的战略联盟至少可以说已经是从"内部化"向"外部化"偏转，尽管内部化仍然举足轻重。与层级制和内部一体化相比，20 世纪 80 年代中期以来新的投资形式所表现出的外部化趋势日益明显。层级制的金字塔式的组织管理结构已越来越不适应信息化社会和网络经济的要求。现在，企业的组织结构日趋扁平化，更具网络组织的性质。因此，无论是企业内部还是企业之间，网络化和协作型竞争都更趋明显，而竞争的复杂性和广泛性也日益增强。而主流跨国公司理论（比如国际生产折衷理论和内部化理论）都过分强调企业必须通过内部化方式才能更好地利用所有权优势。

虽然从国家的角度看，全球化使得过去相互独立的国家市场逐步一体化和相互依赖，但是，从企业的角度看，国际生产的非一体化或企业的非内部化的趋势越来越明显，比如战略联盟和外包等等越发盛行。事实上，跨国公司可以凭借其所有权优势，与不同区位的其他企业协作和联合来创造协同和竞争优势，而这并非一定得通过内部化的方式。跨国公司外部网络的形成和发展，争取外部资源已成为跨国公司参与全球竞争的必然选择。随着全球竞争的加剧，跨国公司的投资和经营更多是从动态的竞争角度来考虑投资的区位和经营布局。在强化企业价值链的薄弱环节方面，既重视通过优化内部结构，也强调与外部企业建立战略联盟等方式来实现。在组织结构上，网络型组织成为跨国公司偏爱的一种组织形式。有远见的跨国公司都纷纷在全球范围内建立起以自己为主导的全球性的研发、生产和销售网络，许许多多的中小企业成为其全球生产和经营网络上的一个节点，发挥各自的专业化分工优势。这些遍及世界各地的生产和经营网络使跨国公司能够有效地获得生产、管理、营销和技术开发方面的优秀人才，并将不同区位的优势加以整合和发挥，从而强化公司的创造性和活力，塑造跨国公司的长期竞争优势。在某种程度上，跨国公司的子公司和附属企业可以在参与跨国公司知识共享网络中更快地学习和获益。跨国公司通过提供、利用和吸收外部资源的机会加强了本身的竞争优势。坎特韦尔和纳鲁拉（Cantwell & Narula，2001）指出，在企业、产业、国家的层次上，全球化已经增加了所有权优势、区位优势、内部化优势这三个优势之间相互影响的力度。首先，知识社会意味着跨国公司所有权优势的高效利用，意味着继续扩大并维持竞争优势显得更为关键，并使得所有权优势和区位优势之间相互依赖的关系更为复杂。其次，全球化已经影响了跨国公司为应对企业边界变化而寻求新的相应的组织形式。这些变化要求新的思想和方法融合到折衷范式中。

（5）从区位选择方面来看，不同跨国公司之所以选择不同的区位是有其内在原因的，这与他们拥有的垄断优势直接相关。区位选择是企业进行对外直接投资前应重点考虑的问题。邓宁的折衷理论试图解释企业的区位决策，并试图提供一个关于 FDI 范围和模式的理论分析框架。区位优势是东道国拥有的优势，企业只能适应和利用这项优势。它包括两个方面：一是东道国不可移动的要素禀赋所产生的优势，如自然资源丰富、地理位置方便等；二是东道国的政治经济制度，政策法规灵活等形成的有利条件和良好的基础设施等。在邓宁的国际生产折衷理论中，区位优势是建立在国家特殊资源、网络、机制及其他优势基础上的，是属于企业外部的优势。邓宁提出三种影响企业区位选择的因素：基础设施、风险因素、政府政策。邓宁之后，学者对区位优势的研究主要表现为：提出了一些了潜在的国家特殊优势，如投入成本优势、劳动生产力优势、潜在市场规模、运输成本优势以及相对于母公司而言更邻近市场的距离优势。另外，还有一些其他的影响区位选择的因素：关税壁垒、税收制度、政策和法律环境、对 FDI 的态度、竞争机制等。邓宁（Dunning，1995）指出，应该重新认识区位要素，即将区位优势视为外生变量转到对跨国公司与区位要素的互动来进行考察。在联盟时代，关注区位优势是为了借助那里的不可移动的资产来维持或升级自己的所有权优势，不可移动资产实质上是互补性资产，它既可以通过当地市场获得，也可以通过与当地企业的非股权合作的形式而取得。非股权合作的双边乃至多边契约经常造成关联企业的空间集聚，形成产业集群，由此改变区位要素的现状，并引导东道国政府为增强区位吸引力而制定优惠政策。

区位优势不仅仅提供了当地化的市场机会和地理优势，更重要的是为跨国公司提供了可应用于全球性战略的地方优势。尽管从地理上，区位优势对任何跨国公司是平等的，但是由于不同的跨国公司组织在知识存量传统的跨国公司理论所关注的重点是企业具备了哪些优势才能开展跨国经营，而理论发展表明跨国经营不仅是企业具备优势的结果，也是产生优势的手段。区位优势作为跨国公司国际化经营的后续优势之一越来越发挥着重要的作用。企业由于能力上的异质性，从而导致了它们在知识资源和战略性资产上吸收、获取、利用和整合能力上的差异，因而新型区位优势的开发与跨国公司所有权的特定优势彼此相互联系，共同成为跨国公司竞争优势的源泉。

其实，资源基础论和企业动态演化理论可以对这个问题做出更好的解释。企业资源的积累、企业战略和组织结构的发展都具有路径依赖的特征。从资源基础论的角度来看，企业跨国经营的基础是具备必要的内部资源和外部资源，而其中企业对资源的协同配置能力则不但是企业发现、识别并获得和利用外部资源的必要条件，也是企业将内部资源有效转移并与外部资源加以整合的必要条件。因此，如何根据企业内部资源的特点去发现、选择和利用外部资源，应成为企业战略的重点。资源基础论认为，企业的资源具有异质性和非完全流动性的特征，因此不同企业之间会存在很大的差异性，也就是说，企业资源的异质性导致了企业之间的异质性。由于资源是不完全自由流动的，因此企业之间的异质性可能会长期存在。如果一个企业拥有稀缺的、能够创造价值的资源，并且这些资源既不能被其竞争对手所模仿，也不能被其他资源所替代，那么这个企业就具有垄断的地位，并成为企业获得持久竞争优势和超额利润的必要条件。资源基础论关注企业所具备的能力和那些可以产生独特和难以模仿的资产的策略以及将自己的这些资产与其他企业的资产加以整合和协同的能力。企业动态演化论的学者则更进一步，他们认为企业不仅仅是资源和能力的整合，而且意味着过去所创造的资产的不断积累，因此具有明显的路径依赖的特征。从资源基础论和企业动态演化理论的视角来分析跨国公司的行为，可以使国际生产折衷理论更具动态性。跨国公司不仅是有效的管理机构而且是用于学习的机构。管理机构不仅有利于将交易和管理特征结合起来，而且有利于推动知识的产生和转移。因此，跨国公司可以被看作不同地区知识创造、融合和优化生产能力的助推器和知识的蓄水池。

（6）国际生产折衷理论应更多考虑区位和制度因素对跨国公司经营战略的影响。邓宁（Dunning，2006）指出，社会制度和相关利益者具有强烈的不同的文化背景特征，而且全球化会对决定行为规则的核心价值观产生巨大影响，这种变化反映了消费者更大程度的选择自由，以及源自自由化市场和技术进步所带来的新的能力和期望，消费者对跨国活动和收入分配机制的更加清醒的认识。与制度相关的竞争优势往往受到制度变迁的影响，国际组织（如联合国）对企业的能力和市场机会的影响表现在：不断强化的对企业社会责任的压力、知识产权保护范围的扩展、专利法的修改、全球化对民族国家制度优势的影响、有利于加速创新过程的新的合作协议、更有效地制定反对公司腐败和造假的立法、政府及非政府组织对环境友好型增长的重视以及消费者伦理。更重要的是，发展中国家的发展目标和价值取向等都会影响跨国公司在发展中国家的投资和经营活动的决定性因素及其有效性。与制度相关的企业竞争优势的内容具有强烈的东道国色彩，特别是东道国的宏观制度框架的具体特点应引起跨国公司的重视。而跨国公司为适应东道国制度和文化特征而采取何种内部的激励结构则取决于跨国公司拥有的独特的资源和能力。比如，本族文化中心主义取向的跨国公司对海外分支机构的制度管理就很难创造和转移其本国的文化和政治体制所带来的优势，而地区文化中心主义的跨国公司则可以使其子公司和分支机构更好地在各自的区域组织和利用资源、能力和市场机会。当然，跨国公司的制度优势也因其子公司价值活动不同而异。比如通过游戏规则和执行机制来促进低成本的创新活动，往往取决于国内和海外人事经理的人力资源战略的运作能力和方法。同样地，采购经理在与分包商的关系中，以及市场营销经理在确保与当地分销商可行的质量控制方法和程序方面都有一套自己的做法和惯例。这些都是制度性的竞争优势。

（7）国际生产折衷理论没有很好地分析金融因素的作用。虽然邓宁指出了金融优势通常是由跨国公司的规模、效率、技术等创造的，但是他并没有明确说明需要具体采取什么样的积极策略，才能发挥这种优势。在对折衷理论的发展中，邓宁也没有提出涉及金融优势的具体因素。虽然邓宁阐述了企业进行国外投资的倾向会受到金融和汇率的影响，但是 OLI 框架没有足够重视汇率的变动会影响 FDI 决策，比如本币升值会促进对外直接投资。再比如，当国内的融资渠道缺乏或成本很高时，企业会考虑到海外上市筹措资金并进行对外直接投资。国际证券的发行会帮助处于不发达市场中的新兴企业与世界市场接轨，而且证券的发行还会使企业更加深入地接触海外市场。因此，有些企业买入廉价的国际证券，创造所有权优势，就是一种即将进行 FDI 的信号。例如，在 20 世纪 80 年代，一些北欧的研究密集型跨国公司像爱立信、诺基亚通过积极的金融措施获得优势成本和资本效率之后，马上接着进行海外并购和全新项目投资。无论海外上市的最终目标是否在于海外发行新证券，它都是对金融优势的投资。一旦公司成功地吸引了大量的国际证券投资者，这种优势也就会表现出来。海外上市会使公司在全球获得更高的知名度，而一家潜在的海外目标公司或新项目投资拥有的价值，将会使跨国公司通过并购获得更有利的优势。当然，为了获取成本优势和资本效率，公司不仅要进入海外证券市场，还要能够进入国际借贷市场。能否在国际市场上顺利借贷取决于公司的信用能力。一般来说，公司的信用能力都是经过穆迪、标准普尔这样的信用机构评定的，信用越高，利息率也就越低。没有经过投资等级评定的公司，一般是不允许在国际市场上借贷大量资本的。而采取积极金融措施的目的就是创造出良好的信用和公司在目标市场证券的声望（Oxelheim，2001）。可见，国际直接投资与国际证券投资存在密切的关系，而国际生产折衷理论和内部化理论等没有对此进行深入的分析，也没有将金融因素作为一个重要的变量加以考虑。

二、资源基础论——国际生产折衷理论进一步发展的新视角

综上所述，以国际生产折衷理论和内部化理论为代表的主流跨国公司理论确实存在解释力的局限。但是本文认为，企业资源基础理论与主流的跨国公司理论并不是绝然对立的。实际上，企业资源基础理论（resource-based view of the firm，RBV）可以为国际生产折衷理论的发展提供新的研究视角。由于全球化的进一步

发展、信息技术的扩散、消费者偏好多样化等诸多因素的影响，企业之间正在经历着动态的竞争，而且全球性竞争主要表现为跨国公司之间的竞争。更重要的是，可持续竞争优势的建立对于获得超过正常的投资回报是非常重要的。对现有优势的开发对于进入模式选择也是非常重要的，而资源基础论可以很好解释进入模式选择。由于动态竞争假设以及资源异质性的观点，资源基础论可以将进入模式的决定与企业战略和竞争优势很好地融合在一起。马霍克和菲勒（Madhok & Phene，2001）指出，内部化理论主要关心"为什么一种行为是通过公司内部组织而不是通过市场机制组织"，而资源基础论则研究"为什么一种活动是在某个或某些公司进行组织而不是在任何其他公司内组织"。这两个问题的主要区别在于：前者的兴趣是把公司（企业）和市场作为一个整体的结构，而后者的兴趣则在于具体的公司或企业。

资源基础论关注资源为何在这些公司配置而不是在那些公司配置。从资源基础论的角度看，企业资源能力以及企业将内外部资源在全球复合一体化战略下进行整合是企业竞争力的动力和源泉。由于动态竞争假设和资源异质性假设，资源基础论可以将"进入模式决定"与企业战略和竞争优势融合在一起。资源基础论不仅能够解释基于开发现有优势的进入模式的选择，也可以解释新优势发展的进入模式选择。而传统的理论只能解释基于开发现有优势。从企业资源配置的观点来看，资源基础论提供了一个独特的解释进入模式选择的方法，从而有希望为解释进入模式选择提供一个理论平台。彭维刚（Peng，2001）认为，资源基础论不仅能够用企业已有的优势对进入方式选择进行讨论，而且能够通过新的优势对进入方式进行解释，而传统的理论（比如垄断优势论）则只能基于现存优势来进行讨论；另外，早期的进入方式选择理论是一种以市场为导向的观点，资源基础论则提供了一个独特解释进入方式的方法，即从企业自身资源的角度进行阐述；同时，资源基础论又从动态的角度来剖析企业竞争优势的获得，这都将有助于增加现存进入方式的解释。

资源基础论在资源异质性和非完全流动性的基础上，提出了分析企业持久竞争优势的新方法：并非所有企业都具有持久的竞争优势，竞争优势或竞争地位归根到底取决于企业所控制的资源的情况。资源基础论认为，企业的资源具有异质性和非完全流动性的特征，因此不同企业之间会存在很大的差异性，也就是说，企业资源的异质性导致了企业之间的异质性。由于资源是不完全自由流动的，企业之间的异质性可能会长期存在。如果一个企业拥有稀缺的、能够创造价值的资源，并且这些资源既不能被其竞争对手所模仿，也不能被其他资源所替代，那么这个企业就具有垄断的地位，并成为企业获得持久竞争优势和超额利润的必要条件。资源基础论认为，企业要想建立持久的竞争优势，就必须获得异质的和非流动性的资源。

资源基础论强调企业通过整合和利用有价值的资源来实现企业价值创造的最大化。当企业所需资源不能有效地通过市场交易或并购获得的时候，战略联盟就可用来与其他企业共享或交换有价值的资源。也就是说，企业可以利用其现有的资源与其他企业的资源进行融合，从而创造更大的价值。资源基础论认为，战略联盟是企业间资源一体化的结果。从资源基础论的角度看，企业资源能力以及企业将内、外部资源在全球复合一体化战略下进行整合是企业竞争力的动力和源泉。因此，垄断优势论必须引入动态分析，应探讨垄断优势是如何产生、维持和不断增强的。而这可以从所有权优势与区位优势的互动关系来说明。

其实，所有权优势不仅存在于企业内，也存在于网络中，特别是后来者的企业更是如此。例如，比如发展中国家的参与国际市场的后来者 A 企业。企业的所有权优势包括了内部网络（A 分权后的经营单位）和外部网络（A 企业的合资企业伙伴、OEM 和 ODM 伙伴）。这种情况很普遍。因此作为后来者的发展中国家的企业可以利用加入全球供应链作 OEM 的机会，沿着供应链的上端前进，不断获得技术和市场。因此 OLI 模型应加以修正，应该对企业建立的跨国网络组织进行分析。事实上，跨国公司可以凭借其所有权优势，与不同区位的其他企业协作和联合来创造协同和竞争优势，而这并非一定得通过内部化的方式。跨国公司外部网络的形成和发展，争取外部资源已成为跨国公司参与全球竞争的必然选择。跨国公司投资的区位选择已不仅仅取决于各国的资源禀赋优势，因此跨国公司的投资行为更应从对竞争对手的反应或获得首动优势的角度来解释。虽然影响跨国公司海外投资的区位因素包括自然资源、劳动成本、市场需求、贸易壁垒、政府政策等诸多因素，但是在这些因素是既定的情况下，处于同一产业且规模相当的跨国公司之所以采取不同的投资战略，是因为其所有权优势是有差异的，不同企业的能力有"路径依赖"的特点，特别是其核心竞争力是其他企业难以模仿或在短时期内难以赶超的。不仅如此，这还与不同跨国公司现有的全球生产布局，特别是其母子公司的关系，即跨国公司组织其全球生产的组织结构密切相关。组织形式也同样具有"路径依赖"的特征。选择资源扩张和资源使用的最佳区位也成为一种重要的能力，企业现在越来越多地参与国外的具有更高附加值的活动，并且纷纷与外国企业组成战略联盟。

从本质上来说，资源基础论关注公司，它主要是从资源的禀赋及其配置来观察和研究企业，并关注企业之间的竞争和长期目标的实现。资源基础论认识到长期利润最大化是公司的主要目标。根据资源基础论，当一家公司的产品或市场策略是起作用的或者有效地配置了适当的公司独有资源时，它就可以实现持续性的竞争优势，这可以让它实现超常收益，从而实现长期利润最大化。比如跨国公司凭借其竞争优势获得超额收益就是其进入国外市场的主要动力。拥有差异化产品或者专利技术的公司会试图在国外市场开发它们的优势，因为超额收益会从这种优势的开发中产生。从这里也可以看到，企业国际经营的竞争优势应当具有两个主要特点：一是应当是可持续的；二是可以有效地进行跨国转移。资源基础论认为，通过在生产和营销领域公司所拥有的专有资源获得超额回报是一家公司进行跨国经营的主要动力。这些资源如果有效地转移给一家东道国企业，就会产生一家具有成本优势或者其他类型优势的公司。因此，考察跨国公司在东道国生产和营销的模式和出口模式，可以关注：公司在东道国进行生产领域建立竞争优势的可能性；在东道国进行营销领域建立竞争优势的可能性；向东道国伙伴转移生产方面优势的能力以及向东道国伙伴转移营销方面优势的能力。前两个是与在东道国进行生产和营销活动有关的区位相关，后两个则与其所有权优势相关。

国际生产折衷理论认为区位优势是跨国公司对外直接投资的充分条件之一，跨国集团不能依赖自身力量改变区位特定因素而增加区位优势的存量，即使是企业获取信息的途径和评估东道国环境的能力，也属于所有权优势的范畴，与地区特定优势无关。因此传统理论认为区位优势独立于跨国公司所有权优势之外，被视为影响跨国公司对外直接投资的外生变量。对跨国公司来说，无论是企业特定优势还是区位特定优势，都还只是企业建立竞争优势的基础或源泉，而将其转化为竞争优势的关键是跨国公司能否将母公司的特定资源与子公司及其所在国的特定资源加以有效的整合。一个公司可以通过企业内部或者生产交易方式向东道国转移资源，这两种选择主要是看公司能否把形成优势的资源转移给东道国合作者的能力。如果公司缺乏这种能力，它通过内部方式转移资源，如通过全资子公司。其他影响公司转移资源能力的因素是东道国缺乏吸收资源的能力。如果跨国公司确认当地企业有这样的能力，它会选择内部化的模式，否则，它会选择选择市场交易模式。比如酒店业在发达国家青睐特许经营，因为受让人能够吸收资源；但是在特许经营人的能力还不成熟的欠发达的国家，则倾向于公司的直接运营。概括来讲，所有权决策主要决定于跨国公司将其关键资源转移给东道国合作者的能力。如果公司能有效或高效地进行转移，它可能选择合作模式，否则选择独资模式。

资源基础论认为，企业会在他们具有竞争优势的领域进行生产和营销活动。如果进行国际化经营，有两个区位因素会影响跨国公司在东道国建立竞争优势的能力。首先，由于与母国的因素相关联，产生优势的关键资源可能无法被转移到东道国市场。其次，即使这种资源可以被转移，它也可能与东道国的因素不相匹配而无法产生竞争优势。例如原材料，熟练技工，东道国政府政策与法律，基础设施的可获得性，以及市场大小，这些因素都会影响企业竞争优势的形成。还有，企业的和社会的制度在很大程度上会影响资源、能力和市场机会的创造，无论是投资国还是东道国都如此。因此，跨国公司区位战略的决定性因素包括制度的发展和社会能力的各个方面，比如市场自由化、犯罪率的减少，腐败和社会骚乱的减少，企业家精神和教育质量，知识产权的保护、银行体系的改革、电信网络的可靠性、官僚体制的削弱以及更有助于竞争的政府政策等等已经成为非常重要的变量。一些发展中国家强调企业社会责任，并敦促跨国公司分支机构来适应其经济和社会目标，遵守其正式和非正式的制度，尊重他们的文化、传统和信仰。对此，跨国公司会倾向于建立非股权的商务关系，比如许多制造业跨国公司（电子、服装等）已经将总部从发达国家转移发展中国家。对于对文化差异敏感的生产过程或产出而言，跨国公司最初会通过与当地生产者建立伙伴和联盟关系进入，而不是以独资的形式进入。事实上，跨国公司的行为正在日益受到市场外部的相关利益者，特别是非政府组织、民族政府、地方政府和超国家机构的影响，这些力量往往倾向于让跨国公司与东道国企业建立合资或非股权的合作关系，或限制跨国公司的所有权的份额。

因此，邓宁（Dunning，2006）指出，除了资产所有权（O_a）优势、交易性所有权优势（O_t）之外，现在似乎应该增加一个新的 O_i，即与制度相关的竞争优势。这种优势包括了某个特定企业的激励结构，这种激励结构能够促进和影响资源、能力和市场机会的创造、使用或获取。而且在某一特定时点，这种制度性的内容包括内生的和外生的激励机制、规划和管理（以及企业对它们的反应）。这其中的每一种都会影响管理的决策和企业利益相关者的态度和行为，而且也会影响在财富创造过程中相关的经济和政治因素。这种制度既可以是正式的，也可以是非正式的，而且是受到企业自己的以及外部执行机制的支持。从资源基础论的角度看，与制度相关的 O_i 可以产生纯竞争优势（与竞争对手的 O_i 相比）。因此，资源的稀缺性、独特性、不可模仿性和可持续性是获取竞争优势的前提。如果企业同时拥有 O_a、O_t 和 O_i，它就愿意而且有能力从事新的或者增加其现有的外围价值增值活动。

纳鲁拉和邓宁（Narula & Dunning，2000）认为，所有权优势与区位优势的相互作用和相互依赖是很密切的。在跨国公司成功的国际化网络形成过程中，所有权优势和区位优势是逐渐累积在一起而发展起来的。一方面，东道国企业的互补性资产可以增强跨国公司的竞争优势；另一方面，众多跨国公司在某一区位的投资也会强化该地区的区位优势和该地区企业的所有权优势。邓宁（2006）又进一步指出，基于区位的制度和制度性框架应该成为研究国际商务活动决定因素的重要方面。而且一个国家制度的内容和质量的提升将极大地影响个人和组织财富创造的过程，也会对其跨国公司 FDI 的流入和流出产生巨大影响。东道国以及超国家机构在专利保护、银行管制、反腐败立法透明度以及安全等方面的制度性建设都会影响到跨国公司的制度性竞争优势。对产业层面的有关规定的反应也会采取不同的激励结构。再比如，一个公司可能拥有一种能潜在产生低成本优势的特有资源，但是东道国因素不适合的话就不可能产生这种优势。如果必要的原材料或劳动力无法进入，或者政局不稳或经济风险大，成本将会增加。同样地，东道国政策也会对一个外国公司的竞争优势产生负面影响。例如，东道国为了保护国内工业会对外国企业进口某种资源实行最高的数量限制，甚至不允许进口。总之，跨国公司在东道国形成竞争优势的能力很大程度上依赖于产生这种优势的资源转移到东道国的程度，也依赖于这些特定资源与东道国相关要素相融合的程度。可见，在目标市场建立竞争优势方面，资源基础论与海默理论、产品生命周期理论、交易成本理论的观点是不同的。但是资源基础论的观点却可以很好地解释国际生产折衷理论中所强调的所有权优势与区位优势的互动关系。资源基础论强调企业通过整合和利用有价值的资源来实现企业价值创造的最大化。跨国公司可以凭借其所有权优势，与不同区位的其他企业协作和联合来创造协同和竞争优势，而这并非一定得通过内部化的方式。跨国公司外部网络的形成和发展，争取外部资源已成为跨国公司参与全球竞争的必然选择。自 20 世纪 90 年代以来，多变的国际经营环境使得跨国公司经营战略处于动态调整之中，企业重组、战略联盟、网络组织等改革浪潮，使人们更深刻认识到战略管理对跨国公司经营成败的重要性。因此，更多的学者不再仅仅从直接投资的角度认识跨国公司，而开始从战略管理角度研究跨国公司。跨国公司战略管理学派的发展，对跨国公司理论产生了重要影响，使跨国公司的研究重点由存在机制逐步转向发展机制。战略管理研究主要关注对现有跨国公司的管理以及国际竞争对于跨国公司的战略含义。由于全球性竞争加剧，企业的跨国经营范围和职能已大大扩展，战略与结构的关系有着举足轻重的作用。战略管理学派从战略协调、共同管理以及组织适应的角度研究跨国公司的发展机制问题，从根本上实现了跨国公司理论研究重点的转移。应该说，对现有跨国公司的全球竞争格局而言，怎样发展比怎样形成更有意义。

自 20 世纪 90 年代以来，除了资源基础论，企业网络理论的兴起也大大开拓了人们的研究视野。企业网络理论的思想实际上是来源于社会网络理论。社会网络理论认为，个人是根植于复杂的社会关系网络之中。社会网络理论的重点不是研究环境的约束而是研究社会网络中成员的行为及其相互影响。从开放系统看社会网络理论，网络被定义为一些与社会关系有一系列联系的特殊类型节点（比如人或企业组织），换句话说，经济活动是内含在社会网络中的。从更广泛的意义上来讲，所有的组织都必须建立网络联系或关联来获得资源和提供产品或服务给他们网络的参与者。美国硅谷中与计算机相关产业的创业型公司的成功案例，已经使人们不断在跨越公司的边界并在公司间的网络里寻找竞争优势的源泉，因此发展社会网络被看作是一种有价值的组织能力。实证研究表明，关系网络的发展和社会资本的积累与企业的绩效呈正相关关系。值得指出的是，社会关系网络往往难以进行交易和转移，它是由历史决定，并通过时间来形成的。网络节点可以被看作一种可以增强稳定和持久竞争优势的重要战略资源。网络的发展与竞争优势之间存在密切的关系，包括增强市场能力，降低交易成本，共担风险，产生信用和组织学习，积聚资源和能力等。

企业网络理论借鉴社会网络理论的观点，而且尤其重视企业家和经理层的社会网络，因为这种关系网络可以促进企业间联盟的形成，促进信息共享、知识共享和价值创造。事实上，在外国投资的陌生感可由外国与本地企业的战略联盟，尤其是基于个人关系的种族纽带来弥补。在全球网络中运用战略联盟，后来者企业可借助当地合作伙伴的优势而克服陌生感，而且在全球化和网络化不断扩展的趋势下，来自国外并不一定是短处，如果它能与当地合作伙伴进行优势互补的话，还可以是长处。有了当地合作伙伴，外国企业不一定要拥有所有权优势才进行对外直接投资。在企业战略管理研究中，人们越来越重视企业的网络关系。科古特等对企业间构建网络关系进行了系统的研究，其后许多学者运用规范和实证的分析方法，从不同的角度分析研究了企业间网络合作关系。有的强调企业之间结成的战略集团的重要性，有的则讨论企业应该如何在战略联盟中学习的问题。古拉第（Gulati，1995）认为网络本身就是一种资源，该观点进一步丰富了企业间网络关系研究的内容，更明确地提出企业的业绩水平来源于网络合作关系。事实上，跨国公司作为创造、获取、融合和应用不同区位的知识的国际性网络，给人们提供了一个更加丰富的关于跨国公司通过知识创造价值的过程。当今，国际贸易与国际投资活动进一步相互融合和相互渗透。网络化已成为跨国公司国际生产的重要特征。而国际一体化的生产网络表现为跨国公司在地区和全球范围内按照各国的区位优势配置其价值链的各个环节，从而服务于地区和全球市场。跨国公司不断加强自己的核心能力，以保持和发展竞争优势为目标重新划分内部分工的效率边界，建立利益共享、风险分担的跨国战略联盟，不同国家的企业通过非股权或契约安排结成的全球网络型的战略联盟，正成为20世纪90年代以来跨国公司所拥有的一种新的竞争优势。跨国公司利用战略优势可以实现不同市场上战略资产的转移，从而获得规模经济、范围经济和学习经济；通过产品差异化以适应于不同的市场需求；通过多国的子公司网络的适应性和灵活性而最大限度地加强竞争优势。战略管理理论由于关注公司间性能的差异，因此在理解现代跨国公司行为上对折衷主义范式提出了有益的补充。尤其在全球竞争背景下，对公司全球资产的管理和知识流动的管理和协调值得关注。

结论

在经济全球化背景下，跨国公司经营战略已经发生从完全的内部一体化向准内部化甚至向外部化转变的倾向。跨国公司战略联盟的飞速发展及其联合与竞争网络的形成，正是跨国公司适应国际竞争环境的变化趋势而进行的战略调整。本文认为，国际生产折衷理论虽然为融合经济学和管理学的研究提供了一个分析框架。邓宁的国际折衷范式最大优点在于其综合性和一般性。综合性体现在它把垄断优势理论和内部化理论纳入框架中，并把国际贸易理论的重点考察对象——区位因素合并在内，涉及企业理论、产业组织理论、区位理论、贸易理论，尔后又拓展到了创新理论和跨文化理论，体现在超强的解释力上。它既可以从微观企业层次，又可以从中观产业层次和宏观国家与区域层次上考察相应领域的经济现象，虽然最初主要是解释企业进行国际经济活动的类型选择和 FDI 的动因，但后来邓宁又把解释对象拓宽后重新界定成跨国公司价值增值活动的组织。折衷范式的解释对象就从最初的出口、特许、FDI，增加了合资、非股权联盟、网络协调、战略合作等活动类型，使跨国公司的活动由原先的面对外部条件被动选择市场进入方式演变到主动利用环境组织境外活动，因而一定程度上具有了管理性和动态性的色彩。但是随着全球化和知识经济重要性的日益增强，企业或跨国公司的竞争优势已经更加重视对全球知识流动和技术创新的管理。要在理论方面发展并保持活力，跨国公司主流理论应更深入地分析和研究知识的作用以及对知识的管理，比如可以对市场机制与公司之间进行的知识的创造、协调、转移的有效性机制（如战略联盟）进行比较。总之，国际生产折衷理论应加以扩展和动态化，特别是应吸收企业资源基础论和企业网络理论的最新研究成果，以包含其关于动态竞争和可持续竞争优势的观点。

参 考 文 献

［1］刘海云：《跨国公司经营优势变迁》，中国发展出版社 2001 年版。

［2］席酉民：《跨国企业集团管理》，机械工业出版社 2002 年版。

［3］谢康：《超越国界：全球化中的跨国公司》，高等教育出版社 1999 年版。

［4］Barney, T. B., 1991: Firm Resources and Sustained Competitive Advantage. Journal of Management, 17.

［5］Ben L, Kedia, 2009: Understanding offshoring: A research framework based on disintegration, location and externalization advantages, Journal of World Business (44), pp. 250 – 261.

［6］Buckley, Peter J. and Casson, M. C., 1976: The Future of the Multinational Enterprise,

The Macmillan Press Ltd.

［7］Cantwell, John & Narula, Rajneesh, 2001：The Eclectic Paradigm in the Global Economy, MERIT – Infonomics Research Memorandum Series.

［8］Cantwell, John, 1991：A Survey of Theories of International Production, Pitelis & Sugden (eds), The Nature of the Transnational Firm.

［9］Dunning, J. H., 2001：A Rose By Any Other Name? FDI Theory in Retrospect and Prospect, University of Reading and Rutgers University.

［10］Dunning, J. H., 1977：Trade, Location of Economic Activity and the MNE：A Search for an Eclectic Approach. In：Ohlin, B., Hesselborn, P. and Wiskman, P., Eds., The International Allocation of Economic Activity, MacMillan, London, pp. 395 – 419.

［11］Dunning, J. H., 1995：Reappraising the Eclectic Paradigm in An Age of Alliance Capitalism, Journal of International Business Studies, No. 3.

［12］Dunning, J. H., 2001：The Eclectic (OLI) Paradigm of International Production：Past, Present and Future, International Journal of the Economics of Business, Vol 8, No. 2.

［13］Dunning, J. H., 2006：Towards a New Paradigm of Development：Implications for the Determinants of International Business, Transnational Corporations, Vol. 15, No. 1.

［14］Narula, R., Dunning. J. H., 2000. Industrial Development, Globalization and Multinational Enterprise：New Realities for Developing Countries. Oxford Development Studies.

［15］Gulati R., 1995：Social Structure and Alliance Formation Patterns：a longitudinal analysis. Administrative Science Quarterly 40, pp. 619 – 652.

［16］Kogut & Zander, 1993：Knowledge of the Firm and the Evolutionary theory of the Multinational Corporation, Journal of International Business studies, 2.

［17］Madhok, Anoop and Phene, Anupama., 2001：The Co-evolutional Advantage：Strategic Management Theory and the Eclectic Paradigm, International Journal of the Economics of Business, Volume 8, Issue 2, July, pp. 243 – 256.

［18］Oxelheim, Randoy and Stonehill, 2001：On the Treatment of Finance – Specific Factors within the OLI Paradigm, International Business Review, Vol. 10, No. 4, 18, P. 546.

［19］Peng. M, 2001：The Resource – Based View and International Business, Journal of Management, 27, pp. 803 – 829.

［20］Sharma & Erramilli, 2004：Resource-based Explanation of Entry Mode Choice, Journal of Marketing, Winter.

［21］Tolentino, Paz Estrella., 2001：From a Theory to a Paradigm：Examining the Eclectic Paradigm as a Framework in International Economics, International Journal of the Economics of Business, Vol. 8, No. 2, pp. 191 – 209.

（本文在《国际生产折衷理论的局限性及进一步发展的新视角》（载于《国际贸易问题》2007 年第 9 期）的基础上做了进一步的修改和补充）

新新贸易理论与企业资源基础
理论相互融合探析

摘要： 跨国公司理论要进一步发展，必须注意新新贸易理论和企业资源基础理论的基本假设及其最新的发展动态，特别是要将影响企业动态竞争优势的企业战略、企业资源和能力以及东道国的生产要素加以综合的考虑，从而在企业异质性假设的同一框架下解释国际贸易和国际投资的各种活动。新新贸易理论与企业资源基础理论的相互融合，可以更好地解释企业海外市场进入方式的选择，特别是可以解释企业对贸易与投资的选择，对外直接投资与外包的选择。

关键词： 新新贸易理论　企业资源基础理论　市场进入方式

跨国公司理论研究的基本问题主要包括三个方面：一是企业为什么要进行对外直接投资和跨国经营；二是到哪些国家和地区进行投资与经营；三是怎样进行直接投资和跨国经营，并促使企业能够持续发展。对前面两个问题，邓宁的国际生产折衷理论已经做出了很好的解释。第三个问题是回答跨国公司为什么会发展，即解释跨国公司的发展机制问题，实际上就是对企业如何对海外市场进入方式进行选择以及企业竞争优势如何维持等问题的研究。

本文主要从新新贸易理论与企业资源基础理论相互融合的视角看跨国公司理论进一步发展的可能性。本文认为，新新贸易理论与企业资源基础理论的相互融合，可以更好地解释企业的海外市场进入方式，特别是可以解释贸易与投资的选择，对外直接投资与外包的选择。

一、新新贸易理论

传统的国际贸易理论没有对单独企业进行研究，其研究主要集中于产业层次。但是考虑企业间的差异对于理解国际贸易至关重要，因为同一产业部门内部企业之间的差异可能比不同产业部门之间的差异更加显著，无论是企业规模还是企业的生产率，企业都是异质的。新新贸易理论通过企业异质性（heterogeneity）

来分析和研究更多新的企业层面的贸易现象和投资现象。事实上，对大型跨国公司的实证研究也表明，那些拥有更多国际专利的企业，在一个特定的时段它们可以发展得更快并占有更多的国际市场份额。特别是那些在产业中最具创新的企业可以创造一系列非常有效的所有权优势和竞争优势，从而加快其国际生产进程，提高其世界市场份额。而技术水平较低的企业将失去市场份额，并逐步被淘汰。

新新贸易理论有两大流派：一派是以梅里兹（Melitz）为代表，将企业生产率差异纳入新贸易理论，并以此分析企业商业模式选择，称为异质企业贸易模型。主要文献包括梅里兹（Melitz，2003），伯纳德、伊登、詹森和科藤（Bernard，Eaton，Jensen & Kortum，2003），赫尔普曼、梅里兹、伊普尔（Helpman，Melitz & Yeaple，2004）等。另一派则以安特拉斯（Antras）为代表，将新制度经济学的不完全契约思想纳入一体化和外包的商业模式选择，称为企业内生边界模型，安特拉斯（Antras，2003），格罗斯曼和赫尔普曼（Grossman & Helpman，2005），芬斯塔和汉森（Feenstra & Hanson，2004）对此进行了深入的研究。异质企业贸易模型主要解释为什么有的企业会从事出口贸易，而有的企业则不从事出口贸易；企业内生边界模型主要解释是什么因素决定了企业会选择公司内贸易、市场交易还是外包形式，二者都关注决定企业选择出口方式还是 FDI 方式的影响因素。在新新贸易理论中，产业内部不完全契约与企业异质性的结合，较好地解释了本土市场一体化与本土外包、国外一体化与国外外包等四种主要的企业组织形式，从而为解释全球化背景下的国际贸易和国际投资模式提供了新的视角。

（一）异质企业贸易模型

现实中，在同一产业内部，不同企业拥有不同的生产率，不同企业在进入该产业时面临不可撤销投资的初始不确定性也各不相同，进入出口市场也是有成本的，企业的出口决策往往以生产率为依据。梅里兹（Melitz，2003）在《贸易对行业内资源配置与生产率的影响》一文中最早将生产率差异纳入国际贸易和投资的研究当中，成为这一研究领域的基石。梅里兹提出异质企业贸易模型来解释国际贸易中企业的差异和出口决策行为。梅里兹以霍本海恩（Hopenhayn，1992）的一般均衡框架下的垄断竞争动态产业模型为基础，并扩展了克鲁格曼（Krugman，1980）的贸易模型，同时引入企业生产率差异。梅里兹认为，贸易能够引发生产率较高的企业进入出口市场，而生产率中等的企业仅能在国内生产和销售，而生产率最低的企业低的企业将被迫退出市场。总之，贸易使资源重新得到配置，并向生产率较高的企业流动。

伯纳德和詹森（Bernard & Jensen，1995）以美国企业的研究为基础得出，在美国只有一小部分企业从事出口，与非出口企业相比，美国的出口企业有很大的不同，出口企业的特点主要是规模都相当大，生产率较高，通常支付较高的工资，使用更熟练的技术工人，更具备技术密集型和资本密集型特征。伯纳德等（Bernard, Eaton, Jensen & Kortum, 2003）也建立了一个异质企业贸易模型。与梅里兹（Melitz, 2003）模型有所不同的是，该模型采用的是竞争而非垄断竞争的市场结构，关注企业的生产率与出口之间的关系。他们认为出口企业的生产率更高，因为出口企业通过大量销售降低了固定成本，而且通过出口获得的海外利润可以弥补进入成本。在同一产业内，较低的贸易成本和产品差异会导致企业不同的反应，生产率最低的企业可能倒闭，生产率相对较高的企业则选择出口的方式。

赫尔普曼等（Helpman, Melitz & Yeaple, 2004）对梅里兹模型加以扩展，该研究表明企业究竟是选择出口还是FDI是由企业根据其生产率高低来决定的。该模型分析了企业的三种组织选择，结论是：生产率最高的企业既在国内经营又在国外直接投资，生产率次之的企业既在国内经营又出口，再次之的企业仅在国内生产并销售，生产率最低的企业将退出该行业。因此，企业生产率差异使得企业可以进行自我选择，这样可以将同一产业内不同企业区分开来，确定哪些企业进行出口，哪些企业进行FDI。

（二）企业内生边界模型

安特拉斯（Antras, 2003）把不完全契约和产权加入不完全竞争和产品差异化的标准化贸易模型中，预测了企业内贸易模式。他强调资本密集度和剩余索取权的配置在企业国际化过程决策中的作用，并分析了该决策对企业内贸易的含义。他认为，资本密集型产品倾向于企业内贸易，采取一体化模式；劳动密集型产品倾向于企业间贸易，采取外包模式。

安特拉斯和赫尔普曼（Antras & Helpman, 2004）基于梅里兹（Melitz, 2003）的异质性模型和安特拉斯（Antras, 2003）企业内生边界模型的基础上提出了一个南北国际贸易模型。在模型中，差异化的产品在北方（本国）开发，南方（发展中国家）的可变成本（工资成本）较低，而固定成本较高。企业异质性与总部密集程度影响了企业组织形式的选择。在总部密集性低的部门（如零件密集型部门），企业不会实行一体化，而会选择外包，其中生产率较高的企业选择在南方外包，生产率次之的企业选择在北方外包，生产率最低的企业退出。而在总部密集型高的部门，将出现不同的组织形式：生产率最高的企业选择在南方一体化（FDI），次高的企业选择在南方外包，再次者会选择在北方一体化，更低的企业选择在北方外包，生产率最低的企业将退出市场。安特拉斯和赫尔普曼

（Antras & Helpman，2004）认为，是否进行外包或一体化，是否在国内或国外进行生产和经营等决策都是企业的内生组织的选择。在该模型中，最终产品的制造商控制着总部服务，中间产品的供应商控制着中间产品的生产质量和数量，不同产业部门的生产率水平差异和不同产业部门的技术和组织形式差异对国际贸易、FDI 和企业的组织选择产生影响。贸易、投资和企业的组织是相互依赖的，不同组织产生的激励、固定成本的差异以及不同国家工资水平的差异共同影响着企业的组织形式。

安特拉斯和赫尔普曼（Antras & Helpman，2006）将他们自己在2004 年提出的异质企业国际生产组织模型普遍化，允许存在不同程度的契约摩擦（contractual frictions），并允许其程度因不同投入品和国家而异。拥有异质性生产率的企业决定是否实行一体化或将中间投入品的生产进行外包，并决定在哪个国家进行。最终产品的生产企业和中间投入品供货企业进行关系性专用资产投资，只能进行部分契约化，或者以一体化企业形式，或者以市场交易形式。在均衡点，企业的生产率水平不同，选择的所有权结构和供货商地点也不完全相同，契约制度的变化对企业组织形式会产生不同程度的影响。

概括来说，新新贸易理论以企业的异质性作为前提条件，通过考察不同贸易决策的成本，得出了不同企业不同的贸易行为，很好地解释了目前关于跨国公司内部贸易等贸易方式，使国际贸易理论研究的基本单位从产业深入更微观的企业层面。更重要的是，新新贸易理论通过引进契约不完全理论、委托代理理论等，将企业组织形式和市场进入方式的研究纳入国际贸易的一般均衡分析框架中，为当前国际学术界广泛关注的生产纵向一体化问题，特别是外包与直接投资之间的选择问题提供了分析框架。

二、企业资源基础理论

新新贸易理论之"新"，并不在于"异质企业"的假说，而在于它深入微观的企业层次来研究国际贸易现象。事实上，在新新贸易理论体系提出之前，企业资源基础论早已持有企业异质性的观点。资源基础论本来就是从企业的资源禀赋和配置的角度来研究企业的。该理论在 20 世纪 80～90 年代对学术界产生很大影响，特别是在管理、营销、金融和国际商务研究领域得到广泛认可。

资源基础论认为，一个组织可以从它的独特资源禀赋当中发展出一种持续的竞争优势。彭罗斯（Penrose，1959）和沃纳菲尔特（Wernerfelt，1984）首先发展了一个从对最终产品的关注转变到对生产这些产品的要素的关注的分析框架。而如果企业要发展和保持竞争优势的话，那么该企业就必须具有一种重要的、稀缺的、不可模仿和替代的资产或能力。资源基础论强调企业通过整合和利用有价值的资源来实现企业价值创造的最大化。巴尼（1991）认为，当一个企业实行的价值创造战略无法被其他现有的或潜在的竞争者实施时，该企业就拥有了竞争优势。竞争者无法实行这种战略是因为他们不拥有相关的资源。因此，在资源基础论看来，资源（或能力）与竞争优势之间存在密切的关系。但是，有价值的企业资源往往是稀缺的，难以模仿而且缺少直接的替代品。因此，资源的积累和交易是战略上的需要。当资源的市场交易是可能的和有效率时，企业更可能依赖市场交易。但是有些资源是难以通过市场交易的，因为它们要么与其他资源混合在一起，要么植根于组织之中。根据资源基础论，资源的异质性使得企业能够把竞争朝自己希望的方向推进。因此，企业必须注意竞争者的行动，因为竞争者可能通过复制他们的资源或者开发出有效的方法来侵蚀他们的优势。应对这种威胁的办法是对各种经济活动建立阻止其进入或者国际化的障碍。柯利斯和蒙哥马利（Collis & Mont-gomery，1995）认为，企业可以通过配备有价值的、稀有的、不可模仿的、不可替代的资源来促进其竞争优势的维持（如建立资源壁垒和战略隔绝机制）。

彭罗斯（Penrose，1959）认为，能力是企业生产资源的稳定形式，能力是指企业生存、发展和竞争的能力。能力作为企业的许多常规和惯例的组合，具有社会复杂性和原因的模糊性，而且往往具有路径依赖的特点，因此难以模仿和转移。因此，企业的能力禀赋差异会一直存在。彭罗斯的企业成长理论是内在成长论，即以单个企业为研究对象，建立起一个关于企业资源—企业能力—企业成长的分析框架。企业拥有的资源是决定企业能力的基础。组织学习和知识积累会提高企业的资源积累率，资源及其服务的积累又为组织学习创造了一个基础。沃纳菲尔特（Wernerfelt，1984）在美国的《战略管理杂志》上发表《企业资源基础论》（A Resource-based View of the Firm）一文，提出了企业内部资源对企业获利和维持竞争优势具有重要意义，对企业创造市场优势具有决定性的作用。企业内部的组织能力、资源和知识的积累是解释企业获得超额利润、保持竞争优势的关键。沃纳菲尔特的观点对 20 世纪 90 年代战略管理理论的研究和发展产生了重要的影响，沃纳菲尔特、罗梅尔特、里普曼、巴尼（Barney）、温特、库尔（Cool）以及柯利斯等的研究共同促进了战略管理理论的新流派——企业资源基础论的形成。

自 20 世纪 90 年代以来，资源基础论受到极大的关注，该理论强调企业的成长过程，特别是从动态的角度分析跨国公司如何获取核心能力和竞争优势。从本质上来说，资源基础论主要是从资源的禀赋及其配置来观察和研究企业，并关注企业之间的竞争和长期目标的实现。资源基础论认识到长期利润最大化是公司的主要目标。根据资源基础论，当一家公司的产品—市场策略是起作用的或者有效地配置了适当的公司独有资源时，它就可以实现持续性的竞争优势，这可以让它实现超常收益，从而实现它的长期利润最大化。比如跨国公司凭借其竞争优势获得超额收益就是其进入国外市场的主要动力。科古特和赞德（Kogut & Zander，1993）将跨国公司所具有的优势区分为"初始优势"和"后续优势"，初始优势是企业在母国建立的优势，而后续优势是企业通过国际化经营所带来的优势，他还建议对外直接投资的研究应将重心从对企业第一次进入海外市场的关注，转向如何通过协调多国化的经营网络以获取持续的竞争优势。可以说，在跨国公司已经发展到相当程度，并在现有的全球竞争格局下，资源基础论关于跨国公司行为的解释更具指导意义。传统和主流的跨国公司理论，如内部化理论主要关心"为什么一种行为是通过公司内部组织而不是通过市场机制组织"，而资源基础论则研究"为什么一种活动是在某个或某些公司而不是在任何其他公司内组织"。资源基础论关注资源为何在这些公司配置而不是在那些公司配置。从资源基础论的角度看，企业资源能力以及企业将内外部资源在全球复合一体化战略下进行整合是企业竞争力的动力和源泉。

事实上，企业之间的竞争其实就是企业为其生存和发展，对企业所需资源进行的争夺战。从资源基础论的角度来看，企业跨国经营的基础是具备必要的内部资源和外部资源，而其中企业对资源的协同配置能力则不但是企业发现、识别并获得和利用外部资源的必要条件，也是企业将内部资源有效转移并与外部资源加以整合的必要条件。对跨国公司来说，无论是企业特定优势还是区位特定优势，都还只是企业建立竞争优势的基础或源泉，而将其转化为竞争优势的关键是跨国公司能否将母公司的特定资源与子公司及其所在国的特定资源加以有效整合。当然，企业外部资源决策的前提是对其内部资源的分析，因为外部资源本身不具有某一组织的特性，只有当外部资源和内部资源相互作用之后，整合资源才具有了企业特性。所以，如何根据内部资源的特点去发现、选择和利用外部资源，是企业战略的重点。

战略联盟是企业利用外部资源的重要方式。不论哪种形式的战略联盟，合作中都存在技术或知识在联盟企业间的流动，企业借此可获取以其他方式难以得到的技术。战略联盟对成员企业界之间技术上的互补融合具有明显的促进作用。技术联盟与技术创新中的组织学习，在企业联盟网络中，还有利于促使成员企业进行组织学习，通过"干中学"获取彼此的核心专长，从而弥补自身的薄弱环节。联盟也可作为学习的以及使新技能内部化的很好的工具，特别是当这些技能是隐性的或者集体性，要求广泛的共同磋商和实践才能学到的时候更是如此。在这种情况下，传统的技术转让和许可证协议是不够的，而要靠独立进行开发既慢又难。竞争大未来要求企业获得核心能力或专长。与能力很强的伙伴结成联盟可以为想获得关键技能的企业提供一个很好的实验场所。

资源基础论在资源异质性和非完全流动性的基础上，提出了分析企业持久竞争优势的新方法：并非所有企业都具有持久的竞争优势，竞争优势或竞争地位归根到底取决于企业所控制的资源的情况或者通过联盟合作可以利用的资源的状况。资源基础论认为，企业的资源具有异质性和非完全流动性的特征，因此不同企业之间会存在很大的差异性，也就是说，企业资源的异质性导致了企业之间的异质性。由于资源是不完全自由流动的，使得企业之间的异质性可能会长期存在。如果一个企业拥有稀缺的、能够创造价值的资源，并且这些资源既不能被其竞争对手所模仿，也不能被其他资源所替代，那么这个企业就具有垄断的地位，并成为企业获得持久竞争优势和超额利润的必要条件。资源基础论认为，企业要想建立持久的竞争优势，就必须获得异质的和非流动性的资源。

资源基础论的核心思想是，企业所拥有的资源或能力是企业战略形成的基础。在传统的战略分析框架中，企业拥有资源或能力可以从两个方面获取利益。一是从企业所在行业的优势中获益，例如该行业具有很高的进入壁垒或很弱的买方力量。资源基础论认为，这种优越的工业环境和市场力量的基础是行业中已存在企业的资源优势，如规模经济、由专利保护的产权、经验曲线效应以及名牌商标等。主导企业拥有这些资源后便会形成行业进入壁垒。同样，市场力量也可看成企业的资源优势，如企业拥有很大市场份额时，顾客和供应商的力量就会被削弱等。企业能够获益的第二个方面在于采用低成本或差别化战略。资源基础论认为，企业之所以选择低成本或差别化战略，是因为企业所拥有的资源状况。例如，选择低成本战略是因为企业拥有低成本的投入资源、先进的工艺技术以及获取规模经济的生产能力等；而选择差别化战略是因为企业拥有商标、信誉、专有技术或市场、销售和服务网络等。企业资源的报酬取决于由资源所获得的竞争优势超过资源真实成本的程度。拥有差异化产品或者专利技术的公司会试图在国外市场开发它们的优势，因为超额收益会从这种优势的开发中产生。从这里也可以看到，企业国际经营的竞争优势应当具有两个主要特点：一是它应当是可持续的；二是可以有效地进行跨国转移。资源基础论认为，通过在生产和营销领域所拥有的专有资源获得超额回报是一家企业进行跨国经营的主要动力。这些资源如果能有效地转移给一个东道国企业，就会产生一个具有成本优势或者其他类型优势的企业。因此，考察跨国公司在东道国生产和营销的模式和出口模式，可以关注：公司在东道国进行生产领域建立竞争优势的可能性；在东道国进行营销领域建立竞争优势的可能性；向东道国伙伴转移生产方面优势的能力以及向东道国伙伴转移营销方面优势的能力。前两个是与在东道国进行生产和营销活动有关的区位相关，后两个则跟它们的所有权优势相关。

从资源基础论的角度来看，一个企业可以通过企业内部或者生产交易方式向东道国转移资源，这两种选择主要是看企业能否把形成优势的资源转移给东道国合作者的能力。如果企业缺乏这种能力，它会通过内部方式转移资源，如通过全资子公司。其他影响企业转移资源能力的因素是东道国缺乏吸收资源的能力。如果跨国公司确认当地企业有这样的能力，它会选择内部化的模式，否则，它会选择选择市场交易模式。概括来讲，所有权决策主要决定于进入公司把它关键资源转移给东道国合作者的能力。如果公司能有效和高效地进行转移，它可能选择合作模式，否则选择独资模式。可以说，资源基础论为解释海外市场进入模式选择提供了一个很好的视角。原因在于：（1）进入模式的决定对于一个企业在市场的资源配置、营销方式和竞争地位有着战略性的意义。（2）由于全球化进程加快、信息技术的扩散、产业的融合，企业的竞争环境已经变得非常的动态化。通过动态竞争的假定，资源基础论可以很好地解释这些变化。（3）资源基础论能够解释进入模式的选择，它不仅可以接受基于现有优势的开发，而且还可解释基于新优势产生的那些模式。由于动态竞争假设以及资源异质性的观点，资源基础论可以将进入模式的决定与企业战略和竞争优势很好地融合在一起。它更关注跨国公司之间在全球范围的竞争战略的调整。

三、综合新新贸易理论与资源基础论解释企业海外市场进入方式

在全球化时代，国际贸易与国际直接投资是相互交织、密切联系在一起的。但是传统的国际贸易理论与国际直接投资理论却是建立在完全不同的分析框架之下，以至传统的国际贸易理论与国际直接投资理论研究长期处于隔阂状态。随着世界经济的发展，要素流动的条件逐渐成熟，国际贸易与国际投资出现了一体化的趋势。这种大的趋势有可能会促进国际贸易理论和对外投资理论的进一步创新、发展乃至融合。随着跨国公司在全球经济中的重要性与日俱增，企业国际化经营中的一体化和非一体化战略的选择，以及中间产品贸易在世界贸易中的比重不断上升，企业如何在不同国家进行价值链配置，是通过对外直接投资在企业内部从子公司那里进口中间产品，还是通过外包的方式从独立供应商那里采购中间产品都需要综合考虑企业自身的能力和外部的交易成本等问题，因此，企业对组织形式和生产方式的选择变得非常具有战略性的意义。新新贸易理论将产业组织理论和契约理论融入贸易模型，在企业全球化生产这一研究领域做出了重大的理论突破。

由于传统国际贸易理论没有对单独企业进行研究，因而新新贸易理论关于企业异质性的假设在贸易理论中可以称得上是新鲜的和创新性的，但是此类假设在

企业资源基础理论中却早已不是什么新奇的思想了，因为企业资源基础理论的一个重要观点就是资源的异质性导致了企业的异质性。目前，新新贸易理论关于企业的异质性的假设与企业资源基础理论的企业异质性假设可以说已经是处在一个同心圆上。既然新新贸易理论由于其异质性的假设可以解释企业对国际贸易与FDI的选择，以及 FDI 与外包的选择，那么基于动态竞争假设和资源异质性假设，资源基础论更可以将"进入模式决定"与企业战略和竞争优势融合在一起。资源基础论不仅能够解释基于开发现有优势的进入模式选择，甚至还可以解释新优势发展的进入模式选择。而传统的跨国公司理论只能解释基于开发现有优势。从企业资源配置的观点来看，资源基础论提供了一个独特的解释进入模式选择的方法，从而有希望为解释进入模式选择提供一个理论平台。

在全球化的深刻影响下，国际商务模式发生了深刻变化。内部化问题再度受到了极大的关注，但是批评的声音似乎更多一些。传统的观点认为完全的内部化对跨国公司来说是最好的模式，但这一观点已经受到了挑战，因为战略联盟网络的应用越来越多了。企业的边界正变得日益模糊，而日益依赖企业之间的合作——通过外包或战略联盟——构成了企业模糊边界的基础。战略联盟的合作领域非常灵活，包括合资企业、少数股权投资、联合研究开发、联合生产、联合营销、长期采购协议、共享销售服务和标准制定等等。在激烈的全球性竞争中，企业必须确认其能力和资源的缺口在哪里并快速地加以弥补。最迅捷的方式就是参与或组建战略联盟。

近年来，内部化理论成为跨国公司理论研究中比较活跃的一个流派，而且其研究有动态化的趋势并在不断扩展。但不变的是该流派仍应用内部化原理来比较和分析跨国公司不同市场进入方式的条件，特别是对贸易式进入方式、契约式进入方式（即通过与东道国的企业订立长期的、非投资性的无形资产转让合约而进入目标国。其主要形式如特许经营、技术协议、国际分包合同等）以及投资式进入方式（如独资、合资经营等）在生产和销售阶段的成本收益进行分析。这些理论和实证分析为跨国公司的战略决策提供了有价值的参考。

内部化理论重视企业管理和企业的组织结构。就内部化过程而言，跨国公司通过所有权控制关系将其所属的海外子公司纳入其全球性的研发、生产和销售网络之中。对纵向一体化的跨国公司来说，子公司成为母公司的前向和后向联系的经营单位，分别承担不同产品的生产或同一生产部门不同阶段的生产任务。同时，在原材料、中间产品和技术等通过内部市场体系进行交换，从而将传统的国际市场内部化。比如跨国公司通过其国际化生产网络转移软硬件生产技术，使其子公司获得生产产品和零部件所需的技术知识和管理经验。中间投入品市场也可以通过内部市场来进行贸易。各子公司独立生产某个环节的零部件或半成品，通过内部市场供地区分市场上的中心工厂进行最后的组装。对横向一体化跨国公司而言，公司内分布在不同地区的各子公司分别承担同一种产品不同零部件的生产，然后集中到某个子公司进行装配和向外销售。总之，将外部市场内部化确实可以提高跨国公司整体的效率，因为除了可以获得范围经济的效应之外，内部的协调可以减少由于信息不对称、机会主义、有限理性和市场不确定性所带来的成本。

基于交易费用理论的学者从内部化的可行性角度分析和探讨了资源特性与选择进入模式的关系。研究发现，企业核心资源（主要是无形和知识性资产）的垄断性和独占性越强，或特有资源的隐含性越高（如生产组织技术和经营管理经验等不易在不同的组织间转移扩散），或者当特有技术诀窍的比较优势越明显，投资者就越倾向于独资新建和控股收购等控制程度高的进入方式。因为市场交易会使这些专有的优势资源贬值，而通过并购实施内部化的整合成本和难度也较大。另外为了分担巨额研发经费和分散技术创新的风险，采用战略联盟的方式往往是更佳的选择。

资源基础论强调企业通过整合和利用有价值的资源来实现企业价值创造的最大化。当企业所需资源不能有效地通过市场交易或并购获得的时候，战略联盟就可用来与其他企业共享或交换有价值的资源。也就是说，企业可以利用其现有的资源与其他企业的资源进行融合，从而创造更大的价值。资源基础论认为，战略联盟是企业间资源一体化的结果。从资源基础论的角度看，企业资源能力以及企业将内、外部资源在全球复合一体化战略下进行整合是企业竞争力的动力和源泉。因此，垄断优势论必须引入动态分析，应探讨垄断优势是如何产生、维持和不断增强的。而这可以从所有权优势与区位优势的互动关系来说明。事实上，跨国公司可以凭借其所有权优势，与不同区位的其他企业协作和联合来创造协同和竞争优势，而这并非一定得通过内部化的方式。跨国公司外部网络的形成和发展，争取外部资源已成为跨国公司参与全球竞争的必然选择。跨国公司投资的区位选择已不仅仅取决于各国的资源禀赋优势，因此跨国公司的投资行为更应从对竞争对手的反应或获得首动优势的角度来解释。虽然影响跨国公司海外投资的区位因素包括自然资源、劳动成本、市场需求、贸易壁垒、政府政策等诸多因素，但是在这些因素是既定的情况下，处于同一产业且规模相当的跨国公司之所以采取不同的投资战略，是因为其所有权优势是有差异的，不同企业的能力有"路径依赖"的特点，特别是其核心竞争力是其他企业难以模仿或在短时期内难以赶超的。不仅如此，这还与不同跨国公司现有的全球生产布局，特别是其母子公司的关系，即跨国公司组织其全球生产的组织结构密切相关。组织形式也同样具有"路径依赖"的特征。选择资源扩张和资源使用的最佳区位也成为一种重要的能力，企业现在越来越多地参与国外的具有更高附加值的活动，并且纷纷与外国企业组成战略联盟。

战略联盟之所以能在 20 世纪 90 年代成为企业竞相采用的经营战略是因为信息和通信技术的迅猛发展为企业提供了一个更容易交流和合作的环境。当交易成本低于因组织规模扩张而产生的管理成本时，内部化的倾向就会削弱，网络型组织就流行起来。信息技术的发展，特别是互联网和电子商务的发展在一定程度上缓和了市场失灵的问题。电子商务是国际商务的促进器。它创造了新的虚拟市场来取代和补充现有的市场和企业层级制。因为电子市场的独特之处是它本身就是市场。在传统市场失灵的地方，电子市场提供了一个可供选择的方式而不必求助于层级制的内部化方式。因此可以说，电子商务使战略联盟更加流行。

国际商务运作的环境，即经济的、社会的、政治的现实，是在不断变化的。面对企业之间、国家之间和市场之间边界日益模糊的新发展趋势，邓宁在其扩充了的折衷理论中也考虑了在跨国经营过程中，因企业间交易增多，中间市场相互依赖程度提高、区域资源分布格局拓宽而产生的竞争优势，从而反映因各种相互依赖活动而出现的外部经济效果。邓宁认为，其早先的折衷理论具有静态性质，跨国公司的研究应引入战略变量。折衷范式必须加以扩展和动态化以考虑企业资源基础论和进化理论的最新发展，同时要将国际贸易与国际投资理论的融合趋势以及区域产业集群的资产创造活动考虑进去；要更重视组织资本和社会环境对企业所有权优势的影响。此外，要把管理学学者们对大型跨国公司的具体特点的分析纳入理论的视野。在全球化趋势下，在大多数产业，产品和生产过程都更加标准化。企业通过不断地创造差异化的产品和技术来保护自己的竞争地位。坎特韦尔（Cantwell，1991）认为，企业投资的动机是技术竞争强度的函数，这意味着产业层次上企业的互动可以调节每个企业的行为，而不仅仅是一系列"生产还是购买"的内部交易成本的计算。而企业发展潜力之所以不同是因为企业的技术能力和创造隐性知识的能力的差异。而跨国公司要获得国际产业的竞争力就必须对分散在世界不同区位的子公司的技术资源加以有效的整合。在全球化时代，知识密集型资产日益增加的在地理上的分散性使企业更有必要开发外国企业的资源和能力来与自己的资源进行互补和产生协同效应。因此，除了增加其现有的所有权优势之外，企业越来越多通过 FDI 来获得互补性的资产，而企业在设计和执行策略的能力将增强这些资源的竞争力。

资源基础论的核心思想是，企业所拥有的资源或能力是企业战略形成的基础。在传统的战略分析框架中，企业拥有资源或能力可以从两个方面获取利益。一是从企业所在行业的优势中获益，例如该行业具有很高的进入壁垒或很弱的买方力量。资源基础论认为，这种优越的工业环境和市场力量的基础是行业中已存在企业的资源优势，如规模经济、由专利保护的产权、经验曲线效应以及名牌商标等。主导企业拥有这些资源后便会形成行业进入壁垒。同样，市场力量也可看成企业的资源优势，如企业拥有很大市场份额时，顾客和供应商的力量就会被削弱等。二是采用低成本或差别化战略。资源基础论认为，企业之所以选择低成本或差别化战略，是因为企业所拥有的资源状况。例如，选择低成本战略是因为企业拥有低成本的投入资源、先进的工艺技术以及获取规模经济的生产能力等；而选择差别化战略是因为企业拥有商标信誉、专有技术或市场、销售和服务网络等。企业资源的报酬取决于由资源所获得的竞争优势超过资源真实成本的程度。资源基础理论主要被用来研究合作性竞争中合作伙伴间的相互依赖性和结构稳定性。资源基础理论将企业组织等作为一种社会资源来加以研究，从而使其可以将组织内部及组织间的交换理论置于一个开放系统中去分析。资源基础理论在分析不平衡的"强权"合作结构和企业合作的稳定性方面，也有其独特之处。当然成功的合作并不一定要发展成为一种依赖关系，而且过度的依赖往往对合作有害。合作应被视为克服竞争局限和实现复杂产品互补性生产行为的一种方式。

根据资源基础论，当一家公司的产品—市场策略是起作用的或者有效地配置了适当的公司独有资源时，它就可以实现持续性的竞争优势，从而实现超额收益或长期利润最大化。跨国公司凭借其竞争优势获得超额收益就是其进入国外市场的主要动力。拥有差异化产品或者专利技术的公司会试图在国外市场开发它们的优势，因为超额收益会从这种优势的开发中产生。资源基础论认为，通过在生产和营销领域公司所拥有的专有资源获得超额回报是一家公司进行跨国经营的主要动力。因此，考察跨国公司在东道国生产和营销的模式和出口模式，可以关注：公司在东道国生产领域建立竞争优势的可能性；在东道国营销领域建立竞争优势的可能性；向东道国伙伴转移生产方面优势的能力以及向东道国伙伴转移营销方面优势的能力。前两个是与在东道国进行生产和营销活动的区位相关，后两个则与它们的所有权优势相关。

企业对模式的选择很大程度上是在成本与收益之间的权衡。由于各企业付出的成本（投资成本、运营成本、机会成本、风险等）和取得的利润不同，进入模式也会有显著的不同。大部分进入模式趋向于与成本一致。一般来讲，出口与非股权模式花费少，而合资和子公司模式花费多。在资源基础论理论中，利润来自以最小的资源价值损失为代价，实现资源向东道国有效的或高效率的转移。当然，企业进入国外市场都有一定的风险性，比如信息不对称以及外国经营环境的陌生性导致的成本等。为研究进入方式选择问题，学者们采用了各种各样的理论视角，虽然大部分人使用的是交易成本经济学和OLI框架。事实上，一个成功的国际化策略总是必须选择一个最佳的进入方式，而这是由公司、行业和国家（比如文化和制度）等多方面因素决定的。进入国外市场的方式的选择会因股权形式（比如绿地投资、收购、合营）和非股权形式（比如出口、联盟）而不同。绿地投资企业一般是在新的地理市场上建立一个拥有100%股权的子公司。这样，他们对内部资源和知识及其转移拥有最高的控制权，同时也承担最高的成本。这些成本包括购买机械设备的成本，保证企业在新环境里能够有效运作的成本，以及与供应商、经销商和政府建立关系和网络所需要的成本。而如果使用跨国并购的方式，企业收购一家外国公司之后，可以得到它的资源，如知识基础、技术和人力资本，并且可以直接和快速地进入当地市场，获得主要的顾客或营销渠道。在资产控制权上，跨国并购一般低于绿地投资但高于国际战略联盟。表1是资源基础论对国际市场进入模式的解释。

表1   资源基础论对进入模式选择的解释

生产活动		市场营销活动		进入模式
企业在东道国建立竞争优势的可能性	企业将优势资源产生能力转移给东道国合作伙伴的能力	企业在东道国建立竞争优势的可能性	企业将优势资源产生能力转移给东道国合作伙伴的能力	
低	无	低	无	不进入，间接出口
低	无	高	高	通过东道国中介直接出口
低	无	高	低	通过企业拥有的渠道直接出口
高	高	高	高	合同方式（许可证生产或者特许权）
高	高	高	低	生产性合资企业
高	低	高	高	营销性合资企业
高	低	高	低	全资子公司

资料来源：Sharma & Erramilli, Resource-based Explanation of Entry Mode Choice, Journal of Marketing, Winter 2004.

企业的海外市场进入方式一般受三个方面因素的影响：（1）公司层面（firm-level）的因素，如多国经验、地方经验、生产的多样性、内在同构和国际性策略；（2）产业层面（industry-level）的因素，如技术强度、广告强度和销售能力；（3）国家层面（country-level）的因素，如东道国市场发育程度、母国和东道国的文化特质、收购方所在母国的具体文化（特别是避免不确定性和风险倾向）等。因此，一些研究者发现产业因素和国家因素会增加以并购方式进入的可能性，诸如市场发育程度的高低、母国与东道国的文化差距、母国文化中的不确定性规避。此外，公司的因素诸如产品的多样性、多国经验与地方经验、相关投资大小、相对晚期进入市场等，也对并购有正面影响。

值得注意的是，资源基础理论以"价值创造观"为出发点，认为选择何种进入方式取决于本国企业核心资源与东道国目标资源的产业特征和相互关系。企业的优势资源如果按照地域流动性进行分类，可以把知识技术诀窍、研发能力等无形资产视为上游资本，把产品营销网络、品牌优势等与市场竞争相关的资源视为下游资本。前者比较容易在国际上扩散，即不受地域限制被替代；而后者则流动性差，即难以随投资的地域变化而转移。如果东道国在技术和 R&D 方面有相对优势，则跨国公司会倾向于收购当地企业以提高技术优势；相反，如果跨国公司在东道国的营销网络或渠道处于劣势而需要在当地补充时，收购拥有这些资源的东道国企业将是明智的选择（Anand & Delios，2002）。

跨国并购和战略联盟都是企业获得外部资源的有效方式。但是，战略联盟在21 世纪有着更为突出的地位。企业战略联盟的出现带来了一场具有深远意义的竞争的革命，它逐渐改变了跨国公司的经营战略，联盟关系已使许多大企业的生产和经营方式发生根本性的变革。以往企业提高生产效率一般是通过削减费用、减少管理层级、重新设计流程、完善信息系统以及运作程序的自动化等来实现，但这些都是在公司内部进行的。而企业通过与其他企业建立战略联盟，则是借助联盟企业的资源和核心能力来弥补自己在多元化经营中战略资产的不足。比如IBM 公司与德国西门子合作，设计统一的电话系统，与日本新日铁公司、日本化学工业公司合作，生产陶瓷电子元件用以改善照相机和磁带录音机等产品的性能，与加拿大企业合作生产文字处理机。再比如韩国的三星公司、大宇公司等通过与西方的 OEM 供给契约在多样化领域如显示器、半导体、汽车发动机方面正在建立起核心产品的领导地位。通过把精力集中在竞争力上，并将其体现在核心产品上，亚洲的竞争者首先在零部件市场上建立起优势，然后提高产品质量，并向下游抢占品牌份额。当他们品牌领导地位的声誉得以巩固时，它们就会获得价格领导地位。当一家公司扩大其核心产品应用范围的数量时，它能持续地降低在新产品开发上的成本、时间及风险。

结论

本文认为，跨国公司理论要进一步发展，必须注意新新贸易理论以及企业资源基础理论的基本假设和最新的发展动态，特别是要将影响企业动态竞争优势的企业战略、企业资源和能力以及东道国的区位优势等因素加以综合的考虑，从而在企业异质性假设的同一框架下解释国际贸易和国际投资的各种活动，特别是对海外市场的进入模式做出更好的理论解释。国际贸易理论与国际直接投资理论在不久的将来有可能置于同一分析框架之中。

参 考 文 献

［1］樊瑛：《新新贸易理论及其进展》，载于《国际经贸探索》2007 年第 12 期。

［2］陈丽丽：《国际贸易理论研究的新动向——基于异质企业的研究》，载于《国际贸易问题》2008 年第 3 期。

［3］赵君丽、吴建环：《新新贸易理论评述》，载于《经济学动态》2008 年第 6 期。

［4］Anand and Delios, 2002：Absolute and Relative Resources as Determinants of International Acquisitions, Strategic Management Journal, 23, pp. 119 – 134.

［5］Antras and Helpman. , 2006：Contractual Frictions and Global Sourcing, CEPR Discussion Papers.

［6］Antras and Helpma, 2004：Global Sourcing, Journal of Political Economy, 112：3, pp. 552 – 580.

［7］Antras, P. 2003：Firms, Contracts, and Trade Structure. Quarterly Journal of Economics, 118 (4), pp. 1375 – 1418.

［8］Barney, T. B. , 1991：Firm Resources and Sustained Competitive Advantage, Journal of Management, 17.

［9］Bernard, Eaton, Jensen, and Kortum, 2003：Plants and Productivity in International Trade, American Economic Review, Vol. 93, pp. 1268 – 1290.

［10］Buckley, P. J. and Casson, M. , 1976：The Future of the Multinational Enterprise, The Macmillan Press Ltd.

［11］Cantwell, John, 1991：A Survey of Theories of International Production, Pitelis & Sugden (eds), The Nature of the Transnational Firm.

［12］Collis and Montgomery, 1995：Competing on Resources：Strategy in the 1990s, Harvard Business Review, July – August.

［13］Dunning, J. H. , 1995：Reappraising the Eclectic Paradigm in an Age of Alliance Capitalism, Journal of International Business Studies, No. 3.

［14］Penrose, E. T. , 1959：The Theory of the Growth of the Firm. Oxford University Press, Oxford.

［15］Feenstra and Hanson, 2004：Ownership and Control in Outsourcing to China：Estimating the Property – Rights Theory of the Firm, NBER Working Paper No. 10198.

［16］Grossman, G. M. and Helpman, E. , 2005：Outsourcing in a Global Economy, Review of Economic Studies 72, pp. 135 – 159.

［17］Helpman, Melitz, and Yeaple, 2004：Export versus FDI, American Economic Review,

Vol. 94, pp. 300 – 316.

［18］Katsuhiko and Hitt, 2004：Theoretical Foundations of Cross-border Mergers and Acquisition：A Review of Current Research and Recommendations for the Future, Journal of International Management, 10.

［19］Kogut & Zander, 1993：Knowledge of the Firm and the Evolutionary theory of the Multinational Corporation, Journal of International Business studies, 24.

［20］Melitz, M. 2003：The Impact of Trade on Intra-industry Reallocations and Aggregate Industry Productivity, Econometrica, Vol. 71, pp. 1695 – 1725.

［21］Sharma and Erramilli, 2004：Resource-based Explanation of Entry Mode Choice, Journal of Marketing, Winter.

［22］Teece, D. , 1992：Competition, Cooperation and Innovation：Organizational arrangements for regimes of rapid technological progress, Journal of Economic Behavior and Organization, 18, pp. 1 – 25.

［23］Wernerfelt, B. , 1984：A Resource-based View of the Firm, Strategic Management Journal, No. 5.

（本文在论文《跨国公司理论发展趋势探析》（载于《中国经济问题》2008年第6期）的基础上进行了修改和补充）

第二部分　模块化生产与全球汽车业竞争格局研究

模块化生产对全球汽车产业竞争格局的影响

摘要：本文主要分析模块化生产网络的发展对汽车产业竞争格局的影响，同时进一步研究汽车业全球生产网络发展的特点和趋势，特别是制造商与供应商的竞争与合作，并在此基础上提出中国汽车产业发展可以采取的竞争战略与策略。

关键词：模块化生产　全球生产网络　汽车产业

一、模块化生产的理论分析：文献综述

模块化理论的研究源自20世纪60年代的复杂系统设计理论。该理论认为，模块化是一种处理复杂问题的有效方法，是能够促进复杂系统向新的均衡演进的具体结构。模块化生产的目的是在增加供应产品种类的同时降低产品复杂度。其生产的基本概念是，在不同的制成品间采用可互换的通用模块。由于客户需求所要求的差异性远高于营销努力所能提供的差异性，这种生产方式能够更有效地满足客户订单中对不同产品的需求。模块化生产是实现产品服务用户化的最佳方式。早期的理论主要从模块化的可分解性入手，西蒙（Simon，1962）认为复杂系统具有可分解性的特征，而模块化的核心含义是复杂系统中子系统内部的相互作用与子系统之间的相互作用的区别。亚历山大（Alexander，1964）认为通过把结构划分为模块并将任务分配给具有不同专业知识的设计者，有助于克服设计者认知的不足。此外，由于模块具有替代性，结构的改变更加容易，从而增强了对环境的适应性。模块化是为顾客提供多样化产品的正确选择（Milternburg，2003）。鲍德温和克拉克（Baldwin & Clark，2000）在《设计规则——模块化的力量》一书中，详细论述了模块化的相关理论，被国际学术界誉为具有开创性和里程碑意义的著作。他们认为，模块化是通过每个可以独立设计并且能够发挥整体作用的更小的系统来构筑复杂的产品或业务的过程。在模块化结构中，每个模块内部独立开展工作，不必与其他模块进行协调，使得模块化能够对平行开展的工作进行协调；模块化结构还会提供更多的选择余地，从而应对子系统的不确定性。关于模块化，他们提出了两个重要观点：（1）模块内部相互依赖、模块外部

相互独立。模块是一个单元，其结构要素紧密联系在一起，而与其他模块的联系相对较弱。由于联系有不同的程度，也就存在不同层次的模块化，为分级的模块化设计提供了条件。系统作为一个整体必须提供一个框架（体系结构），以实现这种结构上的独立和功能上的结合。（2）抽象、信息隐藏和界面。复杂系统的管理可以通过将系统分割成较小的部分，然后分别处理来实现。当系统要素的复杂性达到一定程度时，就可通过定义一个简单界面来将复杂性进行抽象隔离。这种抽象隐藏了系统组成部分的复杂性，界面则说明了小的组成部分如何与大的系统相互作用。

兰格路易斯（Langlois，2000）认为，模块化是管理复杂事物的一整套规则，将复杂的系统分为独立的部分，各部分在结构内部可通过标准界面交流。虽然各个模块是独立设计的，但它和统一的系统一样可以发挥作用。模块化划分为三个不同的层面：设计模块化、生产模块化及组织模块化。设计模块化是指产品或其组件设计边界的界定，以使得不同模块间的设计要素及任务是相互独立的；生产模块化是指通过模块的分部装配、预先装配、测试及转移部分生产活动给供应商，设计生产及组装流程以降低复杂性；组织模块化是指采用适当的组织过程、组织结构及契约程序以适应企业内部或外部的模块化生产（Sako & Murray，1999；Camuffo，2001；Doran，2003）。模块战略是一种把模块生产艺术的优势成倍发挥出来的战略，模块产品是一个复合的产品，它的单个要素是独立的设计，然而却作为一个完全的整体发挥作用。两种处理模块化生产的独特而具有战略意义的方法：综合者（integrator）角色（由原始设备制造商控制）和模块者角色（由原始设备制造商将控制权交给具备提供模块解决方法和能力的一级供应商）。模块化生产网络实质上是价值链的模块化。全球性领导厂商以外包为基础，以产品设计为龙头，以开放共享为标准，在全球范围内重新建立战略合作体系，将分布在不同地区的企业或企业集群连接为一个有机的整体，达到资源共享和优势互补的目的（Sako & Murray，1999）。这样，模块化生产网络可以突破地域的有形疆界，既可以集中于地理位置毗邻的产业集聚地，也可以通过跨地区、跨国界的网络组织来进行全球性的资源配置，或者综合二者来实现集中与分散的统一。

总之，模块化生产方式扬弃了纵向一体化生产的弊端，不再把所有的生产工序都集中在一个企业内部，而是利用外部资源实施外部采购。模块化生产降低了交易成本，企业可以通过外包或者从市场上采购模块部件，而不必把所有的与生产有关的环节都纳入组织内部，利用外部的生产商的投入可以使企业避免因投资生产所需机器而引致的成本和风险，并且能够选择不同的供应商。但是，它需要企业内部、企业与供应商、企业与合作伙伴之间更有效的合作。

二、全球汽车产业竞争格局

汽车产业是典型的资本密集型产业，其研发、生产、采购和销售等诸多环节都具有资本密集的特征。从生产和采购环节来看，国际汽车厂商普遍采取日本丰田的精益生产模式，同时抑制以往过度垂直一体化的组织形式，将零部件企业独立出去，整车制造商还将部分的产品开发、制造、装配工作委托给零部件供应商去做，而自己仅掌握几种关键性零部件的生产。对标准化的一般性零部件则实行全球性的采购。汽车厂商在全球进行运作，在不同地区推出标准相似的车型。与此同时，汽车厂商努力复制供应链结构，要求供应商在其投资的地区或工厂附近建立厂房等配套设施。整车汽车厂商与零部件供应商更多采取松散型的合作模式。由此，零部件供应商的力量和要价能力增强，力量较大的零部件供应商在全球也加强并购小的零部件厂商，以适应为汽车厂商全球性配套生产的需要。

随着全球竞争的加剧，汽车和汽车零部件技术越来越复杂，推动了汽车厂商对组织结构进行调整，把零部件从内部剥离出去，并把核心竞争力集中在车型设计、品牌、整车装配和市场营销方面，以便使运作体系更有效率。在全球范围内，汽车产业涉及数千家厂商（包括母公司、子公司及分包商）的生产体系（Gereffi，1999）。当今，汽车业跨国公司纷纷实行全球经营战略，将其价值链活动（如制造、研究、开发及销售）配置到世界上能够最好或以最低成本进行这些活动的任何地方。新的全球竞争态势导致零部件产业的重新整合，出现了全球汽车业新的专业分工协作模式，而这种模式是以零部件的系统化设计和模块化供货生产范式的出现为技术基础的。许多整车企业从传统的单个零部件采购转变为模块化系统采购，而零部件供应商日益成熟的开发设计和生产技术保证了系统化设计与模块化供货成为一种新的趋势和潮流。

汽车零部件产业在 20 世纪 90 年代进行了相当大的结构调整，发生了三个重要的变化：第一，设计活动由制造商转移给了供应商，并且双方围绕设计进行的对话日益增加。供应商事先为许多不同公司提供已经设计好的部件，现在则转向更大程度的用户化，使他们的产品满足特定公司的需要。同样地，许多先前根据制造商的设计工作的转包公司现在开始提供他们自己的设计方案。在这两种情况下，制造商会提出全面的要求。第二，完全职能（系统、局部装配或者模块）取代个别零部件的供给这一变化也在发生。第一层供应商不仅负责将零部件装配完整的部件（仪表板、制动轴、座位、座舱装配等），而且也要负责管理第二层供应商。制造商使用许多不同零部件公司提供的零部件事先在内部准备好这些组件或者系统。在过去，一个制造商可能会设计一个座位，绘制一个有 20～30 个零部件的详细草图，并寻找每个零部件的供应商参与其中，自行将它们装配成座位。现在，制造商则寻找会设计或提供整个座位甚至包括头靠、安全带以及前座安全带瞬间束力加强器的座位系统的公司。第三，制造商更多地参与到其供应商的生产和质量体系的指示当中。因此，与较少的供应商保持较长期的关系是有必要的（Humphrey & Memedovic，2003）。

在汽车行业，对零部件供应商的并购也在加速。并购导致了产品类别内的集中程度的提高，以及随着系统供应商将其生产扩展到包括整个组件装配，逐步形成了新的水平专业部门。在每一个模块化的专业部门，合并都会减少顶端生产商的数量。通过并购，汽车零部件制造商扩大了规模，从而使它们能够在设计和生产过程中占有更大的份额，并且扩大了其经营活动的地理范围。这还进一步加强了一级供应商与客户之间的联系。汽车零部件企业通过并购扩大规模，使它们能够在设计和生产过程中占有更大的份额，并以此扩大其经营活动的地理范围。零部件制造商的并购主要采取两种方式：提高产品类别内的集中程度，以及随着"系统供应商"将其生产扩展到包括整个组件装配，形成了新的水平专业部门。在每一个模块化的专业部门，合并都会减少顶端生产商的数量。因此，汽车零部件产业的集中度、规模经济及专业化生产水平将大幅提高。

三、汽车业全球生产网络发展的动力机制

（一）全球化竞争与国际分工

目前，在发达国家和发展中国家之间已经形成了同一产业、同一产品价值链不同生产环节上的分工，而且分工越来越细，从产品专业化到零部件专业化，再到工艺流程的专业化。产业链一般可以分为三个环节：第一，技术环节，包括产品的研发、创意设计、技术培训等；第二，生产环节，包括原材料和中间产品全球采购、母板生产、系统生产、终端加工等；第三，营销环节，包括分销物流、批发零售、售后服务等。发达国家致力于研发和品牌营销，控制核心技术，发展中国家主要从事加工制造的生产环节。每一个企业及其生产环节都是全球生产网络的有机组成部分。

（二）产业技术变革的推动

20世纪50年代到80年代，世界汽车工业采取的发展战略主要是纵向一体化，整车生产不断向零部件生产延伸。20世纪90年代以后，纵向一体化不再适应市场竞争的需要，汽车零部件企业纷纷从母体剥离，面向全球市场组织运作，而这

种模式是以零部件的系统化设计和模块化供货方式的出现为技术基础的。

汽车企业技术的发展为模块化的开发与设计提供了技术基础。模块化生产通过将汽车整车生产分解成若干模块，先由零部件制造商将其组装调整好，再进行整车装配，工作环节大大简化。而且这种生产方式使得整车生产商与零部件生产商之间的技术关联度更强，两者之间形成战略合作关系，这种生产组织方式的变化推动了汽车全球生产网络的发展。

(三) 跨国公司战略调整

就汽车产业而言，其价值链主要由五个部分构成。其中，汽车整车制造业居于核心地位，向上延伸是汽车零部件制造业以及其他相关工业，向下延伸是汽车服务业，包括汽车销售、维修、金融服务等。在这五个部分中，汽车制造业利润较低，而汽车服务业利润较高，在发展成熟的国际市场上，汽车服务业的利润要占到50%～60%。另外，汽车产业链的每一个环节都需要一定的支撑体系，包括法律法规体系、研究开发体系、认证检测体系等。整车制造企业一般只从事汽车总装及车身制造，其他则由专业的零部件制造商提供。汽车零部件种类非常多，例如，载货汽车的零部件总数一般为7000～8000个，而轿车的零部件达到1万个以上。在一辆汽车的总成本中，零部件成本要占到70%～80%。汽车生产除了涉及钢铁、冶金、塑料、陶瓷等原材料部门，还要涉及电子、电器等十多个工业部门，这些行业和汽车产业的关系都十分密切。从全球范围来看，每一个汽车集团都拥有众多不同品牌的子公司。这些企业将核心竞争力集中在产品设计、品牌、市场营销等方面，不断把价值链向全球延伸。整车企业和零部件企业之间的关系不再是单纯的层级式生产者和供应者的关系，而是相互独立、相互依存的利益共同体。主导企业和零部件供应商共同承担项目开发的成本和风险，协同发展。供应商的责任不断提高，更多地参与到整车的开发和生产过程，加快了新产品的设计速度。

汽车的生产涉及众多零部件，在进行全球化业务时，往往根据不同的生产过程和生产区位选择不同的组织形式。一般来说，跨国公司的基本战略分为两种：一是标准化战略。这种战略是指零部件企业大规模提供标准化产品，对特定市场只做微小调整。因此，不管是零部件的生产还是组装都偏重规模经济效应。通用汽车和福特汽车主要采取这种战略。二是市场细分战略。这种战略主要为特定的细分市场提供差异化产品，一般是豪华型汽车的生产，如宝马、奔驰等。但是这种情况已经发生了改变，随着消费者需求多样化和个性化的提高，几乎所有的跨国汽车公司都需要对市场进行细分，根据相应的市场采取不同的策略。汽车整车的模块化结构如图1所示。

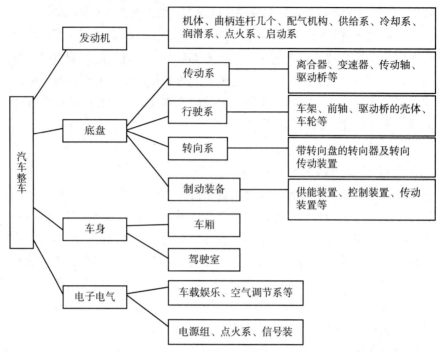

图1 汽车整车的模块化结构

资料来源：胡晓鹏：《模块化：经济分析新视角》，人民出版社2009年版。

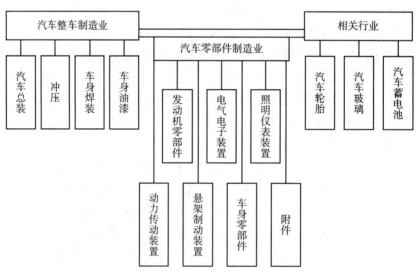

图2 汽车产业配套模式

资料来源：任秀奎、孙启俊：《汽车生产配套模式与发展趋势分析》，载于《未来与发展》2007年第11期。

随着竞争的加剧，跨国公司不仅从内部优化组织结构，还从外部与其他企业建立战略联盟，从动态竞争的角度进行经营管理。汽车业是资本和技术密集型行业，产品开发费用和固定成本巨大，尤其是随着汽车生产的复杂性、安全性和环保性的提高，开发新车型的成本也随之上升。通过战略联盟的方式可以分摊这些成本，因此大型跨国汽车公司积极建立全球性的研发、生产和销售网络。跨国公司居于核心地位，与其他供应商、基础设施部门以及客户之间建立牢固的商业关系。跨国公司不需要建立专门的销售和配送部门，而且可以根据用户需求进行定制，大大节省了成本，生产方式也从过去的预测产量型向按订单生产型转变。

以前跨国公司的生产方式主要是大规模标准化生产，目的是降低成本，获得规模收益，而现在，跨国公司不仅看重低成本和规模经济，更注重产品的差异化。通过全球生产网络，跨国公司可以广泛地与外部企业建立战略联盟关系，及时把握各种商机，与联盟伙伴共同开发新产品，同时可以整合不同区位的优势，强化企业的灵活性和创造性，塑造长期竞争优势。越来越多的企业对同一市场的汽车采取相同的设计平台，一方面对不同汽车中的标准化零部件批量生产，另一方面实行个性化定制，提高新产品市场引入速度。

现在几乎所有的汽车制造商都在努力追求全球化战略。发展新的核心竞争力是跨国公司实行全球战略的重要原因。通过实行全球化战略，跨国公司可以获取新的消费者，获取廉价原料，发展新的核心竞争力，改变现有核心竞争力的结构，更好地应对企业风险。主要的汽车制造商积极扩张势力范围，在越来越多的市场中生产和销售汽车。追求全球化战略最显著的好处是可以进入新的消费市场，这也可以帮助企业应对因不同产品生命周期阶段引起的国内需求的变化。此外，进入新的消费者市场可以扩大产量。如果生产工艺对规模经济敏感，那么产量提高会带来平均单位成本下降。第一，规模经济的一个最重要来源是使用高专业化机器的能力，而在低产量水平下成本很高。第二，高产量可以使原始设备制造商扩大生产经营。第三，高产量往往会伴随着工人的高专业化水平。他们的技术会越来越熟练，从而可以降低运营成本。第四，高产出的企业可以通过将成本分摊到更多的产出上，从而减小单位成本。

汽车逐渐增长的复杂性、电子产品和新材料的运用、更高的安全性要求、高质量要求、新环保标准和增加的燃料效率的需求、开发新车型的成本急剧增长等等因素，迫使跨国公司建立国际战略联盟和技术标准。例如，通用汽车公司、福特汽车公司、戴姆勒克莱斯勒汽车公司、丰田汽车公司和雷诺汽车公司签订了一个共同的技术标准，以使它们未来生产的新型汽车能对正在开发之中的一系列通信和娱乐设备兼容。技术标准的统一，也将使其生产成本大幅度降低（刘世锦、冯飞，2002）。如今，汽车业跨国公司在零部件生产和最终产品的组装方面已实现了复合一体化发展战略。丰田汽车公司在四个东南亚国家中有零件和配件的生产网络；福特和通用汽车在欧洲建立了跨国生产网络，而该网络是建立在原先独立子公司的基础之上的。本田、日产和丰田在北美建立了生产网络，通过信息技术联系起来，零部件生产者被纳入母公司生产规划，支持着及时存货制度，并分享研究和开发成果。日本丰田、日产和本田的轻型汽车在本国销售量不足50%。这表明它们已经成功进入了北美和西欧市场。

模块化生产导致了汽车零部件产业内的分级，一级模块供应商，其寡头垄断的特征非常突出。由于系统模块和专用模块产品技术含量高，对整车厂商来说具有专用性，使得提供系统模块和专业模块的供应商更趋垄断竞争甚至寡头竞争，这一竞争态势也加剧了零部件产业结构的分化。一部分原本可以与整车厂商进行直接交易的企业蜕变成通用模块、模块组件供应商，由于寡头竞争的模块供应商阻断了其与整车厂商的联系，这个层级的供应商的竞争就趋向于完全市场竞争，参与汽车生产分工的主要途径是以更优的质量、更低廉价格的成本优势获得系统供应商的订单（见图3）。

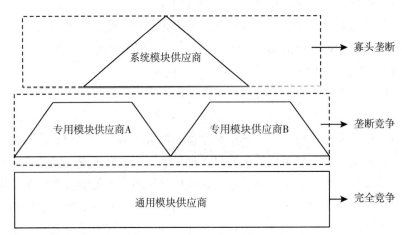

图3　汽车零部件产业的竞争结构

资料来源：胡晓鹏：《模块化：经济分析新视角》，人民出版社2009年版。

在模块化生产背景下，汽车零部件产业与整车产业建立了新的分工和合作模式，这也使零部件供应商，特别是"0.5"级和一级供应商超越了传统零部件供应商的角色，承担了更多的职责，从而推动了其能力的加强，也推动了整个汽车零部件产业的发展。

1. 零部件产业内分工更趋专业化

20世纪90年代以来，随着模块化生产的发展，零部件产业专业化倾向日益突出。如德国博世（Bosch）专攻燃油喷射系统、电子系统和ABS防抱制动系统；日本电装专攻电气设备；法国法雷奥（Valeo）专攻电器系统和照明装置；

德尔福（Delphi）则致力于开发出如车用网络系统、集成化车用娱乐系统、电子伺服系统和智能防撞系统等模块化产品（宫江洪，2002）。设计模块化为企业间设计和生产平台的共享提供了条件，使得模块的界面不仅仅在同一车型内，并且在跨品牌其至跨企业的汽车结构中实现了标准化，很多汽车内部的模块和零部件也变为可以兼容和通用。这样，在汽车产品结构中，零部件总体数量大大减少，而模块的种类被细化，越来越多的零部件供应商根据其自身能力的不同专门生产不同级别、不同附加值的模块，达到规模经济和在本产品领域专业化生产的目的。

汽车产业模块化生产方式下的新分工模式，使得零部件供应商不但趋于更高程度的专业化分工，同时也决定了其产品附加值比从前显著提高。模块化汽车结构中的各级模块可以被区分为某一厂商或某一车型的专用模块及能够在不同厂商、不同车型中应用的通用模块。一般来说，由于专用模块是专门适应某一厂商的车型而开发的，因此其往往代表整车厂商某一产品的核心技术，具有比较高的设计复杂性和技术含量，附加值也更高；而通用模块由于具有比较强的实用性，整合的成本相对较小，附加值和价值增长潜力也没有专用模块那么高。对应于汽车的模块化结构，各模块根据适用性的不同（专用和通用模块）而进行的附加值划分如表1所示。

表1　　　　　　　　　汽车系统模块及子系统模块价值增长潜力分类

高附加值	电子与电器系统、发动机系统
中附加值	制动系统、空调系统、燃料系统、内饰件系统、乘员保护系统、转向系统、悬挂系统、变速箱系统、排放系统
低附加值	车桥与驱动轴系统、车身和结构系统、车身玻璃系统、轮毂和轮胎系统

资料来源：平安证券研究所：《中国汽车零部件行业深度分析报告》，2009年。

2. 汽车零部件产业出现大规模的并购和重组

模块化不仅仅是一种分解行为，更是一种生产资源的整合过程。汽车拥有电子系统、燃油系统和制动系统等。不同模块的一部分往往构成一个系统。例如，汽车的内部系统通常包括仪表板、门内板、座椅和行李箱板等多个零部件，而这些零部件又分别是座舱、座椅、车门和行李箱模块的一部分。在模块的开发与制造前必须有一个模块化的设计，要求对复杂和庞大的汽车产品进行简化与重新组合。但是这种模块化设计必须立足于系统的观念，即进行系统化的模块设计。之后再在系统化设计的基础上进行模块化供货，包括系统集成、排序生产与排序供货。系统集成是把一个或多个零部件、组合件或分系统以最有效的方式组成一个封闭的系统。汽车通常由几个独立的系统构成，共同作用以实现汽车的整体功能。集成就意味着用少量的零部件获得同样甚至更多的功能。排序生产与排序供货是指，配套零部件企业根据整车企业的生产需求信息安排生产，即时进行生产并供货，实现与客户的同步生产，减少甚至消除供应商与客户跨地域的无效物流损耗与成本，降低在制品数量和产成品库存，从而降低生产成本，提高运作效率。在实行模块化装配的整车企业的总装车间里，在总装线旁边布置了多个分装线。先在分装线上装配好各个模块，然后传送到总装线上装配。总装线工位减少，分工明确，装配质量容易得到控制。目前，欧洲有些整车企业的模块化配套额已经达到80%～90%，主要集中在车身及其附件、汽车机电一体化或汽车电子设备上。例如，福特公司在比利时萨尔易新建的福克斯轿车装配厂，沿着工厂的主厂房建立了一个占地5万平方米的工业园区，12家零部件供应商分散在其周围，共同为福克斯轿车输送装配或焊接好的模块。而对于零部件供应企业来说则要求更高。要求企业有自主研发的能力，拥有关键的技术，能够生产具有世界竞争力的专业化产品，并且能够有效管理下一层级供应商。它们大多分布在整车企业的周围，保证生产出来的模块可以及时供货，降低运输成本。

模块化生产方式推动了汽车零部件产业内的组织重构，使零部件产业重新分级。为降低资本成本、获得规模经济效益以及拓展多方面的能力而成为一级甚至"0.5"级供应商，零部件产业内出现了大规模的重组和并购。其中，包括纵向的、同类产品和上下游产品企业的兼并重组，也包括横向的，即相关技术产品企业间的兼并重组。并购后的供应商技术能力的深度和广度大大增加，获得显著的竞争优势和规模优势。具有系统化、模块化开发生产能力的独立的大规模零部件供应商不但拥有对下游企业的更大的控制权，而且还可以成为整车厂商的重要合作伙伴，拥有与整车厂商讨价还价的能力。而对于不具备显著的规模优势和技术优势的零部件供应企业来说，可能面临更大的成本压力。以丰田的供应商为例，丰田对其供应商的分级及其合作关系可以反映出零部件产业内的这一变化。如表2所示。

表2　　　　　　　　　　　丰田供应商的分级及合作关系

	合同制	咨询式	成熟的供应商	合作伙伴
设计职责	客户	联合设计	供应商	供应商
产品复杂性	简单零件	简单组件	复杂组件	完整的子系统
由用户提供的技术规范	完整的设计或者是供应商的目录产品	详细的技术规格	关键的技术规格	概念
供应商对技术规格的影响	无	有所体现	协商	合作
供应商介入的时间	样车	概念批准后	概念车	概念预研

	合同制	咨询式	成熟的供应商	合作伙伴
部件测试职责	客户	供应商加入	联合	供应商
供应商开发能力	略有	较强	强	独立齐全

资料来源：詹姆斯·摩根：《丰田产品开发体系》，中国财政经济出版社 2008 年版，第 175 页。

3. 汽车产业竞争进一步加剧

由于模块化生产导致了汽车零部件产业内的分级，且处于不同层级的供应商对产业链的价值增加值相差很大，导致越是接近一级模块供应商，其寡头垄断的特征越突出，从而提高了产业集中度。由于系统模块和专用模块产品技术含量高，对整车厂商来说具有专用性，使得提供系统模块和专业模块的供应商更趋垄断竞争甚至寡头竞争，这一竞争态势也加剧了零部件产业结构的分化。一部分原本可以与整车厂商进行直接交易的企业蜕变成通用模块、模块组件供应商，由于寡头竞争的模块供应商阻断了其与整车厂商的联系，这一级供应商的竞争就表现为完全市场竞争，参与汽车生产分工的主要途径是以更优的质量、更低廉价格的成本优势获得系统供应商的订单。而对于提供非模块零部件的中小企业来说，区位的选择变得尤为重要。

4. 汽车零部件产业整体技术水平得到提升，制造成本趋于降低

产品差异化战略在汽车产业是比较成功的。这种战略是建立在共享一个平台上的产品家族基础上的。首先，产品发展的速度提高了。产品发展是建立在对先进平台的基础上的。这种平台能够带来快速的产品升级。这就使得组织能够弥补技术缺陷，并为竞争者或是供应商带来竞争优势。其次，开发成本通过多种产品模型被摊销掉了，因此成本就被降低了。将一辆汽车分解成标准化的模块使得这些独立模块能够获得独立的发展。模板和汽车装配的分离为制造商降低了复杂程度，提高了控制能力。而这两者不断增强了生产系统的灵活性。并且，因为只需要管理更少的供应商关系，降低了营业间接成本，模件化外包降低了和获取过程相关的复杂程度。最后，质量控制成本也降低了。

为适应模块化供货及生产要求，汽车零部件产业强化了各专业技术的分工合作，各系统、模块产品从开发阶段，就充分发挥了各层次零部件供应商的专业技术能力，促进了各门类科技在汽车产品上的综合应用，推动了模块供应商创新能力的发展，也推动了汽车零部件产业整体技术水平及创新能力的提升（见图4）。另外，由于大规模的兼并和重组，也促进了各企业的技术融合和创新。可以说，未来零部件企业，特别是参与寡头竞争和垄断竞争的企业，技术水平和创新能力将成为其最主要的竞争力。

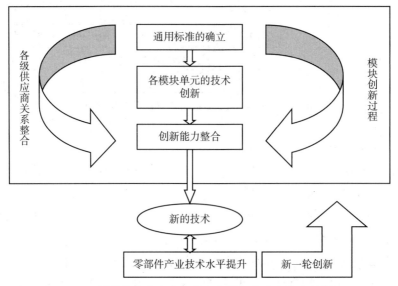

图4 模块化生产方式下的汽车零部件产业技术创新

资料来源：柯颖：《模块化生产网络：一种新产业组织形态研究》，经济科学出版社2009年版。

由于汽车零部件的模块化供货减少了整车厂商模块的自制和开发范围，整个汽车产业内分工更趋专业化。零部件供应商在专业化生产基础上能够实现标准化、大规模生产，使得零部件产业得以实现更高程度的规模经济，提高了生产效率。如大众在墨西哥普埃布拉的生产基地以模块化技术和平台共享战略生产新甲壳虫车型，通过外包模块的设计和生产，劳动生产率由6.75辆/人每年上升到25.6辆/人每年，同时质量大幅上升，迅速超越了旧甲壳虫的市场份额（Pries，2001）。同时，由于大规模的并购降低了资本成本，提高了资本报酬率；产品附加值的提高增加了零部件供应商的利润率。因此，从整体来看，整个零部件产业的制造成本趋于降低、利润率提升，甚至可以说，未来整个汽车产业链上的价值附加值主要是由零部件产业创造的。对于系统模块和子系统模块供应商来说，由于处于寡头垄断的市场地位，其利润率将远远大于其他级别的供应商，甚至可能超过整车厂商。

从供应商的角度来看，模块化生产对系统模块供应商、子系统模块供应商的影响与部件模块及更低一级供应商的影响是有所不同的，对前者的影响显然更为显著。有实力的大型供应商会竭尽全力地成为一级模块供应商（系统、子系统模块供应商）。为了达成这一目标，这些供应商以提供低成本、高质量、高技术含量的模块来获得竞争优势。而供应商增强实力、获得规模经济及更高技术水平的主要途径是企业间的并购与联盟（Donovan，2000）。

在一级供应商的垄断竞争中，技术水平及创新能力是其核心竞争力，如欧美一些世界级的零部件供应商都是因其强大的技术实力而与整车厂商保持平行的生产体系及伙伴关系。而在企业创新的过程中，原有的技术水平、企业文化与目标、人力资本、与整车厂商的合作关系等都是重要的影响因素（见图5）。由于在以整车厂商为核心的模块化生产网络中，各模块供应商主要采取"背对背"的竞争，供应商之间的信息流动变得相对困难，使得在这一组织模式中供应商整合外部信息、技术创新的能力很大程度上取决于与整车厂商的合作关系。为与整车厂商建立稳定的合作伙伴关系，一级供应商会努力增强整车厂商对其提供的专用模块及技术的依赖程度，并不断地重新检视汽车的模块化结构以寻找新的降低成本的机会。这不但提高了供应商在双方关系中的地位，增强了其议价能力，也反过来推动了供应商技术水平的提高。

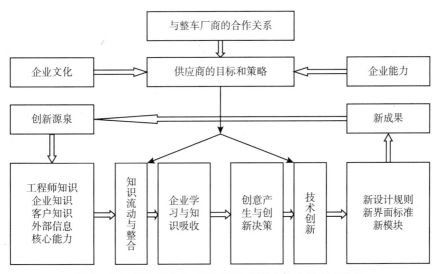

图5　模块化生产方式下汽车产业模块供应商的创新流程

资料来源：余东华：《模块化企业价值网络》，上海人民出版社2008年版，第210页。

　　而对整车厂商来说，更换系统模块供应商存在着天然的壁垒：这要求其重新配置组装线甚至重新设计整个结构，这两种选择都将付出巨大代价。因此，无论日本模式还是欧美模式，由于模块化生产方式的影响，整车厂商都将趋向于重新挑选有实力的系统模块供应商，并与少数供应商保持密切的合作关系，从而使这一级供应商的寡头垄断特征更为明显。而系统模块供应商不但具备强大的技术实力，同时也需要具备很强的整合能力，能够管理众多的下一级的供应商（Donovan，2000）。

　　当发展到一定程度时，系统模块供应商可以在消费者中建立某些模块的品牌，即直接向消费者宣传他们的品牌模块，这一点已经在计算机产业进行过实践，如英特尔的芯片。建立品牌有利于吸引消费者，增加整车厂商采用其系统模块的可能性。当然，在汽车产业，做到这一点要比在计算机产业更为困难，这主要是由于消费者面对的零部件市场主要为售后市场，而对整车配套的零部件了解甚少。而对于提供通用的部件模块、模块组件及更下一级的供应商来说，由于其提供的主要是适用性和标准化程度高的模块或零部件，产品具有很强的可替代性，所以其竞争优势主要体现在成本上，并且市场竞争异常激烈。总的来说，模块化对于这一类零部件生产企业的影响不那么明显。这一类零部件企业以中小企业为主，由于自身规模和技术实力的问题，进行适当的区位选择尤为重要。

由于模块化生产方式的影响，汽车零部件产业面临着前所未有的发展机遇，而许多模块供应商特别是系统模块供应商把握住了这一机遇，在近几年中发展迅速，成为世界级的零部件供应商，在其产品领域占据着寡头地位。如表3所示。

表3　　　　　　　　　　2007年全球汽车零件供应商20强

排名	公司名	国家	销售额（百万美元）
1	Denso Corp.	日本	37510 ***
2	Robert Bosch GmbH	德国	34000 **
3	Magna International Inc.	加拿大	25645
4	Continental AG	德国	25000 ***
5	Delphi Corp.	美国	22283
6	Aisin Seiki Co. Ltd.	日本	18500 ***
7	Johnson Controls Inc.	美国	18500 **
8	Faurecia	法国	17400
9	Lear Corp.	美国	15995
10	ZF Friedrichshafen AG	德国	15100 *
11	TRW Automotive Inc.	美国	13555 **
12	Valeo SA	法国	13290 *
13	BASF Group	德国	11850
14	Yazaki Corp.	日本	11308 *
15	ThyssenKrupp Technologies AG	德国	11075 ***
16	Visteon Corp.	美国	10721
17	Sumitomo Electric Industries Ltd.	日本	10241 *
18	Toyota Boshaku Corp.	日本	9172 **
19	Dana Corp.	美国	8721 **
20	JTEKT	日本	8685 **

注：* 代表 Automotive News 估计值；** 代表财政值；*** 代表财政估计值。
资料来源：根据 Automotive News 资料整理。

　　以北美著名零部件供应商麦格纳国际（Magna International Inc.）为例。麦格纳是依靠底特律三强发展起来的零部件企业，由 10 个集团组成，分别专注于汽车的不同系统模块，产品覆盖了电子、座椅、内饰、外饰、驱动甚至整车组装等诸多领域。其近年来的 OEM（整车配套）销售收入及利润额如表 4 所示。

表 4　　　　　　　麦格纳国际 2003～2008 年销售收入及利润

年份	OEM 销售收入（亿美元）	利润（亿美元）	世界排名（以 OEM 销售收入计）
2003	118.7	5.22	10
2004	206.53	6.9	3
2005	228.11	6.39	—
2006	241.8	5.3	6
2007	260.67	6.63	3
2008	232.95	0.7	4

资料来源：The top 100 global OEM parts suppliers ranked by 2008 global OEM parts sales. Crain Communication，2009.

　　麦格纳的客户非常集中，直至 2008 年 97% 的 OEM 销售收入都来自北美及欧洲地区，因此其在与欧美整车厂商平行生产体系下的发展具有很强的代表性。2008 年在其主要客户底特律三强都面临着巨大困境，为转嫁危机要求供应商大幅削减成本的情况下，麦格纳仍然保持着盈利状态，销售收入位列世界第四。这是因为对于麦格纳而言，其主要的销售收入和利润增长并非来自大规模生产带来的低成本，而是来自麦格纳强大的技术实力和创新能力，从而深入地介入整车厂商系统模块的开发与生产中，甚至整车的组装与测试中。

　　麦格纳是目前世界上唯一涉足整车组装领域的供应商，而这一业务是麦格纳主要的销售收入构成之一。1998 年，麦格纳的全资子公司斯太尔收购了奥地利久负盛名的组装工厂格拉兹，从此斯太尔提供整车从设计、测试到组装 OEM 的全套服务。2003～2004 年间麦格纳销售收入的增长接近一倍，在全球竞争中脱颖而出，主要的利润就来自斯太尔。因此，麦格纳将自己定位为 0.5 级供应商，除了供应系统模块、管理整合二、三级供应商外，麦格纳比其他多数一级供应商更能够把握价值链上的价值创造环节，从而获得更高的利润，而这与麦格纳强大的技术实力是分不开的。麦格纳非常注意对其核心技术的保持与更新，力图成为整车厂商的战略伙伴，甚至某些领域唯一的供应商，如在整车组装和测试中麦格纳就做到了这一点。另外，在一些汽车产品的细分市场中，整车厂商无法在此领域实现低成本的运作，就将许多关键零部件的开发、甚至整个组装过程全权委托给麦格纳，使得麦格纳事实上成为这些车型的唯一专用模块供应商。如宝马集团的 X3 车型即是这样的例子，为获得竞争优势，麦格纳不断地与上下游企业进行联盟与并购。如 2006 年 2 月，麦格纳以 2 亿美元的价格收购了保时捷的 CTS 汽车顶棚公司。CTS 目前生产软、硬顶棚以及可折叠硬顶棚，客户除了保时捷之外还有戴 - 克、法拉利、标致以及通用，年销售额超过 5 亿美元。由此可见，通过并购，麦格纳不但获得了技术水平、规模的提升，也获得了新的客户及收入增长点。除了并购、强大的技术实力和与整车厂商间的紧密合作关系外，麦格纳获得成功发展的另一重要因素是对最终消费者需求的把握。麦格纳在欧美市场上做了大量的调查，随后的许多创新就是基于这些调查，并根据自身优势理性的选择整车合作伙伴。麦格纳的这一做法体现出欧美平行模块化生产体系的特点，即供应商在拥有强大技术实力的前提下，与整车厂商给予市场机制进行双向的选择（Camuffo，2001）。

由于不仅向整车厂商提供前沿的、适应最终消费市场的技术和专用的汽车系统模块，还积极参与到整车厂商的产品研发和装配工作中，提供全方位的技术支持和解决方案，这使得整车厂商对麦格纳的制约能力较小，也使得其动荡不会直接传递给麦格纳，甚至在整车厂出现问题的时候，麦格纳仍然可以通过自己的努力，提供更贴近市场需求的模块来帮助整车厂渡过难关。因此在金融危机爆发的情况下，麦格纳虽不可避免地受到一定程度的影响，但仍能维持较好的经营状况。

四、模块化生产背景下零部件供应商面对的挑战

模块化生产网络是基于产品系统的模块化设计所形成，掌握系统设计和集成技术的企业成为网络的旗舰企业，而其他企业则在系统设计规则下提供各种产品和服务。模块生产网络打破了垂直边界的专制、打破了职能型的业务单元以及其他由专业化、社会化和专门技能驱动的水平边界、组织与客户之间的边界和地理市场之间的边界。

目前，系统零部件的模块化生产已经成为一种明显的发展趋势，对产业链的研发、制造、采购、营销、服务等环节的传统运作方式产生了强烈的冲击。系统化设计与模块化供货之所以能够流行，其重要原因在于它能够为整车和零部件企业带来更大的利益。表 5 是模块化生产网络中三种供应商的对比。对整车企业而言，主要表现在：有助于缩短装配生产线的长度，提高生产线的运转效率；减少因零部件采购品种过多而带来额外的交易成本和管理成本；有助于减少库存、降低损耗、节约生产场地，改善直接成本构成；降低产品研究与开发投入，缩短开

发周期。对零部件企业而言，主要表现在：不同程度上摆脱了对单一整车企业过度依赖，增强其相对于整车企业的市场影响力；提高零部件企业对产品开发的主体意识、竞争意识和独立意识。

表5　　　　　　　　　　　模块化生产网络中三种供应商的对比

	模块集成供应商	某一零部件供应专家	地区原材料供应商
核心竞争力	模块整合方案提供者，系统研发能力，客户需求导向性强；全球性经营战略；全球品牌认可度；协同生产、知识管理；质量文化环境；供应链管理能力；研发投入高自主创新能力强；拥有专利、人才等稀缺资源	专业零部件生产者；区域性品牌认可度；在某一技术领域有较强的技术优势	地区成本优势；本土化需求导向强
模块化生产网络中的位置	直接与整车厂接触，占据价值转移的核心位置	集成商子供应网络的第一级，有被兼并的风险	满足整车厂在当地零部件或原材料需求
模块化生产网络中的关系	整车厂的战略合作伙伴；全球市场的寡头	与模块供应商或整车厂的长期契约关系；一定的市场竞争	与模块供应商或以上各级供应商短期契约关系；产品同质性强，市场竞争激烈
战略发展方向	以兼并等方式进入不同的市场并获取新的核心技术，不断提高模块供货能力；子生产网络的维护与整合；同类企业建立战略合作联盟	明确核心竞争力，加大研发投入；合并相关零部件供应商提升模块供货能力；建立跨区域的供应链条；拓展市场份额	保持成本优势；提高原材料加工技能；增加产品多样性，寻找其他市场机会
经营策略	单一产业；多企业	单一产业；多企业	多产业；多企业

资料来源：Desmond Doran，Rethinking the Supply Chain：An Automotive Perspective，Supply Chain Management，No.9，2004.

零部件产业在20世纪90年代经历了相当大的结构调整，发生了三个重要的变化。第一，设计活动由装配商转移给了供应商，并且双方围绕设计进行的对话日益增加。供应商事先为许多不同公司提供已经设计好的部件，现在则转向更大程度的用户化，使他们的产品满足特定公司的需要。同样地，许多先前根据装配商的设计工作的转包公司转向提供他们自己的设计方案。在这两种情况下，装配商提供全面的执行要求。第二，完全职能（系统、局部装配或者模块）取代个别零部件的供给这一变化也在发生。在过去，一个装配商可能会设计一个座位，绘制一个有 20~30 个零部件的详细草图，并寻找每个零部件的供应商，参与其中，自行将它们装配成座位。现在，装配商则寻找会设计或提供整个座位甚至包括头靠、安全带以及前座安全带瞬间束力加强器的座位系统的公司。第三，装配商更多地参与到其供应商的生产和质量体系的指示当中。随着准时化生产和外购零部件质量的重要性日益增加，装配商必须在与供应商的关系上有所投入。因此，与较少的供应商保持较长期的关系是有必要的（Doran，2004）。

在以整车厂商为核心的模块化生产网络中，各模块供应商主要采取"背对背"的竞争，供应商之间的信息流动变得相对困难，使得在这一组织模式中供应商整合外部信息、技术创新的能力很大程度上取决于与整车厂商的合作关系。为与整车厂商建立稳定的合作伙伴关系，一级供应商会努力增强整车厂商对其提供的专用模块及技术的依赖程度，并不断地重新检视汽车的模块化结构以寻找新的降低成本的机会。这不但提高了供应商在双方关系中的地位、增强了其议价能力，也反过来推动了供应商技术水平的提高。全球大供应商为装配商提供主要的系统。有时候它们被称为"0.5 层供应商"，因为它们比第一层供应商更接近装配商。为了跟随其他顾客到世界的不同地方，这些公司需要全球接触。它们需要设计和创新能力以便为其顾客的要求提供"黑盒子"方案。黑盒子方案是指供应商使用自己的技术以满足装配商设定的绩效和接合要求而创造的方案。第一层供应商，这是直接供应装配商的公司。其中一些供应商已经演变为全球的大供应商。第一层供应商需要设计和创新能力，但他们的全球接触则更加有限。第二层供应商，这些公司通常根据装配商或全球大供应商提供的设计工作。它们需要工艺技术以满足成本和灵活性要求。此外，满足质量要求和获得质量认证的能力对于立足市场是至关重要的。这些公司可能只供应一个市场，但却有日益国际化的趋势。第三层供应商，这些公司提供基本的产品。在大多数情况下，只需要基本的工程技能。汽车业价值链不同部分技能和培训的研究表明，在零部件部分的第三层，技能水平和培训投入是有限的。在价值链的这个点上，公司主要在价格上竞争（Doran，2004）。

在模块化生产背景下，供应商可以有四种应对战略（Schwarz，2008）：把自己定位在行业屈指可数的大供应商的地位；与其他的供应商合并；供应给大供应商；退出市场。在行业发展、所处的角色以及商业模式固定的情况下，有一些步骤要求企业做出迅速的反应，而有些更要求灵活性。一是通过系统化而非局部化来减少成本。二是制定收购战略来实现系统化生产的能力及提升竞争规模。三是在制造商之间实现系统的标准化生产。四是坚持创新并保持与制造商建立长期的合作关系。

参 考 文 献

［1］胡晓鹏：《模块化：经济分析新视角》，人民出版社 2009 年版。

［2］干春晖：《国际汽车厂商组织结构变化对中国汽车业的影响》，载于《中国工业经济》2000 年第 4 期。

［3］宫江洪：《系统化、模块化对汽车零部件工业影响的探讨》，载于《武汉理工大学学报》2002 年第 10 期。

［4］刘世锦、冯飞：《汽车产业全球化趋势及其对中国汽车产业发展的影响》，载于《中国工业经济》2002 年第 6 期。

［5］林季红：《汽车业跨国公司的全球竞争态势》，载于《南开管理评论》2004 年第 7 期。

［6］青木昌彦、安藤晴彦：《模块时代：新产业结构的本质》，上海远东出版社 2003 年版。

［7］吴先明：《跨国公司与东亚经济发展》，经济科学出版社 2001 年版。

［8］国家信息中心：《中国汽车零部件产业调查研究》，2009 年版。

［9］国务院发展研究中心产业经济研究部：《中国汽车产业发展报告》，社会科学文献出版社 2009 年版。

［10］中国汽车工业信息网：www. autoinfo. gov. cn。

［11］Alexander, C. , 1964：Notes on the synthesis of form, Harvard University, Press, Cambridge, MA.

［12］Arndt, S. and Kierzkowski. , 2001：Fragmentation：New Production Patterns in the World Economy, Oxford：Oxford University Press.

［13］Baldwin, C. Y. and Clark, K. B. , 2000：Design Rules：The Power of Modularity, Cambridge：The MIT Press.

［14］Camuffo, A. , 2001：Rolling out a World Car：Globalization, Outsourcing and Modularity in the Auto Industry Working Paper, 2001.

［15］Doran, D. , 2003：Supply Chain Implications of Modularization, International Journal of Operations & Production Management, （3）.

［16］Donovan, Dean 2000：The dawn of the mega-supplier：Winning supplier strategies in an evolving auto industry, Bain & Company.

［17］Doran and Roome, 2003：An Evaluation of Value-transfer Within a Modular Supply Chain, Proc. Instn Mech. Engrs Vol. 21, Part D：J. Automobile Engineering.

［18］Ernst, Dieter, 2002：Global Production Networks, Knowledge Diffusion and Local Capability Formation, Research Policy, 31.

［19］Gereffi, Gary, 1999：International Trade and Industrial Upgrading in the Apparel Commodity Chain ［J］. Journal of International Economics, 18, 1 （June）, pp. 37 – 70.

［20］Humphrey, John. and Memedovic, Olga：The Global Automotive Industry Value Chain：What Prospects for Upgrading by Developing Countries, UNIDO, Strategic Research and Economics

Branch, 2003.

[21] Langlois, 2002: Modularity in Technology and Organization, Journal of Economic Behavior & Organization, 49.

[22] Milternburg, Peter, 2003: Effects of Modular Sourcing on Manufacturing Flexibility in the Automotive Industry, ERIM PhD Series Research in Management.

[23] Pries, Ludger, 2001: Accelerating from a multinational to a transnational carmaker: The Volkswagen consortium in the 1990s, University of Erlangen – Nürnberg.

[24] Sako, M. and Murray F., 1999: Modules in Design, Production and Use: Implications for the Global Automotive Industry, Paper Prepared for the IMVP Annual Forum, MIT, Boston.

[25] Schwarz, Michael, 2008: Trends in the Automotive Industry: Implications on Supply Chain Management, Cisco International Business Solution Group (IBSG), Feb. 2008.

[26] Simon, Herbert A., 1962: The architecture of complexity, proceedings of the American Philosophical Society, Vol. 106, No. 6, Dec, 12, pp. 467 – 482.

[27] Sturgeon, Timothy, J. 2001: How Do We Define Value Chain and Production Networks, MIT IPC Globalization Working Paper, 2001.

[28] Stugeon, Timothy J., 2002: Modular Production Networks: A New American Model of Industrial Organization, MIT IPC Globalization Working Paper, No. 2.

[29] Ulrich, K., 1995: The Role of Product Architecture in the Manufacturing Firm, Research Policy, May.

[30] Veloso, F., 2000: The Automotive Supply Chain Organization: Global Trends and Perspectives, In Massachusetts Institute of Technology, Working Paper.

模块化生产与全球汽车业整零关系的演变

摘要： 本文分析全球生产网络背景下汽车整车制造商与零部件供应商关系的变化及其特征。本文认为，模块化生产对全球汽车业整零关系的变化产生了重要的影响，同时也给我国汽车业自主创新和企业成长提供了更大的发展契机。

关键词： 汽车业　模块化生产　零部件供应商

在经济全球化和产品内分工的背景下，跨国公司生产的各个基本环节越来越发生分离，形成了全球离散布局的地理特征，但同时链上各个环节在空间上又出现聚集的现象，而且生产链是相互作用、相互交错的，从而整个生产经营呈现出复杂的网络结构。在汽车产业，全球性采购、全球性生产、全球性经销的特点非常明显。设计、生产、销售不再局限于一个企业的内部，也不再局限于局部地区，而是具有地理上的分散性与空间上的集聚性相统一的特点，形成了全球性分工体系。

一、文献综述与相关理论分析

鲍德温和克拉克（Baldwin & Clark，1997）最早提出模块化的概念，并详细阐述了模块化的相关理论。模块化实际上是一个将复杂系统进行分解，然后又重新整合的动态过程，其演化包含了从技术的模块化到产品设计的模块化，再到生产的模块化，最后到产业组织的模块化。模块化生产方式对汽车产业的影响及其重要性可与"福特流水线"相提并论。它不仅给汽车产业的发展带来了创新的动力，而且模块化生产通过大规模定制和流程简化，在降低成本提高效率的基础上达到满足消费者多样化和个性化需求的目的。

青木昌彦（2003）认为，模块化的概念不仅是经济学、管理学最热门的话题之一，而且它还有可能彻底改变现有产业和企业的结构，具有十分强大的冲击力。模块化产品设计的基本原则起源于 20 世纪 60 年代，并最早应用于计算机硬件生产部门。模块是指半自律性的子系统，通过和其他同样的子系统按照一定的规则相互联系而构成更加复杂的系统或过程。根据这个概念，将一个复杂的系统或过程按照一定的联系规则分解为可进行独立设计的半自律性子系统的行为，称为"模块化分解"；把按照某种联系规则将可进行独立设计的子系统（模块）统一起来，构成更加复杂的系统或过程的行为，称为"模块化整合"。模块本身是一个完整的子功能系统，因此对产品的模块生产首先是产品各功能的分解，接着对各模块进行整合而得到最终产品。而只要规定功能模块的标准，各个模块的生产是开放性。每个模块都具有主动性和智能型的特征。模块化产品设计应该以产品平台为基础。模块化产品设计与技术平台的结合，构成了模块开发和生产持续分离的基础，从而对汽车行业的生产组织产生了巨大的影响，并掀起了扩大外包规模，专营有限核心业务的风潮。根据麦尔（Meyer，1997）的观点，产品平台就应当是一个子系统和界面的集合，并发展成为一种普通的结构。通过这种结构，一系列派生的产品都能够被发展并生产出来。产品体系影响在产品发展中适用某一种平台方法的可能性。麦法托等（Muffatto & Roveda，1998）强调了在产品发展过程中产品体系是如何影响平台采用的。一个高度复杂的体系将会阻止一组产品的平台的公有化。并且，一个高水平的模块化对于管理在一个产品集合上独特性和公有性之间的转换是有益的。

二、汽车业模块化生产网络的性质和特点

汽车产业的模块化生产始于欧洲，其初始动机是削减成本。但随着外包生产的增加、范围的扩大，组装企业如何更有效地发挥零部件企业，特别是模块供应商的积极性，以获取除成本之外的其他利益，如研发能力、风险分担等，成为模块化发展面临的更大课题。在汽车生产上与欧美比肩而立的日本，通过向模块生产企业转移部分设计和开发权，来提升效率、促进创新，这与日本汽车企业长期实行的企业系列集团内部交易的特征是基本一致的。

（一）汽车产业模块化的基本含义

汽车产业的模块化包含开发设计的模块化、生产装配的模块化和组织的模块化，前两个模块化需要汽车装配企业与模块化供应商具有良好的合作愿望、相似性以及信息共享，而后者是由于产品结构与组织结构有一定的关系。在模块化的影响下，越来越多的模块化企业在市场上竞争和积聚，形成某一个模块的汽车产业集群。

1. 设计的模块化

在模块化产品的设计中，每一种性能的设计都要使产品与性能之间存在一对

一的关系，也就是说，这些产品都是性能完整的模块。设计开发中实行模块化以功能可分为前提，目的是降低零部件功能之间的相互依存性，从而提高设计和研发效率。例如，复杂产品汽车的设计者，设计模块式产品结构以使整个设计工作便于管理。设计者首先解决结构问题，使结构的独立性与功能的整体性并存。也就是说，模块具有最大的结构独立性，但又能保持功能的整体性。此外，模块必须拥有最大程度的易用性、可维护性及可定制性。

2. 生产的模块化

生产的模块化就是生产流程的再造过程。汽车产业的模块化生产，由以往集中零部件散件在组装企业内装配变为模块供应商在组装企业附近，甚至就在组装企业的生产车间内，在组装生产线旁进行模块的生产供货。这种生产流程再造将过去企业内的工序变为企业间的工序合作。企业的主生产线的生产流程可以得到简化。模块化方式能够将大量组成部分纳入模块，并将这些模块离线组装，再引入主要的组装生产线，通过一系列小而简单的工作将其连接起来。其作用是减少了主生产线的复杂性，并缩短了主要生产线。生产模块化与灵活的生产系统相关，其目的是让生产的组织形式迎合最终用户对产品多样性的要求。在过去的几十年里，许多品牌汽车厂商采用了模块化装配而使复杂而艰巨的任务从主装配生产线上分离出来。近年来，为节约操作的人力成本，有将模块的组装外包的趋势。这样，生产模块化被进一步与更清晰的适用于整台汽车的产品结构模块化概念连接起来。汽车行业一些主要的原始设备制造商开始试用生产模块化。但是目前还没有既定的模式将汽车分解为各模块，也没有行业统一的模块界面的标准。这或许会为汽车业的不同竞争者提供更大的发展契机。

3. 采购的模块化

采购模块化会改变企业间关系。对汽车这种加工组装度很高的产业而言，零部件产品的内制与外部采购不可或缺。而组装企业出于降低成本的考虑，降低内制率已经成为一种趋势。模块化采购是一种外部采购形式，采购的模块化使得与组装企业进行直接交易的企业数量大大减少，同时模块供应商与其他零部件生产企业的关系也随之发生变化。可见，模块化采购也是企业间关系的一个重组过程。

设计模块化与生产模块化、采购模块化是相辅相成的关系。其中设计模块化是基础，设计模块化将决定可能的模块组合，为生产和采购模块化创造条件。而采购模块化是推动生产模块化的主要力量，因为模块生产活动的空间集中可以节约运输成本。同时，模块化技术使模块之间竞争激烈，模块创新速度快，产品开发周期短，任何一个企业都不可能在每个系统模块上保持领先地位，或者很快地把分工很细的技术能力重新定位在全新的产品。因此，利用外部供应商建立灵活分散的组织形式，可以适应不断变化的技术和市场环境，提高组织的反应能力。总之，模块生产网络打破了地位驱动的垂直边界的专制、打破了职能型的业务单元以及其他由专业化、社会化和专门技能驱动的水平边界、组织与客户之间的边界和地理市场之间的边界。

模块化生产网络是基于产品系统的模块化设计所形成，掌握系统设计和集成技术的企业成为网络的旗舰企业，而其他企业则在系统设计规则的前提下提供各种产品和服务。在竞争中，模块供应商唯有凭创新的设计才能胜出，并由此嵌入以系统集成商为核心的全球生产网络。每个模块供应商基于各自的技能、产品或服务提出自己的竞价，供系统集成商选择，最优者将与系统集成商达成交易。

（二）汽车产品模块的种类

模块产品的特点是既可分解又可集中，可分解和集中层次多的模块属于大模块，反之，是小模块。当今的模块化是以数码化为前提，以设计活动为核心而展开的。汽车产品模块可分为以下几种类型：

一是将相关联的零部件进行某种程度的装配。此类模块构成部分较少，各部分之间的联系简便，设计简单，因此，模块的协调成本较低。但因为这些模块还要与其他模块或零部件进行组装才能完成某项功能，所以其外部关联较复杂且协调成本较大。

二是将相关的零部件组装后形成具有完整性能的产成品。如在燃料泵上安装了过滤器和仪表等而形成的燃料泵模块。此类模块通常具备至少一项完整的功能，模块的构成部分较多，而且各部分之间的联系相对较为复杂，使得模块内部的协调成本增加，任何一处不合适的组合都可能影响模块整体性能的发挥。但从外部关联的角度看，此类模块本身已经具备至少一项完整的功能，只要模块内部运转协调就可以确立自身的市场地位，所以外部协调成本相对较低。

三是将不同性能的模块或零部件组合装配成为一组部件。如在水箱核心支持系统上安装了水箱、减震器、计量器等构成的前端模块，将仪表控制板、照明灯、制空管、方向盘、操纵杆等组合而成的车舱模块等。此类模块往往同时具备两项以上的功能，模块本身由多个小模块构成，各小模块的内部构成稳定。但小模块之间的联系复杂，而且其联系的稳定性决定大模块能否协调运转，所以模块间的联系规则对这类模块能否协调运转显得非常重要。这类模块大多直接供给汽车组装企业，由组装企业在主生产线上装配后形成汽车产品。因此这类模块的生产企业大多在组装企业内部建立副生产线或是在组装企业的周边建厂生产。这种类型的模块化产品会直接影响甚至改变汽车产业的传统生产组织模式。

汽车零部件产业将产品标准化程度高、功能独立性强的产品采用规模生产，相关研究表明，目前生产集中度高的零部件生产模块有 5 个（车身玻璃模块、轮毂和轮胎模块、乘员保护模块、刹车模块和排放模块），占单车总价值的 12%；生产集中度居中的零部件生产有 7 个（内饰件模块，温度控制与空调模块，电子与电器模块，燃料模块，车桥和驱动轴模块，悬挂和转向模块），占单车总价值的 45%；生产集中度低的零部件生产有 4 个（变速器模块，音响与通信模块，本身和结构模块，以及发动机模块），约占单车总价值的 43%。如图 1 所示。

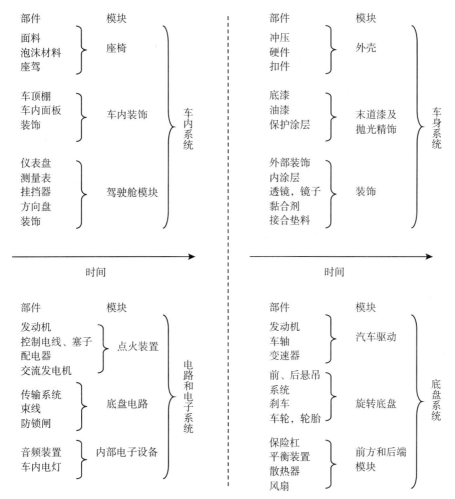

图 1　汽车产业模块化的形成轨迹：从部件到模块再到系统

资料来源：尤塞夫：《全球生产网络与东亚技术变革》，中国财政经济出版社 2005 年版。

（三）汽车业模块化生产网络的特征

1. 模块化生产网络是一种灵活分散的开放式生产体系

模块化生产是将生产工序进行模块化分解，也就是说，不必把产品的所有生产工序都集中在某个企业内部进行，而是通过外包模块或通过市场交易向不同企业采购模块部件来满足定顾客的需求。这样，模块化生产网络具有非常大的灵活性和更快速的反应能力，能够适应模块化产品快速更新换代的要求。模块化的产品结构使消费者可以自行设计和配置所需产品，厂商则按顾客需要进行定制生产。因此，客户信息变得非常重要。

模块化生产网络是由系统集成商、通用/专用模块供应商及其相互联系构成的有机整体。由于模块供应商是在遵循系统设计规则的前提下独立地研制和生产模块，它还会反过来影响到作为系统设计师的系统集成商对于系统设计规则的制定和修改。模块化生产网络应用计算机辅助设计（CAD）、柔性制造系统、计算机集成制造系统（CIMS）等新的制造技术，大大地提高了效率，同时又实现了个性化的设计和生产。模块供应商与系统集成商为实现模块化价值网络的最优化，往往需要进行广泛的合作。

实质上，模块化生产网络是价值链的模块化。全球性领导厂商以外包为基础，以产品设计为龙头，以开放共享为标准，在全球范围内重新建立战略体系，将分布在不同地区的企业或企业集群连接为一个有机的整体，达到资源共享和优势互补的目的。这样，模块化生产网络可以突破地域的有形疆界，既可以集中于地理位置毗邻的产业集聚地，也可以通过跨地区、跨国界的网络组织来进行全球性的资源配置，或者综合二者来实现集中与分散的统一。

2. 模块化生产是一种柔性生产方式

与大规模生产方式相比，模块化生产方式在全球范围内"分割"生产流程，形成了全球分工体系。而这种分工更多地体现为产品内分工。模块化生产方式扬弃了纵向一体化生产的弊端，不再把所有的生产工序都集中在一个企业内部，而是利用企业供应链，利用外部资源实施外部采购或是外包。模块化生产降低了交易成本，企业可以通过外包或者从市场上采购模块部件，而不必把所有的与生产有关的环节都纳入组织内部，利用外部的生产商的投入可以使企业避免因投资生产所需机器而引致的成本和风险，并且能够选择不同的生产商优化它们的设计。但是，它需要企业内部、企业与供应商、企业与合作伙伴和企业与顾客之间更有效的集成与团队精神。

以汽车业为例，通过以系统为基础的方法，其他方面的成本也能够降低。制造商和供应商之间重复设计和装配的问题可以消除。以前产品的设计、制造及装配是在不同的地方实现（制造商设计、装配，供应商制造），现在这些都可以在同一个地方完成了。而由大供应商来负担装配的劳动力成本通常比由大的制造商负责来得便宜。即使在汽车出厂以后，通过整个行业价值链的影响，仍然能够节约成本，由于复杂性的降低，汽车发生质量问题的可能性减小。较少的组件降低了零售商、批发商及后继市场中服务设备的购买及库存的成本。

3. 在模块化生产方式中，信息和知识贯穿于生产的全过程

与大规模生产方式相比，模块化生产最主要的特点是信息和知识贯穿于生产的全过程，信息和知识成为主要的生产要素。在模块生产网络中，信息流主导物质流，建立起了知识对物质资源的整合关系。信息和知识产品决定产业的规模和效率，知识产品的价值决定了物质产品制造业的竞争力。

模块化的创新方式体现在各模块系统中的知识产品创新。模块系统有四种创新类型：增量创新、模块创新、结构创新和设计者开发新产品。前三种主要集中于产品内部模块和结构的局部创新，并由此改进产品功能。而最后一种新产品设计创新，既可以是毁灭性创新模式，也可以通过组合新旧不同的模块来创造新的产品。模块化创新方式是一种基于时间和速度的创新方式。模块系统本身是独立的子功能系统，而整个模块系统是即插即用的模块，产品升级只需要更新其中的某些模块，而每个模块都是独立设计、生产，模块之间竞争激烈。因此，模块创新速度快，可以大大缩短产品开发周期，推动产品的更新换代，从而加速其他模块的创新。

模块化外包的目的是减少产品和流程的复杂性。模块化外包是由一个在制造商内部或外部的供应商为其设计并制造汽车模块复杂的部分。这样，供应商拥有先进的操作和产品技术，有的甚至拥有自主研发的核心技术。在将复杂的业务转移给模块供应商后，制造商可以把更多的精力放在核心业务上，并改善其制造弹性。而供应商必须花费巨资引进最新的设备和技术以获得更具创造性的解决方案，而这些努力将以高额的边际利润和制造商的长期订单作为回报。此外，模块化外包表现出高度的相互依赖性。参与各方所采取的协调结构及所担负的职能必须能确保这种合作关系实现价值增值，制造商和供应商都能从这种关系中获利。

三、模块化生产方式对汽车业整车与零部件企业关系的影响

模块化生产方式的发展对汽车业整零关系产生了巨大的影响。早期，欧美汽车产业长期实行高度的纵向一体化的生产体系，自制率普遍超过50%。但是20世纪90年代后期开始，欧美整车厂商采用了比日本企业更为开放的生产体系，即平行生产体系。这一生产体系是建立在系统和模块外包的基础上。整车厂商与零部件供应商均平行独立的发展，利益关系完全通过市场机制进行协调平衡。在模块的设计与开发方面，欧美的整车厂商通过招标的方式择优采购，零部件企业独立开发产品，同时为多个装配商配套生产。整车厂商仅通过产品质量检查、论证和强制性技术标准来保证模块的质量。可见，欧美汽车产业的平行生产体系是

以零部件企业强大的技术水平和创新能力为前提的。在平行生产体系下，由于零部件企业强大的技术实力，在系统和模块的开发方面处于主动地位，在与整车厂商的议价方面也有很强的话语权。但由于整车厂商与模块供应商之间没有长期稳定的合作关系，整车厂商往往不得不同时与多个供应商进行合作，交易成本和协调成本较高。

模块化生产网络是基于产品系统的模块化设计所形成，掌握系统设计和集成技术的企业成为网络的旗舰企业，而其他企业则在系统设计规则下提供各种产品和服务。模块生产网络打破了垂直边界的专制、打破了职能型的业务单元以及其他由专业化、社会化和专门技能驱动的水平边界、组织与客户之间的边界和地理市场之间的边界。在模块化生产方式下，整车厂商重新定义了其核心竞争力，主要为设计、装配和销售，而将一些其他的职责，如模块的生产、库存管理、部分研发及采购、次级装配的活动转移给供应商。整车厂商可以剥离巨额的用于生产的资产，同时削减研发、设备方面的投入，使模块供应商承担更多的技术与资本投入方面的责任，分担风险；由于模块设计在供应商中的同步进行，也缩短了整车厂商的研发周期。除了生产的规模化，系统总成类零部件生产也在不断地模块化，许多整车企业从传统的单个零部件采购转变为模块化系统采购，系统配套不仅能使整车企业缩短开发周期，转嫁部分开发设计成本，也有利于产品的质量控制和简化配套工作管理。

在模块背景下，在经营层面上，性能质量目标（提供无错模块）、可靠性（在及时的或同步基础上的可靠的内部操作和外部交付）和灵活性（同时在模块和非模块基础上的交付能力）可能是最关键的。在模块环境下，经营功能的提供和驱动模块战略的能力是至关重要的。对业务的贡献将明显表现在物流能力（包括工厂的供应链要素），工艺改进和发展的模块以及非模块生产单元，发展持续改进环境的能力和确定未来趋势和影响的能力。在模块环境下，使订单合格的要素有可能包括灵活经营、独特的质量文化和低成本的交付能力，高性能的模块解决方案。订单获得者可能拥有包括全球生产能力，有效的项目管理技能（对成功开发模块至关重要），一个强大和完善的研发能力并为原始设备制造商提供模块解决方案的能力在内的所有能力（Desmond，2001）。

通过以系统为基础的方法可以大大降低成本并提高质量，其所带来的潜在收益是巨大的，这部分收益如何在制造商与供应商之间分配取决于双方的议价能力。在任何情况下，制造商的收益都是明显的：低成本、高质量的汽车，并且可以把资本用于高收益的投资。同时，未来的大供应商显然也会从汽车行业的重组中获益：大供应商最终将成为强大的重要系统的品牌提供者，它们的产品供应给全球大量的制造商。许多时候，它们会引领行业的技术变革，制造它们自己的汽车系统（从制造商手中夺得这一角色），并且占据汽车价值越来越高的比重。如何它们能够发展成为被用户认可的著名品牌（一些品牌只有制造商后继市场部件及服务的提供者知晓，用户并不知晓），那么它们将能够从制造商手中获取利润。这一变革的结果是大的供应商将吞并并驱逐那些没能成功转变的弱小供应商（Schwarz，2008）。

通用汽车提出的"全球共享零部件供应，全球共享产品平台"战略，概括了目前全球汽车生产的前进方向。为了降低零部件生产成本，整车厂不断降低零部件自制率的同时实行零部件全球采购策略，推动了整车企业与零部件供应商相互剥离与独立，原有紧密稳定的配套关系，被全球采购网络打破。质量、价格、标准化成为独立供应商进入整车厂商全球采购网络的敲门砖。但是，处于全球生产网络中心的整车生产商对其他供应商具有很强的控制力，整车生产商可以根据价格、质量和交货及时与否选择供应商。来自价格的压力会沿着生产网络的供给链一级一级地传递，一直到最小的供应商为止。与此同时，供应商还面临着整车生产商减少供应商数量的威胁以及被迫跟随采购。事实证明，这种纵向分离对整车企业和零部件企业都有好处：一是减少整车企业的生产和管理环节，降低管理和组织成本，集中精力于整车的研发和制造；二是强化了对零部件企业的激励，提高了生产效率。第一、二级供应商现在都更加注重产品的研发，生产出功能更齐全的部件来吸引制造商的需求。与此同时，制造商把更多的精力投入车型的设计，企业管理策略，处理与主要零件供应商之间的关系和品牌的推广等方面。供应商通过为制造商提供早期的产品设计，也增加了自身产品的附加值。供应商将继续被要求降低成本；增加产品的附加值；在研发、设计和发展方面扮演更加重要角色；提供一揽子产品以及提供附加服务；从部件和系统中分离；对原材料补充的需求增加。总之，供应商必须在保持质量的前提下降低成本（McCallum，2005）。

四、汽车制造商与零部件供应商关系的变化趋势和特点

自 20 世纪 90 年代以来，汽车制造商与零部件供应商之间的关系变化很大。欧美国家的汽车制造商纷纷仿效日本汽车制造商的策略。欧美汽车制造商开始将设计职能转移给它们的主要供应商。20 世纪 90 年代，兼并和收购创造了全球大供应商。它们负责设计汽车系统，并同时负责组织价值链的其余部分，管理第二层供应商，发展不同地区的供应体系。系统集成或标准件供应商需要为制造商提供许多不同的产品和服务。它们还必须在全球范围拥有自己的工厂或车间，即制造商在哪里投资，它们也必须跟随到哪里。零部件跨国企业（比如供应商）把劳

动密集的环节向低工资成本国家和地区大量转移，形成层级供应关系。这些变化有两个优点：一是零部件工业全球资源的再配置和在全球范围内提供配套，提高了规模经济水平以及由此而带来的规模效益，显著降低了成本；二是整车和零部件工业分工模式发生重要变化，零部件厂商越来越深地介入整车开发和生产过程，在整车厂商开发和生产深度逐步降低的同时，零部件厂商由于技术能力的提高，同整车企业一道进行同步开发甚至超前开发，生产深度不断提高，甚至为整车提供某一完整功能部分或子系统（刘世锦、冯飞，2002）。供应商在某些模块生产——尤其是机电类模块，发挥着越来越重要的作用。供应商先将所有的模块或系统预组装，再运送到制造工厂。这使得生产商的生产更加快速、便捷，而零部件质量的责任更多转移给了供应商。结果，部件/系统供应商与装配商之间都纷纷建立了密切的合作关系——比如"供应商园区"内的企业密切关系（Ulrich，1995）。在全球汽车业的发展过程中，最值得关注的是整车装配与零部件企业之间呈现分离趋势，即原有的整车装配与较多零部件生产一体化、大量零部件企业依存于单个整车装配企业以及零部件生产地域化的分工模式开始改变，零部件企业与整车装配企业之间以合同为纽带的网络型组织结构日趋增加。随着专业化水平的提升，一家零部件企业以多系列、大规模生产面对较多的整车装配企业，以满足整车企业零部件全球采购的需要。整车企业也在全球范围内寻找符合自己标准的供应商，并与其合作。因此，一家零部件企业为许多整车企业供应零部件，一家整车企业也从许多家零部件企业取得零部件，这种生产方式提高了生产的效率，也保证了质量维持在较高的水平。

众所周知，日本和美欧的汽车零部件采购系统有很大不同。在美国，大部分的汽车零部件都是在公司内部生产的，这被称为内部垂直体系。欧洲则很少使用公司内部生产的零部件，而是和供应商建立水平的业务关系。不过，尽管它们在内部生产的比例上有差别，但是它们都有很多的零部件供应商。即便像美国那些内部生产的零部件占很大比例的公司，拥有的零部件供应商还是要比日本公司多得多。例如，通用有6000个零部件供应商，福特有2000个，而日本公司只有200个左右。美欧的汽车制造商在采购零部件的时候比较看重的是价格。因为采用的是竞价方式，所以一个公司的零部件供应商可能一直在变。现在，情况有所不同了，美欧的汽车制造商正在改变它们的零部件采购方式，它们要求供应商提供零部件系统或完整的零部件。并且，它们开始评估供应商的设计能力，并把采购重心从检查交付转移到供应商的质量保证上（Shimokawa，1997）。

在零部件系统化设计和模块化供货的生产范式下，整车制造商与零部件供应商的专业分工关系发生了很大变化。整车企业为降低成本，提高竞争力，抛弃原有内部配套为主的模式，根据质量、服务、价格、技术等主要影响因素，在全球范围内择优采购，它们与其主要供应商的关系是建立在销售业绩和信任的基础上的。一般说来，主要供应商往往是那些最快采用汽车跨国公司质量标准的企业。另外，零部件企业也纷纷从整车企业中分离出来，如德尔福从通用、伟世通从福特整车中剥离出来，独立面向全球市场，寻求更大的发展空间。整车与零部件企业相互剥离、独立发展，提高了专业化分工程度，使前者致力于整车、动力总成的装配和生产制造，后者则接替整车从事关键零部件及其总成的研发、制造任务，为整车和零部件企业实现更大的经济规模创造了条件。在两者独立发展的同时，它们在研发、生产、采购等环节都建立了更加紧密的协作关系。汽车制造商开始追求在全球范围内优化生产结构，特别是在汽车设计和部件采购方面。大多数汽车制造商都力图实现部件更为通用的同时，还能够使汽车设计符合不同地区的喜好和驾驶习惯。这样的战略要求实现全球采购，并在世界范围内协调各方的设计活动。

零部件制造商发挥着越来越重要的作用。它与制造商共同生产部件或系统。在许多情况下，设计属于零部件制造商，它负责将它的设计转移给其他地区的合作伙伴（如子公司、联盟或许可）。制造商更偏好的选择变成供应追随。因此，全球供应网络的内容对于第一层供应商的生存至关重要。制造商的首要选择是使用跟随设计企业提供的跟随供货。在许多不同地区使用同一供应商，这一选择被称为追随供应，即供应商"追随"制造商到新的地区。供应商在设计和不同市场之间模型日益同化方面承担了更多责任。因此，那些要成为主要供应商的零部件制造商必须通过收购迅速扩张其业务。对于准备在一个新兴市场开始生产或投入新车型的制造商而言，为当地生产的较佳选择是使用同一供应商。这将保证零部件和在其他市场使用的一样，而且保证供应链的其他部分满足制造商的标准。制造商与提供部件或局部装配的数目有限的全球供应商打交道，这些供应商的设计和模型必须得到批准，生产和质量体系必须进一步改善。当全球首选的供应商不能或不愿意建立一个当地生产设备时，制造商的第二个选择是使用它的另一个全球供应商，该供应商必须拥有所要求的管理水平和质量专家。最后的选择是让当地公司在获得许可或使用自己的设计的情况下生产部件。在这种情况下，制造商在监督当地供应商生产过程和质量体系方面有更多的工作要做（Humphrey & Memedovic，2003）。

汽车产业的全球生产网络是典型的生产者驱动型生产网络。领导企业主要集中在整车生产商、全球大型供应商和一级供应商。整车生产商规模大、创新能力强、品牌优势显著，如美国通用、福特，日本丰田等大型企业。全球大型供应商是特殊的一级供应商，在全球汽车产业价值链中占据非常重要的地位，它们的设计与创新能力都很强，如美国德尔福、日本电装、德国博世等汽车零部件巨头。

一级供应商不仅负责将零部件组装为完整的单元（仪表板、刹车—轮轴—悬挂装置等），而且负责管理二级供应商。全球大型供应商都有很强的设计创新能力，是全球汽车生产网络中主要的技术和知识源泉。全球汽车制造商选择供应商的主要标准包括：成本和质量的竞争力；研发能力；接近发展中心；对于需要大量物流成本的零部件，区位更显重要。进一步分析还可以看到，制造商要求模块供应商提供的零部件质量比自己生产的更好且要持续地改善。并且所有的制造商在合同中都包括价格削减的目标。对某些制造商而言，供应商还要能够提出可供选择的设计。这是因为原始设备制造商主要从事设计和装配（Veloso，2000）。而各种车型销售量的下降以及产品生命周期的缩短使汽车厂商和零部件供应无法在设计和生产方面达到规模经济效应，从而影响到成本的降低。而运用共同的平台和可交换的模块，原始设备制造商就可以以更快的速度、更低的成本适应世界各地不同消费者的口味和偏好。而且，它们既可以确保产品的差异性，又可实现规模效应并可有效管理品牌资产。而大的供应商像日本电装、马格纳也完全有可能成为整车制造商，并拥有自己独特的品牌。

实际上，零部件供应链的协作关系也有进一步加强的趋势。主要的零部件跨国公司，为维持其竞争地位，加大研发投入，强化自身技术创新能力，围绕安全、环保、节能等重点领域，采用新能源、新材料、新工艺，占领高新产品技术领域的制高点，控制核心技术和产业标准；同时他们还积极推行供应链本土化策略，充分利用本土高素质、低成本的人力资源，享受当地政府的优惠政策等以有效地降低经营成本，提高竞争力。一些供应商已经开始向大供应商的角色转变。李尔公司（Lear）是顶级的汽车座椅生产商，现在正试图提供包括座椅、装潢、仪表盘、车门及其他部件在内的一整套车内模块。为了实现这一战略，它们已经花费了15亿美元来收购汽车扶手、地毯及空气清洁系统的制造商。李尔公司的客户也在不断增加，销售额从1994年的31亿美元增加到1998年的84亿美元，而营业收入则从1亿8200万美元增加到5亿5000万美元（Schwarz，2008）。可见，大型供应商有可能更多地将生产外包给次级供应商。当然，它们非常重视评估次级供应商在质量、成本及运输等方面的能力。例如，在英国、法国和德国这类主要的汽车生产国已经出现了这样一种新的培训机构，它们帮助次级供应商提高其质量、成本与交货能力。

五、模块化生产对我国汽车业自主创新的影响

当前，国际汽车厂商在全球范围内全面实施复合一体化发展战略，采取统一底盘、缩短开发周期，在全球范围内优化零部件的采购，实行模块化生产方式，

从而大大提高了生产效率,并实现了一体化的国际生产(Kuroiwa,2001)。在模块化生产方式下,整车厂商重新定义了其核心竞争力,将主要精力集中在设计、装配和销售,而将一些其他的职责,如模块的生产、库存管理、部分研发及采购、次级装配的活动转移给供应商。整车厂商可以剥离巨额的用于生产的资产,同时削减研发、设备方面的投入,使模块供应商承担更多的技术与资本投入方面的责任,分担风险。

模块化推动汽车生产组织方式变革的主要表现是促使零部件企业分层,而且模块集成供应商作为与装配企业进行直接交易的少数零部件企业面临整合生产、系统开发模块产品、控制零部件企业及开拓市场等能力要求。供应商的协作整合与供应商关系紧密度的提高有效地促进该行业模块化供应的水平,增强了与装配企业的谈判能力,也使双方建立更为紧密的相互依存和合作关系。因此,供应商行业模块化无论是对汽车装配企业还是模块化供应商都是双赢的选择。在供应商行业中,人力资源管理、协作整合、供应商关系紧密度和设计生产等因素,都会影响基于成本或基于速度的竞争。近年来,汽车装配企业逐渐由分散部件的获得转向模块系统的获得,提供模块化供应要求一套能超越传统的产品生产方式的各自独立的能力系统。汽车产业模块化生产方式下的新分工模式,使得零部件供应商不但趋于更高程度的专业化分工,同时也决定了其产品附加值普遍比从前显著提高。

在全球化和信息化条件下,模块化生产网络具有优化产业组织的作用。在模块化生产网络中,掌握系统设计和集成技术的企业成为网络的旗舰企业,而其他企业则在系统设计规则的前提下提供各种产品和服务。具体来说,模块集成供应商应掌握直接向组装企业供货的其他模块供应商的产品特点,以及主要模块之间的联系界面和联系规则,以便从提高整车性能、质量的视角来设计模块。这要求模块集成供应商以系统的观点分解和整合模块的设计工作,同时具备良好的技术开发能力以及协调组织其他小模块企业共同完成开发设计工作的领导力。对于模块供应商来说,只要其在某一模块的设计和生产上具有核心能力,就可以成为领导企业的契约合作对象。

在模块化生产方式下,整车厂商重新定义了其核心竞争力,主要集中在设计、装配和销售等环节,而将模块的生产、库存管理、部分研发和采购、次级装配的活动转移给供应商。整车厂商剥离巨额的用于生产的资产,同时削减研发、设备方面的投入,使模块供应商承担更多的技术与资本投入方面的责任。由于模块设计在供应商中的同步进行,大大缩短了整车厂商的研发周期,提高了资产利用率。根据丰田公司2008年的统计数据,全球汽车开发周期在20世纪80年代平均为36~40个月的时间,而在大规模采用模块化设计的今天,平均达到24个月，有些厂商甚至降到了 10～15 个月。但是整车厂商也会面临由于大范围职责的外包、供应商技术实力增强等原因造成的核心竞争力下降的威胁。对于零部件企业来说，由于模块化生产的影响，整车厂商会重新甄别和筛选供应商，如日本汽车产业原有的供应商群解体即为例证。这一变化促成了零部件产业的重构。少数具备研发、生产、装配能力并且具有良好信誉的零部件供应商将成为整车厂商的一级系统或模块供应商，其他零部件供应商只能成为二级或更低级别的供应商。为了在竞争中争取主动，大型的零部件企业会积极参与到模块化生产体系中，利用各种手段如并购、联盟等方式拓展其技术的深度和广度，并想方设法削减成本，越来越深地介入整车开发和生产过程。一些零部件企业超越了单纯的供应商的角色，成为 0.5 级供应商。这一概念指的是，除了供应系统和模块，供应商参与到整车测试、组装等程序中，0.5 级供应商比一级供应商更接近整车厂商，比一级供应商具有更强大的技术实力和资本实力。

从汽车全球生产网络来看，处于核心地位的是品牌整车企业，然后依次是系统（模块）供应商、部件供应商、零件供应商。整车企业负责整车的开发和生产系统，供应商负责模块的设计和生产，部件和零件供应商则分别为系统供应商配套生产细小的部件和零件。值得注意的是，全球大供应商为整车企业提供主要的系统。有时候它们被称为"0.5 级供应商"，因为它们比一级供应商更接近整车制造商。它们需要设计和创新能力以满足制造商对系统或模块的性能及界面的要求。一级供应商，是直接供应制造商的公司。其中一些供应商已经演变为全球的大供应商。一级供应商需要设计和创新能力，但它们的全球接触则更加有限。二级供应商，对于这些企业来说要求更高。企业不仅需要拥有自主研发的能力，能够生产具有竞争力的专业化产品，并且能够有效管理下一层级的供应商。它们大多分布在整车企业的周围。这些公司通常根据制造商或全球大供应商提供的设计工作。它们需要工艺技术以满足成本和灵活性要求。

通常，一级供应商可以分为成熟型、成长型和边缘型，如表 1 所示。"成熟型"供应商是指那些具有资本和能力在全球基础上供应（有些情况下是装配）模块的供应商。"成熟型"供应商一般都具有独一无二的质量文化、重要的研发能力、全球布局并对供应链的关键领域拥有所有权。"成长型"供应商是指那些将自己定位为模块型供应的供应商。这种定位包括供应链管理能力的提升、供应链关键领域的收购和保证能够实现 JIT 的经营方式的建立。"边缘型"供应商是指那些开始是二级供应商，但经营一些一级供应商的业务。它们被认为是模块化生产中的边缘角色。"边缘型"供应商作为一级供应商很难生存，它们更适合承接由上游模块型供应商转移的非核心业务。因此，价值转移给一些"边缘型"供应商（也可能是一些二级供应商）提供了将自己定位为价值增加型二级供应商的机会。模块型一级供应商需要专注于关键业务并将低附加值、劳动密集型业务转移给供应链中的二级或三级供应商。这些业务的转移允许"成熟型"和"成长型"模块型供应商专注于战略性供应链管理活动，汽车制造商们专注于协调，将模块组装成整车（Doran & Roome，2003）。

表1   一级供应商的三种类型

边缘型	成长型	成熟型
（1）汽车制造商寻求模块型解决方案时将变成二级供应商的边缘角色 （2）差劲的知识管理技能 （3）小规模运营 （4）低技术含量 （5）在潜在系统中其零件只是很小一部分 （6）受买方控制的部分 （7）蹩脚的买方—供应方关系 （8）资源较少 （9）被动而非主动 （10）运营没有高灵活性 （11）质量不是最重要的	（1）意识到部门的发展，并在积极进行战略性定位以利用这种发展 （2）不断成长的只是管理技能 （3）成长中的质量文化 （4）包含在供应链发展中 （5）成长中的买方—供应方关系 （6）具有部门供应链所有权的大集团的一部分 （7）成百万英镑的营业额 （8）许多关键的贸易地区的代表 （9）具备直接供应买方的能力 （10）处理许多确定的汽车制造商的关系 （11）灵活的运营 （12）与顾客之间相互信任	（1）具备成为"系统供应商"的技术和资源 （2）良好的知识管理能力 （3）独一无二的质量文化并达到了国内与国际工人的标准 （4）独一无二的集中于研究开发 （5）可能的系统卖方 （6）全球角色 （7）简单而有效的供应链 （8）对供应链中关键部分具有所有权 （9）具备直接供应买方的能力 （10）拥有名牌产品或者产品系列 （11）灵活的运营 （12）从顾客那里得到高水平的信任 （13）高水平的供应链管理能力

资料来源：Doran & Roome，An Evaluation of Value – Transfer within a Modular Supply Chain，Proc. Instn Mech. Engrs Vol. 21 Part D：J. Automobile Engineering，2003.

总之，模块化生产改变了传统的产品开发和生产方式。利用模块化生产网络的企业可以对产品性能进行专业化开发，这必然会缩短产品研制和生产的周期以及从产品创新到投放市场的时间，使企业掌握市场的主动权。处于全球生产网络中心的整车生产商对其他供应商具有很强的控制力，整车生产商可以根据价格、质量和交货及时与否选择供应商。来自价格的压力会沿着生产网络的供给链一级一级地传递，一直到最小的供应商为止。与此同时，供应商还面临着整车生产商减少供应商数量的威胁以及被迫跟随采购。但是，零部件供应商并非总是处于被动的位置，它们通过两种方式与整车总装企业的抗衡：一是供应商之间的并购；二是拥有专利技术。经过并购而变成实力强大的全球零部件供应商往往占据某一零部件全球供应的绝大部分份额，同时对多家总装企业提供产品，如博世的柴油喷射系统，从而构成与整车生产商讨价还价的能力。由于这些核心供应商拥有专利技术，它们可以完全自主决定到何处扩展生产、对何种设施进行升级、如何采购自己所需要的原材料等。

模块化的生产和设计使模块之间竞争激烈，模块创新速度快，产品开发周期短，任何一个企业都不可能在每一个系统模块上保持领先地位，或者很快地把分工很细的技术能力重新定位在全新的产品。而零部件供应商在整车的开发和生产方面扮演着越来越重要的角色，在整车厂商的开发和生产深度逐步降低的同时，零部件厂商由于技术能力的提高，同整车企业一道进行同步开发甚至超前开发，生产深度不断提高，甚至为整车提供某一完整功能或子系统。这将给汽车业产业链上下游的不同竞争者提供更大的发展契机，因为模块的选择和技术、功能的组合有非常大的发展空间。模块供应商只需在营造核心能力上投入必要的资本，就可以更容易地进行技术创新，而通过特定模块的专业化生产也可以较快地实现规模经济。因此，我国汽车企业在新的国际分工环境下，应充分把握模块化生产所带来的巨大商业契机，主动融入全球模块化生产网络，从而逐步成为有竞争力的汽车企业。

参 考 文 献

[1] 胡晓鹏：《模块化整合标准化：产业模块化研究》，载于《中国工业经济》2005 年第 9 期。

[2] 林季红：《模块化生产的影响：以汽车业模块化生产网络发展为例》，载于《中国经济问题》2009 年第 7 期。

[3] 林季红：《模块化生产与全球汽车业整零关系的演变》，载于《世界经济研究》2013 年第 7 期。

[4] 刘世锦、冯飞：《汽车产业全球化趋势及其对中国汽车产业发展的影响》，载于《中国工业经济》2002 年第 6 期。

[5] 青木昌彦：《模块化时代——新产业结构的本质》，上海远东出版社 2003 年版。

[6] 尤塞夫等：《全球生产网络与东亚技术变革》，中国财政经济出版社 2005 年版。

[7] Baldwin, C. and Clark, K., 1997: Managing in an Age of Modularity. Harvard Business Review, pp. 84 – 93.

[8] Desmond Doran, 2001: Rethinking the Supply Chain: An Automotive Perspective, 10th International Annual IPSERA Conference.

[9] Doran & Roome, 2003: An Evaluation of Value – Transfer within a Modular Supply Chain, Proc. Instn Mech. Engrs Vol. 21 Part D: J. Automobile Engineering.

[10] Gereffi, Gary., 1999: International Trade and Industrial Upgrading in the Apparel Commodity Chain, Journal of International Economics, 18, 1 (June), pp. 37 – 70.

[11] Humphrey, John and Memedovic, Olga., 2003: The Global Automotive Industry Value Chain: What Prospects for Upgrading by Developing Countries, UNIDO, Strategic Research and Economics Branch.

［12］Kuroiwa, Satoshi, 2001：Best Practice in the Automatic Industry：Supply Chain Management Based on the Toyota Production System, Electronic Commerce Promotion Council of Japan（ECOM）August 1 – 3.

［13］McCallum, Ed. , 2005：The North American Automotive Industry：Geographic Restructuring, Supplier/OEM Relations, and Capacity Issues are Changing the Site Selection Dynamic, 2003 – 2005, Trade and Industry Development.

［14］Meyer, M. H. and DeTore, A. , 2001：Creating a Platform-based Approach for Developing New Services. The Journal of Product Innovation Management, 18, pp. 188 – 204.

［15］Muffato, M. , 1999：Introducing a platform strategy in product development, International Journal of Product Economics, 60, pp. 145 – 153.

［16］Muffatto, M. and Roveda, M. 2000：Developing product platforms：analysis of the development process, Technovation, 20, pp. 617 – 630.

［17］Schwarz, Michael, 2008：Trends in the Automotive Industry：Implications on Supply Chain Management, Cisco International Business Solution Group（IBSG）, Feb.

［18］Shimokawa, Koichi. , 1997：Transforming Automobile Assembly：Experience in Automation and Work Organization, Springer – Verlag, New York.

［19］Simon, Herbert A. , 1962：The architecture of complexity, proceedings of the American Philosophical Society, Vol. 106, No. 6, Dec, 12, pp. 467 – 482.

［20］Sturgeon, Timothy J. , 2001：How Do We Define Value Chain and Production Networks［J］. MIT IPC Globalization Working Paper.

［21］Sturgeon, Timothy J. , 2002：Modular Production Networks：A New American Model of Industrial Organization［J］. MIT IPC Globalization Working Paper, No. 2.

［22］Ulrich, K. , 1995：The Role of Product Architecture in the Manufacturing Firm, Research Policy, May.

［23］Veloso, F. , 2000：The Automotive Supply Chain Organization：Global Trends and Perspectives, In Massachusetts Institute of Technology, Working Paper.

（本文在《模块化生产对全球汽车业整零关系的影响》的基础上做了进一步的修改和补充，原文发表于《世界经济研究》2013 年第 7 期）

美欧日汽车生产网络比较研究

摘要：本文分析汽车业全球生产网络发展的动力机制，并对汽车业模块化研究开发、设计和生产进行剖析，然后对美欧日汽车生产网络发展的不同特点做深入的比较和研究。

关键词：全球生产网络　模块化生产　零部件供应商

在经济全球化和新的国际分工背景下，发达国家和发展中国家之间已经形成了同一产业、同一产品价值链不同生产环节上的分工，而且分工越来越细，已经形成从产品专业化到零部件专业化，再到工艺流程的专业化。产业链分工可分为三个环节：第一，技术环节，包括产品的研究与开发、创意设计、技术培训等；第二，生产环节，包括原材料和中间产品全球采购、母板生产、系统生产、终端加工等；第三，营销环节，包括分销物流、批发零售、售后服务等。发达国家致力于研发和品牌营销，控制核心技术，发展中国家主要从事加工制造的生产环节。每一个企业及其生产环节都是全球生产网络的有机组成部分。

一、全球汽车业新的国际分工趋势

20世纪20年代到70年代末，世界汽车工业采取的发展战略主要是纵向一体化，整车生产不断向零部件生产延伸，整车企业控制了汽车生产上下游的大部分环节。但是，20世纪80年代以来，纵向一体化已经无法很好地适应市场竞争的需要，汽车零部件企业纷纷从母体剥离，面向全球市场组织运作，而这种模式是以零部件的系统化设计和模块化供货方式的出现为技术基础的。

所谓"模块"，是指一个复杂的系统或过程中包含的可以进行独立设计的子系统或子模块，这些子系统或者子模块之间相互独立却相互联系（青木昌彦，2003）。例如，汽车的模块化系统主要有电子系统、燃油系统和制动系统等，每个系统中又包含不同的模块，相对独立的几个系统共同实现汽车的整体功能。汽车产业模块化分为设计模块化、生产模块化和采购模块化。设计模块化即对复杂庞大的汽车产品进行简化和重新组合，这个过程在实现汽车产业规模经济的同时大大减少了基础零部件的种类，使得设计和生产平台共享。生产模块化是指模块化供应商直接向组装企业供货，生产流程大大简化，不仅缩短了开发周期，也有利于控制产品质量和简化配套工作，降低成本。采购模块化是指组装企业出于降低成本的考虑，放弃自制转向外部采购，降低自制率已经成为一种普遍的趋势。

汽车企业技术的发展为模块化的开发与设计提供了技术基础。模块化生产通过将汽车整车生产分解成若干模块，先由零部件制造商将其组装调整好，再进行整车装配，工作环节大大简化。而且这种生产方式使得整车生产商与零部件生产商之间的技术关联度更强，两者之间形成战略合作关系，这种生产组织方式的变化推动了汽车全球生产网络的发展。

汽车产业的价值链主要由五个部分构成。其中，汽车整车制造业居于核心地位，向上延伸是汽车零部件制造业以及其他相关工业，向下延伸是汽车服务业，包括汽车销售、维修、金融服务等。在这五个部分中，汽车制造业利润较低，而汽车服务业利润较高，在发展成熟的国际市场上，汽车服务业的利润要占到50% ~ 60%。另外，汽车产业链的每一个环节都需要一定的支撑体系，包括法律法规体系、研究开发体系、认证检测体系等。整车制造企业一般只从事汽车总装及车身制造，其他则由专业的零部件制造商提供。汽车零部件种类非常多，例如载货汽车的零部件总数一般为7000 ~ 8000个，而轿车的零部件达到1万个以上。在一辆汽车的总成本中，零部件成本要占到70% ~ 80%。汽车生产除了涉及钢铁、冶金、塑料、陶瓷等原材料部门，还要涉及电子、电器等十多个工业部门，这些行业和汽车产业的关系都十分密切。

自20世纪90年代以来，经济全球化的发展以及汽车产业技术变革改变了汽车产业供应链分工协作模式。汽车业一个明显的变化趋势就是，零部件制造逐渐从汽车整车生产中脱离出去，以前大量零部件企业依存于单个整车装配企业的模式开始向以合同为纽带的网络性组织结构转变。一方面，整车企业根据质量、服务、价格等因素，在全球范围内择优采购零部件；另一方面，零部件企业从整车企业中分离出去，独立面对全球市场，实行系统化设计和模块化供货，寻求更大的发展空间。这种分工模式的专业化程度更高，更容易实现规模经济。汽车的生产涉及众多零部件，在进行全球化运作时，应根据不同的生产过程和生产区位选择不同的组织形式。一般来说，跨国公司的基本战略分为两种：一是标准化战略。这种战略是指零部件企业大规模提供标准化产品，对特定市场只做微小调整。因此，不管是零部件的生产还是组装都偏重规模经济效应。通用汽车和福特汽车主要采取这种战略。二是市场细分战略。这种战略主要为特定的细分市场提供差异化产品，一般是豪华型汽车的生产，如宝马、奔驰等。但是这种情况已经发生了改变，随着消费者需求多样化和个性化的提高，几乎所有的跨国汽车公司都需要对市场进行细分，根据相应的市场采取不同的策略。

随着竞争的加剧，跨国公司不仅从内部优化组织结构，还从外部与其他企业建立战略联盟，从动态竞争的角度进行经营管理。汽车业是资本和技术密集型行业，产品开发费用和固定成本巨大，尤其是随着汽车生产的复杂性、安全性和环保性的提高，开发新车型的成本也随之上升。通过战略联盟的方式可以分摊这些成本，因此大型跨国汽车公司积极建立全球性的研发、生产和销售网络。跨国公司居于核心地位，与其他供应商、基础设施部门以及客户之间建立牢固的商业关系。跨国公司不需要建立专门的销售和配送部门，而且可以根据用户需求进行定制，大大节省了成本，生产方式也从过去的预测产量型变为按订单进行生产。

以前跨国公司的生产方式主要是大规模标准化生产，目的是降低成本，获得规模收益，而现在，企业不仅看重低成本和规模经济，还必须更加注重产品的差异化。产品差异化不仅能够增强所有权优势，而且有助于企业培养未来竞争力，在产业发展中占据主导地位。通过全球生产网络，企业可以广泛地与外部企业建立战略联盟关系，及时把握各种商机，与联盟伙伴共同开发新产品，同时可以整合不同区位的优势，强化企业的灵活性和创造性，塑造长期竞争优势。越来越多的企业对同一市场的汽车采取相同的设计平台，一方面对不同汽车中的标准化零部件批量生产，另一方面实行个性化定制，提高新产品市场引入速度。

每一个汽车集团都拥有众多不同品牌的子公司。这些企业将核心竞争力集中在产品设计、品牌、市场营销等方面，不断把价值链向全球延伸。整车企业和零部件企业之间的关系不再是单纯的层级式生产者和供应者的关系，而是相互独立、相互依存的利益共同体。主导企业和零部件供应商共同承担项目开发的成本和风险，协同发展。供应商的责任不断提高，更多地参与到整车的开发和生产过程，加快了新产品的设计速度。

跨国公司在进行全球扩张时，并不是简单地复制和移植供应链，而要根据实际情况调整组织结构、战略规划等。产业链是全球生产网络发展的基础，跨国汽车公司的自制、外购、关联采购等不仅会影响本企业的经营状况，同时也会改变当地汽车产业发展的格局。结果是，新兴市场逐渐被整合到全球分工中，当地整车制造商、零部件供应商、经销商、基础部门等以各种形式进入全球生产网络。

现在几乎所有的汽车制造商都在努力追求全球化战略。发展新的核心竞争力是跨国公司实行全球战略的重要原因。通过实行全球化战略，跨国公司可以获取新的消费者，获取廉价原料，发展新的核心竞争力，改变现有核心竞争力的结构，更好地应对企业风险。主要的汽车制造商积极扩张势力范围，在越来越多的市场中生产和销售汽车。追求全球化战略最显著的好处是可以进入新的消费市场，这也可以帮助企业应对因不同产品生命周期阶段引起的国内需求的变化。此外，进入新的消费者市场可以扩大产量。如果生产工艺对规模经济敏感，那么产量提高会带来平均单位成本下降。规模经济的一个最重要来源是使用高专业化机器的能力，而在低产量水平下成本很高。高产量可以使原始设备制造商扩大生产经营。高产量往往会伴随着工人的高专业化水平。它们的技术会越来越熟练，从而可以降低运营成本。第四，高产出的企业可以通过将成本分摊到更多的产出上，从而减小单位成本。

汽车逐渐增长的复杂性、电子产品和新材料的运用、更高的安全性要求、高质量要求、新环保标准和增加的燃料效率的需求、开发新车型的成本急剧增长等因素，迫使跨国公司建立国际战略联盟和技术标准。例如，通用汽车公司、福特汽车公司、戴姆勒克莱斯勒汽车公司、丰田汽车公司和雷诺汽车公司签订了一个共同的技术标准，以使它们未来生产的新型汽车能对正在开发之中的一系列通信和娱乐设备兼容。技术标准的统一，也将使其生产成本大幅度降低（刘世锦、冯飞，2002）。如今，汽车业跨国公司在零部件生产和最终产品的组装方面已实现了复合一体化发展战略。丰田汽车公司在四个东南亚国家中有零件和配件的生产网络；福特和通用汽车在欧洲建立了跨国生产网络，而该网络是建立在原先独立子公司的基础之上的。本田、日产和丰田在北美建立了生产网络，通过信息技术联系起来，零部件生产者被纳入母公司生产规划，支持着及时存货制度，并分享研究和开发成果。日本丰田、日产和本田的轻型汽车在本国销售量不足 50%。这表明它们已经成功进入了北美和西欧市场。

模块化全球采购、品牌管理、市场营销等环节越来越重要，跨国公司的竞争优势越来越多地体现在品牌、营销、供应链管理等方面，生产者驱动开始出现了购买者驱动的特征。从汽车产业价值链分布来看，汽车制造商赚取的利润较少，大部分的利润归于产品开发部门和服务部门（包括销售、售后服务、维修、保险等）。跨国汽车公司除了牢牢控制核心资源，保持长期垄断优势，还开始向下游延伸，不仅是汽车的生产者，还转变为相关服务的提供者。而另一些原来只从事组装环节的生产商也开始将业务向上下游延伸。为了节省成本，跨国汽车公司必然更少地从事生产和组装环节，主要集中于研发和市场营销，与主要供应商建立联盟关系，外包其他生产环节。汽车行业的竞争环境发生了巨大改变，产品差异化、品牌、生产网络等成为企业全球竞争力的重要组成部分。生产平台共享、全球采购以及模块化供货方式推动了全球汽车企业之间的联系，促进了全球汽车业的发展。

二、美欧日汽车业生产网络发展特点比较分析

随着经济全球化的发展，跨国汽车公司开始在全球范围内优化生产结构，通过兼并、收购、控股、参股等方式，建立战略联盟，逐步形成了以美国、日本、欧洲为核心，以通用、福特、大众、丰田、戴姆勒－克莱斯勒、雷诺－日产、宝马公司、本田公司、标致—雪铁龙等汽车集团为主导的全球生产和销售网络。这几个寡头汽车公司的产量占到世界产量的3/4左右，是汽车全球生产网络的主导厂商。跨国汽车公司实行零部件的全球采购，根据比较优势和竞争优势在全球市场上配置产业链中的各个环节，在各企业之间建立有效的网络供求关系。其中，领导厂商拥有先进的技术、高价值的品牌和运作良好的组织结构，这些优势使得跨国公司能够占据全球生产网络中的高附加值环节，主导整个生产网络。领导厂商周围环绕很多独立供应商，拥有先进零部件开发技术的供应商成为高层级供应商，高层级供应商旗下又有许多低技术含量、低附加值的零部件供应商，这些供应商即为低层级供应商，在全球生产网络中处于附属地位。因此，汽车全球生产网络表现为，以整车跨国公司为核心，以高层级零部件供应商和低层级零部件供应商为支撑，三者之间通过多种关系相互联系、协调发展的复杂组织结构。地域上表现为以美日欧为核心，以几个大型跨国汽车集团为主导，向全球扩散的集采购、生产和销售三位于一体的网络。与此同时，汽车零部件企业纷纷从母体剥离，面向全球市场组织运作。从整车和零部件企业关系赖以形成的机制来看，目前世界上主要存在三种类型的生产网络，以美国为代表的美国生产网络、以德国为代表的欧洲网络和以日本为代表的亚洲生产网络。下面对这几种典型的生产网络和产业配套模式进行分析。

（一）美国汽车生产网络

自2000年以来，美国三大汽车公司都进行了生产和组织结构的调整。整车企业预先制定零部件规格，在几十家零部件企业之间投标。这种自由选择方式，迫使零部件企业改进技术，成为行业的领先者。而零部件企业与整车企业完全是一种对等关系，在向原企业供货的同时，还可以向全球汽车市场供货，产业配套方式呈多元化供应体系。例如，德尔福汽车系统公司从通用汽车公司分离出来之后，面向全球市场组织运作，产品供给包括通用汽车、福特、丰田、日产、雷诺、大众等全球汽车厂家，通用汽车公司之外的业务收入在营业额中所占比重不断上升，2008年达到69.4%。尽管如此，整车企业和零部件企业之间仍然保持着紧密的配套关系。从1999年德尔福正式与通用汽车公司分离到2010年，通用

汽车仍然是德尔福最大的客户。

美国汽车制造商在采购零部件时比较注重价格，但近年来，通用、福特等跨国汽车公司从传统的纵向一体化、追求大而全的生产模式逐步转向精简机构、以开发整车项目为主的专业化生产模式。各大汽车公司大幅度降低了汽车零部件的自制率，与外部独立的零部件配套企业形成了基于市场的配套关系。福特公司在2000年也将零部件企业剥离，成立伟士通公司。福特公司主要关心整车设计、按需生产和售后服务三块。剥离以后的零部件产品，占汽车生产成本的65%，大大节省了成本。总的来说，美国汽车制造商开始注重供应商的设计能力，采购重心也由检查交付转移到供应商的质量保证上，见表1。

表1 　　　　　　　　　　　　　美国汽车生产网络

公司	垂直型/水平型	开放型/封闭型	国际化
通用	高度垂直型，有很多受控制的供应商，并使用单一来源	封闭的网络，很难协调	通过兼并实现国际化，在国外建立更低程度的垂直一体化；存在协调问题，在欧洲带有地方责任的松散网络：由通用/德国欧宝领导，加强欧洲内部的协调；比起福特来，更多的区域性导向
福特	中度垂直型：有较多受控制的供应商	中度封闭，但是容易协调	通过绿地投资实现国际化；带有更少地方责任的更加严密的生产网络；在核心市场实行世界汽车策略；在欧盟进行劳动分工；德国福特协调整个欧洲的生产网络；在亚洲市场上与马自达合作；福特2000项目意味着美国参与者的分散化经营
克莱斯姆	中度垂直型：面临大量的独立供应商	中度开发的网络	在美国市场上进行重建；试图在北美自由贸易区内建立区域性的劳动分工；中度的国家化

资料来源：Rob van Tulder and Winfried Ruigrok. European Cross – National Production Networks in the Auto Industry：Eastern European as the Low End of European Car Complex，BRIE Working Paper, 1998.

在美国，整车厂商与零部件供应商不存在长期密切的合作关系。美国汽车厂商通常采用招标方式，根据投标价格为基准向多个零部件供应商订货。这样，美国汽车厂商由于不得不直接地与更多的供应商签订合同而导致较高的交易成本。美国汽车厂商每年都在与1万个左右的供应商直接签订合同，而且供应商在不断地改变。此外，美国的主流模式是汽车厂商承担全部详细设计的"借用图方式"，零部件厂商只是"按图索骥"式地进行生产，这样，零部件厂商的专长和积极性没有被挖掘出来。例如，零部件厂商在单个零部件设计及材料运用方面有其长期经验积累和特长，由于它不参与设计，因此，这种资源能力没有被利用起来。

（植草益，2000）。美国麻省理工学院（MIT）的研究报告指出，美国的大企业与其零部件供应商的关系是短期性的，双方存在着一定的距离，彼此保持对等的关系。如果当大企业发现更廉价的供应商时就会改变订货方向。当遭遇经济不景气时，则毫不犹豫地抛弃零部件供应商。因此，零部件供应商们不会为了产品的革新而投入自己的资本，他们缺乏这样的刺激（冼国明，2001）因此，汽车厂商的技术、知识、诀窍无法转移到作为零部件供应商的中小企业，这就抑制了中小企业的技术开发优势，使之停留在较低水平上。

（二）欧洲汽车生产网络

20世纪90年代，欧洲汽车市场已经逐渐转变为一个由许多分散国家的市场组成的大市场，几家或几十家实力强大的汽车企业相互竞争。整车企业与零部件供应商之间是平行发展模式，基本没有资本纽带，建立水平的业务关系，各自独立发展。欧洲汽车很少使用公司内部生产的零部件，整车企业依照市场化原则向零部件企业采购产品，形成配套关系。德国汽车零部件企业分为两类：一类是按整车企业的图纸加工制造零部件。整车企业向零部件企业提出性能规格要求，有时甚至只是粗略的构想，然后由零部件企业进行自主开发。另一类是零部件企业自己开发产品，然后与整车企业签订采购合同。在这种完全市场化的运作模式中，整零供应体系对外开放，零部件企业能够积极发挥主动性开发新产品。欧洲汽车业中，零部件独立供货商技术先进、产品优良、价格合理，有着十分重要的地位和作用。专注于某些细分市场的中小型汽车整车厂商，联合起来的采购量通常很大，这些企业更倾向于从独立供货商处采购原材料和零部件。而且独立零部件供应商交易方式比较灵活，更容易跨越国境，不受整车企业发展的限制。欧洲最大的几个零部件供应商都是独立供货商，如全球最大的零部件跨国公司——德国的博世公司。

大型供应商有可能更多地将生产外包给次级供应商。当然，它们非常重视评估次级供应商在质量、成本及运输等方面的能力。例如，在英国、法国和德国等主要汽车生产国已经出现了这样一种新的培训机构，它们帮助次级供应商提高其QCD（质量（quality）、成本（cost）与交货（delivery））能力。部件装配越来越全球化的同时生产却越来越本地化。生产调度成本高且不易操作，尤其还会受到欧洲不够完善的铁路运输系统的限制。但随着模块化生产趋于复杂，本地化生产显得更加重要了。因此也不再可能出现将整批次部件转移到某些低成本地区进行生产的情况了。小型的次级供应商的压力将越来越大。但是压力最大的莫过于那些位于价值链最底层的只生产某种零部件的供应商们。这些小企业既没有足够的资源来支持技术上的创新，也没有适应大规模标准化生产设备的产能。对于这些企业来说只有三种选择：（1）技术创新，增加产品的附加价值。（2）扩大生产规模或与其他企业合并及合作以减少固定成本。（3）增加生产多样化，减少对汽车产业的过分依赖（Chanaron，2004）。

《维基经济学》指出，制造商如宝马将集中对那些决定它们品牌成功的子设备零部件的投资。宝马更加集中于概念和设计阶段，其次是消费者经验和相关的下游服务。宝马的创新和经营方式是，将许多非核心的设计和生产能力分离出来并交给一级供应商，让它们负责从零部件到最终装配的全部。这样，宝马从它的供应商那里获得创新的潜在可能性。供应商加入早期阶段，例如，宝马 5 系列的前轮驱动系统是与顶级供应商弗里德斯哈芬共同开发的。弗里德斯哈芬从事硬件和驱动系统的基础软件部分，而宝马从事与消费者有关的软件的完善。再比如，宝马与法国汽车制造商标致在开发新型汽车发动机系列中共担成本和风险。宝马研发部门负责设计发动机，标致负责过程开发、生产工程和采购。现在，供应商已经开发并生产汽车平均产量的 65%，供应商成为汽车业发展和就业的引擎。汽车制造商和供应商比以前任何时候都更加紧密相连。与供应商的紧密合作使得宝马继续保有最重要的技术诀窍。当然，在模块化生产模式下，由于零部件供应商直接参与到整车的生产中去，对供应商来说，组件与系统的供应带给它们额外的附加值但同时也增加了技术创新的风险。

在欧洲，虽然零部件企业的发展也依附于整车厂商，但并不完全受其控制，几个大的供应商往往还有更广阔的产品范围，如博世集团除了以供应 ABS、刹车系统、燃油喷射系统等闻名，还生产家用电器、厨房用品等。这使得欧洲的零部件产业相对于美国而言有更自由的发展空间，其与整车厂商的平行分工模式更为明显。在平行生产体系下，由于零部件企业强大的技术实力，在系统和模块的开发方面处于主动地位，在与整车厂商的议价方面也有很强的话语权。但由于整车厂商与模块供应商之间没有长期稳定的合作关系，整车厂商往往不得不同时与多个供应商进行合作，交易成本和协调成本较高。欧洲汽车生产网络特点如表 2 所示。

表 2　　　　　　　　　　　　　欧洲汽车生产网络

公司	垂直型/水平型	开放型/封闭型	国际化
菲亚特	高度垂直型，但程度有所降低；通过受控制的供应商实现明显的直接控制；不断增加单一来源	封闭的网络，但是正在逐渐开放	实现从强大的国内市场出口的策略；"世界汽车"国内生产并在外部市场销售

续表

公司	垂直型/水平型	开放型/封闭型	国际化
大众	中度垂直型,豪华汽车(奥迪)部件使用更多的单一来源	水平型的兼并(奥迪、索亚特、斯柯达),中度封闭的网络;部分国有提高了封闭程度	致力于在欧洲内部建立区域性的劳动分工(通过联合的平台进行协作);通过兼并策略扩展基于外部市场的产量
奔驰	中度垂直型,与供应商相互依赖	中度开放;独自行动;单一来源的程度较低	出口导向,一部分绿地投资,特别是在美国当地市场
宝马	中度水平型,强大的德国供应基地;试图加强垂直一体化	中度封闭;高度单一来源	主要是出口导向,向美国扩张
欧宝	中度垂直化,受通用控制的强大的德国供应商;试图限制供应商数目并依靠德国供应基地	中度封闭;高度单一来源;兼并策略	在西欧实行兼并策略,进一步研究区域性的劳动分工;重建在欧洲的设施
福特—欧洲	中度垂直化	中度封闭;高度单一来源;独自行动	在欧洲和美国进行劳动分工;全球性的汽车;重建在欧洲已有的生产设施
PSA	中低度垂直型,聚集各种公司,难以协调	中度开发的网络;许多不具有控制权的国外供应商;在其他国家半自治的生产网络;在法国与雷诺合作对抗供应商	在法国、西班牙和英国间进行劳动分工;难以协调

资料来源:Rob van Tulder and Winfried Ruigrok. European Cross – National Production Networks in the Auto Industry:Eastern European as the Low End of European Car Complex,BRIE Working Paper,1998.

(三)日本汽车生产网络

日本整车企业与零部件之间的关系是金字塔型多层次垂直分工体系。零部件企业分为一级供应商,二级供应商,三级供应商等,供应商数量自上而下逐级增多。整车企业一般只与一级配套供应商直接联系,每一个一级供应商拥有许许多多的二级、三级和更低级别的零部件供应商。一级供应商向整车企业提供动力、底盘、车身、内饰等方面的系统总成配套服务,同时向二级供应商订货,将部分研发任务交给二级供应商。三级供应商则向二级供应商提供零部件。该体系以整车企业为中心,吸收大量中小企业参加零部件供应,形成广泛的协作网络,一级支配一级,层层控制,可以保持长期稳定的供货关系。日本汽车生产网络特点如表3所示。日本整车企业往往持有一级和二级供应商的部分股份。例如,丰田汽车公司对其供应商"协丰会"零部件企业的投资比例为30%左右;日野汽车公司对 15 家供应商投资占这些企业投资的比例，少则 25%，多则 98%。这种模式分工明确、协作紧密，交易关系稳定，极大地提高了日本汽车产业的国际竞争力，推动了日本汽车产业的发展。

表 3 日本汽车生产网络

	垂直型/水平型	开放型/封闭型	国际化
丰田	有限的垂直一体化，高度的集团垂直一体化	结构控制使得网络十分封闭（大量的供应基地）	为了进入三大市场而实行国际化，没有主要的联盟者
日产	垂直型一体化程度低，但是高度的集团一体化	对大量供应基地的结构控制（封闭型的网络）	与丰田类似，但是网络的封闭程度和垂直一体化程度更小
本田	低水平的垂直一体化；中度的集团一体化（小的垂直型企业集团）	中度开放的网络，小型的、同时也依赖于丰田和日产的小型供应基地	劳动分工，寻找联盟伙伴
三菱	较低的垂直一体化，中度的集团一体化（供应商是大的垂直型的同类企业集团的一部分）	三菱集团控制下的封闭网络	劳动分工（目标是美国和亚洲，在亚洲开创地区性的劳动分工），更倾向于联盟
马自达	较低水平的垂直一体化，对广岛的供应控制较强，对住友的控制较低；实行在水平的企业集团里的联合策略	在福特和住友的联合协调下的中度开放型网络	越来越独立于福特的劳动分工（没有出现在欧洲；建立了更加开放的网络）
铃木	较低水平的垂直一体化，中低度垂直的团体一体化（水平型的企业集团）	封闭型的网络，由于东海集团和丰田的控制，实行联盟策略以使势力强于供应商	朝着核心市场的中度国际化；目标是外部市场以及对供应商和政府还价能力更高的生产场所；与通用联盟

资料来源：Timothy J. Stugeon. Modular Production Networks：A New American Model of Industrial Organization [J]. MIT IPC Globalization Working Paper, No. 2, 2002.

与美国汽车业三巨头相比，丰田更多致力于与供货商分享知识。例如，丰田按照其在日本的供货商协会"协丰会"的模式，在美国成立了相应的组织：蓝草汽车制造商协会。该协会旨在为丰田提供一个与供货商交流信息和收集回馈信息的组织，各供货商高层之间也建立了联系。丰田还在美国组建了运作管理咨询部门 TSSC 公司，成立之初名为丰田供货商支持中心。丰田从美国公司采购的零部件数超过了其采购总数的 70%。除了自身的系列供货商之外，丰田也越来越多与它的美国的供货商们开展合作，并从这些供货商处获得竞争优势。丰田通过向美国供货商提供知识和技术，提高那些专门为丰田供货的生产部门的生产效率的方式来获取竞争优势。丰田派遣人员造访供货商的工厂交流技术信息的频率是平均每年 13 天，而三巨头平均仅为 6 天。供应商从丰田那里学会了按序装运，降低库存的看板管理，单件式生产以及标准化作业等，甚至还学到了有关丰田人力资源的培训理念和方法。广泛的知识分享产生了巨大的效应：供货商为丰田供货的生产部门的残次品率平均下降了 84%，而为其最大客户三巨头供货的生产部门的残次品率仅下降 46%；为丰田供货的生产部门的库存平均下降了 35%，而为三巨头供货的生产部门的库存仅下降 6%；为丰田供货的生产部门的生产效率提高了 36%，而为三巨头供货的生产部门的生产效率仅提高了 1%。丰田通过将技术转移给供货商，协助它们极大地提高了绩效水平，这反过来也为丰田带来了巨大的竞争优势。

丰田在美国有 10 条生产线，拥有比其他外国制造商更多的车型。过去美国的新厂都是模仿日本的"母工厂"，而现在肯塔基和印第安纳已经成为北美新厂的示范点。近年来，丰田公司在北美地区的汽车和卡车销量超过了日本本土，而且这个差距还在日益扩大。此外，美国正逐渐成为丰田公司的全球性实验室。而在过去，丰田公司创造的新理念都是首先在日本进行实验，经过彻底改进后才移植到美国。而现在情况却有很大变化，例如，凌志是丰田公司于 2003 年在美国市场推出的豪华车品牌，但是该品牌在 2004 年才在日本市场问世。丰田公司还在美国开发了一些专门以美国市场为目标市场的新品牌。

2004 年，日本丰田汽车公司与美国福特汽车公司签订了有关混合动力系统和尾气净化技术的专利特许合同。根据合同规定，丰田开发并享有专利的混合动力系统控制技术将被特许提供给由福特来独立开发混合动力系统。同时，丰田和福特还就发动机的多项尾气净化技术签订了专利特许合同。根据合同规定，丰田还将向福特汽车以及福特集团提供用于稀薄燃烧发动机（包括直喷式汽油、柴油发动机等）的 NO_X 吸收还原型三元催化系统的专利。与此同时，福特将向丰田汽车以及丰田集团提供的专利中将包括 NO_X 控制系统和直接喷射点火装置（DI-SI）等专利技术。

简言之，丰田的成功与其供应商是分不开的。在丰田的背后有一个支撑其高技术、高品质以及成本竞争力和世界最佳供应能力的强大的企业群体。其一就是供应商企业自发成立的"协丰会"，是由向丰田汽车公司供应零部件和车身的约 220 家具有实力的制造商组成的。其二是为丰田公司采购设备等企业的自发性组织称为"荣丰会"。从生产线的机械和装置到建筑土木、物流等领域，其成员有约 80 家公司，都是为丰田公司从事采购工作的。后来发展起来的各种分协会都为丰田与供应商之间的知识交流和共享打下坚实的基础。随着全球化的不断发展，两个协会也和丰田一起成长，协会成员之间也相互合作，不断扩大领域，使得丰田汽车公司的内在国际化得到实实在在的发展。丰田与供应商之间的合作取得了极大的成功。瑞克曼（Neil Rackham，1998）把丰田与供应商合作网络的成功概括为三个方面：贡献、亲密与远景。这三个因素的融合就构成了丰田与其供应商的合作网络体系。丰田汽车的设计生产是通过制造商与供应商的协作网络共同完成的价值。研究表明，日本的企业生产网络尤其是丰田公司的生产网络，在传递知识、提高生产率方面占据着优势地位。丰田及其他日本主要汽车制造商（如本田）和它们的供应商之间建立了二维甚至多维的知识共享路径，并由此形成组织间或生产网络的优越的学习方式。

三、全球汽车生产网络的发展趋势

随着汽车产业国际分工的发展，越来越多的企业和国家参与到汽车全球生产网络中去，产业组织模式也开始转变。平台共享、模块化配套模式成为全球生产网络的发展趋势。

模块化生产网络是基于产品系统的模块化设计所形成的，掌握系统设计和集成技术的企业成为网络的旗舰企业，而其他企业则在系统设计规则下提供各种产品和服务。模块生产网络打破了垂直边界的专制、打破了职能型的业务单元以及其他由专业化、社会化和专门技能驱动的水平边界、组织与客户之间的边界和地理市场之间的边界。在模块化生产方式下，整车厂商重新定义了其核心竞争力，主要为设计、装配和销售，而将一些其他的职责，如模块的生产、库存管理、部分研发及采购、次级装配的活动转移给供应商。整车厂商可以剥离巨额的用于生产的资产，同时削减研发、设备方面的投入，使模块供应商承担更多的技术与资本投入方面的责任，分担风险；由于模块设计在供应商中的同步进行，也缩短了整车厂商的研发周期。

目前生产集中度高的零部件生产模块有 5 个（车身玻璃模块、轮毂和轮胎模块、安全保护模块、刹车模块和排放模块），占单车总价值的 12%；生产集中度居中的零部件生产有 7 个（内饰件模块、温度控制与空调模块、电子与电器模块、燃料模块、车桥和驱动轴模块、悬挂和转向模块），占单车总价值的 45%；生产集中度低的零部件生产有 4 个（变速器模块、音响与通信模块、车身和结构模块、发动机模块），约占单车总价值的 43%（苟海平，2006）。除了生产的规模化，系统总成类零部件生产也在不断地模块化，许多整车企业从传统的单个零部件采购转变为模块化系统采购，系统配套不仅能使整车企业缩短开发周期，转嫁部分开发设计成本，也有利于产品的质量控制和简化配套工作管理。

在模块背景下，在经营层面上，性能质量目标（提供无错模块）、可靠性

（在及时的或同步基础上的可靠的内部操作和外部交付）和灵活性（同时在模块和非模块基础上的交付能力）可能是最关键的。在模块环境下，经营功能的提供和驱动模块战略的能力是至关重要的。对业务的贡献将明显表现在物流能力（包括工厂的供应链要素），工艺改进和发展的模块以及非模块生产单元，发展持续改进环境的能力和确定未来趋势和影响的能力。在模块环境下，使订单合格的要素有可能包括灵活经营、独特的质量文化和低成本的交付能力，高性能的模块解决方案。订单获得者可能拥有包括全球生产能力，有效的项目管理技能（对成功开发模块至关重要），一个强大和完善的研发能力并为 OEM 提供模块解决方案的能力在内的所有能力（Desmond，2001）。

"全球共享零部件供应，全球共享产品平台"战略，概括了 20 世纪 90 年代以来全球汽车生产的前进方向。为了降低零部件生产成本，整车厂不断降低零部件自制率的同时实行零部件全球采购策略，推动了整车企业与零部件供应商相互剥离与独立，原有紧密稳定的配套关系，被全球采购网络打破。质量、价格、标准化成为独立供应商进入整车厂商全球采购网络的敲门砖。但是，处于全球生产网络中心的整车生产商对其他供应商具有很强的控制力，整车生产商可以根据价格、质量和交货及时与否选择供应商。来自价格的压力会沿着生产网络的供给链一级一级地传递，一直到最小的供应商为止。与此同时，供应商还面临着整车生产商减少供应商数量的威胁以及被迫跟随采购。事实证明，这种纵向分离对整车企业和零部件企业都有好处：一是减少整车企业的生产和管理环节，降低管理和组织成本，集中精力于整车的研发和制造；二是强化了对零部件企业的激励，提高了生产效率。第一、二级供应商现在都更加注重产品的研发，生产出功能更齐全的部件来吸引制造商的需求。与此同时，制造商把更多的精力投入车型的设计，企业管理策略，处理与主要零件供应商之间的关系和品牌的推广等方面。供应商通过为制造商提供早期的产品设计，也增加了自身产品的附加值。供应商将继续被要求降低成本；增加产品的附加值；在研发、设计和发展方面扮演更加重要角色；提供一揽子产品以及提供附加服务；从部件和系统中分离；对原材料补充的需求增加。总之，供应商必须在保持质量的前提下降低成本（McCallum，2005）。

平台共享是指不同的车型共用一个平台，其核心是提高零部件的通用性，最大限度地实现零部件共享。平台共享的优点主要有两个方面：第一，可以实现大规模的零部件生产，通过规模经济降低成本；第二，抵销由于车型数量增加、产品多样化提高带来的成本上升，以较低的成本、较短的周期开发新产品。例如，大众集团包括奥迪、大众、喜特和斯科达四款车型，其生产平台从 20 世纪 90 年代中期的 16 个减少到现在的四个，每个平台都有很多车型，几乎涵盖了所有不同的细分市场。通用集团也用同一平台生产七种车型。与平台共享相对应，产业配套模式也开始向模块化转变，即将汽车分成若干模块，由零部件制造商先组装好，再送到整车装配厂，将几大模块组装起来即可，装配环节大大简化。这种配套模式使得整车企业与零部件企业之间的技术关联度更强，两者之间的关系不仅仅是产品配套关系，而是战略合作关系。例如梅赛德斯——奔驰的 Smart 轿车，一般轿车的生产需要 100 多个一级供应商的协作，但是 Smart 轿车只用了 25 个模块供应商，投资更少，风险更小。

目前，零部件企业相对独立发展已经成为一种趋势，越来越多的零部件制造商开始扩大产品配套对象，走国际化道路。发展零部件产业，除了有整车企业的带动，还需要深入了解配套产品的市场潜力、行业状况等。扩大零部件供应商的服务范围，有利于整合全球资源，推动汽车产业全球化的发展，也为中国汽车零部件进入国际配套体系提供了有利的外部条件。

参 考 文 献

［1］苟海平：《世界汽车零部件产业发展概况》，载于《上海汽车》2006 年第 7 期。

［2］胡嘉：《汽车业跨国公司全球生产网络发展的机理分析》，厦门大学硕士论文，2007 年。

［3］胡晓鹏：《模块化：经济分析新视角》，人民出版社 2009 年版。

［4］林季红：《跨国公司全球生产网络研究——以汽车业为例》，经济科学出版社 2010 年版。

［5］刘春生：《全球生产网络中跨国公司组织结构的变化》，载于《软件工程师》2007 年第 7 期。

［6］刘世锦、冯飞：《汽车产业全球化趋势及其对中国汽车产业发展的影响》，载于《中国工业经济》2002 年第 6 期。

［7］青木昌彦、安藤晴彦：《模块时代：新产业结构的本质》，上海远东出版社 2003 年版。

［8］任秀奎，孙启俊：《汽车产业链及配套模式分析》，载于《未来与发展》2007 年第 11 期。

［9］尼尔·瑞克曼（Neil Rackham）：《合作竞争大未来》，经济管理出版社 1998 年版。

［10］冼国明、王东、徐东：《企业制度与国际竞争力》，经济科学出版社 2001 年版。

［11］赵春燕：《从比较优势到竞争优势——基于中国汽车产业的实证研究》，中国经济出版社 2012 年版。

［12］植草益等：《日本的产业组织：理论与实证的前沿》，经济管理出版社 2000 年版。

［13］Doran. , Desmond, 2001：Rethinking the Supply Chain：An Automotive Perspective，10th International Annual IPSERA Conference.

［14］Ernst, Dieter, 1999：How Globalization Reshape the Geography of Innovation systems，

Danish Research Unit for Industrial Dynamies (DRUID), Working Paper.

[15] Gereffi, G. and Korzeniewicz, M., 1994: Commodity Chains and Global Capitalism, London: Praeger.

[16] Gereffi, G., 1999: A Commodity Chains Framework for Analyzing Global Industries, Duke University, Working Paper.

[17] Gereffi, G., 1999: International Trade and Industrial Upgrading in the Apparel Commodity Chain, Journal of International Economics, (48), pp. 37 – 70.

[18] Henderson, J., 1998: Danger and Opportunity in the Asia – Pacific, Economic Dynamic in the Asia – Pacific London Routledge, pp. 356 – 384.

[19] Humphrey, John and Memedovic, Olga., 2003: The Global Automotive Industry Value Chain: What Prospects for Upgrading by Developing Countries. UNIDO, Strategic Research and Economics Branch, 2003.

[20] McCallum, Ed., 2005: The North American Automotive Industry: Geographic Restructuring, Supplier/OEM Relations, and Capacity Issues are Changing the Site Selection Dynamic, 2003 – 2005, Trade and Industry Development.

[21] Porter, M., 1990: The Competitive Advantage of Nations, New York: The Free Press.

[22] Sturgeon, Timothy J., 2001: How Do We Define Value Chain and Production Networks, MIT IPC Globalization Working Paper.

[23] Stugeon, Timothy J., 2002: Modular Production Networks: A New American Model of Industrial Organization, MIT IPC Globalization Working Paper, No. 2.

[24] Tulder, Rob van and Ruigrok, W., 1998: European Cross – National Production Networks in the Auto Industry: Eastern European as the Low End of European Car Complex, BRIE Working Paper.

[25] Veloso, F., 2000: The Automotive Supply Chain Organization: Global Trends and Perspectives, Massachusetts Institute of Technology, Working Paper.

[26] Walter W. Powell., 1990: Neither Market Nor Hierarchy: Network Forms of Organization, Research in Organizational Behavior, 12, pp. 295 – 336.

日本汽车制造商与供应商的协作关系

摘要：本文以丰田公司为例，分析日本汽车制造商的经营战略。丰田公司与供应商的密切合作关系是其成功跻身全球汽车厂商前列的重要因素。

关键词：丰田公司　制造商　供应商

丰田公司是日本最著名的汽车制造商。丰田公司从事设计、制造、装配、销售客车、休闲及多用途汽车、小型货车和和卡车，以及相关的零部件和配件的生产。该公司目前提供普锐斯品牌的混合动力汽车，普锐斯由汽油及电力的混合动力驱动。其产品也有传统动力汽车，包括花冠和雅士利品牌的超小型汽车和小型汽车。迷你车、客车、商务车，及汽车配件、包括凯美瑞、锐志原型、普瑞米欧、百佳泰、刀锋、爱文奇思品牌的中型车款和包括雷克萨斯、皇冠、世纪的豪华车型。另外，丰田还生产运动和特种汽车，包括雷克萨斯等品牌、休闲及多功能车和包括塔科马、坦途品牌的皮卡车，还有四轮驱动汽车、汉兰达、陆地巡洋舰、美洲杉、塞纳、小型货车等。

如今，丰田已经成为世界排名第一的汽车制造商。丰田生产方式之所以能够取代福特制而成为世界上竞争力最强的生产方式，除了丰田自身的优势之外，还因为它采用了准一体化市场（中间组织）的组织形式，即依靠那些围绕在核心企业而形成的庞大的企业系列集团。从制造业来看，总装企业所需的零部件可通过三种方式获得，即市场交易（外部市场）、完全自制（内部化）或准市场（中间组织）。以丰田为代表的日本分包制是一种能够克服纵向一体化（层级制）缺陷的组织形式。与完全的垂直一体化相反，分包制是以大企业作为协调中心，对生产、服务过程进行垂直分解，把生产过程建立在与供应商长期交易关系的基础上。该组织形式成功运作的关键在于核心企业与供应商之间必须建立稳定的长期性交易关系。

一、丰田公司与供应商的合作关系

丰田的成功很大程度上得益于其独特的分包制。在日本，零部件供应商不仅应汽车生产商的订货要求，按照订货单图样生产产品，而且在整个零部件的供应过程中，在技术信息的交换、资金援助、管理人员的交流等各个方面，双方都以高效的形式进行着，汽车厂商与零部件供应商之间建立起长期稳定的交易关系。日本公平交易委员会的报告说，最大的 30 家供应商中有 91.7% 与其制造商的商业往来已有 30 年之久（Japan FTC，1993）。根据对分包企业的调查，68.2% 的中小分包企业都没有更换其主导企业的客户。虽然日本汽车厂商的零部件供应商分为一级、二级、三级供应商，从而形成了多层次的金字塔结构，但是，它不是一个封闭的纵向的内部一体化的官僚层级机。实际上，日本汽车厂商具有较低的纵向一体化的特点。与美国等国的汽车厂商相比，日本汽车厂商的零部件外购比率要高得多，平均在 70% 以上。丰田集团 1989 年的成品车年生产总数为 397.6 万辆，而其中的约四成是由一级分包商生产的。当然，其一级供应商又直接控制了许多二级供应商，二级供应商又控制了三级供应商。而且存在一次企业向二次企业供货这样的反方向交易，也有二次企业跨过一次企业直接为汽车厂商供货的交易等，从而形成一个复杂的网络结构（Sako，1992）。

日本制造商与供应商签订的合约是不完全的合约。这些合约往往是指导性的，简洁并可作修改。日本制造商与供应商的合同是隐含性合同，它只为其不断进展的关系提供一个指导性的框架，而不规定价格和数量，也不说明在具体的变化的情况下应该做什么。这样小企业或分包商不知道它们是否做得足够好并能继续重复性的交易，从而会尽最大努力去改善产品质量，因此不完全合约比明确的合约更有效。而且，丰田汽车企业本着"与其检查不如精制"的思想，在其质量管理体系中推行"无检查缴纳订货"的做法。汽车厂家不对供应商的零部件进行全部或抽样检查，而只要求零部件供应商自主检查，这样丰田节约了许多管理成本（Asanuma，1989）。值得一提的是，丰田与零部件供应商的协作而带来的成本降低的成果，不是自个独享，而是将改进成果返还供应商。例如，零部件成本降低后的一定时期内，汽车厂商仍维持其零部件的订货价格，以此作为对零部件供应商所作改进努力的一种激励。

日本汽车厂商与供应商的合作非常密切。制造商与供应商的合作在新车型开发的早期就让零部件厂商参与进来。供应商的高度专业化促进了信息交流和学习，并帮助汽车厂商进行大幅度的削减成本，缩短开发的时间，提高产品质量。而管理一小部分（而不是很多）关系高度密切的供应商使汽车厂商能够有效地进行协调和控制（Nishiguchi，1994）。由供应商派到制造商的客座工程师，从制造商那里了解和熟悉从如何管理整个开发到生产的全过程。总之，供应商发展起与制造商的经理和工程师的一种非正式的网络，来获取信息并加以处理。以丰田为例，在开发阶段，零部件企业的经营管理人员与设计人员密切协作，并与汽车厂家负责设计和开发的人员频繁接触；开始生产后，两企业负责生产与开发的人员也频繁往来。日本汽车厂商还经常举办开发设计比赛，来使供应商之间保持竞争的态势。汽车厂家不仅根据价格，而且根据零部件厂商的设计开发能力和潜在的改善能力来确定合作伙伴。

关于丰田汽车公司与零部件供应商可以拥有长期稳定的持续性交易关系的问题，学术界存在着多种看法。有大量文献表明，供应商与制造商之所以能避免利己的机会主义倾向并很好地维持合作关系，这应归功于日本独特的企业文化和社会环境。这是由于共同的利益所致。在日本，成员企业清楚地认识到合作存在着巨大潜力，而且集体的合作所带来的利益大大超过其中任何一个成员单独实行利己的策略所带来的利益，因此可以维系长期的可持续的合作关系（Nishiguchi，1994）。但是，这还必须得到相关的社会力量的支持，并且有一个为共同利益而进行运作的机制。由于日本拥有精心设计的以增强信任的组织如供应商协会在其中扮演重要角色，因此可以达到这一目标（Smitka，1991）。也有学者认为，这应归功于交叉持股的公司治理机制（Gilson & Roe，1993）。以上各种观点其实都有其道理，但是真正的原因可能是以上各种因素的组合。

威廉姆森（Williamson，1985）的交易成本理论对于理解日本汽车制造商与供应商的关系是一种很有用的分析框架。威廉姆森认为，广泛存在于组织交易和市场交易之间的中间组织，可以解释日本的分包制。威廉姆森以特殊交易资产（即专有资产投资）的概念说明通过相互拥有只在特定交易者之间才具有价值的资产而产生的某种人质效果，也可以防止在利己的经济主体之间产生脱离或退出交易的行为。根据交易成本经济学理论，可信赖的承诺是一种治理结构，它用来保护一个已经在交易性专有资产进行了投资的企业，这种专有性资产投资包括具体的投资地点、有形的设备投资、专有的生产能力以及知识和技能等。垂直系列集团是处于下游的厂商与上游的零部件供应商之间的一种互惠的安排，它们可以共享交易性专有资产投资的成本收益并共担风险（Asanuma，1989）。也认为，垂直系列是比美国的大规模的垂直一体化体制更具优越性，因为完全的垂直一体化会导致较高的管理成本（Dyer，1996）。

丰田供应商主要集中在丰田城及其附近地区，日本汽车零部件供应商在专有的人力资本方面也作了大量投资。而制造商也为供应商进行专有投资。制造商愿意为供应商进行高昂的投资来作为可信赖的承诺是因为供应商的专业化有助于增强制造商自己的绩效。蒙特瓦德和提斯（Monteverde & Teece，1982）以开发时间和R&D投入的强度来估算专有性投资。克里斯蒂娜（Christina，1997）则用零部件制造的难度、企业规模以及一个企业对另一个企业的零部件的采购的依赖程度来估算。他进一步指出，专有性投资的程度可能因零部件的不同特点而异。

由于复杂性、专有技能和严格的规格而更难于生产的零部件将要求供应商进行专有性投资，如设备和专有技能以及与制造商的协调方面的投资的程度更深。

根据交易成本理论，可信赖的承诺是这样一种承诺，即交易的一方不会对另一方采取机会主义的行为，一旦另一方在专有资产进行投资的话。这种承诺一般是以"人质"的形式出现——交易中的一方如果采取机会主义行为，其投资就会受损（Williamson，1985）。因为在长期性交易过程中，没有必要在每次交易完了后都进行支付。支付可以推迟，当然反过来在开始的时候也可以多付。并且，这样的支付形式等于交易的一方向对方提供了"人质"。正是通过这种"人质"机制，产生出了协调的诱因。在交易过程中，一方靠向另一方提供像"人质"那样的东西而使长期性交易关系更容易维持的事时有发生，而且为了取得这种效果而在交易关系中积极地运用"人质机制"的事也不少。零部件生产商所进行的投资只对处在交易关系中的汽车制造商有用。如果转用于其他目的的话，投资的价值将大幅度地下跌。假如零部件生产商停止和这一汽车制造商的交易的话，投资的收益就不能充分收回。这种特殊的投资，在这里确实成了像"人质"那样的东西。通过提供这样的"人质"，零部件生产商脱离长期性交易关系的诱因将会变弱。并且，为了避免出现汽车制造商中止交易的局面，零部件生产商还会对汽车制造商持协作的态度。由于零部件生产商提供了"人质"，汽车制造商这一方就确信同零部件生产商的长期性交易关系能持续下去。同样地，汽车制造商也为供应商作专有性的投资（伊藤元重，1995）。

此外，"声誉机制"在这里也发生作用。汽车厂商如果对其中的某些零部件生产商采取背叛行动，它就可能失去其他零部件生产商的信赖。因此，这种责任得到非正式的、但却强有力的社会的、政治的和经济的制度的支持。在许多零部件生产商同一个大汽车制造商进行交易的情况下，如果汽车制造商在什么地方违约的话，就会受到否定性评价。如果大企业伤害没有还手之力的小供应商的利益，大众媒体就会大量报道其丑闻。而且虐待供应商的大企业在交税时也会受到政府官员特别严格的审查。此外，政府也有一些间接的工具或渠道来使企业保持适当的行为，比如通过出口配额的分配和出口补贴等方式（Schaede，1995）。

日本独特的社会、政治和文化制度使相互持股可以保证汽车厂商与零部件供应商保持长期稳定的交易关系。日本汽车厂商与供应商的股权关系是根植于日本独特的经济和文化的土壤。股权关系是汽车厂商的一种公开承诺：即汽车厂商不会占为其进行专有资产投资的供应商的便宜。汽车厂商持有其供应商的股份是表明供应商的归属以及制造商的责任。在日本，股权关系还意味着更多的东西，即汽车厂商不会突然中断与供应商的关系，而且有责任保证使供应商健康发展。制造商很少对供应商进行控股，虽然他们经常持有供应商的股份。但是汽车厂商与供应商之间的股权关系意味着一种承诺，即制造商承诺在供应商陷入困境时给予保护的责任，或者开始就努力使供应商免于陷入困境。当然，这种责任并不存在于所有的企业之间，只存在于同一集团内部。而股权关系就是某一企业归属某一集团的标志。

对汽车厂商来说，如果某一供应商出售更多的零部件给它，它就更可能持有该供应商的股份；供应商越小，制造商更可能持有其股份；零部件生产的难度越大，汽车制造商也越可能持有供应商的股份。而如果供应商拥有的零部件是关键性的，那么供应商则占据主动地位，而制造商则没有什么选择。如果一个制造商得向某一供应商购买大量的零部件，供应商即使要求更高的价格，制造商也只好同意。在准时制（JIT）生产体制中，由于库存减少到几乎为零，失去一个供应商的损失将是非常巨大的，即使存在许多零部件的供应商。由于准时制带来的零部件大规模定制和低库存使制造商难以在中途更换供应商（Christina，1997）。当然，供应商的专有性投资比制造商显然要多得多。在日本，交易额与资产专有性是有关系的。出售许多零部件的供应商会通过正式和非正式的关系与汽车厂商联结在一起供应商也更可能在专有性的人力资本和物资资本方面进行更多的投资。如果汽车厂商从一个供应商手中所购买的零部件占其总零部件的比例越大，汽车厂商越可能持有供应商的股份。

值得注意的是，长期性交易关系的形成时期也是日本经济处于高度增长的时期。因此，在企业的营业额和行业的生产处于增长的时候，将来的收益机会将变得更加重要。在这种情况下，不惜牺牲将来长期利益而采取追求暂时性或短期利益的背叛行为的诱因非常小。在交易量不断增大的情况下，脱离已有的交易关系的机会成本将会很大。在高度增长期，"日本型"的企业间关系如系列集团得以强化，也许就是由于这一因素的巨大作用。另外，由于日本当时汽车工业未来前景的不确定性、外汇和外国投资管制以及战后早期劳动力的骚乱使得汽车厂商不敢大胆自己来开发零部件生产的能力，而采取对独立供应商进行投资，或寻找独立的供应商的方式。而到了20世纪60年代，由于日本金融市场对外国企业开放，供应商要求汽车厂商持有其股份并保护其免受接管，从而造成又一波制造商对供应商的投资。这些也是不可忽视的重要的历史原因。

概括来说，丰田式的分包制之所以能长期存在，是因为日本的大企业与中小企业之间的合作是以"共同的利益"为目标的，而美国汽车厂商与供应商的关系则是"互惠互利"。与美国企业相比，日本的企业更重视市场的占有率、新产品和新事业的开拓，着眼于企业的长远发展目标，着眼于在国内外市场上竞争力的提高。而美国企业则较重视股东眼前的利润目标。当然，这种差别又有更广泛的社会和文化背景在起作用。东方文化重视人际关系，日本的终身雇用制和年功序列制使员工归属感增强，使员工与企业同舟共济。就企业关系而言，交叉持股是小企业归属大企业的标志。而在美国，员工与企业资本家的关系是雇佣关系，员工以及经理经常更换企业，归属感不强。另外，美国汽车厂商其零部件供应商没有组织、散乱存在、时常变更，这样汽车厂商必须与所有的零部件供应商进行直接交易，导致很高的交易成本。而且美国汽车厂商采用招标方式采购零部件，对那些与其缺乏直接交易关系的零部件厂商也无控制力。通用的销售额、纯利润约为丰田的1倍，但其雇用人数竟为丰田的10倍以上。1988年，通用年产量为516万辆，而丰田为397万辆，因此丰田人均生产数量是通用的8.6倍。美国麻省理工学院国际汽车工业研究项目小组的调查结果显示，世界最大的汽车制造商美国通用公司仅负责与通用之外的零部件厂商群交易的职工就达6000人。与之比较，世界第三大汽车公司日本丰田则仅需要337人，通用公司平均直接与1500个零部件厂商进行交易，而丰田自动车的工厂仅与177个零部件厂商进行直接交易（冼国明，2001）。

与美国同行明显区别的是，在日本的企业系列中，一次分包企业也进行组装作业。一次分包商在质量和交货等方面直接向汽车厂商负责，使汽车厂商节省了许多生产和管理成本。例如，丰田公司有3万多个企业为其服务，但其一级分包商仅170多个。专属的次级组装企业的大量存在既能实现规模生产和经验曲线效应，从而为汽车厂商降低成本。此外，二次分包企业的专属性也极高，基本上为一次分包商生产和加工特殊的零部件。企业与其上游的供应商及下游的经销商等的携手合作，可以提高生产效率、加速专有技术的转让。日本汽车制造商所需要的零部件大部分来自供应商。日本汽车厂商采取的是"认可图方式"，由汽车厂商提供基本式样和设计，再由零部件供应商进行详细的设计、试制和实验，汽车厂商向供应商购买零部件的比例远远高于美国同类企业。同时，制造商又为供应商提供有用的信息，以使其计划和操作更好地执行。供应商往往也跟定一个制造商，在签订合同之前就进行专有资产的投资，并随时向制造商公开其成本结构的有关信息。

而在美国，整车厂商与零部件供应商不存在长期密切的合作关系。美国汽车厂商通常采用招标方式，根据投标价格为基准向多个零部件供应商订货。这样，美国汽车厂商由于不得不直接地与更多的供应商签订合同而导致较高的交易成本。美国汽车厂商每年都在与1万个左右的供应商直接签订合同，而且供应商在不断地改变。此外，美国的主流模式是汽车厂商承担全部详细设计的"借用图方式"，零部件厂商只是"按图索骥"式地进行生产，这样，零部件厂商的专长和积极性没有被挖掘出来。例如，零部件厂商在单个零部件设计及材料运用方面有其长期经验积累和特长，由于它不参与设计，因此，这种资源能力没有被利用起来（植草益，2000）。美国麻省理工学院（MIT）的研究报告指出，美国的大企业与其零部件供应商的关系是短期性的，双方存在着一定的距离，彼此保持对等的关系。如果当大企业发现更廉价的供应商时就会改变订货方向。当遭遇经济不景气时，则毫不踌躇地抛弃零部件供应商。因此，零部件供应商们不会为了产品的革新而投入自己的资本，它们缺乏这样的刺激（冼国明，2001）因此，汽车厂商的技术、知识、诀窍无法转移到作为零部件供应商的中小企业，这就抑制了中小企业的技术开发优势，使之停留在较低水平上。

日本的系列企业，特别是一级、二级分包商与汽车厂商密切协作，共同进行零部件的研究和开发，有时还承担电子控制技术、传动装置等子系统部件的开发。日本供应商有很强的不断削减成本的动机和激励。例如，其与制造商签订的合同中并没有规定固定的价格，而是一年两次由制造商宣布总的价格削减目标，然后与零部件供应商重新谈判价格。一个供应商，只要在保证原有质量的同时又能大幅度削减成本，至少它可以在下一轮价格谈判之前获得削减成本带来的收益。日本公平交易委员会的调查也表明，前30个重要供应商中有60%的供应商其股份为其相应的制造商所持有。交叉持股把工业品和原材料的买方和卖方联结在一起。甚至在不相关的产业中，也有大量的交叉持股现象。在日本，不仅仅是汽车制造商，而且也包括其他产业的大厂商，对陷入困境的供应商都有义务给予援助。例如，制造商自己购买或者让集团的其他成员购买陷入财务困难的供应商的股票，或者派出自己的管理人员去协助管理供应商难以管理的运输和库存系统。或者当制造商自己将生产移往海外而使供应商失去业务的时候，为供应商提供一条全新的生产线等等（Christina，1997）。

二、丰田的海外投资与日本式全球生产网络的构建

2015年，丰田在全球27个国家和地区建立起50个生产网点：北美10个，中南美5个，欧洲8个，非洲2个，亚洲（不包括日本）23个，大洋洲1个，中东1个。其中包括整车制造厂和零部件生产厂。产品在全球170多个国家销售。丰田汽车的设计生产是通过整车制造商和供应商网络共同完成的，它们创造了一辆汽车70%的价值。日本的企业生产网络尤其是丰田公司的生产网络，在传递知识、提高生产率方面具有优势。丰田与供应商之间建立了二维甚至多维的知识共享路径，并由此产生组织间或生产网络的优越的学习方式。丰田集团充分利用各个地区的比较优势，合理地配置了价值链的各环节，实现了功能升级。丰田汽车通过先建立销售公司扩大产品销售，在条件具备的地区再建厂；在业务集中的地区建办事处、工程制造中心、产品中心等业务支持部门，使全球经营活动有

效、有序地进行。

丰田汽车是典型的中心—卫星体系，其在汽车制造过程中聚集了大大小小 1 万多家经营各类原材料、零部件的企业，加上销售和维修服务则接近 3 万家。简言之，丰田汽车公司在产品质量、价格、销售服务等方面的竞争优势在相当大的程度上是依赖于围绕其运行的配套企业的实力，以及一个能够让各个配套企业充分发挥实力、获得最高效率的配套体系。由此可见，现代产业的竞争不仅仅是单个企业的竞争，而且是各个配套体系之间的竞争。一个核心企业如何组织起围绕其运行高效的配套体系，是一个重要的发展战略问题。

但是，从发展历史看，丰田首先是在国内进行激烈的竞争，然后才向海外发展。实际上，丰田在 20 世纪 80 年代早期基本没有海外生产设施和工厂。日产的海外生产也只占其总产出的 3%。而一家小型汽车企业本田则率先于 1982 年在美国的俄亥俄州建立生产基地。日本最大的汽车厂商丰田在国际化运作方面进展最慢。其原因可能是丰田在国内很有竞争力，而竞争力相对较弱的本田却必须设法在海外寻求发展。但是自 20 世纪 80 年代以来，日本汽车厂商的跨国经营发生了许多戏剧性的变化。1989 年本田的海外生产占其总产出的 28%，而现在超过了 50%；日产在 1989 年是 14%，现在是 35%，丰田的海外生产增长更是迅速，现在是 1989 年的 3 倍。

日本汽车厂商在 20 世纪 80 年代进行大规模的海外生产，其主要原因包括：日本汽车企业在国内已经进行了充分竞争，无论在技术、管理还是资金等方面都已经具备了从事国际化运作的条件，具备了开发产品适应当地消费者的能力。贸易摩擦和贸易壁垒是其转变策略，进行当地生产当地销售的重要原因。特别是 1985 年以后日元的大幅升值也促进了日本企业到海外投资。它们开始在世界的主要汽车市场建立生产基地。精益生产方式使日本企业以更低的成本和更短的产品周期来与美国传统的大规模生产方式相抗争。结果，丰田等企业建立起新的市场进入地区，并利用其与众不同的生产组织方式的优势迅速地扩展其产品细分市场。现在欧美的汽车厂商比如奔驰和宝马等汽车厂商通过有选择的采用精益生产方式也缩小了其在产品成本和质量方面的差距。本田和丰田都有约 3/4 的海外生产是集中在北美，而日产在北美和欧洲的分布比较均匀，另外墨西哥也是其海外的一个重要生产基地。而在国内，由于 20 世纪 90 年代的经济不景气，汽车厂商面临许多困难，因此只好压低供应商的利润，进行合理化采购或关闭一些工厂。日产将 36.8% 的股份卖给雷诺，关闭了 5 家工厂，重组了生产和经营网络。日产与雷诺还准备共享 10 个汽车生产平台以生产各种不同车型的汽车。其他一些小汽车厂商则早就与外国的汽车厂商有各种合作关系，如马自达与福特，五十铃汽车（Isuzu）、富士斯巴鲁汽车（Subaru）、铃木（Suzuki）与通用，三菱（Mitsub-

1111

ishi）与戴姆勒－克莱斯勒等。

与美国汽车业三巨头（通用汽车、福特、戴姆勒－克莱斯勒）相比，丰田更多致力于与供货商分享知识。丰田按照其在日本的供货商协会"协丰会"的模式，在美国成立了相应的组织：蓝草汽车制造商协会。该协会旨在为丰田提供一个与供货商交流信息和收集回馈信息的组织，各供货商高层之间也建立了联系。丰田还在美国组建了运作管理咨询部门 TSSC 公司，成立之初名为丰田供货商支持中心。丰田从美国公司采购的零部件数超过了其采购总数的 70%。除了自身的系列供货商之外，丰田也越来越多与它的美国的供货商们开展合作，并从这些供货商处获得竞争优势。丰田通过向美国供货商提供知识和技术，提高那些专门为丰田供货的生产部门的生产效率的方式来获取竞争优势。丰田派遣人员造访供货商的工厂交流技术信息的频率是平均每年 13 天，而三巨头平均仅为 6 天。供应商从丰田那里学会了按序装运，降低库存的看板管理，单件式生产以及标准化作业等，甚至还学到了有关丰田人力资源的培训理念和方法。广泛的知识分享产生了巨大的效应：供货商为丰田供货的生产部门的残次品率平均下降了 84%，而为其最大客户三巨头供货的生产部门的残次品率仅下降 46%；为丰田供货的生产部门的库存平均下降了 35%，而为三巨头供货的生产部门的库存仅下降 6%；为丰田供货的生产部门的生产效率提高了 36%，而为三巨头供货的生产部门的生产效率仅提高了 1%。丰田通过将技术转移给供货商，协助它们极大地提高了绩效水平，这反过来也为丰田带来了巨大的竞争优势。

丰田在美国有 10 条生产线，拥有比其他外国制造商更多的车型。过去美国的新厂都是模仿日本的"母工厂"，而现在在肯塔基和印第安纳已经成为北美新厂的示范点。近年来，丰田公司在北美地区的汽车和卡车销量超过了日本本土，而且这个差距还在日益扩大。此外，美国正逐渐成为丰田公司的全球性实验室。而在过去，丰田公司创造的新理念都是首先在日本进行实验，经过彻底改进后才移植到美国。而现在情况却有很大变化。例如，凌志是丰田公司于 2003 年在美国市场推出的豪华车品牌，但是该品牌在 2004 年才在日本市场问世。丰田公司还在美国开发了一些专门以美国市场为目标市场的新品牌。

2004 年，日本丰田汽车公司与美国福特汽车公司签订了有关混合动力系统和尾气净化技术的专利特许合同。根据合同规定，丰田开发并享有专利的混合动力系统控制技术将被特许提供给由福特来独立开发混合动力系统。同时，丰田和福特还就发动机的多项尾气净化技术签订了专利特许合同。根据合同规定，丰田还将向福特汽车以及福特集团提供用于稀薄燃烧发动机（包括直喷式汽油、柴油发动机等）的 NO_x 吸收还原型三元催化系统的专利。与此同时福特将向丰田汽车以及丰田集团提供的专利中将包括 NO_x 控制系统和直接喷射点火装置（DISI）

等专利技术。

简言之，丰田的成功与其供应商是分不开的。在丰田的背后有一个支撑其高技术、高品质以及成本竞争力和世界最佳供应能力的强大的企业群体。其一就是供应商企业自发成立的"协丰会"，是由向丰田汽车公司供应零部件和车身的约220家具有实力的制造商组成。其二是为丰田公司采购设备等企业的自发性组织称为"荣丰会"。从生产线的机械和装置到建筑土木、物流等领域，其成员有约80家公司，都是为丰田公司从事采购工作的。以及后来发展起来的各种分协会都为丰田与供应商之间的知识交流和共享打下坚实的基础。随着全球化的不断发展，两个协会也和丰田一起成长，协会成员之间也相互合作，不断扩大领域，使得丰田汽车公司的内在国际化得到实实在在的发展。丰田与供应商之间的合作取得了极大的成功。瑞克曼（Rackham，1998）把丰田与供应商合作网络的成功概括为三个方面：贡献、亲密与远景。这三个因素的融合就构成了丰田与其供应商的合作网络体系。丰田汽车的设计生产是通过 OEMs 和供应商网络共同完成的，他们创造了一辆汽车 70% 的价值。研究表明，日本的企业生产网络尤其是丰田公司的生产网络，在传递知识、提高生产率方面占据着优势地位。丰田及其他日本主要汽车制造商（如本田）和他们的供应商之间建立了多维的知识共享路径，并由此产生组织间或生产网络的优越的学习方式。

丰田公司致力于提高产品质量，大力推行全面质量管理（TQC）运动时，成立 6500 多个质量管理小组，使质量管理运动有了广泛的群众基础。丰田对质量的追求还超出了内部化的束缚，丰田派出大批质量监督人员到上、下游的零部件供应商、组装商、批发商和分包商等关联企业中去，通过讲座、培训等方式来促进整体质量管理意识及水平的提高。TQC 运动开展以来，丰田与其关联企业间的合作更加紧密，制造技术得到前所未有的改良，公司最终产品的不合格率降到了 1% 以下，而销售额却直线上升。这时丰田努力帮助供应商提高生产质量，使得供应商生产体系得到全面提升。这就说明丰田不仅把供应商看作一般的供应关系，而是将其纳入了自己的生产体系；同时致力于供应商生产力的提升和质量管理体系的健全。而对于供应商来说，它们在为丰田供应零部件的同时，还从丰田那里学会了很多东西，对它们以后的发展壮大提供了丰富的技术管理基础和生产质量基础。丰田对它们来说不仅仅是供应的关系，而是共同进步的关系。这还表现在双方对成本控制的相互合作方面。若丰田的供应商无法降低成本，丰田也就无法降低成本，除非丰田把降低成本的压力全部转移到供应商身上，但这不是丰田的所为。丰田通过要求供应商定期提供降低成本的方法，并帮助供应商实现技术方法的改进以达到降低成本的目的。丰田在给供应商降低成本方面的压力远比其他汽车厂商做得出色。在一项欧洲汽车供应商业务调查中，丰田在降价方面的做法比其他汽车企业更受供应商欢迎。丰田与供应商这种合作的结果带来了成本上巨大的领先优势，使得无论是丰田自身还是供应商都在各自领域的竞争中处于领先地位。而且双方在市场和全球范围内的扩张和壮大，如丰田的供应商电装公司和爱信精机。

丰田与供应商之间的合作使得它们之间对生产增值的各个方面相互促进。彼此之间在增加附加值和利润方面相互做出贡献。丰田在致力于自己的长远目标的同时也尽自己最大的努力帮助供应商实现长远的发展。共同发展懂得远景目标也体现在前面的两个方面中。丰田与供应商之间通过相互贡献网络和知识分享网络达到了共同发展的目的。丰田在为自己的远景目标努力时，也积极鼓励和帮助它的供应商发展壮大，并向全球扩张。电装公司（Denso）就是和丰田一起发展壮大的极好例子。从 1969～1996 年二者的利润率来看，二者的利润几乎同步。当然电装公司的利润率不能完全地归结于丰田的功劳，但是二者的紧密合作无疑都为双方获取高额利润打下坚实的基础。电装公司目前面向丰田汽车公司的销售额占公司总销售额的 45%，面向丰田集团整体的占 48%。这足以说明两者之间的关系极其密切。而电装公司与丰田公司一样不断地扩张业务范围，包括电子控制领域，公司所从事的业务不局限于丰田公司，而是将目标锁定在广阔的日本市场和全球市场并积极开展业务。在汽车相关业务中，该公司生产的世界市场占有率排名世界第一的产品多达 16 种。例如，发动机相关产品的启动器、交流发电机和空调压缩机，车身相关产品中的汽车仪表等产品的世界市场占有率均达到 20% 以上。丰田要求他们的供应商积极参与世界范围的竞争以创造竞争优势。丰田与供应商之间的这种共同愿景也是丰田与供应商之间亲密关系的更高形式的体现。

日本的生产体系不仅能带来规模经济，而且准时制生产和灵捷生产具有很高的效率，另外，制造商与供应商的合作非常紧密，不仅有利于长期的合作而且对零部件的开发也很有利。过程技术创新在企业间得以有效地传递。这种关系有助于支持技术合作以及企业间技能、知识和信息的流动。这种流动通常称作知识外溢。因为某个企业在 R&D 的投资不仅使该企业获益，而且还让不承担 R&D 成本的企业也获益。这种企业间的知识外溢和技术合作可以对生产率和创新产生非常显著的有益的效应。通过共享具有互补性的技术和技能，供应商与制造商可以改善和提高生产过程的效率。当然，知识外溢并非毫无成本。从外部企业获得的知识的加工和适应需要接收企业的努力和接受能力。藤本（Fujimoto，1991）通过对汽车业产品开发的研究发现与欧美企业相比，日本企业在开发新车型方面速度更快、成本更低。而在产品开发的成本和时间的优势很大程度上应归功于汽车厂商与供应商的技术合作。为了缩短车型开发的时间、降低产品开发成本，丰田汽车让供应商在开发阶段的早期就参与进来，并与制造商的技术人员密切合作。而且，生产部门和质量检验部门的人员也在开发的初期参与进来。跨部门的团队有助于质量达到最佳。制造商的设计、采购和生产部门的人员与供应商的工程师和设计人员共同进行零部件的设计，这样可以达到所要求的质量同时又能削减成本。在产品开发过程，丰田与供应商们通过网络来进行交流，同时也采取面对面的讨论。丰田采用的是 V—Comm，即可视的虚拟交流，它可以使静止的或动态的画面和声音同时在几个相关部门和生产地点通过普通的电视屏幕显现出来。而且可以实时地检查出问题所在，分析出其中原因以及解决的办法。然后，通过三维仿真可以在 100 英寸的屏幕上从不同角度看到多种零部件在组装时的情况。现场工程师用 V—Comm 可视交流工具与伙伴协作，这样使得丰田迅速开发出众多的车型来满足顾客日益不同且变化迅速的需要。在汽车业，供应链管理的成功有一半以上是靠产品开发过程的效率和创新程度。

日本系列企业网络在亚洲非常活跃。研究表明，日本跨国公司的当地采购率（以日本的亚洲子公司当地采购额占其全部采购额的比率来衡量）从 1986 年的 42% 提高到 1992 年的 49%。加强跨国公司与当地公司之间联系的最好方法是提高潜在供应商的能力。跨国公司对中小企业提供强有力的技术支持服务。日本公司与其在东盟的贴牌供应商之间的合作越来越紧密，日本汽车采购部件的分销商正打算更多地利用当地的条件来满足自己已代替从日本进口。但是泰国的汽车零部件工业也会有一些重大调整。美国汽车三巨头在泰国的出现使得其零部件制造者和汽车分销商之间的关系变得对价格比以前更为敏感。在这样的情况下，日本汽车供应商们和泰国当地的供应商也就有机会为美国汽车制造商和国际上的供应商如德尔福（Delphi）和伟世通（Visteon）提供零部件。

丰田在全球范围内开展研发活动，能够对市场变化作出快速反应，使开发或改型的产品更加贴近当地用户的需求，但是最核心的研发还是主要在日本国内，这样既有利于研发的全球化，也能较好地控制核心技术。正是凭借产品优势，丰田公司在 2008 财务年度全球销售汽车 852.4 万辆，其中海外销售 625.1 万辆，占销售总额的 73.33%，海外研发机构起了很大的作用。日本在亚洲的 FDI 非常稳定，系列集团的分包方式也在亚洲地区非常流行。系列集团在亚洲的活动不仅影响其母公司的竞争力，而且也影响其本国的以及亚洲供应商的竞争力。日本在亚洲的 FDI 中约有 40% 来自系列集团的成员。系列网络将其生产基地散布在东亚的各个国家以利用其比较优势并谋求在亚洲内部进行国际分工。这样，亚太地区实际上已由企业系列网络而联成一体了。与在日本国内一样，日本大企业对亚洲供应商也是采取长期性的、密切的、多种形式的关系。因此日本大企业能够控制技术转让的速度，从而获得技术及其创新的租金。大企业把研究开发以及高附加值的制造工序留在日本，而劳动密集型的生产和加工大多转移到亚洲相关国家。大企业自己在海外加速扩张的同时也鼓励其在日本的供应商到海外投资。因此，日本的中小企业也加快了对外直接投资的步伐。比如，1994年，日本在亚洲对外直接投资中有83%是由中小企业实行的。现在越来越多的亚洲企业正在成为系列集团网络中的成员，并获得日本的资本、技术和管理。

丰田在亚洲的系列集团和生产网络与其国内一样，可以增强制造商与供应商之间专业化分工合作。而那些没有加入企业系列网络的企业则会在亚洲市场上面对很高的进入壁垒，特别在那些网络成员拥有巨大市场份额的产业，如汽车、电子、机械行业更是如此。这样，亚洲会有越来越多的市场也像日本国内市场一样使外国企业难以进入。比如，当克莱斯勒想在东南亚获得零部件供货的同时，日本的供应商当即给予拒绝。如果这些供应商与克莱斯勒进行交易的话，系列集团中的大企业就威胁断绝其业务往来。最后克莱斯勒只好从亚洲当地的供应商寻求零部件的供应，其生产率和质量远低于那些日本投资的供应商。可见，日本大企业利用其主导地位迫使亚洲供应商只与其保持业务关系，而不能与亚洲其他企业和西方企业做生意。

但是对亚洲企业来讲，系列集团的分包方式会在两方面带来巨大的成本。首先，供应商的技术能力往往在很大程度上取决于日本大企业的长期战略的需要。这些能力只停留在生产技术不太复杂的产品。其次，由于产品生命周期或汇率波动或经济衰退等因素的作用，亚洲的供应商就会被迫降低价格或减少产出，有时几近破产的地步。日本大企业能够做到这一点，因为它们控制着亚洲供应商所依赖的关键性的资源和技术。因此对供应商有着很强的讨价还价能力。系列集团将使日本成员企业在亚洲增强竞争优势。与外部的非系列成员相比，系列集团中的日本企业与亚洲企业更具同一性。而且日本大企业也积极地促进其同一性。他们派更多的管理人员到亚洲的子公司。海外的分支机构中，日本人当CEO的比例亚洲最高，其次是欧洲，美国最少。日本企业很少让当地人担任关键职位。而且，日本大企业主要依靠那些跟随其到亚洲投资的日本供应商，当然也努力与亚洲供应商维持长期的交易关系。

日本生产网络虽然也向北美和欧洲转移，但是由于文化的巨大差异，常常遇到很多麻烦和困扰。在欧美个人主义的文化背景下，西方经理和雇员不可能拥有像日本那样高度的合作精神。而且在反托拉斯司空见惯的环境下，西方企业也不敢加入排外性很强的系列集团，因为这会被称作"合谋"。由于文化和社会制度的差异，日本企业难以像在国内那样紧密地控制成员企业。比较而言，日本企业在亚洲的运作要比在欧美容易一些。因为亚洲的文化使亚洲企业更愿意接受系列集团下的分包机制。日本文化与亚洲各国文化的同质性更多，商业惯例更相似。

这样日本企业更知道如何在亚洲进行商业运作。系列集团分包制下的亚洲成员企业也不想脱离轨道，虽然系列成员未必能确保更高的利润率，但是与非系列企业相比，其绩效波动较小。系列集团成员企业可以更快地从危机中复苏。因此，亚洲成员企业一般不愿意与日本跨国公司中止长期的交易关系，因为亚洲企业喜欢来自系列企业网络的确定性和保护机制。这种动机在经济波动时更加突出，比如1997年金融危机使东南亚许多银行纷纷倒闭，系列集团成为分包企业的最后一根稻草。虽然亚洲各国文化与日本有许多同质性，但是各国文化仍存在很大不同，日本企业对其系列集团分包制下的企业的控制就无法像日本那样紧密。而且，在亚洲地区分散的运作也使企业间彼此的协调更加困难。比如丰田式的供应商区位难以复制。而亚洲许多国家基础设施的瓶颈，比如落后的交通系统使准时交货成为大问题。

日本汽车企业为了摆脱困境，在国内进行了较大的调整和重组，提高了生产效率，降低了成本，不断研究开发新产品、新车型，要在安全、节能、环保三大技术上争取重大突破，抢先占领世界汽车产业发展制高点。在合作合资方面，成功的典型当属日产汽车1999年出让大部分股权给法国雷诺汽车。再比如，马自达汽车在日本不是名牌，但近几年业绩不俗，其原因是借助美国福特汽车的技术渗透和财务支援，借鉴丰田汽车的精密经营和日产汽车的削减成本手段，使所有工厂能维持低成本运行。与此同时，日本汽车厂商自20世纪80年代中期以来，也加快了在海外建立生产基地的步伐。日本三大厂商积极谋求在美国、欧洲、东南亚建立生产基地。日本汽车厂商纷纷与中国大陆企业建立合资汽车公司。例如，丰田汽车与中国一汽的合资公司已在建第三个工厂，从而产能将提升到30万辆以上。与广汽集团的合资发动机厂也扩大产能至50万台。本田汽车也将它在中国两个合资公司的产能进一步提高，2006年本田仅在中国的产能估计将达到53万辆。2005年，本田在全球产销汽车约300多万辆。总之，由于日本汽车在全球的成功，其海外扩张也在加快。以丰田、日产、本田为首的三大日资汽车公司计划继续增加投资，扩大海外的生产能力。此外，日本汽车在安全、节能、环保方面也不断推出新车型。如丰田在2004年推出的二代普锐斯以"耗油量少，性能好，开起来心旷神怡"获得好评。丰田2006年在全球推出新型环保车。日本汽车业注重将最尖端的IT技术融入汽车制造中，重视科技性与人性化的设计的结合。丰田、本田等日本大汽车公司的主攻方向已经从过去实施精益生产、提高经济规模转向应用微电子和信息技术、纳米技术、新材料和新燃料等高新技术，从而使汽车产业在开发、生产、销售、服务和回收各环节达到新的技术水准，在安全、环保、节能、舒适四个方面占领技术制高点。日本汽车业对北美、欧洲、亚洲市场的进一步蚕食将使全球汽车市场竞争更加激烈。由于亚洲新兴市场带来的需求增长和低成本，汽车制造商的焦点开始向这个地区转移。2005 年 10 月，广州汽车集团和丰田公司一同开始在广汽丰田发动机有限公司建设第二条生产线以满足对 AZ 引擎（2.0 升和 2.4 升汽油引擎）的需求增长。2005 年 11 月，丰田在中国注册了第一款混合动力汽车。2006 年 7 月，丰田宣布在泰国成立丰田亚太发动机有限公司以巩固在马来西亚、印度尼西亚、菲律宾、中国台湾、越南和印度的产品经营。目前，丰田汽车公司持有日野汽车公司、大发汽车等公司的股权；与通用汽车公司、标致雪铁龙公司分别建有合资企业；与大众、福特、戴姆勒－奔驰等也有业务合作。丰田公司不仅与供应商合作，与作为竞争对手的跨国汽车集团也有合资或合作关系，而且几乎触及所有的跨国汽车集团。近年来，丰田公司采用同时、同步开发系统，加强与供应商的合作。降低零部件自制和开发比率是各大汽车生产厂商降低生产成本，提高效率而采取的一种战略。日本汽车厂商甚至开始从对手集团中的供应商购买零部件，或者将关键零部件生产内部化，比如丰田已将某些半导体的生产内部化，这表明日本式的供应网络正在发生变化。

结论

丰田汽车全球价值链中的各环节是一种协作和共生关系。丰田与其上游供应商、下游销售商、服务商，建立起诚信的合作关系。良好的信任机制大大降低了价值链各环节间的交易成本，提高了交易质量，节约了集团对上、下游相关企业的监督和管理等费用。汽车业跨国公司在全球范围内建立的采购、销售网络，不但能够充分利用各个国家或地区的比较优势，而且还可运用先进的网络技术，大大降低了集团的采购成本和销售成本。目前，零部件供应商虽离不开整车制造商，但可同时与几家整车制造商配套，而不像过去那样附属于某一家整车制造商。供应商积极参与汽车产品的最初开发过程，负担了整车厂商相当一部分的研发费用。零部件的供应更加集中，专业化更强（Veloso，2000）。此外，由于以全球为市场生产和销售汽车，丰田可以最大程度上削减生产成本，竞争力大大增强。近年来，丰田汽车集团把价值链向汽车服务领域延伸，专门成立了丰田金融全资子公司，提供多元化的汽车金融服务。由此，丰田已建立起全球性的从研发到生产，再到汽车服务的完整的价值链。

参 考 文 献

［1］ 冼国明、王东、徐东：《企业制度与国际竞争力》，经济科学出版社 2001 年版。

［2］伊藤元重：《企业间关系和长期性交易》，引自今井贤一、小宫隆太郎著：《现代日本企业制度》，经济科学出版社 1995 年版。

［3］尼尔·瑞克曼：《合作竞争大未来》，经济管理出版社 1998 年版。

［4］植草益等：《日本的产业组织：理论与实证的前沿》，经济管理出版社 2000 年版。

［5］Agarwal, S. and Ramaswami, S. N., 1992: Choice of Foreign Market Entry Mode: Impact of Ownership Location and Internalization Factors, Journal of International Business Studies, No. 1, pp. 1 – 23.

［6］Anderson, E. and Gatignon, H., 1986: Mode of Foreign Entry: A Transaction Cost Analysis and Propositions, Journal of International Business Studies, Vol. 17, pp. 1 – 26.

［7］Anderson, E. G. and Joglekar, N. R., 2005: A hierarchical product development planning framework, Production and Operations Management, 14 (3), pp. 344 – 361.

［8］Anderson., 1997: Internationalization and Market Entry Mode: A Review of Theories and Conceptual Framework. Management International Review, 37, pp. 27 – 42.

［9］Asanuma, B., 1989: Manufactureer-supplier Relationships in Japan and the Concept of Relation Special Skill, Journal of the Japanese and International Economics, 3, pp. 1 – 30.

［10］Asanuma, B. and Kikutani, T., 1992: Risk Absorption in Japanese Subcontracting: A Microeconometric Study of the Automobile Industry, Journal of the Japanese and International Economies, 6, pp. 1 – 29.

［11］Brouthers, K. D and L. E. Brouthers, 2001: Explaining the National Cultural Distance Paradox, Journal of International Business Studies, 32 (1).

［12］Buckley and Casson, 1976: The Future of the Multinational Enterprise, The Macmillan Press Ltd.

［13］Cantwell, John, 1991: A Survey of Theories of International Production, Pitelis & Sugden (eds), The Nature of the Transnational Firm.

［14］Clark, K. B. and Fujimoto, T., 1991: Product development performance: Strategy, organization, and management in the world auto industry. Boston: Harvard Business School Press.

［15］Christina, Ahmadjian, L., 1997: Japanese Auto Parts Supply Networks and the Governance of Interfirm Exchange, Working Paper, Graduate School of Business, Columbia University.

［16］Contractor, F. J. and P. Lorange, 1988: Why Should Firms Cooperate? The Strategy and Economics Basis for Cooperative Ventures, Cooperative Strategies in International Business, New York: Lexington Books.

［17］Contractor, F. J., Ownership Patterns of U. S. Joint Ventures Abroad and the Liberalization of Foreign Government Regulations in the 1980s: Evidence From the Benchmark Surveys, Journal of International Business Studies, 1990: 21, pp. 55 – 73.

［18］Contractor, F. J. and Kundu, S. K., 1998: Franchising versus Company-run Operations: Modal Choice in the Global Hotel Sector, Journal of International Marketing, 6.

［19］Dirk Morschett, Hanna Schramm – Klein and Bernhard Swoboda, 2010: Decades of Research on Market Entry Modes: What do We Really Know about External Antecedents of Entry Mode

Choice? Journal of International Management, 16, pp. 60 - 77.

[20] Doz, Y. L. , K. Asakawa, J. F. P. Santos and P. J. Williamson, 1997: The Metanational Corporation, INSEAD Working Paper 97/60/SM, Fountainebleau, France.

[21] Dyer, J. H. and Ouchi, W. G. , 1993: Japanese-style Partnerships: Giving Companies a Competitive Edge, Sloan Management Review, Fall: 51 - 63, P. 42.

[22] Dyer, Jeffrey H. , 1996: How Chrysler created an American keiretsu: Harvard Business Review, July - August, pp. 42 - 60.

[23] Dyer, Jeffrey H. and Hatch, N. W. , 2004: Using Supplier Networks to Learn Faster. MIT Sloan Management Review, Spring.

[24] Elango, B. , 2005: The Influence of Plant Characteristics on the Entry Mode Choice of Overseas Firms, Journal of Operations Management, (23), pp. 65 - 79.

[25] Fruin, W. M. , 1992: The Japanese Enterprise System, Competitive Strategies and Cooperative Structures, Oxford University Press.

[26] Gilson, R. J. and Roe, M. J. , 1993: Understanding Keiretsu Overlaps, The Yale Law Journal, 102, pp. 87 - 906.

[27] Goerzen, Anthony and Beamish, P. W. , 2005: The Effect of Alliance Network Diversity on Multinational Enterprise Performance, Strategic Management Journal, 26, pp. 333 - 354.

[28] Gomes - Casseres, Benjamin, 1989: Ownership structures of foreign subsidiaries: Theory and Evidence, Journal of Economic Behavior and Organization, No. 11.

[29] Gulati R. , 1995: Social Structure and Alliance Formation Patterns: a longitudinal analysis. Administrative Science Quarterly 40, pp. 619 - 652.

[30] Hagedoorn, J. , 1993: Understanding the Rationale of Strategic Technology Partnering: Interorganizational Modes of Cooperation and Sectoral Differences, Strategic Management Journal, 14.

[31] Hennart, J. F. , Larimo, J. , 1998: The Impact of Culture on the Strategy of Multinational Enterprises: Does National Origin Affect Ownership Decisions, Journal of International Business Studies, 29 (3).

[32] Hennart, J. F. and Park, Y. R. , 1993: Greenfield vs. Acquisition, The Strategy of Japanese Investors in the United States, Management Science, 39 (9).

[33] Hill, C. W. L. , Hwang, P. and Kim, W. C. , 1990: An Eclectic Theory of the Choice of International Entry Mode, Strategic Management Journal, 11 (2), pp. 117.

[34] Hennart, Jean - Francois, 1989: Can the New Forms Investment substitute for the Forms? A transaction cost erspective. Journal of nternational Business Studies, Summer.

[35] Japan Fair Trade Commission, 1993: Jidosha Buhin Torihikini, 43, Review of Financial Studies.

[36] Lieberman, M. B. , Demeester, L. , and Rivas, R. , 1995: Inventory Reduction in the Japanese Automotive Sector, 1965 - 1991, CIBE R Working Paper Series 95 - 97), Los Angeles: UC LA.

[37] Lincoln, J. R. , Gerlach, M. L. , and Takahashi, P. , 1992: Keiretsu Networks in the

Japanese Economy, American Sociological Review, 57, pp. 561 – 585, 44.

[38] Malhotra, N. K, J. Agarwal, and F. M. Ulgado, 2003: Internationalization and Entry Modes: A Multitheoretical Framework and Research Propositions, Journal of International Marketing, 11 (December).

[39] Maria Elena Bontempi, Giorgio Prodi, 2009: Entry strategies into China: The Choice between Joint Ventures and Wholly Foreign – Owned Enterprise: An application to the Italian Manufacturing sector, International Review of Economics and Finance, 18, pp. 11 – 19.

[40] Mayrhofer, U. , 2004: The Influence of National Origin and Uncertainty on the Choice Between Cooperation and Merger (R) Acquisition: An Analysis of French and German Firms, International Business Review, 13 (1).

[41] Michael Borrus and John Zysman, 1997: Globalization With Borders: The Rise of Wintelism as the Future of Industrial Competition, Industry and Innovation, December.

[42] Monteverde, K. and Teece, D. , 1982: Supplier Switching Costs and Vertical In tegration in the Automobile Industry, Bell Journal of Economics, 13, pp. 206 – 13.

[43] Meyer, K. E. , 1997: International Market Entry: Beyond Market and Hierarchies, in Proceedings of 23rd Annual EIBA (European International Business Academy) Conference, Vol. 2, Stuttgart: EIBA.

[44] Neil Hood and Stephen Young, 2000: The Globalization of Multinational Enterprise Activity and Economic Development, Macmillan Press LTD, pp. 30 – 31.

[45] Nishiguchi, T. , 1994: Strategic Industrial Sourcing: The Japanese Advantage, New York: Oxford University Press.

[46] Peng, M. W. , Lee, S. H. , and Tan, J. J. , 2001: The Keiretsu in Asia: Implications for Multilevel Theories of Competitive Advantage, Journal of International Management (in press).

[47] Sako, M. , 1992: Prices, Quality and Trust, Cambridge: Cambridge University Press.

[48] Schaede, U. , 1995: The Old Boy Network and Government-business Relationships in Japan: A Case Study of Consultative Capitalism, Journal of Japanese Studies, 21, 2, pp. 293 – 317.

[49] Sharma, Erramilli, 2004: Resource – Based Explanation of Entry Mode Choice, Journal of Marketing Theory and Practice, (12), pp. 1 – 18.

[50] Smitka, M. J. , 1991: Competitive Ties: Subcontracting in the Japanese Automotive Industry, New York: Columbia University Press.

[51] Sullivan, Daniel, 1994: Measuring the Degree of Internationalization of a Firm. Journal of International Business Studies, 25 (2), pp. 325 – 342.

[52] Tan, Benjamin & Ian Ventinsky, 1996: Foreign Direct Investment by Japanese Electronics Firms in the United States and Canada: Modeling the Timing of Entry, Journal of International Business Studies, 27 (4), pp. 655 – 681.

[53] Tolentino, Paz Estrella, 2001: From a Theory to a Paradigm: Examining the Eclectic Paradigm as a Framework in International Economics, International Journal of the Economics of Business, Vol. 8, No. 2, pp. 191 – 209.

[54] Wernerfelt, B., 1984: A Resource-based View of the Firm, Strategic Management Journal, No. 5.

[55] Williamson, O. E., 1985: The Economic Institutions of Capitalism, New York: The Free Press.

[56] Veloso, Francisco, 2000: The Automotive Supply Chain Organization: Global Trends and Perspectives, Working Paper, Cambridge, Sept. 8.

（本文是在论文《日本分包制的经济学分析》的基础上做了进一步扩展和充实，原文发表于《世界经济》2002 年第 7 期）

第三部分　战略管理相关问题研究

商业模式创新与企业战略：
理论前沿与最新发展

摘要： 本文从商业模式的概念、构成要素、主要特点以及商业模式创新四个方面对现有文献进行梳理和评论，并着重分析和研究商业模式创新与企业战略的关系。

关键词： 商业模式　企业战略　创新

彼得·德鲁克认为："当今企业之间的竞争，不是产品之间的竞争，而是商业模式之间的竞争。"作为管理学领域的一个新的研究热点，商业模式已经成为企业竞争力的核心组成要素。本文从商业模式概念、构成要素、主要特点以及商业模式创新四个方面对现有文献进行梳理和评论，并着重分析和评论商业模式创新与企业战略的关系。

一、商业模式的概念与构成要素

尽管商业模式的讨论已引起学术界的广泛重视，但迄今为止，商业模式概念仍然众说纷纭。其中，莫里斯（Morris，2003）对于商业模式的定义被引用得最为广泛，他通过对 30 多个商业模式定义的关键词进行了内容分析，指出商业模式可分为三类，即经济类、运营类、战略类。经济类定义将商业模式看作企业的经济模式，是企业利润的产生逻辑；运营类定义关注企业内部流程及构造问题；战略类定义涉及企业的市场定位、组织边界、竞争优势及其可持续性。但是也有一些学者对商业模式概念有不同的理解。哈默（Hamel，2002）认为商业模式是一个框架，研究如何创立公司、销售产品和获取利润。而斯科特（Scott，2005）认为，商业模式是企业在其价值网络体系内创造价值、获取价值的内在核心逻辑以及战略选择的实现途径。奥弗尔（Afuah，2001）把商业模式定义为企业猎取并使用资源，为顾客创造比竞争对手更多的价值以赚取利润的方法。商业模式详细说明了企业目前的利润获取方式、未来的长期获利规划，以及能够持续优于竞争对手和获得竞争优势的途径。利利安娜（Liliana，2009）证明了商业模式可以被作为"市场策略"来进行有效的分析，认为商业模式不仅是一个计量性的策略，而且是一个描述性的策略，它使得企业能够开拓市场、企业创新得以存在。计量性与描述性的灵活结合，可以帮助企业逐步建立起它所参与的网络体系。大部分学者认为商业模式是对企业如何营利的描述（Stewart & Zhao，2000）以及说明企业的技术投入如何转化为经济产出。商业模式更为明确地描述或者规定了资源如何被整合、转化来为顾客或者其他的利益相关者产生价值，以及一个价值创造企业是如何从利益相关的合作伙伴那里获取报酬（Magretta，2002）。商业模式被企业经营者当作一种组织企业行为、聚集企业能力以及整合与外部伙伴商业行为的一种方式（Kim et al.，2010）。

这里需强调的是，商业模式并不等同于企业战略。商业模式与战略之间的关系是：商业模式反映了战略选择以及与之相关的操作，商业模式使得对企业战略选择的分析、测试以及验证更加容易（Scott et al.，2005）。商业模式描述了企业行为以及企业如何将价值传递给顾客，而企业战略则通过考虑竞争与企业市场定位来决定商业模式（Magretta，2002）。原磊（2007）在莫里斯概念的基础上，提出了自己的观点：商业模式是一种描述企业如何通过对经济逻辑、运营结构和战略方向等具有内部关联性的变量进行定位和整合的概念性工具，说明了企业如何通过对价值主张、价值网络、价值维护和价值实现四个方面的因素进行设计，在创造顾客价值的基础上，为股东及伙伴等其他利益相关者创造价值。罗珉（2005）认为，商业模式是一个组织在明确外部假设条件、内部资源和能力的前提下，用于整合组织本身、顾客、供应链伙伴、员工、股东或利益相关者来获取超额利润的一种战略创新意图和可实现的结构体系以及制度安排的集合。郑勇智（2009）认为，商业模式是一种包含了一系列要素及其关系的概念性工具，用以阐明某个特定实体的商业逻辑，它描述了企业所能为客户提供的价值以及企业的内部结构、合作伙伴网络和关系资本等借以实现这一价值并产生可持续赢利收入的要素。

商业模式长时间被当作从技术创新中获取价值的工具（Chesbrough & Rosenbloom，2002）。有学者认为，作为能力的关键微观基础，有效的商业模式可以产生竞争优势（Markides & Charitou，2004；Teece，2010），而且能培育复杂的商业模式，使企业能够同时追求勘探和开发战略（Smith et al.，2010）。大多数学者认为商业模式是一种结构化的分析模型，用于公司创造、交付和获取客户价值（Morris et al.，2005）。商业模式最有用的目的是简化影响企业结构的众多变量，并以一致和统一的形式呈现这些变量（Baden - Fuller & Morgan，2010）。商业模式，如果正确使用，帮助决策者严格描述和分析他们的业务，考虑到其所有组成部分之间相互交织的动态系统（Magretta，2002；Zott et al.，2011），包括第三方，因此也为所有利益攸关方提供了一种共同的语言（Zott and Amit，2010）。

有许多学者尝试按照典型的通用实例对商业模式进行分类，这些实例可以在某种"分类模式"概念上应用于不同的公司（Zott et al.，2011）。这种分类的方法很重要，因为它允许从单个分析中生成对整个行业有用的洞察力（Cortimiglia et al.，2011）。在这种方法中，商业模式从根本上依赖于提供多个相关设计维度的组合（也称为构建板块或参数）。

阿米特（Amit，2001）将商业模式构成要素简单分成三个要素：内容、管理和结构。但该方式仅限于电子商务的价值创造。阿普尔盖特（Applegate，2001）也认为在商业模式构成体系中，包括三个要素，分别是概念，能力和价值。哈默（Hamel，2002）认为，商业模式包括四个主要部分，即核心战略、战略资源、价值网络以及顾客界面，而每个组成部分又由若干子部分组成，它们共同构成一个简单但却完整的商业模式体系。奥弗尔（Afuah，2001）认为，顾客价值、范围、价格、收益来源、相关活动、执行、能力以及持续性是商业模式的构成要素。约翰（Johnas，2003）则认为商业模式一般包括以下相关要素：客户、竞争者、供给品、活动和组织、资源、产品投入和要素供给、纵向的过程要素、各期间的商业模式动态、认知和文化限制。奥斯登瓦尔德（Ostenwalder，2005）将商业模式的构成要素细分为9种：价值主张、消费者目标群体、分销渠道、客户关系、价值配置、核心能力、合作伙伴网络、成本结构、收入模型。

对商业模式概念理解的不一致导致了学者们对商业模式构成要素观点的不一致。斯科特等（Scott et al.，2005）把商业模式的构成要素分为四类：战略选择、价值网络、价值创造以及价值获得。实际上，商业模式能够反映企业已做出的战略选择。而价值创造与价值获取反映了企业在长期内必须执行以确保企业竞争力的两个基本功能。成功的企业必须通过各种方式创造可持续性的价值以及形成可持续性的核心竞争力以区别于其他竞争者。而且，追求利润的企业的生存能力与其价值创造和价值获取从而获取利润的方式密切相关。而企业在其价值网络中发挥的作用也是企业商业模式选择的一个重要因素。

《商业模式创新白皮书》把商业模式的构成要素分为：客户价值主张、资源、生产过程以及盈利方式（Johnson，Christensenv & Kagermann，2003）。而吴伯凡（2007）对此进行了深度剖析，用实例说明客户价值主张不仅仅是看到客户的表面需求，而更重要的是挖掘客户浅层需求背后的深层需要，"一种购买行为的背后，隐藏着另一种购买需求，甚至这种隐藏的购买需求背后还潜藏着一种或多种更隐秘的需求"，卓越的企业具有"需求考古学"能力，即"对客户需求的还原能力"，也就是能够挖掘客户所有关联需求的能力。当然，能够挖掘出客户的需求，也要有相应的资源和渠道来满足这种需求，因为"客户价值主张如果没有相应的资源和能力作为支撑，就难以形成商业模式，尤其是难以实现可持续、可盈利的收入流"。尤天翔（2010）认为商业模式由市场营销模式、生产组织模式、资源配置模式、竞争结构模式、价值创造模式和盈利模式构成。原磊（2007）在综合国内外学者观点的基础上，提出了商业模式的"3—4—8"构成体系。其中："3"代表联系界面，包括顾客价值、伙伴价值、企业价值；"4"代表构成单元，包括价值主张、价值网络、价值维护、价值实现；"8"代表组成因素，包括目标顾客、价值内容、网络形态、业务定位、伙伴关系、隔绝机制、收入模式、成本管理。"3—4—8"构成体系实质是一种从"远—中—近"三个层次对商业模式进行全面考察的立体架构。如图1所示。

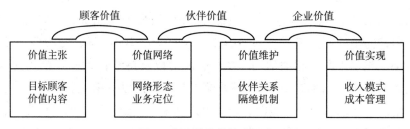

图1 商业模式的构成要素

资料来源：原磊：《商业模式体系重构》，载于《中国工业经济》2007年第6期。

综合以上观点，商业模式构成要素数量不同的主要原因在于研究者采用了不同的归纳方法，以及考察商业模式的深度和广度不同。总体可以认为，学术界对商业模式构成体系的研究，经历了一个从粗到细，从浅到深的过程，一开始只是简单罗列商业模式构成要素，再在简单分块的基础上进一步细分，到现在研究具体要素到建模内容，说明了学者们对商业模式构成体系研究的日渐成熟。

二、商业模式的特性及作用

商业模式具有以下几个特性：有用性、流通性、计量性以及描述性。商业模式的有用性来自其对新投资所创造的价值的解释与预测能力（Amit et al.，2001）。流通性体现在其充当着"边界物"，流通于几个相互交叠的社会而且能满足每个社会的信息需求。商业模式的描述性与计量性是互补的，描述性描绘了经济行为并证明了经济实体选择的合理性，而计量性拆分、联结这些经济实体从而创造新的实体以巩固并形成新的特性（Liliana et al.，2009）。郑勇智等（2009）认为，商业模式具有系统性、变动性、可操作性以及独特性等特点。

提斯（Teece，2010）认为商业模式包括企业的收入、成本以及利润结构。在网络化经济中，对于缺乏技术的企业来说，技术购买型商业模式一方面能够提高创业率，另一方面有助于企业在激烈的竞争中存活并成长起来；同时，这种模式还能减少企业创业时对现金的需求量，尤其是在创业初期，在这个阶段现金不足是导致企业失败的一个主要原因（Papagiannidis，2005）。在电子商务企业中，商业模式是企业可持续生存的经营方式；在非营利性的机构中的商业模式，如电子政务商业模式的作用在于利用互联网为公民提供从信息传递到政治参与等各种服务（Marijn Janssen et al.，2008）。零售企业的商业模式在向顾客创造并传递价值的同时，也会向零售商及其利益相关者传递相应的价值（Alina et al.，2011）。而威廉斯泰恩（Willemstein et al.，2007）认为，企业的商业模式指出了企业能产生预期主要收益的未来的经济活动，可以用商业模式来说明企业在产业价值链中定位。郑勇智等（2009）阐明了商业模式的作用：它决定了企业的发展方向（企业的发展战略应该由顾客来决定），是企业立足的先决条件，是解决企业所有问题的关键（治本），商业模式关系到企业的生死存亡兴衰成败。

商业模式是一个强有力的工具，能够从两方面避免企业战略选择的局限性。一是商业模式是企业战略选择的反映，它强调了整体上考虑企业所有战略决策的需要；二是商业模式要求高级管理层考虑逻辑性以及总体战略决策的内在一致性（Scott et al.，2005）。从已有的文献来看，专门对商业模式特性及作用进行研究的文献相对较少，除以上所述观点之外，本文认为，商业模式还具有一定的稳定性，即稳定企业运营的能力，企业是根据自己的战略选择设计商业模式，通过商业模式开展企业活动，稳定生产、销售、服务等各方面行为，追求利润最大化，而商业模式一定程度上能够反作用于企业战略，能够起到优化企业战略选择的作用。

可以看出，以上所提及的观点，几乎都涉及了有关商业模式的核心内容：企业如何获取利润。它是企业经营与持续存在的根本动力。商业模式是运用企业的资源在特定的时间、以特定的方式、执行特定的活动为目的，创造卓越的客户价值并确立企业获取市场价值的有利地位的各种活动的集合，它能够反映企业的战略选择，必须包含企业价值创造与价值获取的全部核心逻辑。其实可以用简单的一句话定义商业模式：商业模式是企业创造价值的核心内在逻辑。

三、商业模式创新：动力与途径

根据商业模式设计的方法，考第米格里亚（Cortimiglia et al.，2016）采用了一个理论框架，该框架基于佐特等（Zott et al.，2011）的系统研究，以商业模式的定义为起点。商业模式是一个分析单元，从系统的角度解释由公司和外部利益相关者如何进行活动来创造、交付和获取价值。因此采用的理论框架包括以下五个方面：（1）价值网络化；（2）价值创造；（3）价值定位；（4）价值交付；（5）价值获取。"价值创造"维度反映了（内部或外部）资源、流程、活动和能力，这些资源、流程、活动和功能决定了如何创造价值（Teece，2010）。价值交付维度是指如何明确商业活动以吸引客户和合作伙伴，包括分销和交付渠道（Ballon，2007）。价值定位维度总结了以产品和/或服务为形式的有效产品，以及与客户选择，细分和收购相关的活动（Osterwalder et al.，2005）。价值网络维度涉及如何管理与外部利益相关者的关系，表明来自公司外部的资源和能力（Zott & Amit，2010）。最后，价值获取维度描述了企业如何获取价值并产生利润（Chesbrough，2010）。构成该框架的维度选择是受到商业模式工作的启发（Chesbrough & Rosenbloom，2002；Osterwalder et al.，2005；Demil & Lecocq，2010）。特别是，五个维度聚合了奥斯特瓦尔德和皮纽尔（Osterwalder & Pigneur，2010）提出的商业模式定义的九个元素，并在从业者中广泛传播。理论框架中的主要分析单元不是商业模式定义中的特定要素，而是它们在聚合维度内和跨聚合维度的相互作用。因此，使用所提出的概念框架的分析不应限于描述商业模式要素方面的特定选择。相反，它应该允许理解特定选择对整个商业模式的决定因素和含义是什么（即特定要素或维度中的选择为何以及如何影响其他要素或维度）。这种方法符合佐特和阿米特（Zott & Amit，2010）认为的商业模式系统层面设计的重要性，并已在文献中得到很好的证实（Günzel & Holm，2013）。此外，商业模式扩展了商业战略及其相关理论传统的核心思想。学者们认为，商业模式可以是不同于公司产品市场地位的竞争优势来源（Christensen，2001）。满足相同客户需求并追求相似产品市场策略的公司可以采用非常不同的商业模式；商业模式设计和产品市场策略是互补的，而不是替代的（Zott & Amit，2008）。

两个主要的分化因素似乎已经引起了学者的关注。传统的观点是强调竞争、价值获取和竞争优势的战略，而商业模式的概念似乎更侧重于合作、伙伴关系和联合价值创造（Magretta，2002）。管理学者感兴趣的第二个因素是商业模式概念对价值主张的关注和对客户作用的普遍强调，但这似乎在战略文献中并不那么明显。到时有关文献有一个强烈的共识，即商业模式围绕着以客户为中心的价值创造（Chesbrough & Rosenbloom，2002）。从这个角度看，商业模式包括公司与外部各方的经济交流模式（Zott & Amit，2008）。它概述了一家公司为其各个利益相关者提出的价值主张的基本细节，以及该公司为创造和向客户提供价值所使用的活动系统（Seddon et al.，2004）。

尽管商业模式与企业战略的某些方面在概念上存在着明显的差异，但学者们也强调，商业模式可以在企业战略中发挥重要作用。沙弗等（Shafer et al.，2005）认为商业模式反映了一家公司已实现的战略。提斯（Teece，2007）也认为，商业模式反映了"客户想要什么，企业如何才能最好地满足这些需求，并从中获得报酬的假设"。

佐特等（Zott et al.，2011）在总结战略领域商业模式文献后发现：在战略文献中，对商业模式的研究主要围绕三个方面展开：（1）价值创造的网络化；（2）商业模式与企业绩效的关系；（3）商业模式与其他战略概念的区别。由于战略学者通常对一家公司的活动感兴趣（例如，一个企业如何与其竞争对手区分开来），因此这个文献流中提出的许多商务模式概念化都以（或至少包括）企业活动或活动系统的概念为中心。

在缺乏一个普遍接受的定义的情况下，学者们对概念细化的尝试至少有助于澄清商务模式不是什么。第一，商业模式不涉及从供应商到公司到客户的价值创造的线性机制。通过商业模式创造价值涉及更复杂、更相互关联的多个参与者之间的交流关系和活动。第二，商业模式与产品市场战略（即它并不是指在某些活动中基于差异化或成本领先的企业在产品市场上的定位）或者企业战略（即它没有描述或规定企业活跃的业务领域）不一样。第三，商业模式不会考虑与公司内部组织有关的问题（例如，控制机制、激励制度；活动系统，即使以重点公司为中心，也通常跨越公司的边界）。然而，商业模式可以成为竞争优势的来源。

任何一项经济活动都是行为主体在一定动力的驱动下进行的，企业的商业模式创新也不例外。在对商业模式研究的文献中，专门探讨创新动力的文献并不多见，但许多学者在研究中都谈到了这个问题，并把创新动力作为企业选择商业模式创新时机和途径的前提。阿米特（Amit et al.，2001）认为，以互联网技术为代表的新技术是商业模式创新的主要动力。随着商业模式研究从互联网扩展到更多领域，开始有学者从需求拉动方面来考察商业模式创新问题。如德勤咨询公司在对 15 家企业的商业模式创新进行研究后发现，推动商业模式创新的主要动力是企业为了满足消费者长期拥有但被忽视或未得到满足的需求而进行的努力。当然，在考虑商业模式创新动力问题时，不应忽略竞争问题。文卡特拉曼（Venkatraman et al.，2008）深入研究了压力促进商业模式创新的作用方式，并且发现技术和经营方式的变化会给企业带来压力，当这种压力累积到一定程度（或达到临界点）时，企业就会产生商业模式创新的需要。而林德等（Linder et al.，2000）根据资料整理得出企业高管是推动企业商业模式创新的主要动力。还有学者从价值创造角度来解释企业创新商业模式的动机。总体上看，学术界对商业模式创新动力的研究正在逐渐发展起来，但一般学者都只针对单个方面的因素，没有从总体上全面考察商业模式创新的动力，因而有一定的片面性。

　　林德（Linder，2000）从商业模式创新程度把企业商业模式创新分为四种类型：一是挖掘型，即在不改变商业模式本质的前提下挖掘企业现有商业模式的潜力；二是调整型，即通过改变产品/服务平台、品牌、成本结构和技术基础来调整企业的核心技能，提升企业在价格/价值曲线上的位置；三是扩展型，即把企业的现有商业逻辑扩展到新的领域；四是全新型，即为企业引入全新的商业逻辑。阿芳索（Alfonso et al.，2010）认为企业是通过采用新的方式来商业化标的资产的形式来创新商业模式，按照以上观点，这应该是一种调整型商业模式创新。张玉利（2009）指出企业可以通过对冗余资源的创造性利用实现商业模式创新。如果把冗余资源的价值发挥出来，将促进企业商业模式的创新，进而提升企业的市场竞争优势，其价值开发过程可以通过"有限资源的创造性利用"来实现。所谓有限资源的创造性利用，是指用手头现有资源直接行事，它强调手边资源的重要性以及对各种资源的重新利用，是一种立即行动的行为，通过对冗余资源进行创造性利用，为渐变式商业模式创新提供了一个更低成本、更低风险的选择。这里的冗余资源不是没有价值的资源，而是闲置的、被低估的、没有充分利用的资源。

　　还有一些学者希望通过改变原有商业模式要素的途径来实现商业模式的创新。例如，维普尔（Voelpel，2004）认为商业模式创新要从客户、技术、组织基础设施和盈利四个方面进行系统考虑，同时还强调了商业模式创新思维的系统性和与外部环境匹配的重要性。而阿里纳（Alina，2011）认为零售业商业模式的创新是各要素（如零售组织结构、经营业务以及管理等）之间的关系及相互依赖性发生变化，而零售商会由此变化来改变其价值创造和资金拨用的组织逻辑。提斯（Teece，2010）从技术创新方面切入，指出技术模式创新必须伴随着相应的商业模式创新，否则技术创新将无法为企业创造价值。郑勇智等（2009）的观点基本符合以上创新途径，他认为要真正做到创新商业模式，首先要做到为广义的客户创造价值，而这里广义的客户包括顾客、股东、员工、社会，商业模式创新必须客户本位，认真考虑顾客所期望获得的利益，精心研究客户需求，有效地满足客户对自己产品或服务的期望值；其次，商业模式以应变能力为关键，应变能力是企业面对复杂多变市场的适应能力和应变策略，是竞争力的基础；最后，商业模式要以信息网络为平台，搭建一个先进的、灵活的、可靠的企业信息化管理平台，对实现公司的战略目标，增加市场核心竞争力具有重要的现实意义。达维勒等（Davila et al.，2005）则在其著作中较详细地阐述了如何从价值主张、供应链和目标顾客三方面进行商业模式创新，他们认为可通过开发新产品或延伸现有产品的价值来改变价值主张，即改变送达市场的产品的价值；供应链创新，即改变创造和送达产品价值的方式，主要通过改进与合作伙伴的关系及运营整合来实现；目标客户创新是指企业发现并开发它们营销、销售和分销工作还没触及的细分市场。原磊（2009）在零售企业商业模式创新问题上，从商业模式三个构成要素方面提出对策：第一是创新价值主张，提高企业为顾客创造价值的能力，价值主张是指企业创造或发掘价值的思路。零售企业在创新价值主张的时候，应当主要考虑两个问题，即"目标顾客是谁"与"价值内容是什么"。第二是整合价值网络，提高企业为伙伴创造价值的能力。因为构建合理的价值网络能够保证企业按照精心设计的价值主张向目标顾客群高效率地传递价值内容。第三是降低运作成本，提高企业为自身创造价值的能力。成本的高低是决定企业能否盈利的直接因素。通过降低企业自身的动作成本，保证企业创造的价值能够转化为企业利润，提高盈利能力。

也有学者从企业战略意图角度来分析商业模式创新途径。例如，赵晶等（2007）认为商业模式创新是实现企业战略意图的一种必要手段或务实方式。因此，提出了对应三种不同低收入群体（以下简称BOP）战略的商业模式创新，即市场开发型商业模式创新、资源开发型商业模式创新，资源－市场开发型商业模式创新。市场开发型商业模式创新主要通过对新技术、新产品或新服务的开发及市场营销体系或模式的创新，以更有吸引力的价格、更方便快捷的方式向BOP消费者提供他们所需的产品或服务。资源开发型商业模式创新则主要通过对企业供应网络、生产链条、销售网络的重新设计与整合，将BOP群体纳入企业价值体系中，并通过持续的培训和开发，提高BOP群体的人力资源价值，帮助他们彻底摆脱贫困。而市场开发与资源开发混合的商业模式创新兼备了前两种商业模式创新的主要内容。从以上论述可以看出，关于企业商业模式创新途径的研究正在逐步深入和细化。但很少有学者能够从多个角度综合考虑商业模式创新途径，如结合创新程度和商业模式要素创新两个角度，可以更加全面地提出商业模式创新途径，对后者的研究将产生积极的影响。

商业模式主题吸引了对商业研究和实践的持续兴趣（Zott et al. , 2011；Demil et al. , 2015；Baden－Fuller & Mangematin, 2015）。以上这些研究证实了学者们对商业模式的兴趣，特别是如何创新商业模式的核心问题，为该领域的进一步研究提供了更广阔的空间（Spieth et al. , 2014）。然而，尽管正在进行的研究想了解商业模式及其在企业绩效中的作用，但学者们仍持续面临着关于商业模式创新过程的构成要素，顺序和突发事件的问题，这些都会影响企业开发新的价值创造和价值获取活动的战略意图。

在确认商业模式对公司战略和公司业绩的重要性之后，商业模式本身就成为创新的主题（Spieth et al. , 2013）。企业开始意识到，在环境快速变化的背景下，即使是长期建立的商业模式也不能永久保证成功的表现（Chesbrough, 2007；Desyllas & Sako, 2013)。相反, 现有公司的管理者需要不断重新考虑既定的商业模式 (Chesbrough, 2010), 要么是对外生变化的反应, 要么是对外生变化的积极预期。因此, 商业模式创新大大超出了既定的企业能力和惯例, 以组织产品, 服务或技术创新 (Zott et al., 2011)。综合创新过程包括重塑商业模式的一个或几个组成部分。在此过程中, 管理者必须重新思考客户价值主张, 并重新安排价值创造和价值获取活动。一个专门设计的商业模式为公司提供了获得竞争优势的新机会。例如, 商业模式创新有助于激活以前未被认可的企业价值来源, 它有助于创建难以模仿的独特交易系统 (Amit & Zott, 2010)。然而, 尽管公司业绩这一概念具有巨大潜力, 但管理人员发现在公司实践中有效开发和实施新商业模式具有挑战性 (Chesbrough, 2012)。

目前, 人们越来越意识到商业模式本身也可以成为创新的对象 (Johnson et al., 2008; Chesbrough, 2010), 这是商业模式创新的精髓, 也是商业模式创新的本质。虽然商业模式创新没有精确定义, 关于商业模式创新的学术研究也还处于起步阶段, 但在过去的几年里, 它的发展势头越来越大 (Schneider & Spieth, 2013)。关于商业模式的研究围绕两个主题: 商业模式设计 (企业家从头开始创建新商业模式) 和商业模式改造 (管理者改进当前商业模式) (Zott & Amit, 2010; Schneider & Spieth, 2013)。马赛罗等 (Marcelo et al., 2016) 将两种方法 (即设计和开发) 视为商业模式创新。

在设计上创造新商业模式的商业模式创新与处理创新商业化的技术管理文献 (Chesbrough & Rosenbloom, 2002) 和创业文献 (Zott & Amit, 2007; Trimi & Berbegal - Mirabent, 2012) 有关。而改善现有商业模式的商业模式创新更多与战略管理文献相关 (Schneider & Spieth, 2013; Ghezzi et al., 2014)。由于它高度依赖于环境因素 (即技术, 竞争, 市场和法律/法规结构), 因此必须不断重新审视商业模式, 并在必要时进行创新, 以保持其可行性、竞争性和难以模仿 (Teece, 2010)。布赛勒 (Bucherer et al., 2012) 也区分了新商业模式完全取代旧模型的商业模式创新方案和两个商业模式至少在一段时间内并行运行的方案。

德米和雷科 (Demil & Lecocq, 2010) 指出, 商业模式变更并不总是有意管理行为的结果, 但有时会因环境中无法预料的变化而发生。管理在商业模式动态方面的作用包括监测和识别可能影响商业模式的不确定性, 预测外部和内部变化的潜在后果, 并积极主动地创新商业模式。整个过程似乎很好地描述了商业模式创新如何从战略活动中实现, 如内部和外部分析, 战略制定和战略实施, 从而表明商业模式创新可以作为战略运作的工具。因此, 商业模式创新作为对感知到的威胁和机遇的回应, 与战略行为有内在联系 (Yip, 2004; Johnson et al., 2008)。归因于商业模式创新的战略重要性的原因与驱动创新的动力相似: 在创新中改造公司（Lawson & Samson，2001）。例如，德米和雷科（Demil & Lecocq，2010）将"动态一致性"概念定义为企业在保持高水平绩效的同时不断创新其商业模式的能力。同样，施奈德和斯皮思（Schneider & Spieth，2013）认为商业模式创新对公司的战略灵活性有积极影响。

不同类型的商业模式创新值得关注。例如，一些学者根据创新的来源区分商业模式创新。德米和雷科（Demil & Lecocq，2010）认为商业模式创新可能会响应外部和内部因素而发生。前者包括客户行为，以及客户期望或技术和经济条件的变化。内部因素包括管理者的决定以及商业模式维度之间相互作用的自然发展。布赛勒等（Bucherer et al.，2012）根据两个因素分析商业模式创新：创新的内部与外部起源，以及威胁与机会，其中威胁来源是指企业被迫改变其商业模式的情况，而机会来源则表明商业模式创新可以利用一个机遇。特里米和伯格米拉本（Trimi & Berbegal－Mirabent，2012）也使用威胁与机会二分法，他们认为商业模式创新可以限制在商业模式的内部运作而不改变其价值定位或者它可以影响价值定位。在后一种情况下，商业模式创新可以被认为是需求拉动（价值定位随着新客户需求或环境机会而变化）和技术推动（价值定位随着公司的技术突破而变化）。类似地，哈伯泰（Habtay，2012）提出商业模式创新可以是技术驱动的，也可以是市场驱动的。前者描述了需要全新商业模式来实现新技术商业化的情况，而后者则代表价值定位本身或公司在价值网络中的角色和地位的创新。

除了如何创新商业模式的问题之外，学者们仍然在努力研究商业模式的理论基础。与战略解释性要素的各种重叠提出了关于将商业模式理论化为独特现象的有用性的问题（Markides，2015）。此外，文献倾向于将商业模式表示为跨越组织的各种单元、功能和过程的多维概念（BadenFuller & Morgan，2010；DaSilva et al.，2013）。同时进行的研究反映了商业模式概念的多维性（Zott et al.，2011；Baden－Fuller & Mangematin，2013；Spieth & Schneider，2016）。虽然将商业模式概念化为多维概念可能会在知识上产生冲击，同时也会在相关理论建构中产生模糊性问题。

因此，学者们从不同的视角审视商业模式，迄今为止，对商业模式中大家感兴趣的现象并未形成共识。战略学者将商业模式作为系统层面的分析单元进行研究，以了解具体的价值创造和价值获取配置如何帮助企业获得竞争优势（Zott et al.，2011）。创新研究侧重于商业模式的功能，它用以组织价值创造和价值获取活动中的企业知识、能力和资源（Chesbrough & Rosenbloom，2002；Teece，2010）。企业家研究又采取了不同的角度，主要通过研究商业模式如何服务于新企业以符合制度规范，获得合法性以筹集资金并塑造新兴市场结构（Holloway & Sebastiao，2010；George & Bock，2011）。

四、商业模式与企业战略的关系

由于战略领域在过去 30 年中发生了巨大变化，有关商业模式创新的文献也在不断发展。商业模式主题吸引了对商业研究和实践的持续兴趣（Zott，Amit & Massa，2011；Demil et al.，2015；Baden－Fuller & Mangematin，2015）。最核心的问题是如何创新商业模式，这为该领域的进一步研究提供了一系列途径（Spieth et al.，2014）。然而，尽管正在进行的研究想了解商业模式及其在企业绩效中的作用，但学者们仍持续面临着关于商业模式创新过程的构成要素、顺序和突发事件的问题，这影响了企业开发新的价值创造和价值获取活动的战略意图。但是，似乎这些概念缺乏明确性，很难将商业模式的概念与相关的管理概念区分开。具体而言，正如哈克林和瓦棱（Hacklin & Walln，2012）强调的那样，战略与商业模式的关系仍然模糊不清。商业模式与企业战略的各解释要素之间的重叠产生了关于将商业模式理论化为独特现象的有用性的怀疑（Markides，2015）。此外，现有文献倾向于将商业模式表示为跨越组织的各种单元、功能和过程的多维概念（Baden Fuller & Morgan，2010；DaSilva et al.，2013）。一些研究反映了商业模式概念的多维性（Zott et al.，2011；Baden－Fuller & Mangematin，2013；Spieth & Schneider，2016）。虽然将商业模式概念化为多维概念可能会丰富该领域的知识，但同时也会在相关理论建构中产生模糊性问题。

许多学者尝试去解决这些模糊性问题。林茂和陈御冰（2006）认为，只有对商业模式和战略变革有更加深刻的认识，才有可能突破战略本身的局限性，从而系统地把握战略的变革与演进过程，并加以管理。张敬伟和王迎军（2011）简述了商业模式研究兴起的背景，并且将商业模式分为三个层次来理解，论述了商业模式与战略概念之间的关系。郭天超和陈君（2012）认为商业模式和战略在本质和组成内容上是高度一致的，它们的主要区别在于理论研究侧重点和方法的不同。考第米格里亚（Cortimiglia et al.，2015）通过对两个问题的解决来探讨二者的关系：（1）公司应该在整个战略形成过程中的哪个时间段来进行商业创新；（2）公司在整个战略形成过程中如何设计新的商业模式或者改善现有商业模式。他们发现商业模式的设计和改进更有可能被置于战略形成过程中的战略备选方案实施步骤中，并且商务模式与战略执行有关。

由于战略研究领域发生了巨大变化，有关商业模式创新的文献也在不断发展。卡萨德塞斯和理查特（Casadesus－Masanell & Ricart，2010）介绍了一个框架，以区分公司战略、商业模式和策略三个概念："商业模式指的是企业的逻辑，企业的运作方式以及企业如何为利益相关者创造价值；战略是指企业在市场中竞争的商业模式的选择；而策略是指凭借其选择采用的商业模式向公司开放的剩余选择。"因此，在他们看来，战略和商业模式是相关但不同的概念，其中商业模式是得到实现的企业战略的反映和实际结果。相比之下，佐特和阿米特（Zott & Amit，2008）则认为"公司的产品市场战略及其商业模式是影响公司市场价值的独特结构"。他们将公司的战略和商业模式描述为相互补充而非替代。在他们看来，商业模式为公司的组织价值创造和价值获取交易提供了框架。另外，产品市场策略指的是公司决定通过考虑成本领先和/或产品/服务差异化选择来定位自己与目标市场的竞争。公司的战略同样解决了何时进入特定市场的问题。

公司战略中的这些问题对于创造和获取价值至关重要。战略与商业模式理论之间关系的一个有趣概念是，具有相似产品市场策略的公司可以潜在地满足相同的客户需求，只要它们具有不同的商业模式（Zott & Amit，2008）。因此，商业模式和企业战略相互补充，并且可能会影响企业绩效。这些反思对战略制定和商业模式设计过程具有重要意义。例如，公司的战略及其商业模式是否同时显现？公司的产品市场战略是否遵循其商业模式，反之亦然？（Zott & Amit，2008）。了解商业模式与公司战略之间的相互作用非常重要，因为它有助于寻找新的竞争优势来源（Casadesus，Masanell & Ricart，2010）。但是，关于战略和商业模式的文献仍未就战略管理过程如何精确设计新型或改进商业模式的不同要素达成一致（Schneider & Spieth，2013），目前尚不清楚商业模式如何从战略中产生，或商业模式如何随战略而发展，所有商业模式维度是战略管理过程的最终结果还是在战略管理过程的不同阶段分阶段进行设计，这些问题尚未取得一致意见（Zott & Amit，2008）。

到目前为止，研究人员刚刚开始探索战略制定与商业模式创新之间的联系，而这些研究主要是概念性的，缺乏对其命题的定量测试（Casadesus – Masanell & Ricart，2010）。戈温达拉江和特林伯（Govindarajan & Trimble，2005）试图将商业模式概念与更广泛的战略创新过程联系起来，但很少或根本没有提到商业模式创新的过程。马基德斯（Markides，2013）利用关于双重性的文献来支持公司在其商业模式创新选择中"分离"或"整合"不同的策略，虽然他的贡献主要依赖于概念指南的提供。卡萨德塞斯和朱（Casadesus – Masanell & Zhu，2013）通过应用博弈理论建模技术考虑了商业模式创新模仿的竞争结果，但他们的研究结果仅限于战略实施所带来的竞争条件评估，而不是涵盖整个战略决策过程。哈克林和瓦侬夫（Hacklin & Wallnöfer，2012）探讨了商业模式在自下而上战略制定中作为战略制定工具的用途。他们的研究结果表明，商业模式可能不适合作为构建战略制定的分析工具，而是为调解、促进和分享战略交流提供了象征性的作用。那么战略制定如何转化为商业模式创新呢？哈伯泰（Habtay，2012）认为，采用规划导向的战略设计观点的公司以分析性、逻辑性的方式设计商业模式，产生严密综合和面向市场的商业模式。另外，新兴战略制定可能最终通过发现，测试和实施过程而不是正式的分析规划来生成技术导向型商业模式。此外，典型的商业模式创新过程更多地依赖于战略制定的典型分析计划和迭代实验，而不是实施，但这个结论并不具有一般化性质，因为既定的商业模式创新过程很难普遍存在于实践中（Bucherer et al.，2012）。施奈德和斯皮思（Schneider & Spieth，2013）认为对于商业模式创新作为一个过程的具体要素仍然没有准确的理解，尽管这个主题的研究越来越受到重视。对于这种理解的缺乏加强了人们对战略管理过程与商业模式创新关系进行详细实证研究的动力。

商业模式可用作实施战略的工具的定性和概念性研究相对普遍（Johnson et al.，2008；Richardson，2008；Hacklin & Wallnöfer，2012），但在 2000 年以来的早期参考文献中，有人发现商业模式可以作为竞争优势的催化剂（Mitchell & Coles，2003）。根据这种观点，战略关注的是竞争优势的实现和维持（Porter，1985），而商业模式则将战略观点和方向转化为创造和获取客户价值的方式（Teece，2010），这对全部相关要素及关系（公司内部和外部）提供了一个系统的观点。佐特等（Zott et al.，2011）同意这一观点，理由是该策略通常强调竞争，价值获取和竞争优势问题，而商业模式则专注于价值网络中的价值创造和定位。

那么，战略与商业模式有什么区别和联系？战略不仅仅是选择商业模式。这是一个关于如何配置商业模式的应急计划，具体取决于可能发生的突发事件。因此，战略不仅仅定义公司将采用什么样的商业模式，而且或许更重要的是战略定义了后续商业模式创新的模式（Casadesus‐Masanell & Ricart，2010）。虽然大多数已发表的关于商业模式的研究都集中在静态条件上，但人们对商业模式的动态进化和变化越来越关注（Demil & Lecocq，2010；Zott et al.，2011）。根据这种解释，不仅商业模式实施战略，而且可持续竞争优势的战略需要通过持续有效的商业模式创新来实现（Chesbrough，2010；Teece，2010）。

但是到目前为止，对公司战略与商业模式之间的因果关系和相互依赖性仍然没有很好的理解。例如，提斯（Teece，2010）坚持认为，公司的商业模式反映了其战略规划和执行；商业模式代表了公司提出价值并在目标市场中获取价值的逻辑。商业模式有助于制定战略，通过该战略识别细分市场并获得竞争对手的竞争优势。只要商业模式与企业战略理论、相关的创新理论、企业家创业理论等联系起来的这些模糊性持续存在，就会影响人们对商业模式创新现象的理解（Chesbrough & Rosenbloom，2002）。

商业模式与公司业绩之间的关系也值得研究。从本质上讲，战略领域通过一致的战略规划和执行来创造可持续竞争优势和卓越的公司业绩（Markides，2004）。战略和公司绩效的这种联系一直是战略研究的一个焦点。同样，战略研究领域已经出现了一系列的战略理论观点，鉴于战略文献中有这些丰富的不同观点，可以提出这样的疑问：商业模式概念为学者提供了什么额外的解释价值来解释公司竞争绩效的来源？

解决这一关键问题的一个选择是将商业模式运作为调节结构，将微观基础战略来源与最终的公司绩效联系起来（Teece，2010）。同样，商业模式的观点使学者能够获得对企业结构的绩效影响的新见解。当商业模式被定义为交易系统时，它有助于解释目标公司内部和周围的结构特征如何影响其价值创造和价值获取的应急因素（Zott & Amit，2008）。在这方面，德米尔（Demil et al.，2015）进一步阐述了商业模式的潜力，以便为企业绩效的战略来源带来新的和更全面的理解。他们认为通过关注商业活动的配置，商业模式概念为企业如何获得长期竞争优势的问题带来有用的补充视角。

五、总结

关于商业模式的研究仍然处于初级阶段，而且研究内容相当分散，一些基础概念仍然很薄弱。对此，佐特等（Zott et al.，2011）认为可以参考两种推进商业模式研究的方法：首先，采用更精确的概念将使其他研究人员能够更好地理解相应研究中的商业模式意味着什么。他提出至少有三个可能需要明确考虑的概念：（1）电子商务模型原型；（2）作为活动系统的商业模式；（3）作为成本/收益架构的商业模式。在商业模式的总体主题下，这些不同的概念都可以单独地，以及相互关联地进行有成效的调查。其次，当下的研究正在形成四个主题，主要围绕商业模式这个心的分析单位的概念，提供关于如何开展商务的系统观点，包括跨越边界的活动（由焦点公司主导），并专注于价值创造和价值获取。这四个主题相互联系，相辅相成。这种趋势表明该领域正朝着概念整合方向发展，这为商业模式的更多研究铺平了道路。

确实，商业模式作为一个独立的研究领域已经引起了研究者们的广泛关注，但学术界对商业模式研究还很不成熟，有大量的理论空白需要填补，这也为后续研究提供了广阔的创新空间。通过对国内外现有商业模式研究成果的系统梳理，本文认为今后可以在以下几个方面深化相关研究：

（1）商业模式评估研究。商业模式评估是商业模式研究的一个重要环节，因为在众多商业模式创新中挑出那些更具潜力的商业模式，并且在实施过程中不断地根据实际情况进行调整，是企业成功进行商业变革的必要条件。研究者可以重点研究以下两个问题：一是评价指标设计，即如何在严格逻辑的基础上，建立一套科学的商业模式评价指标体系；二是评价指标的量化，即如何对这些指标进行量化，使不同商业模式之间的评价和比较成为可能。

（2）商业模式创新策略选择与实施研究。创新策略选择与实施是商业模式研究的核心内容，后续研究可通过实证方式来分析行业特征、企业规模、市场地位、治理结构等因素对企业选择商业模式创新策略的影响，分析企业的组织结构、文化、与合作伙伴的关系等因素对企业实施商业模式创新的影响；在深入分析商业模式构成要素之间关系以及相互作用机理的基础上，系统探讨如何通过改变商业模式构成要素来发现不同类型企业实施商业模式创新的不同途径及方式。

（3）设计出几种先进的"商业模式样板"。研究者可以在预测不同行业商业模式未来发展方向的基础上，进一步设计出几种先进的"商业模式样板"，供创业者或企业经营者参考。

参 考 文 献

［1］加里·哈默尔：《领导企业变革》，人民邮电出版社 2002 年版。

［2］郭天超、陈君：《商业模式与战略的关系研究》，载于《华东经济管理》2012 年第 4 期。

［3］刘旗辉：《何为商业模式》，载于《企业管理》2010 年第 1 期。

［4］罗珉、曾涛、周思伟：《企业商业模式创新：基于租金理论的解释》，载于《中国工业经济》2005 年第 7 期。

［5］吴伯凡：《商业模式是什么》，载于《21 世纪商业评论》2007 年第 5 期。

［6］原磊：《零售企业的商业模式创新》，载于《经济管理》2009 年第 3 期。

［7］原磊：《商业模式体系重构》，载于《中国工业经济》2007 年第 6 期。

［8］张玉利、田新、王晓文：《有限资源的创造性利用——基于冗余资源的商业模式创新：以麦乐送为例》，载于《经济管理》2009 年第 3 期。

［9］赵晶、关鑫、仝允桓：《面向低收入群体的商业模式创新》，载于《中国工业经济》2007 年第 10 期。

［10］郑勇智、贠晓哲：《商业模式及商业模式创新》，载于《现代商业》2009 年第 24 期。

［11］张敬伟、王迎军：《商业模式与战略关系辨析——兼论商业模式研究的意义》，载于《外国经济与管理》2011 年第 4 期。

［12］Afuah，A. and Tucci，C.，2001：Internet business models and strategies：Text and cases，Boston：McGraw – Hill/Irwin.

［13］Alfonso Gambardella and Anita M. McGahan.，2010：Business Model Innovation：General Purpose Technologies and their Implicatons for Industry Structure，Long Range Planning，43，

pp. 262 – 271.

[14] Alina Sorescu, Ruud T. Frambach, Jagdip Singh, Arvind Rangaswamy, and Cheryl Bridges. , 2011：Innovations in Retail Business Models, Journal of Retailing, 1, pp. S3 – S16.

[15] Amit, R. and Zott, C. , 2001：Value Creation in E – business, Strategic Management Journal, 22, pp. 493 – 520.

[16] Amit R, Zott C. , 2010：Business model innovation：Creating value in times of change, Working Paper.

[17] Amit R, Zott C. Value creation in e-business [J]. Strategic management journal, 2001, 22 (6 – 7), pp. 493 – 520.

[18] Applegate, L M. , 2001：Emerging e-business models：lessons from the field, Boston：Harvard Business School.

[19] Baden – Fuller, C. and Mangematin V. , 2015：Business models and modelling business models, Advances in Strategic Management, Vol. 33.

[20] Baden – Fuller C, and Mangematin, V. , 2013：Business models：A challenging agenda, Strategic Organization, 11 (4), pp. 418 – 427.

[21] Baden – Fuller, C. and Morgan M S. , 2010：Business models as models, Long range planning, 43 (2 – 3), pp. 156 – 171.

[22] Ballon, P. , 2007：Business modelling revisited：the configuration of control and value, info, 9 (5), pp. 6 – 19.

[23] Björkdahl J. , 2009：Technology cross-fertilization and the business model：The case of integrating ICTs in mechanical engineering products, Research policy, 38 (9), pp. 1468 – 1477.

[24] Bucherer, E. , Eisert, U. , and Gassmann O. , 2012：Towards systematic business model innovation：lessons from product innovation management, Creativity and innovation management, 21 (2), pp. 183 – 198.

[25] Casadesus – Masanell, R. , Ricart, J. E. , 2010：From strategy to business models and onto tactics, Long range planning, 43 (2 – 3), pp. 195 – 215.

[26] Casadesus – Masanell, R. , Zhu F. Business model innovation and competitive imitation：The case of sponsor-based business models, Strategic management journal, 2013, 34 (4), pp. 464 – 482.

[27] Chesbrough, H, Rosenbloom R S. , 2002：The role of the business model in capturing value from innovation：evidence from Xerox Corporation's technology spin-off companies, Industrial and corporate change, 11 (3), pp. 529 – 555.

[28] Chesbrough, H. , 2007：Business model innovation：it's not just about technology anymore, Strategy & leadership, 35 (6), pp. 12 – 17.

[29] Chesbrough, H. , 2010：Business model innovation：opportunities and barriers, Long range planning, 43 (2 – 3), pp. 354 – 363.

[30] Chesbrough, H. , 2012：GE's ecomagination challenge：An experiment in open innovation, California management review, 54 (3), pp. 140 – 154.

［31］Christensen, C. M. , 2001: The past and future of competitive advantage, Sloan management review, 42 (2), pp. 105 – 105.

［32］Cortimiglia, M. N. , Ghezzi A, Alejandro Germán Frank. , 2015: Business model innovation and strategy making nexus: evidence from a cross-industry mixed-methods study, R & D Management, Ahead of print (3).

［33］David J. Teece. , 2010: Business Models, Business Strategy and Innovation, Long Range Planning, (43), pp. 172 – 194.

［34］Davila, T. Epstein, M. and Shelton, R. , 2005: Making innovation work: How to manage it, measure it and profit from it, NJ: Wharton school Pub, 229 – 58.

［35］DaSilva C M, Trkman P. and Desouza K, et al. , 2013: Disruptive technologies: a business model perspective on cloud computing, Technology Analysis & Strategic Management, 25 (10), pp. 1161 – 1173.

［36］Demil, B. , Lecocq X. and Ricart J E, et al. , 2015: Introduction to the SEJ special issue on business models: business models within the domain of strategic entrepreneurship, Strategic Entrepreneurship Journal, 9 (1), pp. 1 – 11.

［37］Demil B, Lecocq X. , 2010: Business model evolution: in search of dynamic consistency, Long range planning, 43 (2 – 3), pp. 227 – 246.

［38］Desyllas P. and Sako M. , 2013: Profiting from business model innovation: Evidence from Pay – As – You – Drive auto insurance, Research Policy, 42 (1), pp. 101 – 116.

［39］Doganova L. and Eyquem – Renault M. , 2009: What do business models do?: Innovation devices in technology entrepreneurship, Research Policy, 38 (10), pp. 1559 – 1570.

［40］George, G. and Bock, A. J. , 2011: The business model in practice and its implications for entrepreneurship research, Entrepreneurship theory and practice, 35 (1), pp. 83 – 111.

［41］Ghezzi A, Cortimiglia M N, Frank A G. , 2015: Strategy and business model design in dynamic telecommunications industries: A study on Italian mobile network operators, Technological Forecasting and Social Change, 90, pp. 346 – 354.

［42］Govindarajan V. and Trimble C. , 2005: Organizational DNA for strategic innovation, California Management Review, 47 (3), pp. 47 – 76.

［43］Günzel F. and Holm A B. , 2013: One size does not fit all—Understanding the front-end and back-end of business model innovation, International Journal of Innovation Management, 17 (1).

［44］H. A. Reijers, R. S. Mans, and R. A. van der Toorn. , 2009: Improved model management with aggregated business process models, Data and Knowledge Engineering, (68), pp. 221 – 243.

［45］Habtay S R. , 2012: A firm-level analysis on the relative difference between technology-driven and market-driven disruptive business model innovations, Creativity and Innovation Management, 21 (3), pp. 290 – 303.

［46］Hacklin F. and Wallnöfer M. , 2012: The business model in the practice of strategic decision making: insights from a case study, Management Decision, 50 (2), pp. 166 – 188.

［47］Hacklin, F. , and Wall nofer, M. , 2012：The business model in the practice of strategic decision making：insights from a case study, Management Decision, 50, 2, pp. 166 – 188.

［48］Holloway S S, Sebastiao H. , 2010：The role of business model innovation in the emergence of markets：a missing dimension of entrepreneurial strategy? Journal of Strategic Innovation and Sustainability, 6（4）.

［49］Jonas, H. and Thomas, K. , 2003：The business model concept：theoretical underpinnings and empirical illustrations, European Journal of Information Systems, 12, pp. 49 – 59.

［50］Johnson M W, Christensen C M, Kagermann H. , 2008：Reinventing your business model, Harvard business review, 86（12）, pp. 57 – 68.

［51］Kim Wikström, Karlos Artto, Jaakko Kujala, and Jonas Söderlund. , 2010：Business models in project business, International Journal of Project Management, （28）, pp. 832 – 841.

［52］Lawson B, Samson D. , 2001：Developing innovation capability in organisations：a dynamic capabilities approach, International journal of innovation management, 5（3）, pp. 377 – 400.

［53］Lindgardt Z, Reeves M, Stalk G, et al. , 2009：Business model innovation, When the Game Gets Tough, Change the Game, The Boston Consulting Group, Boston, MA.

［54］Liliana Doganova and Marie Eyquem – Renault. , 2009：What do business models do? Innovation devices in technology entrepreneurship, Research Policy, （38）, pp. 1559 – 1570.

［55］Linder, J. and Cantrelll, S. , 2000：Changing business models：Surveying the landscape, Accenture Institute for Strategic Change.

［56］L. Willemstein, T. , van der Valk. and M. T. H. Meeus. , 2007：Dynamics in business models：An empirical analysis of medical biotechnology firms in the Netherlands, ScienceDirect, 27, pp. 221 – 232.

［57］Mäkinen S, Seppänen M. , 2007：Assessing business model concepts with taxonomical research criteria：A preliminary study, Management Research News, 30（10）, pp. 735 – 748.

［58］Mark W. Johnson, Clayton M. Christensen, Henning Kagermann, 2008：Reinventing your business model, Harvard Business Reveiew, pp. 11 – 12.

［59］M Janssen, G Kuk. and R. W. Wagenaar. , 2008：A survey of Web-based business models for e-government in the Netherlands, Government Information Quarterly, 25, pp. 202 – 220.

［60］Markides C C. , 2013：Business model innovation：what can the ambidexterity literature teach us? Academy of Management Perspectives, 27（4）, pp. 313 – 323.

［61］Markides C C. , 2015：Research on business models：Challenges and opportunities, Business models and modelling, Emerald Group Publishing Limited, 3, pp. 133 – 147.

［62］Markides C, Charitou C D. , 2004：Competing with dual business models：A contingency approach, Academy of Management Perspectives, 18（3）, pp. 22 – 36.

［63］Markides C. , 2004：What is strategy and how do you know if you have one? Financial Times Handbook of Management, P. 48.

［64］Massa, L. and Tucci, C. L. 2013：Business model innovation, The Oxford Handbook of Innovation Management, Oxford University Press, pp. 420 – 441.

〔65〕 Miller C C, Cardinal L B. 1994: Strategic planning and firm performance: A synthesis of more than two decades of research 〔J〕. Academy of management journal, 37 (6), pp. 1649 – 1665.

〔66〕 Mintzberg H, Ahlstrand B, and Lampel J. , 2005: Strategy Safari: A Guided Tour Through The Wilds of Strategic Mangament, Simon and Schuster.

〔67〕 Mitchell D, Coles C. , 2003: The ultimate competitive advantage of continuing business model innovation, Journal of Business Strategy, 24 (5), pp. 15 – 21.

〔68〕 Morris M, Schindehutte M, Allen J. , 2005: The entrepreneur's business model: toward a unified perspective, Journal of business research, 58 (6), pp. 726 – 735.

〔69〕 Michael Morris. Minet Schindehutte. and Jeffrey Allen, 2005: The entrepreneur's business model: toward a unified perspective, Journal of Business Research, (58), pp. 726 – 735.

〔70〕 Nogueira Cortimiglia M, Ghezzi A, Renga F. , 2011: Social applications: Revenue models, delivery channels, and critical success factors – An exploratory study and evidence from the spanish-speaking market, Journal of theoretical and applied electronic commerce research, 6 (2), pp. 108 – 122.

〔71〕 Osterwalder A, Pigneur Y, Tucci C L. , 2005: Clarifying business models: Origins, present, and future of the concept, Communications of the association for Information Systems, 16 (1), pp. 1.

〔72〕 Osterwalder A, Pigneur Y. , 2010: Business model generation: a handbook for visionaries, game changers, and challengers, John Wiley & Sons.

〔73〕 Ostenwalder, A. Pignur, Y. and Tucci, C. L. , 2005: Clarifying business models: origins, present, and future of the concept, Communication of the Association for Information Systems, (5), pp. 1 – 25.

〔74〕 Peppard, J. and Rylander, A. , 2006: From value chain to value network: Insights for mobile operators, European Management Journal, 24 (2 – 3), pp. 128 – 141.

〔75〕 Richardson, J. , 2008: The business model: an integrative framework for strategy execution, Strategic Change, 17 (5 – 6), pp. 133 – 144.

〔76〕 Savvas, Papagiannidis, and Feng Li. , 2005: Skills Brokerage: A new model for business start-ups in the Networked Economy, European Management Journal, (6), pp. 471 – 482.

〔77〕 Scott, M. Shafer, H. Jeff Smith. Jane C. Linder. , 2005: The power of business models 〔J〕. Business Horizons, (48), pp. 199 – 207.

〔78〕 Samavi R, Yu E, Topaloglou T. , 2009: Strategic reasoning about business models: a conceptual modeling approach, Information Systems and e – Business Management, 7 (2), pp. 171 – 198.

〔79〕 Schneider S, Spieth P, Clauss T. , 2013: Business model innovation in the aviation industry, International Journal of Product Development 12, 18 (3 – 4), pp. 286 – 310.

〔80〕 Schneider, S. and Spieth P. , 2013: Business model innovation: Towards an integrated future research agenda, International Journal of Innovation Management, 17 (1), pp. 134 – 141.

〔81〕 Seddon, P. B. , Lewis, G. P. and Freeman P, et al. , 2004: The case for viewing business models as abstractions of strategy, Communications of the Association for Information Systems, 13 (1), P. 25.

［82］Shafer S M, Smith H J, Linder J C., 2005: The power of business models, Business horizons, 48 (3), pp. 199 – 207.

［83］Smith W K, Binns A, Tushman M L., 2010: Complex business models: Managing strategic paradoxes simultaneously, Long range planning, 43 (2 – 3), pp. 448 – 461.

［84］Spieth P, Schneckenberg D, Ricart J E., 2014: Business model innovation-state of the art and future challenges for the field, R&D Management, 44 (3), pp. 237 – 247.

［85］Spieth P, Schneider S., 2016: Business model innovativeness: designing a formative measure for business model innovation, Journal of Business Economics, 86 (6), pp. 671 – 696.

［86］Spieth, P., Tidd, J. and Matzler, K, et al. 2013: Special issue on business model innovation—editorial note.

［87］Teece, D. J., 2010: Business models, business strategy and innovation, Long range planning, 43 (2 – 3), pp. 172 – 194.

［88］Teece, D. J., 2007: Explicating dynamic capabilities: the nature and microfoundations of sustainable enterprise performance, Strategic management journal, 28 (13), pp. 1319 – 1350.

［89］Trimi, S. and Berbegal – Mirabent J., 2012: Business model innovation in entrepreneurship [J]. International Entrepreneurship and Management Journal, 8 (4), pp. 449 – 465.

［90］Venkatraman, N. and Henderson, J C., 2008: Four vectors of business model innovation: Value capture in a network era, in Daniel Pantaleo, and Nirmal Pal. From strategy to execution: Turning accelerated global change into opportunity, Berlin: Springer, pp. 259 – 280.

［91］Yip, G. S., 2004: Using strategy to change your business model, Business strategy review, 15 (2), pp. 17 – 24.

［92］Zott C, Amit R, Massa L., 2011: The business model: recent developments and future research, Journal of management, 37 (4), pp. 1019 – 1042.

［93］Zott, C. and Amit, R. 2007: Business model design and the performance of entrepreneurial firms, Organization science, 18 (2), pp. 181 – 199.

［94］Zott C, Amit R. Business model design: an activity system perspective, Long range planning, 2010, 43 (2 – 3), pp. 216 – 226.

［95］Zott, C. and Amit, R., 2008: The fit between product market strategy and business model: implications for firm performance, Strategic Management Journal, 29 (1), pp. 1 – 26.

企业战略与企业社会责任：文献综述与评论

摘要： 本文梳理企业社会责任的有关文献，并分析企业社会责任与企业战略的关系。本文认为，企业通过履行社会责任有助于企业在利益相关者心中树立良好的企业形象，从而有助于企业战略目标获得利益相关者的认同和支持。企业社会责任可以为企业开发有形和无形战略资源，帮助企业创造新产品和新的市场机会，同时还可以帮助企业控制利益相关者的风险。

关键词： 企业社会责任 企业战略 利益相关者

一、企业社会责任的概念和内涵

企业社会责任（CSR）的历史可以追溯到 20 世纪 50 年代，当时业界人士和学术研究人员开始探索商业与社会之间的关系。学者们认为，企业社会责任代表了企业的承诺，企业的经营活动要有助于社会，这意味着在企业与利益相关者之间保持合理可行的社会平衡的必要性（Carroll & Shabana，2010）。卡罗尔（Carroll，1999）描述了从 50 ~ 90 年代开始的企业社会责任的定义的发展。卡罗尔认为，50 年代是企业社会责任的萌芽阶段，从 60 年代开始为扩张期，70 年代为普及时期。在 80 年代，一些其他的理论问题开始涉及企业社会责任的概念，其中包括企业社会绩效论、商业伦理和利益相关者理论（Nasrullah & Rahim，2014）。在 90 年代，这些主题在企业社会责任问题中占据了中心位置。因此，企业社会责任的所有后续定义都包括社会、经济和环境问题，这些是企业社会责任的基本组成部分。后来，不同的研究人员、科学家、政府机构、政府间组织和发展组织给出了许多不同的定义（Dahlsrud，2006）。

近几十年来，人们越来越关注企业对社会和环境的影响（Fontaine，2013）。利益相关者对环境和社会问题也越来越关注和负责。为了与利益相关者，特别是客户建立长期的关系，企业需要考虑和管理他们日益增长的意识和关注，相应地调整业务活动（Calabrese et al.，2015）。与此同时，关于错误履行社会责任义务的企业家的丑闻更激起了利益相关者（企业家、消费者、政治家、媒体）的合作倡议，以建立企业社会责任的共同模式（Kolka & van Tul-der，2010；Gonzalez–Rodriguez et al.，2015）。在现代商业环境中，越来越多地强调公司的责任，即公司活动的社会影响。公司的工作已经成为整个社会的重要组成部分。企业社会责任（CSR）也必然成为国际商务研究中的一个重要研究课题（Sweeney，2009）。

企业社会责任的概念强调，企业不仅要其所有者负责，还要对利益相关者负责。也就是说，企业在创造利润、对股东和员工承担法律责任的同时，还要承担对消费者、社区和环境的责任，强调对社会的贡献。企业社会责任包括那些公司的活动对社会产生影响的维度（Carroll & Shabana，2010）。出于这些原因，公司必须适当采取有关社会、环境和经济可持续性的行动以及避免"企业社会不负责"行为来努力改善其企业社会责任。另外，为了实现公司的利益（例如客户忠诚度，公司声誉、创建和维护公司的正面形象，以及创造更好的工作环境），公司必须不断致力于有助于这种收益的公司活动（Ubreziova et al.，2015）。这就是为什么公司开始通过报告、网站上发布信息以及其他企业社会责任沟通活动向利益相关者报告他们将从事社会责任的活动。

根据对社区的公民的调查，人们希望为负责任的公司工作。对组织的企业社会责任有良好印象的员工往往对其他组织的其他方面也有积极的看法，如高级管理层的诚信，高级管理层的领导以及组织在市场中的竞争力（Lee et al.，2013）。企业面临来自各种利益相关方群体越来越大的压力，要求采取对社会负责任的行为。根据学术研究和业界人士的说法，有几个因素会影响企业社会责任的战略应用，如与商业和企业文化的一致性以及社会需求（Porter & Kram-er，2006；Lee et al.，2013）。

由于投资者、公司和活动家的关注，企业社会责任的概念首先在发达国家出现。企业社会责任的某些方面将有助于摆脱贫困，因此也在发展中国家开始受到关注。由于缺乏制度约束和提供社会产品的机构，企业社会责任对发展中国家而言比对富裕的发达国家更为重要。企业社会责任制度化的缺乏是某些发展中国家社会不负责任行为的结果。社会不负责任的行为会对公司产生许多负面的道德作用（Palihawadana et al.，2016）。尽管发展中国家越来越重视企业社会责任，但在欠发达国家的相关措施却很少（Dobers & Halme，2009）。事实上，现有的企业社会责任研究主要集中在发达国家的背景下，对发展中国家的实证研究很少（Pham，2011）。

当代企业社会责任计划基本上将利益相关者和企业发展当作当前背景下商业运作的一个必须解决的问题（Nasrullah & Rahim，2014）。但是到现在，人们对企业社会责任仍然没有统一的意见。原因可能源于企业社会责任与其他术语的可互换和重叠的特征，如"企业公民""道德公司""公司治理""企业可持续性""社会责任投资"和"公司责任"。缺乏统一定义的另一个原因可能在于企业社会责任本身概念的不断变化及其动态特征。从这个角度来看，到目前为止，企业社会责任在历史上可以被称为在三种方法上的演进，每种方法在责任的定义和界限方面都有不同的观点。学者们在不同的时间点上提出了许多定义，这些定义利用不同的方法来理解其概念、性质和目标（Nasrullah & Rahim，2014）。

企业社会责任活动的结果通常以企业声誉、企业社会绩效（CSP）（Orlitzky，Schmidt & Rynes，2003）或企业财务业绩（CFP）来衡量。企业社会责任的活动可以通过提高组织对员工（Carmeli，2005）和消费者的吸引力来提升企业声誉（Roberts & Dowling，2002）。然而，关于企业社会绩效和企业财务绩效之间的因果关系存在激烈的争论。研究人员报告了企业社会绩效和企业财务绩效之间的中性、消极和积极关联（Orlitzky，Schmidt & Rynes，2003）。

企业社会责任问题可以分为三个新兴主题，即企业背景、企业社会责任相关战略和企业社会责任的成果。企业背景的主题是在三个层面上发展：首先，在个人层面，研究人员研究了首席执行官的薪酬，首席执行官的利他价值观，管理者感知利益相关者的显著性之间的关联（Agle，Mitchell & Sonnenfeld，1999）以及它们对企业社会责任活动的影响。其次，在组织层面，广泛讨论了制度特征与企业社会责任行动之间的关系（Graves & Waddock，1994）。最后，在社会层面，企业社会责任行动因国家、行业和机构而异（Arya & Zhang，2009）。

企业社会责任问题将三大问题纳入公司战略：（1）风险管理。满足外部利益相关者（如政府和非政府组织）和社会需求的企业社会责任行动可能会保护企业免受潜在风险，如负面判断或制裁（Godfrey，Merrill & Hansen，2009）。（2）营销管理。企业社会责任活动会影响顾客的满意度，从而影响营销绩效（Luo & Bhattacharya，2006）。（3）利益相关者的利益和主张。这决定了公司企业社会责任倡议的程度（Doh & Guay，2006）。因此，在制定与 CSR 相关的决策时，管理者需要了解那些有影响力的利益相关者。

二、企业社会责任的维度

桑雷拉等（Sanela et al.，2017）提出了企业社会责任五个最重要方面的统一理论框架：经济、社会、环境、利益相关者维度和志愿服务维度。按时间顺序的基本原则概述了这一领域的相关发展。大量的作者调查了企业社会责任最重要方面对不同公司在运营方面的影响。例如，从经济角度来看，企业社会责任被认为是追求利益最大化的一种方式，从而改善了股东的利益。从自愿的角度来看，企业社会责任是指组织参与的慈善活动，从而推动公共福利。卡罗尔（Carroll，1991）提出了一个企业社会责任金字塔模型，其中包括四个层次的企业社会责任活动：经济、法律、道德和慈善责任。经济责任是企业社会责任的基础；公司的主要目标是获取利润并严格追求业务需求。法律责任意味着公司应遵守法律，法规和其他社会契约。在道德责任层面，他将企业社会责任定义为"那些反映消费者、员工、股东和社会对公平、公正保持的关注的标准、规范或期望，尊重或保护利益相关者的精神权利"。慈善责任意味着以一种超越公司社区期望的方式参与一些有利于当地社区和社会福利的活动。以下分别从五个不同维度来分析和研究相关领域的文献。

从企业战略内涵看，企业战略蕴含着企业社会责任要素。企业战略是企业依据企业的外部环境和内部条件，制定企业的阶段性目标和长期目标，并通过资源配置来实现这些目标的根本途径和方法的总体部署。可持续发展战略往往是也应当是企业诸战略中的长期战略。企业社会责任是指企业在追求利润最大化的同时，要承担社会责任，企业的发展要与社会道德规范相对称，要维护企业利益相关者，特别是员工的权益和保护环境，以提高全社会的福利，实现可持续发展和人的全面发展（南文化、范仁庆，2006）。

根据对当前企业社会责任定义内容的分析，大多数学者采用的是企业社会责任的三个主要维度，即环境、社会和经济维度（Nikolau et al.，2013；Gonzalez-Rodriguez et al.，2015）。然而，最近的文献中出现了两个新的维度：志愿维度和利益相关者维度。达尔斯鲁德（Dahlsrud，2006）分析了37种不同的企业社会责任定义，上面提到的五个维度出现在大多数参考文献中，因此被选为最重要的维度。学术界对这些维度也产生了许多争议，主要是它们的重要级别方面，以及它们在所实现的目标之间的整合、沟通和协同作用上如何相互关联。今天，社会责任的发展和实施对于公司的公共利益具有战略上的必要性。

（一）经济维度

在市场经济中，公司的主要目标是实现股东价值最大化（例如，经济利润、股价和股息），这些价值受法律/监管义务的约束，这些义务可以解决特定的社会和环境问题。为此，公司追求依赖并发展公司与利益相关者之间关系的竞争战略。企业社会责任的经济层面将对公司财务产生影响。公司应该以利润为动力，将公司的业务与消费者，投资者和其他利益相关者相关联。从上述内容可以看出，商界可以为社会和环境的利益而共同从事无私的行为。企业意识到，它们在当今市场中的生存取决于牺牲短期利润，因为这可能对未来产生积极影响，满足了所有者和管理者，而不仅仅是它们过去的利润最大化。公司必须履行其经济责任，即向投资者返还资金，在市场中取得领导地位，获得最大可能利润，保证客户满意度和忠诚度，向员工提供公平补偿，以公平价格向客户提供商品，通过昂贵的广告活动促销它们的产品/服务（Gonzalez‑Rodrıguez et al.，2015）。

经济价值意味着公司的责任，即它将努力实现长期可持续的业务，充分应对商业风险，保证必要的安全，如何对待股东、投资者和工人以及整个社会。现有文献对此问题的研究主要包括：审查企业社会责任活动对公司运营的财务和非财务影响（Reverte et al.，2015）；企业社会责任对竞争优势和声誉的影响（Saeidi et al.，2015）；可持续发展的成本以及公司为遵守企业社会责任的成本方面（Rusmanto & Williams，2015）；调查国家政策和社会经济机构以及利益相关者对企业社会责任活动导致的财务结果的影响（Fifka & Pobizhan，2014）。基于以上事实，可以看出经济维度对上述作者所研究的各个方面的影响。

（二）社会维度

企业社会责任的社会层面是建立企业与社会关系的关键因素。社会责任意味着要对公司对人们的社会影响负责，即使是间接的。社会维度的基本目标是企业应该努力建立一个更好的社会整体、整合其业务运营中的社会问题，以及考虑其对社区的全面影响（Nasrullah & Rahim，2014）。

公司作为社会行为者，本身就是人类社区的一部分，应该关注于服务于内部和外部人类社区的目的（Szczuka，2015）。它应该意识到并回应他们对社会生活福祉的需求，期望，权利和要求。在解决社会问题时企业的目标应该是为整个社会造福。例如，这可能涉及采购公平贸易产品，或者同意向员工支付适宜的工资。它还可能涉及一些有利于社会的工作，例如，利用资源来组织慈善筹款活动（Sharma & Gupta，2003）。

现有的文献研究了社会维度的重要内容。一方面，公司关于企业社会责任指标的报告是近年来备受关注的一个话题，越来越多的研究人员正在从事这方面的工作（Bonsón and Bednárová，2014）。另一方面，在这个维度的背景下接受社会的评估，以提高智力资本（Duff，2014）。对员工的需求和健康状况负责是另一个重要因素（Bakos，2014），这样的企业社会责任也会产生价值（Jonikas，2014）。此外，企业的社会责任政策对其社会身份以及一些关于社会问题的重要决定的影响（Mousiolis & Bourletidis，2014）。

（三）利益相关者维度

利益相关者的观点源于将企业视为社会不可分割的一部分的传统，而不仅仅是为股东创造利润的孤立元素。利益相关者是影响企业决策的关键部分，通过满足每个人的需求而不损害系统的其他部分，使企业的各个方面保持平衡。马霍尼（Mahoney，2012）将利益相关者定义为为公司创造财富潜力做出贡献的人和群体，是潜在的受益者和/或自愿或非自愿地承受公司活动风险的人。因此，利益相关者包括股东、公司发行的期权持有人、债务持有人，员工（特别是那些投资公司特定人力资本的人）、当地社区、作为潜在利益相关者的环境、监管机构、政府、组织间联盟伙伴、客户和供应商。利益相关者有各种分类，其中一种侧重于属性：权力、合法性和紧迫性。通过结合这些属性，管理者可以关注的利益相关者群体——确定的和预期的利益相关者以及仅被提及潜在的利益相关者（Mitchell et al.，1997）。

可持续性是企业社会责任的利益相关者维度中非常重要的一部分，因为公司需要对更广泛的直接和间接合作者负责。它们必须考虑整个供应链并建立这样的协作关系，以便监测和防止所有不可持续或社会不负责任的行为。如果加入全球市场，许多公司都面临工业化国家的障碍，因为它们未能满足环境、人权和安全要求。为了参与国际贸易并获得竞争优势，公司开始战略性地考虑承担企业社会责任（Yua & Choi，2014）。

由于各种利益相关者群体的研究众多，所以关于企业社会责任的利益相关者维度的研究领域非常广泛。关于利益相关者维度的论文，主要是研究企业开展企业社会责任活动是否能缓和企业内部关系（Jo et al.，2015）、实施企业社会责任活动的动机（Yua & Choi，2014），以及不同利益相关者对这些活动的态度（Öberseder et al.，2013；Calabrese et al.，2015）。结果表明，企业社会责任活动对消费者，员工和社会等大多数利益相关者产生了积极影响，而股东和投资者并不总能认识到企业社会责任的作用（Farooq et al.，2014）。对企业社会责任感兴趣的政府和其他组织可以通过立法和奖励来刺激公司实施企业社会责任，但这些行动只会产生部分作用（Steurer，2010）。

（四）环境维度

近年来，公司被视为社会、环境和经济问题的主要原因，因此外部压力使公司开始考虑其对环境的影响以及其行为的利弊。除了污染预防，企业必须考虑节约能源，提高劳动力和使用原材料的效率以及控制和减少废物。

环境企业社会责任的实施取决于政府制定的不同的法律行政条件。不同群体对环境企业社会责任的兴趣有显著的差别。公司本身，在实施环保活动中有自己的利益。它们试图获得积极的舆论和社会支持，但只有通过履行法律要求和避免事故才能实现这些目标，但公司应该采取更积极主动的方法。商业战略应考虑环境保护，并且企业社会责任和环境报告中的投资应高于强制性投资。

环境的企业社会责任活动会给公司带来额外的费用，而且它们带来的经济利益不会立即可见并且易于衡量。大量研究的目的是研究环境 CSR 活动与其经济表现和公众舆论之间的联系（Friedman，1970）。一些结果表明，商业与环境之间的权衡对公司的经济效益产生了积极影响（Waddock & Graves，1997）。其他学者批评这些研究结果是因为他们发现公司不会在自愿牺牲自己的利润来保护环境，因为目前的开支与后来的收益之间没有正相关关系（Wagner et al.，2002）。波特和林德（Porter & Linde，1995）认为，从更广泛的意义上讲，企业社会责任环境活动可以引发创新，降低成本，节约资源，从而获得竞争优势和忠诚的消费者。

关于环境维度的论文，主要研究环境的企业社会责任获得的投资与这些活动、法律规则和强制性环境报告带来的经济效益之间的联系（Graafland & Smid，2017）。有两组不一样的研究结果：一组研究结果证实了企业社会责任的实施导致成本和经济效益不可见并且不会增加公司价值的假设（Wahba，2008）；另一组的研究结果表明生态活动对公司的收入、创新和正面形象有积极影响（Bönte & Dienes，2013）。

（五）自愿性维度

自愿性指自由做决定，并非为了达到某种条件而做决定。自愿性维度意味着克服与产品质量或安全，社区支持，对慈善机构的支持，通过志愿服务支持员工参与社会项目相关的最低规定标准，并建立企业基础。要理解企业社会责任中的自愿性，必须理解商业道德（Aslan & Sendogdu，2012）。公司有责任避免不良行为，以防止企业社会不负责任。这一维度侧重于道德责任和慈善责任。关于企业社会责任自愿维度的科学文献，涉及克服规章制度所规定的义务问题（Ortas et al.，2015），以及如果企业只是"做得好"或"避免坏"，企业社会责任是否会陷入困境，企业是否应该被给予奖励等问题（Lin – Hi & Müller，2013）。

三、企业社会责任与企业战略

企业社会责任作为企业战略的要素，是随着社会的发展和企业战略的不断演进而逐步形成的。哈佛大学著名管理学大师安德鲁斯认为，企业战略包括四个要素，即市场机会、公司实力、个人价值观和期望、社会责任，其中市场机会和社会责任是外部环境因素，公司实力与个人价值观和期望则是企业的内部因素。安德鲁斯首次把企业社会责任提升到企业战略组成要素的高度。战略管理大师波特则将企业社会责任区分为反应型和战略型两种，并认为只有通过战略性地承担社会责任，企业才能对社会施以最大的积极影响，同时收获最丰厚的商业利益。波特认为，企业社会责任并不简单意味着成本、约束或者慈善活动的需要，而是企业创新和增强竞争优势的潜在机会。企业通过履行社会责任而在环境、社会以及企业伦理道德等方面的良好表现将影响利益相关者对企业的态度和评价，有助于企业树立良好的企业形象，提升企业的可信度，给企业带来良好的声誉，为企业创造良好的外部环境，从而有助于企业的战略目标获得利益相关者的认同和支持，提高企业市场价值从而获取可持续的竞争优势。

如今，企业社会责任概念已经在世界范围内得到广泛应用，并造就了许多成功的企业。企业实施企业社会责任活动能够对企业形象产生积极影响，使企业获得更有利的市场竞争地位，企业的生产份额和价值创造不断增加，同时社会福祉和生态环境得到保护。此外，企业社会责任还可能影响到商业模式的成功运作。从长远看，履行社会责任对企业战略的实现的正面效果是十分明显的。比如在产品同质化程度很高的产业，消费者总是倾向选择知名品牌的产品，因此企业间的竞争就从产品的竞争上升为品牌的竞争。履行社会责任能帮助企业建立良好的商誉，提升企业的品牌价值。积极履行社会责任，企业自然地向公众传达了一种值得长期信赖的信号，促使人们对企业的价值观和发展前景抱有积极的认同和期待。再比如，可口可乐公司退出印度市场，而百事公司进入印度市场并获得丰厚的商业利益也是二者在履行企业社会责任战略方面的不同表现导致的结果。

总之，企业社会责任对经济绩效的调节作用更多的是通过企业声誉与企业形象、企业品牌以及企业竞争力的作用而对长期经济绩效产生正面的影响，使企业达到经济绩效、环境绩效和社会绩效的统一。中国企业应认识到企业社会责任对企业可持续发展和长期竞争优势的重要性，主动地将企业社会责任纳入企业的战略管理当中。

参 考 文 献

［1］南文化、范仁庆：《企业社会责任与企业战略》，载于《华北电力大学学报》（社会科学版）2009 年第 2 期。

［2］张轶、钟华：《企业社会责任与企业绩效的相关性分析》，载于《现代商贸工业》2020 年第 3 期。

［3］邵兴东：《企业社会责任战略研究》，载于《开发研究》2009 年第 5 期。

［4］赵曙明：《企业社会责任的要素、模式与战略最新研究述评》，载于《外国经济与管理》2009 年第 1 期。

［5］Agle, Bradley R.；Mitchell, Ronald K., and Sonnenfeld, Jeffrey A., 1999：Who matters to CEO? An investigation of stakeholder attributes and salience, corpate performance, and Ceo values. Academy of management journal, 42, 5, pp. 507 – 525.

[6] Arya, Bindu; Zhang, Gaiyan. , 2009: Institutional reforms and investor reactions to CSR announcements: Evidence from an emerging economy. Journal of Management Studies, 46, 7, pp. 1089 – 1112.

[7] Aslan, S. and Sendogdu A. , 2012: The mediating role of corporate social responsibility in ethical leader's effect on corporate ethical values and behavior, Procedia – Social and Behavioral Sciences, 58, pp. 693 – 702.

[8] Bakos L. , 2014: Decision-making and managerial behaviour regarding corporate social responsibility in the case of small and middle-sized companies [J]. Procedia-social and behavioral Sciences, 124, pp. 246 – 254.

[9] Bonsón E, Bednárová M. , 2015: CSR reporting practices of Eurozone companies [J]. Revista de Contabilidad, 18 (2), pp. 182 – 193.

[10] Bönte W, Dienes C. , 2013: Environmental innovations and strategies for the development of new production technologies: empirical evidence from Europe [J]. Business Strategy and the Environment, 22 (8), pp. 501 – 516.

[11] Calabrese, A. Costa, R. and Rosati, F. 2015: A feedback-based model for CSR assessment and materiality analysis, Accounting Forum. Elsevier, 39 (4), pp. 312 – 327.

[12] Carroll, A. B. and Shabana, K. M. , 2010: The business case for corporate social responsibility: A review of concepts, research and practice, International journal of management reviews, 12 (1), pp. 85 – 105.

[13] Carroll, A. B. , 1999: Corporate social responsibility: Evolution of a definitional construct, Business & society, 38 (3), pp. 268 – 295.

[14] Carroll, Archie B. , 1991: The pyramid of corporate social responsibility: Toward the moral management of organizational stakeholders. Business horizons, 34, 4, pp. 39 – 48.

[15] Dahlsrud, A. , 2008: How corporate social responsibility is defined: an analysis of 37 definitions, Corporate social responsibility and environmental management, 15 (1), pp. 1 – 13.

[16] Dam, L. and Scholtens B. , 2008: Environmental regulation and MNEs location: Does CSR matter? Ecological Economics, 67 (1), pp. 55 – 65.

[17] Dobers P, Halme M. , 2009: Corporate social responsibility and developing countries, Corporate Social Responsibility and Environmental Management, 16 (5), pp. 237 – 249.

[18] Doh, Jonathan, and P. Guay, 2006: Terrence R. Corporate social responsibility, public policy, and NGO activism in Europe and the United States: An institutional-stakeholder perspective, Journal of management studies, 43, 1, pp. 47 – 73.

[19] Duff, A. , 2016: Corporate social responsibility reporting in professional accounting firms, The British Accounting Review, 48 (1), pp. 74 – 86.

[20] Farooq M, Farooq O, and Jasimuddin, S. M. , 2014: Employees response to corporate social responsibility: Exploring the role of employees' collectivist orientation, European Management

Journal, 32（6）, pp. 916 – 927.

[21] Fifka, M. S. and Pobizhan M. , 2014：An institutional approach to corporate social responsibility in Russia, Journal of Cleaner Production, 82, pp. 192 – 201.

[22] Fontaine, M. , 2013：Corporate social responsibility and sustainability：the new bottom line? [J]. International Journal of Business and Social Science, 4 (4).

[23] Friedman, Milton, 2007：The social responsibility of business is to increase its profits, Corporate ethics and corporate governance. Springer, Berlin, Heidelberg, pp. 173 – 178.

[24] Godfrey, Paul C. , Merrill, Craig B. and Hansen, Jared M. , 2009：The relationship between corporate social responsibility and shareholder value：An empirical test of the risk management hypothesis. Strategic management journal, 30, 4, pp. 425 – 445.

[25] González – Rodríguez, M. R. , Díaz – Fernández and M. C. , Simonetti B. , 2015：The social, economic and environmental dimensions of corporate social responsibility：The role played by consumers and potential entrepreneurs [J]. International Business Review, 24 (5), pp. 836 – 848.

[26] Graafland, J. and Smid, H. , 2017：Reconsidering the relevance of social license pressure and government regulation for environmental performance of European SMEs, Journal of cleaner production, 141, pp. 967 – 977.

[27] Graves, Samuel, B. Waddock, and Sandra, A. , 1994：Institutional owners and corporate social performance. Academy of Management journal, 37, 4, pp. 1034 – 1046.

[28] Hieu, P. D. , 2011：Corporate social responsibility：A study on awareness of managers and consumers in Vietnam, Journal of Accounting and Taxation, 3 (8), pp. 158 – 161.

[29] Jonikas, D. , 2014：Value created through CSR measurement possibilities, Procedia – Social and Behavioral Sciences, 156, pp. 189 – 193.

[30] Kolk, A. and Van Tulder, R. , 2010：International business, corporate social responsibility and sustainable development, International business review, 19 (2), pp. 119 – 125.

[31] Lee, E. M. , Park, S. Y. , Lee, H. J. , 2013：Employee perception of CSR activities：Its antecedents and consequences, Journal of business research, 66 (10), pp. 1716 – 1724.

[32] Lin – Hi N, Müller K. , 2013：The CSR bottom line：Preventing corporate social irresponsibility [J]. Journal of Business Research, 66 (10), pp. 1928 – 1936.

[33] Luo, Xueming, Bhattacharya, and Chitra Bhanu. , 2006：Corporate social responsibility, customer satisfaction, and market value. Journal of marketing, 70, 4, pp. 1 – 18.

[34] Mahoney, J. T. , 2012：Towards a stakeholder theory of strategic management, Towards a New Theory of the Firm, Barcelona：IESE Research Unit, forthcoming.

[35] Mitchell, R. K. , Agle. B. R. , and Wood, D. J. 1997：Toward a theory of stakeholder identification and salience：Defining the principle of who and what really counts [J]. Academy of management review, 22 (4), pp. 853 – 886.

[36] Mousiolis, D. T. , and Bourletidis, K. , 2015：The Corporate Identity through the CSR's Paths, Procedia – Social and Behavioral Sciences, 175, pp. 511 – 514.

[37] Nasrullah, N. M. and Rahim, M. M. , 2014：CSR in Private Enterprises in Developing

Countries, Evidences from the Ready – Made Garments Industry in Bangladesh.

[38] Nikolaou, I. E. , Evangelinos. K. I. , and Allan, S. , 2013: A reverse logistics social responsibility evaluation framework based on the triple bottom line approach [J]. Journal of Cleaner Production, 56, pp. 173 – 184.

[39] Nisberg, J. N. , 1988: The random house handbook of business terms, Random House Reference.

[40] Öberseder, M. , Schlegelmilch, B. B. , and Murphy, P. E. 2013: CSR practices and consumer perceptions, Journal of Business Research, 66 (10), pp. 1839 – 1851.

[41] Ortas, E. , Álvarez, I. , and Jaussaud J, et al. , 2015: The impact of institutional and social context on corporate environmental, social and governance performance of companies committed to voluntary corporate social responsibility initiatives, Journal of Cleaner Production, 108, pp. 673 – 684.

[42] Palihawadana, D. , Oghazi, P. , and Liu, Y. , 2016: Effects of ethical ideologies and perceptions of CSR on consumer behavior, Journal of Business Research, 69 (11), pp. 4964 – 4969.

[43] Porter, M. E. and Kramer, M. R. , 2006: The link between competitive advantage and corporate social responsibility, Harvard business review, 84 (12), pp. 78 – 92.

[44] Porter, M. E. , and van der Linde, C. , 1995: Toward a New Conception of the Environment – Competitiveness Relationship. The Journal of Economic Perspectives, 9 (4), pp. 97 – 118.

[45] Rusmanto, T. and Williams, C. , 2015: Compliance evaluation on CSR activities disclosure in indonesian publicly listed companies [J]. Procedia – Social and Behavioral Sciences, 172, pp. 150 – 156.

[46] Saeidi, S. P. , Sofian, S. , and Saeidi, P. et al. , 2015: How does corporate social responsibility contribute to firm financial performance? The mediating role of competitive advantage, reputation, and customer satisfaction, Journal of business research, 68 (2), pp. 341 – 350.

[47] Sanela, A. , Andelka, S. , and Ivan, M. , 2017: The most important dimentions of corporate social responsibility [J]. International May Conference on Strategic Management, pp. 318 – 336.

[48] Sharma, A. and Gupta, N. 2013: The new era of Corporate Social Responsibility, International Research Journal of Management Science and Technology, 5 (1), pp. 191 – 205.

[49] Steurer, R. , 2010: The role of governments in corporate social responsibility: Characterising public policies on CSR in Europe, Policy sciences, 43 (1), pp. 49 – 72.

[50] Sweeney, L. , 2009: A study of current practice of corporate social responsibility (CSR) and an examination of the relationship between CSR and financial performance using structural equation modelling (SEM).

[51] Szczuka, M. . 2015: Social dimension of sustainability in CSR standards, Procedia Manufacturing, 3, pp. 4800 – 4807.

[52] Tsoutsoura, M. , 2004: Corporate social responsibility and financial performance, 2004.

[53] Ubreziova, I. , Kozakova, J. , and Malejcíkova, 2015: A. Corporate Social Responsibil-

ity and Perception of Environmental Pillar in the Selected Set of the Slovak Enterprises, Procedia economics and finance, 34, pp. 542 – 549.

[54] Van Marrewijk, M., 2003: Concepts and definitions of CSR and corporate sustainability: Between agency and communion [J]. Journal of business ethics, 44 (2 – 3), pp. 95 – 105.

[55] Waddock, S. A. and Graves, S. B., 1997: The corporate social performance-financial performance link [J]. Strategic management journal, 18 (4), pp. 303 – 319.

[56] Wagner, M., Van Phu, N., and Azomahou T, et al., 2002: The relationship between the environmental and economic performance of firms: an empirical analysis of the European paper industry, Corporate social responsibility and Environmental Management, 9 (3), pp. 133 – 146.

[57] Wahba, H., 2008: Does the market value corporate environmental responsibility? An empirical examination, Corporate Social Responsibility and Environmental Management15 (2), pp. 89 – 99.

[58] Waworuntu, S. R., Wantah, M. D., and Rusmanto, T., 2014: CSR and financial performance analysis: evidence from top ASEAN listed companies, Procedia – Social and Behavioral Sciences, 164, pp. 493 – 500.

[59] Yu, Y. and Choi, Y., 2016: Stakeholder pressure and CSR adoption: The mediating role of organizational culture for Chinese companies, The social science journal, 53 (2), pp. 226 – 235.

跨国并购与战略联盟的比较分析

摘要：跨国并购是一种进入国外市场的方式，也是一种动态的学习过程，同时又是一种价值创造的策略。本文分析跨国并购的类型、动机、特点，并进一步分析跨国并购与战略联盟策略的比较和运用。

关键词：跨国并购　战略联盟　价值创造

长期以来，并购一直是跨国公司普遍采用的一种重要策略，也是跨国公司战略性扩张的一个重要选择。并购的目的在于拓展经营边界、发挥垄断优势、扩大规模效应和增加控制权等。企业并购的原始动力，来自对利润最大化的追逐和市场竞争的压力。在一个动荡、变化莫测的环境下，在不同的地域和市场里寻求新的机会是必要的。跨国并购也是公司实行国际多样化策略的手段。可以说，跨国并购是一种进入国外市场的方式，也是一种动态的学习过程，同时又是一种价值创造的策略。本文分析并购的类型、动机、特点，并进一步分析跨国并购与战略联盟策略的比较和运用。

一、跨国并购的概念和类型

根据联合国贸发会议（UNCTAD）出版的《2000 年世界投资报告：跨国并购与发展》，跨国兼并是指原来属于两个不同国家企业的资产和经营被结合成一个新的法人实体，跨国收购则是指企业资产和经营的控制权从当地企业转移到外国公司，前者称为后者的子公司（见图 1）。对于跨国收购，理论界一直对于收购股权比例达到多大份额才能实施一定的"控制权"存在分歧，UNCTAD 在定义中明确将 10% 作为标准，超过 10% 视为跨国收购，否则视为证券投资。跨国并购同时表现为跨国出售和购买两个方面，其中收购者或购买者所在国家称为"母国"，目标企业或被收购企业所在国家称为"东道国"。

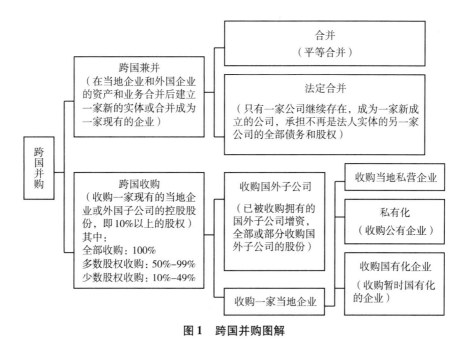

图1 跨国并购图解

资料来源：联合国贸易与发展会议（UNCTAD）编：《2000年世界投资报告：跨国并购与发展》，冼国明译，中国财政经济出版社2001年版。

根据跨国并购双方的行业关系，跨国并购可以分为横向并购、纵向并购和混合并购。横向跨国并购是指两个或两个以上国家生产同类产品或生产工艺相近的企业间的并购。此类并购有利于并购企业整合资源，获得协同效应，而且可以迅速扩大生产规模，有助于公司在更大范围内实现专业分工协作，采用先进的技术设备和工艺；便于统一技术标准，加强技术管理和进行技术改造，便于统一销售产品和采购原材料；可以使企业较快地进入他国市场，扩大世界市场份额。纵向跨国并购指两个或两个以上国家或地区处于同一生产链但又处在不同生产阶段的企业之间发生的并购，通常是在客户—供应商或者买主—卖主关系的企业之间的并购。其目的是降低生产链前后关联中存在的不确定性和交易成本。并购双方往往是原材料或产成品的购买者，所以对对方的生产状况比较熟悉，有利于并购后的相互融合。纵向并购能够扩大生产经营规模，加强生产过程各环节的配合，有利于协作化生产；可以加速生产流程，缩短生产周期，并节省资源、能源以及运输、仓储费用。混合跨国并购指两个或两个以上的国家或地区经营活动无关联的企业间的并购行为。企业进行混合并购通常是为了实现多样化、全球化，以降低业务过于单一、业务过于集中在单一国家或地区的风险。

二、全球并购浪潮及其主要特征

迄今为止，全球经历了六次大规模的并购浪潮，前四次分别发生在 1897～
1904 年、1916～1929 年、1965～1969 年、1984～1989 年。第一次并购浪潮包括
了许多横向并购和少数行业的混合并购。第二次浪潮主要是横向并购，但同时也
有一些纵向并购存在。第三次浪潮是混合并购的时期，即不同行业之间的并购。
第四次浪潮有其独特之处，它经常以敌意收购的面目出现，经常运用"垃圾债
券"来为杠杆并购融资。尽管敌意收购者在 20 世纪 80 年代之前就已经存在，第
四次浪潮为它们提供了"垃圾债券"融资的渠道，使得它可以常常对大企业发起
攻击。这样做的后果使得敌意收购改变了企业管理的观念，因为之前企业不会受
到这么强大的威胁。当"垃圾债券"在 80 年代末消亡之后，经济进入了衰退时
期。但是转眼之间，到 1992 年并购的数量又回升了，新的大规模的并购活动拉
开了序幕。第五次的并购浪潮同以往四次都不相同，其间大多数并购都是战略性
的，促使企业寻求进入新的市场和充分利用协同效应（见表 1）。

表 1　　　　　　　　　　　五次跨国并购浪潮的基本特征

并购时间	基本形式	主要产业
19 世纪末 20 世纪初	横向并购 混合并购	基础产业、农业、交通、能源等
20 世纪 20 年代	横、纵向并购 产业内并购	食品加工、化学、采矿、公共事业、银行业
20 世纪 60 年代	纵向并购为主 混合并购	航空业、机械、纺织、电影、烟草、电信
20 世纪 80 年代	混合并购 产业间并购 杠杆式并购	钢铁、汽车、金融、保险、零售业、药品、石油化工等
20 世纪 90 年代	大规模 MBO 混合并购 产业间并购	金融、电信通讯、传媒、汽车、航空 生物、制药等

资料来源：郭铁民、王永龙、俞姗：《中国企业跨国经营》，中国发展出版社 2002 年版，第 104 页。

尽管第五次并购浪潮以大规模的并购为其主要特征，但是敌意收购越来越
少，战略性并购越来越多。随着经济从 1990～1991 年的衰退中复苏，企业开始
寻求扩张，并购再一次被看作实现企业扩张战略一种快捷而有效的方式。当然并

购也会导致更大程度的垄断，从而给消费者和社会带来净福利的损失。不过新的理论认为：兼并之后并不必然形成垄断价格，兼并应该受到更大的鼓励。但是与20世纪80年代的并购不同，90年代的并购更多地强调战略性而较少强调短期的财务收益，这些并购不再依赖80年代的债务融资，而是通过企业新增加的资产净值来融资，这使得杠杆收购的程度大大降低。20世纪90年代（1997年之前）运用现金收购的总额占到了25%的比例，而1997年达到40%，1998年达到了44%。在第五次并购浪潮中居于主导地位的产业是银行业和电信业。原因在于管制的解除或放松加快了并购的步伐。先前的管制环境形成了许多小银行，而且很难实现国际间的并购，这种状况在80年代得到改善，由于管制环境得到缓和，跨国银行高速发展，而当它们达到一定规模时，彼此开始相互竞争，银行业开始通过扩张新市场以充分利用行业规模经济优势。并购是实现这一目标最迅速有效的方法。因此，在第五次并购浪潮中发生了许多大银行之间的并购案。另外一个产业是电子通信业。随着新产品和市场的开发，如移动电话，这一产业发生了重大的技术变革，相对于其竞争对手MCI和SPRINT，AT&T开始丧失其市场份额。另外，一些"暴发户"如LDDS，一个最初不怎么出名的远距离通信中间商，运用并购策略最终成为世界上最大的电子通信企业之一。

在20世纪90年代的第五次并购浪潮中，仅1997年完成的并购价值就比20世纪80年代全部的并购值还多。1999年，跨国并购的总资产已经达到将近1.4万亿美元，是其前一年的2倍。1998~2000年交易完成的总价值将近4万亿美元，这超过了过去30年中完成的所有交易的总价值。虽然自90年代末期以来已经有所冷却，但是世界范围内的并购总数还是以高比率在增加。这说明，科技进步、贸易自由化、全球竞争对跨国并购的普及有着极大的影响，不断增强的全球化趋势不仅增加了跨国并购的机会，也加大了跨国并购压力。全球范围的产业重组、私有化以及经济的自由化等因素导致了跨国并购的快速发展，产业和区域的一体化也使全球并购总数和价值在不断增长。第五次并购浪潮中的并购并不仅仅局限于美国企业或者美国本土。在90年代，美国企业在购买国外企业时是积极主动的。而国外企业进入美国并购市场则比较迟缓，但是到了1995年，他们已经是美国企业最主要的购买者。第五次并购浪潮在90年代晚期蔓延到欧洲。全球跨国并购活动在2000年达到9052.14亿美元的顶峰，2001年以后，由于世界大部分地区经济增长放慢，全球投资活动剧减，这一下降趋势一直持续到2003年。2004年全球跨国并购活动开始回升，并由此开启了至2008年全球金融危机爆发为止的第六次跨国并购浪潮。

尽管与第五次跨国并购浪潮有着许多共同点，如新技术出现了飞跃、新的并购融资技术的采用等，第六次并购浪潮仍呈现出一些新的特点和发展趋势。如第一次出现了主权财富基金的身影，金融创新变得越来越重要，国家与国家之间的竞争开始表现在机构与机构之间的竞争上，新兴经济体跨国公司作为并购主体的重要性日益显露等。此外，技术的快速发展、政府政策与管制环境的变化、东道国独特的区位优势等均会推动跨国并购活动的产生。在金融危机中，全球信贷市场的不确定性以及各个国家对并购活动的政策导向变化无常，导致了全球并购浪潮的消退。虽然国内外的并购案例数量都在减少，但并购战略仍是公司发展的重要动力。事实上，并购战略在很多全球公司中都非常流行。在可预见的未来，在能源、医保等行业将会有许多并购机会。

三、跨国并购研究的不同视角

跨国并购研究可以有不同的角度和侧重点，如外国直接投资的进入模式、跨国并购后股东财富的创造等。当今，跨国并购战略变得越来越重要。目前的研究主要是根据资源基础论和组织学习的观点来评估国际扩张和跨国并购所产生和创造的价值。此外，研究注意力已经逐渐转向对并购整合问题的研究。

（一）跨国并购的动因

跨国并购动因的研究，一是秉承折衷理论的三要素研究范式，针对跨国并购的新特征，丰富跨国并购在所有权优势、内部化优势、区位优势方面的特有内涵，建立多维度有机结合的影响因素体系，不仅应包括国际直接投资涉及的宏观环境因素和微观产业因素，而且应更关注企业特定因素；二是结合企业能力理论的前沿进展，从企业资源、战略和内生能力角度重新构造和完善跨国并购的微观决策模型。在新经济时代对于企业本质的认识，不应仅仅局限于替代市场交易的内部化组织，而是要从企业价值创造的角度出发，强调企业是一种创造、吸收、传递和更新隐形资源（特别是技术和知识）的社会性组织。国际战略管理论、组织能力论、动态能力和组织学习论、资源基础论等正是以此为逻辑起点，从不同角度揭示管理要素、知识要素、实体要素三位一体的资源和能力体系是企业生存和发展的基础，也是企业价值和核心竞争力的源泉。任何经营、管理、资产整合和组织变革等企业行为的根本目标都是获取保持核心竞争力的资源和能力。企业能力论和资源基础论学派已开始构建基于企业国际化核心竞争力和战略资源的跨国并购理论模型，这有助于更深入地理解国际经济一体化背景下企业边界的合理确定（阎大颖，2006）。

交易成本理论的创始人科斯认为，企业和市场是两种可以相互替代的资源配置机制，企业是通过企业家而不是市场机制来配置资源和组织经济活动。交易成本的节约是企业并购的主要动因，企业内部的协调管理费用越低，企业并购的规模就可能越大，并购的最佳点应该在降低交易成本与由于扩大规模而增加的内部监督管理成本相等之处。与交易成本理论和内部化理论不同，企业组织能力论把企业视为一系列内嵌知识型资源的集合体，并通过企业动态和复杂交错的组织过程转化为特有技能。该理论认为，市场失灵不是来自外部合作者的机会主义行为，而是在传递和吸收隐形资源时各个企业内生的组织能力差异。它将判断企业内部化可行性的视角放在价值创造上，而不局限于节省交易成本，强调与其他企业合作即使会产生较高的交易成本，但如果能从中拓宽企业的能力边界，依然可能提高企业的核心竞争力。梅德霍克（Madhok，2012）沿用了组织能力论的"价值创造观"，并结合所有权优势资源特性，提出进入模式选择的新命题。他认为，是否通过并购实现市场内部化的决策及效果，既与并购双方优势资源的互补性和可吸收性等产业技术因素相关，也与收购企业吸收和利用各种隐性知识的组织能力相关。企业知识的隐含性越高，或对于在国外要从事的业务的技术特性、市场环境极大的超出现有经验，则组织各种隐形知识的成本和风险都很大，此时通过合资模式获取这些外部资源比通过并购或新建子公司更合理，这不仅可以减少因组织能力缺陷造成的内部化成本，还可以避免新建投资因运作上的路径依赖导致的吸收新资源的刚性。哈默将动态能力与组织学习论引入进入方式的决策分析，得出了不同结论。他认为，并购可以促进跨国公司向东道国合作者吸收和补充经营经验，还有助于获取竞争对手的更多信息。资源基础论认为企业可以通过运用其内部战略性资源和能力获得超出竞争对手的竞争优势，特别是当这些内部的资源和能力难以复制和模仿时更是如此。由于这种资源有时会与其他资源混合在一起，或嵌入在组织内部，因此不能完全依赖交易得到（张秋生，2010）。在这种情况下，并购被采用。企业通过跨国并购可以利用其自身可流动的特定资源和东道国企业不可流动的国家特定资源能力在国际间的互补性。

在产业日益融合，技术日趋复杂化的情况下，一个企业要竞争大未来并取得领先地位，并购当然是一种现实的选择，有时也是战略联盟无法取代的。跨国并购的好处主要包括以下几个方面（UNCTAD，2000）：

（1）实现规模经济效应。规模经济是指在技术条件不变的前提下，随着企业各种投入要素的增加，企业由于生产规模的扩大而带来的单位产品成本的下降。它表现为规模收益递增，即生产规模扩大之后，收益增加的幅度大于规模扩大的幅度。跨国公司通过并购可以实现规模经济，降低生产成本，扩大市场份额，增强市场力量。比如通用电气（GE）通过600多次并购而成为全球市值最高，管理最佳的跨国公司。（2）实现范围经济效应。范围经济是指一个企业生产两种或两种以上产品而产生的单位成本的降低。也就是说，企业在不同的产品或业务领域经营能获得更大的收益，并导致成本的节约和风险的降低。范围经济源于生产活动和范围的多样化，即企业内部生产的多样化，或数个企业完成不同的生产且相互协作。范围经济包括产品的范围经济和行业的范围经济。前者是指通过同一行业产品种类的多样化实现生产上的范围经济，后者是指通过渗透到其他领域实行行业多元化而取得经营上的范围经济。范围经济理论认为，由于存在未被充分有效利用的企业资源和能力，当这些资源和能力扩展和运用到其他产品范围或经营领域时，就会产生新的收益。并购使得企业可以利用共同的资源，如技术、生产管理经验、商誉和土地等，做到资源共享，获得范围经济。（3）协同效应。企业并购后，两个企业的总体效益会大于两个独立企业的效益之和，即产生 1 + 1 ＞ 2 的效应。业务品种不同的企业进行并购，可以在发挥各自业务优势的同时，弥补原有各家企业的劣势，免去重新开发业务的成本和风险，从而实现优势互补。并购可以使企业获得生产关联产品所需的资源，并通过资源重组取得协同效应。（4）追求速度经济。企业在国际扩张时，速度是至关重要的，跨国并购是达到预期目标最迅速的途径。相对于绿地投资而言，跨国并购提供了迅速进入东道国市场、获得目标公司生产能力、销售渠道、研发能力等资源的途径，这既可以防止东道国原有厂商的报复性行为，也可以对后期进入的其他跨国公司造成威胁。特别是当国内市场达到饱和时，企业的发展有赖于国外市场的开拓，而此时通过跨国并购，企业可以快速获得新的市场机会，并立即利用当地的供应商与客户网络，从而获得相应的技能。（5）消除竞争对手，减少竞争压力，增强市场势力，增强对经营环境的控制，提高市场占有率，增加企业获利机会。（6）并购可以争夺创新技术和相关的人力资源，并购还可以获得许多有价值的商标、品牌等无形资产，从而增强企业的核心竞争力。比如思科（CISCO）在 1993 ~ 2000 年通过不断并购 70 多家技术创新型小企业，从而成为全球最大的互联网设备供应商。（7）并购有利于控制学习的过程，隐性知识的学习通过内部化安排来进行，从而使学习更有保障，并可将学习的经验在子公司之间推广。

（二）跨国并购是否创造价值

一般来说，并购行为可以通过以下三种方式实现：用现金或证券购买其他公司的资产；购买其他公司的股票；对其他公司的股东发行新股，以置换其所持有的目标公司股权，从而取得其他公司的资产和负债。

并购是一把"双刃剑"，成功的并购可以推动生产要素的优化组合，使资源得到优化配置，企业竞争能力得到提高，为企业带来巨大的经济效益；不成功的并购不但不能实现价值的提高，反而会拖累甚至拖垮企业。而衡量并购成功与否的一种重要指标就是并购的绩效。并购绩效是指企业通过并购活动而获得的价值增值，包括财务绩效的改善、市场竞争力的提高、成长能力的增强和创新能力的提升。当然，跨国公司在实施跨国并购战略中将面临挑战和一系列的风险，不同的国家文化，不同的消费者喜好，不同的商业习惯和制度方面的压力（比如政府的规章制度），可能会阻碍企业战略目标的实现。海外市场的不确定性和信息的不对称会使企业很难适应和学习。

现实中，并购常常未能创造企业期望获得的价值，究其原因，主要包括：（1）收购的代价太高。并购往往会比实际需要收购得更多，因为它不得不将目标企业的债权、债务照单全收，包括那些没有利益或失败的业务。因此有些企业在并购之后，往往又将多余的部分分割拍卖，从而使并购的成本十分高昂。而企业本来最想获得的资源，比如由于被并购企业与政府等组织的特殊关系，或者主要技术专家未必会在并购之后而保留下来。（2）整合的困难。并购之后面临巨大的整合成本，还有人事安排和管理等一系列问题。并购后的企业规模如果过大，将导致企业组织膨胀，从而增加企业内部活动的管理和协调成本，而且还会给企业的战略转移筑起很高的退出壁垒。（3）公司过高地估计了收购潜在的经济利益。根据自大假说，管理者由于野心、自大或过分骄傲而在评估并购机会时会犯过分乐观的错误，导致决策失误，这种情况下完成的并购会使并购方企业股东遭受损失。（4）多元化战略实施不当。

（三）并购之后的整合问题

近年来，并购完成后的整合过程逐渐成为人们关注的重点。这包括从雇员角度的融合、收购完成后收购方经理层人员的变化、收购完成后被收购方与收购方的行为，以及知识有效的转移和组织的学习。并购整合，是将两个或者多个公司的组成要素进行调整，使其融为一体的过程。并购会给企业带来一系列的困难，处理不好就可能导致整个并购活动的失败。比如许多公司在并购之初业绩大幅上升，而后来业绩又出现大幅下滑的现象，究其原因，主要是企业忽视并购之后的整合，使得并购的潜在收益难以发挥。值得注意的是，在跨国公司并购整合过程中，文化整合是很关键的一个环节。并购与被并购企业间的文化整合，是影响企业并购战略与长期经营业绩的关键因素。在并购后整合战略中，文化整合和人员整合是相当重要的，其整合过程可以喻为新组织的 DNA。当并购双方分别属于不同国别时，民族文化的差异所带来的价值观和管理风格的不同更构成了并购成功的重要障碍。

企业文化包括企业的价值观、传统信仰以及处理问题的准则。不同的企业可能有不同的企业文化，而企业文化一旦形成，都有一定的稳定性和惯性，对外来的文化冲击，会很自然地做出抵御反应。如果并购企业与被并购企业的企业文化未能有效整合，就必然会导致许多矛盾和冲突，致使合并后的企业低效运行，甚至以失败而告终。根据资料统计，在全球范围内，资产重组的成功率只有43%，而那些失败的重组案例中，80%以上直接或间接起源于新企业文化整合的失败。典型例子是1998年11月轰动世界的德国戴姆勒奔驰与美国克莱斯勒的并购案。戴姆勒奔驰公司以世界头号高级轿车生产者著称，克莱斯勒公司是美国三大企业制造企业，也是世界上盈利能力最强的汽车生产商。这场并购当时被称为汽车强强联手的新典型。但到2000年第3季度，戴姆勒－克莱斯勒公司的克莱斯勒部门出现近9年来第一次亏损，且亏损金额高达5亿美元。不到两年，戴姆勒－克莱斯勒公司股票市值下降了50%，结果两家加在一起的市值还不到戴姆勒－奔驰公司单独一家时的市值。之所以公司在短期内出现了经营问题，一个重要原因就是两个不同国家的企业文化存在较大的差异。两个公司的并购并没有发挥"1＋1＞2"的效果。因此，只有当两个公司真正融为一体，进入良性运转，才称得上是一项成功的并购。

企业文化作为企业全体员工的群体意识和价值取向，在很大程度上引导着企业的发展走势。在不同的企业文化背景下，不同的企业会有不同的发展理念，发展趋势及发展模式，这一切最终都会影响着企业未来发展的成败。所以企业文化整合，对企业发展有着直接而重要的影响。不同企业文化引导下的企业发展模式选择是有很大差别的，这种差别体现在：风险型发展模式和稳健型发展模式。风险型追求的是风险中求发展，而稳健型追求的是长期稳定发展。这种侧重冒险和侧重稳健的不同决策理念，实际上是不同企业文化起着支配作用的。如果这两种类型的企业发生并购，不能将两种经营理念进行有机整合，则会导致企业决策中要么急于求成、要么犹豫不决；反之，如果能够将这两种观念有机地结合在一起，既不失冒险创新精神，又保持稳健扎实作风，则会从总体上加快企业的发展速度和效率。

在跨国并购过程中，公司应该考虑各种各样的条件，包括国家、产业以及公司层面的因素，这些因素将影响公司的并购进程。在国家和产业标准要素方面，资本、劳动力、自然资源，还有制度的多样化，如法律上、行政上和文化环境的不同。这几个要素都是非常重要的。在公司的标准上，从事国际化战略需要鉴别和评估潜在的当地目标企业。完成并购以后，公司必须整合目标公司，实现并购的潜在价值。

四、跨国并购与战略联盟的不同运用

战略联盟与并购是跨国公司面对全球化以及技术变化的挑战而采取的两手策

略。一方面，跨国公司积极参与兼并、收购，特别是在相同的或相关的领域在全球范围内出售其非核心业务，收购战略资产来增强其核心竞争力；另一方面，沿着价值链或在价值增值链之间企业又有"非内部化"的趋势。由于技术进步的相互依赖性，企业需要确保获得它们现在无法控制的产品或资产，并对产品的质量和价格以及相关的创新施加影响，这样企业间的战略联盟就应运而生。战略联盟的目标在于为新的业务或产品的投资共担风险，并最大限度地利用合作伙伴的互补性的无形资产（如市场经验、知识、管理技能）、有形资产（如生产设备和营销渠道）。但是，战略联盟与并购有许多不同之处。战略联盟不涉及参与企业的所有权结构的变化。由于其合作是以松散的形式进行，因此面对瞬息万变的市场环境和不可预测的新的竞争产品的出现，企业有更大的灵活性，有更多的选择机会。战略联盟是企业之间相互合作的关系和企业为了获取竞争优势而采取的一种战略行为。战略联盟就其本身而言是非常复杂的，它是企业与市场之间的一种中间组织形式，既可以说是"市场化的组织"，也可以称作"组织化的市场"。战略联盟不涉及参与企业的所有权结构的变化，也就是说，联盟中的企业仍保持着各自独立的所有权。也正因为如此，企业具有更大的灵活性和更多的选择机会。机会来临时，聚兵会战。目标达到后，或再图合作，或各奔前程。战略联盟网络作为介于市场与企业的中间组织，发挥着组织化市场的作用。联盟网络可以在不扩大组织规模的情况下，充分地利用外部资源，实现企业之间的资源共享，节约企业新的投入，同时降低企业的进入和退出壁垒，提高企业的灵活性和应变能力。

国际战略联盟主要发生在产业结构急剧变动的行业、高度竞争性市场、潜在竞争性市场以及产业融合过程中所产生的新型市场。战略联盟是对产业结构变革、竞争白热化和市场环境突变的一种战略上的反应，它能够使企业低成本且有效地获得各种战略要素，增强企业的核心竞争力。联盟的战略目标指向高技术领域。20世纪90年代跨国公司缔结国际战略联盟是为了掌握科技发展的主导权，这在信息技术、生物制药、汽车等高技术产业表现得尤为突出。战略联盟与跨国并购都是企业实行国际化战略的有效工具，其成功率也不相上下，分别为51%和57%，但两者并非可以相互替代。并购往往发生在同一市场的彼此竞争非常激烈的公司之间。因此，如果要强化在现有地理市场上核心业务的地位，一般应采用收购而非联盟。侧重于现有市场内的收购，其成功率为94%，而如果采取与合作伙伴地理市场重叠的联盟，成功率只有25%，因为双方在同一地理市场都有实力，两者联盟则容易导致竞争和冲突。要在海外实现多元化经营，一般应采取跨国联盟而不是收购。在进入新的地理市场时，采用联盟方式可以利用合作伙伴独特的地理位置，或者利用当地企业的特殊关系（如与当地政府），或者利用其营销渠道和客户网络等有利因素,因此成功率更高(约62%)。总之,就核心业务和现有地理领域而言,收购的成功率较高,而就进入相关领域或新的地理市场而言,则联盟更加有效(Kang & Sakai,2000)。

从组织学习的角度看,并购和战略联盟都是企业的外部成长方式,但是并购和战略联盟是有显著区别的。并购是将目标企业纳入自己的企业内部,也就是控制其所有权,然后通过内部的组织安排将各种有价值的技能加以消化吸收。而战略联盟则是通过建立一个学习基地,形成一个独立性很强的正式组织来实现学习。比如通用与丰田汽车组建 NUMMI 合资企业来实现各自的学习目标。克莱斯勒与三菱公司组建股权对等的合资企业其目标就是学习日本的管理和制造技术,以获得第一手的管理经验。虽然通过联盟学习,风险和成本较小,但由于伙伴之间仍然存在竞争,因此有些关键技能难以学到。通过并购学习的优点是学习比较有保障,在内部通过行政或组织手段可以推进学习,缺点是必须建立在能够并购目标企业的前提之上,而现实中有很多企业是值得学习的,但却难以将之并购。再者,从发展中国家的观点来看,内部化方式的最大缺陷在于受到跨国公司"所有权优势"的控制。虽然跨国公司有效的内部技能与知识市场使之很容易地在公司内部使用新技术,但这个过程可能会阻碍东道国经济中学习过程的进一步深化和溢出。而且,相比当地公司以外部化技术转让方式购买许可证或设备并完善所获取的技术,内部化方式可能会使子公司很少努力去对技术进行吸收、适应性调整或进行创新。在短期中,子公司使用给定的技术可能是更有效率的(即更快地获得操作方面的诀窍),然而在长期中,子公司所发展的创新能力可能会落后于当地的公司。在针对自由化所采取的重组过程中,子公司可能会忽视 R&D 能力的发展(联合国贸易与发展会议,1999)。

并购与战略联盟都是避免市场失灵的方法,但选择何者则要看共担风险和投资的潜在利益与由于减少或放弃所有权而导致的控制权的丧失所带来的成本之间孰重孰轻了。从长期来看,战略联盟与并购也都能带来协同效应,这种效应是通过减少伙伴之间业务重叠的部分并削减成本。但是比较而言,并购一般见效快。比如,并购可以在一个特定市场迅速增加客户、增加新的业务、使濒临破产的企业起死回生等。而战略联盟的效果来得慢,它往往需要数年,而且范围也较有限。例如,一些 R&D 联盟需数年才能发明一项新技术。

战略联盟往往为具有某种独特技术优势的小企业所偏爱,因为与拥有财力的大企业合作可以增强其核心竞争力而又可保持独立性。而且小企业一般也没有能力去并购大企业。虽然战略联盟开始时具有相对较低的交易成本,但如果初始的交易成本可以被长期的协同效应的潜在收益所补偿,企业也会选择并购。总之,是选择战略联盟还是并购,需综合考虑企业的短期或长期的战略目标、交易成本以及时间成本等因素。但是，如果跨国并购会受到反托拉斯法等竞争法规或外国所有权管制的限制，那么战略联盟是一种较好的选择。在一些政府管制较多的领域，如航空业，一般不允许国外企业兼并，这时战略联盟也就成为一种很好的替代选择。现在国际航空业已出现了众多的联盟，如瑞士航空公司、德尔塔公司、新加坡航空公司结成联盟，通过联盟增加了横跨大西洋以及亚欧之间的航空业务，扩大了合作经营规模，同时将飞机维修联成一体。

战略联盟并非总是可以作为跨国海外子公司或兼并的替代选择，但是它可以在很大程度上作为获取新的市场和资源的替代选择。如果伙伴具有互补性的有形和无形资产，战略联盟与并购一样可以获得成功，而且有些联盟可以达到兼并的类似效果，只要对战略联盟计划仔细地制订和执行。当然，战略联盟也可能在后期发展成为伙伴之间的并购。在日本，终止的合资企业有75%以上被合作一方收购。值得指出的是，联盟解体或终止并不意味着失败。例如，在制药业，山德士公司和拜耳公司均采用合资基础的联营（分别与三共公司和武田公司联营），帮助其建立独立的业务。两家公司现已退出合营，在日本制药业分别名列第九和第十二（布利克和厄恩斯特，1998）。因此，只要比联盟前创造了更大的价值，就可认为联盟是成功的。当然，联盟并不是便利的和随时都有效的工具，其实许多企业没等联盟发挥效用就自动放弃了，他们发现成功的联盟需要极大的耐心和高超的管理技巧，是一件艰巨的工作，而且伴随着一系列不确定性和风险。对一些企业来说，提早退出联盟是因为担心联盟会成为"特洛伊木马"，从而为潜在的对手打开母国市场或获取本公司重要技术的方便之门，并且给竞争者以低成本获得技术和市场的机会。比如日本在机械和半导体工业的成功就是与美国企业组建战略联盟的结果。而且美国企业还为日本的产品提供了销售和分销网络。这样最终导致美国企业在全球半导体市场上失去了竞争优势（Reich & Mankin，1986）。联盟是有风险的，如果企业不小心，它失去的将比得到的多得多。当然，战略联盟也有许多成功的例子，如福特与马自达、摩托罗拉与东芝、富士与施乐的联盟等。

比较而言，战略联盟作为市场与企业之间的中间组织形式，兼具外部市场交易的灵活性和组织化市场的稳定性，既可防止大企业病，又可获得必需的具有互补性的外部资源，而且其组织的松散性可以使企业保持灵活的经营机制，以适应变化莫测的经济环境（包括宏观的制度、政策以及微观的竞争环境）。此外，并购往往会遭到反垄断法的干涉，而战略联盟可以避免反垄断制裁。可见，战略联盟不是一种时髦或可有可无的策略，而是企业参与全球竞争，开拓企业发展道路的必然选择。

跨国公司可以通过组建战略联盟利用当地伙伴的设施、知识和关系。在新产品开发方面，战略联盟可以用来集聚不同企业的技术诀窍和专家。如果目标企业的资源并不都是有价值的，或者当并购无法轻易地处置累赘或无用的资源时，战略联盟就成为较好的选择。当企业不想获得的资产是难以分离出去时，战略联盟可以使企业获得它想要的资产，而不去理会它不想要的资产。也就是说，战略联盟的显著优势是可以获得它最想要的那些资源。

许多研究表明，越来越多的公司采用战略联盟从而实现低成本地进入更广阔市场的目标，对付环境的不确定性，获取对市场和竞争的更多的控制，从而获取竞争优势。早在 1977 年，凯夫斯和波特就指出，在进入壁垒的联合投资可以有效地增强联合企业对产业结构的控制。很多研究都表明，通过合作和行为的协调，企业可以增强其绩效。但是采用营销差异化和低成本策略的企业通过合作性活动和较高水平的管理经验可以提高绩效，而缺少管理经验的企业采用研发合作以实现技术差异化则导致不良的绩效。联盟的绩效和收益有赖于合作的紧密程度。如果所涉及的技术不难模仿，许可证协议（松散的联盟）可以增强合作企业的绩效。紧密型联盟比如联合开发对绩效影响甚大，如果技术具有独特性更需要此种联盟。因此，某些因素和变量如管理者的经验、所涉及技术的独特性、联盟的类型、公司的规模等都会影响战略联盟与绩效之间的关系。

特拉里（Tehrani，2003）的实证研究认为，战略联盟与企业的绩效存在正相关关系。无论是美国还是欧洲的企业，介入战略联盟的程度越高，其绩效比那些没有从事战略联盟的企业要好得多。虽然战略联盟与绩效的联系似乎可以独立于企业所采用的竞争战略，但是竞争战略与绩效的关系还是因具体战略和产业运作的环境而异。作者指出，未来的研究可以集中于产业运作环境，特别是经济一体化的环境，如欧盟将增强企业间的合作和协调，而且，管理经验与成功的联盟的关系也必须归入研究的范畴。事实上，只有那些具有高度资产专用性的核心竞争力才需由企业内部控制，具有中度资产专用性的补充竞争力则可通过战略联盟来更有效的获得，而具低度性专用性的资产则可在市场中最有效地获得。企业间协作的发展可以称为准内部化的过程，这一战略成为外部化及完全内部化的备选战略。因此企业边界的重新构建不仅包含独立或标准竞争力的准内部化，而且包含互补性竞争力的准内部化。采取这一战略以培育核心竞争力的企业主要从事知识与行为的某些领域，因此往往与互补性企业建立更加紧密的关联。

战略联盟的合作领域非常灵活，包括合资企业、少数股权投资、联合研究开发、联合生产、联合营销、长期采购协议、共享销售服务和标准制定等。在激烈的全球竞争中，企业必须确认其能力和资源的缺口在哪里并快速地加以弥补。最迅捷的方式就是参与或组建战略联盟。自 20 世纪 90 年代以来，企业有归核化的趋势，将整个企业完全并购过来往往不可行，也不必要。有些企业并购之后，常常又将多余的部分分割出去。这里,并购本身的战略目标不清晰固然是其中的原因,但资源无法互联整合以及管理体制不协调也是其中要害。而战略联盟可以允许企业只在那些它们认为彼此互利的领域进行合作,因此,战略联盟可以在联盟伙伴之间创造双赢的机会,使所有参与联盟的企业互惠互利。麦肯锡公司的研究表明,如果跨国公司互补性不强,也就是说,如果在职能技能和区域覆盖方面存在直接的重叠,就应采取收购方式。而如果区域和功能很少重叠,则应采取联盟的形式。

参 考 文 献

[1] 布利克、厄恩斯特:《协作型竞争》,中国大百科全书出版社 1998 年版。

[2] 郭铁民、王永龙、俞姗:《中国企业跨国经营》,中国发展出版社 2002 年版。

[3] 联合国贸易与发展会议:《1999 世界投资报告》,中国财政经济出版社 2000 年版。

[4] 林季红:《跨国公司经营与管理》,清华大学出版社 2015 年版。

[5] 阎大颖:《企业能力视角下跨国并购动因的前沿理论述评》,载于《南开学报》2006 年第 4 期。

[6] 张秋生:《并购学——一个基本理论框架》,中国经济出版社 2010 年版。

[7] Kang, Nam – Hoon and Kentaro Sakai, 2000:International Strategic Alliances:Their Role in Industrial Globalization, DSTI/DOC.

[8] Madhok, Anoop., 2012:Acquisitions as entrepreneurship:asymmetries, opportunities, and the internationalization of multinationals from emerging economies, Global Strategy And Emerging Economics, Vol. 2, Issue 1.

[9] Reich, Robert & Mankin, Eric, 1986:Joint Ventures with Japan Give away Our Future, Harvard Business Review, 3 – 4, pp. 78 – 90.

[10] Tehrani, Minoo, 2003:Competitive Strategies, Strategic Alliances, and Performance in International High-tech Industries:A Cross-cultural study, Journal of American Academy of Business, March.

第四部分　全球生产网络与全球价值链问题研究

纵向一体化、外包与全球生产网络研究

摘要：本文介绍价值链理论、价值链解构、外包以及全球生产网络的形成和发展，运用交易成本理论和资源基础理论分析和研究跨国公司从纵向一体化到分散化生产和经营的原因，并进一步分析全球价值链和全球生产网络的发展和影响。

关键词：纵向一体化　外包　全球价值链　全球生产网络

纵向一体化是企业经常采用的战略。例如，20世纪20～50年代，美国电影已经发展成为一个由少数几家公司（米高梅、华纳兄弟、20世纪福克斯、派拉蒙影业）控制的行业，它们不仅制作和发行电影，而且经营自己的电影院。现在的某些传媒集团也以类似的方式拥有电视广播公司（通过无线或有线电视）、为其网络制作内容的公司，以及向观众（如电视和互联网服务提供商）分发内容的服务商。再比如，伊利奶业已经向后进入了奶源基地的建设，奥康和美特斯邦威已经向前进入专卖店的建设。这些都是纵向一体化的例子。但是，随着经济全球化的迅速发展，跨国公司在全球范围内配置资源、组织生产、提供产品和服务。大型纵向一体化跨国公司出现分散化生产（fragmentation）、垂直一体化分解（disintegration）和业务外包（outsourcing）的新趋势。为了生产某种产品，往往需要许多不同国家的企业通过分工和协作才能完成，由此全球价值链以及全球生产网络逐渐形成和发展。值得注意的是，纵向一体化战略往往会增加企业内部的管理成本，使企业遭受因为不熟悉新业务领域而带来的风险。

纵向一体化战略包括前向一体化和后向一体化两种类型。前向一体化战略是指企业通过获得分销商或经销商的所有权，加强对它们的控制。有利于企业控制和掌握市场，增强对消费者需求的敏感性，及时调整产品的市场适应性。前向一体化在许多行业均有运用，如IT行业、家电行业、汽车行业。后向一体化战略意味着公司通过获得供应商的所有权来加强其控制，有利于有效控制关键原材料和其他投入的成本和质量，确保稳定可靠的供应。横向一体化战略是指在相同行业内或沿着价值产业链的相同阶段方向扩张的战略，主要形式包括收购、兼并或联合竞争企业。

采用横向一体化战略，企业能够有效地扩大生产规模，实现资源整合，并且提升自身的竞争综合实力，同时能够快速地获取其他企业的资源和能力，有效地实现规模经济。当然横向一体化战略也存在一定的风险，如过度扩张要求企业具有巨大生产能力，这也可能因为市场需求过剩而造成产能过剩；同时，在于其他企业合作的过程中还存在着技术外溢的风险；此外，组织上的障碍也是横向一体化战略所面临的风险之一，如"大企业病"、并购中存在的文化难以融合等现象。

经济全球化、技术进步加速以及国际市场竞争加剧等因素综合在一起，使得宏观经济环境更加复杂甚至混乱。在这样的大环境下，来自不同产业的越来越多的企业开始重构它们的价值链结构，致使那些至关重要的资源配置到核心能力领域。同时，伴随着科技进步的全球化带来了人力资源更加自由地配置，从而使外包更易操作。科技革命使人类很大程度上克服了由于物质、地理、文化或者散居差异所导致的障碍。于是企业为了在这种高度竞争的环境中保持竞争优势、保证其持续的发展就必须采取新的经营战略。研究表明，在这种环境下企业要分散其经营业务，更多地利用外包（Kedia & Mukherjee，2009）。

一、价值链

1985 年，迈克尔·波特在《竞争优势》一书中指出："每一个企业都是在设计、生产、销售、交付和辅助其产品的过程中进行种种活动的集合体，这些互不相同但相互关联的生产经营活动，构成了一个创造价值的动态过程，即价值链。"波特认为，"价值链将企业分解为有战略相关性的各种活动。企业通过比竞争者低成本、高质量地进行战略性经营活动来获得竞争优势。"换句话说，价值链包含了一系列创造和增加价值的活动，它们使得企业向消费者所传递的价值达到最高。

企业的价值链存在于一个广泛的价值系统之中，这个价值系统由供应商、制造商、分销商和消费者的价值链相互联结而成。内部价值链是企业自身创造价值的一系列活动，外部价值链则是企业价值链与上下游企业价值链共同组成的价值体系。波特的"价值链"理论从系统论的角度完整地展现了整个价值链的全貌，揭示出企业间的竞争不只是价值链某个环节的竞争，而是整个价值链的竞争，价值链的整体效率决定企业的竞争能力。价值链的概念有一定的前提假设，即每一个厂商都是设计、生产、营销、交付和支持其产品的经营活动的集合。因此它为企业有效分析其经营活动以获得竞争优势提供了必要的工具。价值链通常被分为基本活动、支持活动和利润三个部分。价值链分析成为一种有效的分析工具,用于企业或行业的成本管理等活动的研究中。价值链分析被用于识别组织或者产业某一特定产品的生产过程中,价值是在哪些环节增加的。通常情况下,价值链分析将产品从最初的生产到最终的销售甚至更长的(如回收利用等)过程进行分解。有时还将产品的供应商和分销商纳入研究的范围,特别是在价值链中多种组织间存在重要关联的情形下。分析的目的是通过对企业活动的系统分类,找出低效率或无效的环节及其相关成本(实际成本和机会成本),从而发现可以通过价值链内部的流程改进或增强组织间活动的联系来实现增值的空间。在制造业的价值链分析中通常关注特定产品的五至六项"基本"生产活动,即产品的设计和开发、供应、生产、分配、营销和售后服务。此外,还有一些"支持"活动,如研发、为特定产品安排的人力资源或融资等。显然,这些活动可以为产品增加价值。

波特(Porter,1985)认为,企业的价值创造过程主要由基本活动(含生产、营销、运输和售后服务等)和支持性活动(含原材料供应、技术、人力资源和财务等)两部分构成,这些活动在企业价值创造过程中是相互联系的,由此构成企业价值创造的行为链条,这一链条就称之为价值链。波特认为,企业的价值链是一系列由各种纽带连接起来的相互依赖的活动。当完成一种活动的方式影响到其他活动的成本和效率时,它们之间就存在联系,各种联系使完全不同的方式产生替代关系,最优化要求对替代关系进行权衡。例如,使用较昂贵的原材料,花更多的钱进行产品设计能够减少售后服务成本。企业必须根据它的战略来决定替代关系,以取得竞争优势。业务之间的联系要求各种活动必须协调一致。准时送货要求生产作业、向外地运货的后勤准备、服务活动应该顺畅地结合起来。良好的协调能完成准时送货而不需要昂贵的存货。对联系的认真管理通常是竞争优势的源泉,因为竞争对手在察觉这些联系以及解决跨部门的替代关系方面可能会遇到困难,从而难以进行模仿。创造成本或差异的竞争优势是企业价值链的一个功能,企业成本状况反映了相对于竞争对手而言,企业完成全部价值活动的总成本。每个价值活动都有成本驱动因素,决定成本优势的潜在来源。与此相似,企业创造差别的能力反映了每个价值活动对满足购买者要求所作出的贡献,企业的许多活动——不仅仅是有形产品和服务——都对差异化优势作出贡献。波特认为,竞争优势来源于企业在设计、生产、营销、交货等过程及辅助过程中所进行的许多相互分离的活动及其对其重新的组合和协调。企业获取竞争优势的关键是抓住价值链的战略性环节并有效地整合价值链。使用系统性的方法来考察企业的所有活动及其相互作用,对于分析竞争优势的各种资源是十分必要的。价值链理论认为，行业的垄断优势来自该行业的某些特定的战略环节的竞争优势，企业一旦抓住了这些关键环节，也就等于控制了整条价值链。波特的分析方法实质上是由外向内，通过分析产业市场结构的变化来寻找出企业对这种市场变化的应对策略。

价值链分析是一种很好的分析工具，它可以分解地来看企业的价值创造过程，使企业的战略制定从企业的宏观分析渗透到微观领域，能够更好地认识企业的优势和劣势。正如波特所说的："竞争价值链之间的差异是竞争优势的重要来源。"每一个不同的组织都有不同的价值链。企业的竞争优势来源于价值链的战略环节。一个企业或公司，尤其是跨国公司的价值链是由许多价值活动组成的，但是并非每一个环节都创造同样的价值，有些环节显得更加重要。跨国公司要保持竞争优势，就必须专注于价值链中战略环节的垄断优势和长期竞争力的塑造。当然，战略环节可以是研究与开发，也可以是市场营销或财务管理等。对不同产业、不同类型的跨国公司而言，其战略环节也不相同。对同一行业来说，有些环节对 A 企业是战略性的关键环节，对 B、C 企业而言却不是战略环节。波特认为，全球战略下竞争的焦点是低成本，因此，价值链的布局应有利于实现规模经济、获取范围和学习的经济性。过去，跨国公司倾向于集中布局，但是随着规模经济利用方式的变迁，分散布局已成为跨国公司经营的主导趋势。跨国公司如果控制住一种或几种战略环节的活动，就可形成以跨国公司为中心，由许多卫星式合作企业环绕而共同组成的网络组织。例如，丰田、耐克、戴尔等大型跨国公司就是很好的例子。

二、价值链解构与外包

在经济全球化背景下，由于技术的发展，产业分工日益细化，国际制造业领域正经历着一场深刻的结构变革，在不少产业领域，产业组织开始从垂直一体化（Vertical Integration）结构向垂直分离（Vertical Disintegration）结构演进。从20世纪80年代初的 PC 业开始，直至80年代中后期以来的电子、汽车、家电、通信设备、飞机、医药、服装等制造业领域，众多国际品牌制造商为了降低投资风险，规避市场不确定性，应对快速的技术变革和不断缩短的产品生命周期，纷纷开始通过外包和全球采购等方式剥离加工制造等非核心价值环节，甚至直接出售国内外的生产性分支机构。以计算机行业为例，20世纪80年代以前，IBM 公司占据了80%的市场份额，由于其控制了有关计算机物理性能的绝大多数相关行业，如 CPU（中央处理器）等，其他的同行业公司根本无法与之竞争。而现在，整个行业已经分解为操作系统、应用软件、中央处理器以及网络软件等多个行业。其他行业也正在陆续出现这种价值链的解构。价值链解构的实质就是将构成价值链的各个能力要素进行模块化。价值链的整合是指按照联系规则（界面标准）将独立的价值模块整合起来形成更加复杂的价值功能系统的过程。

随着信息技术的发展，不同企业之间的交易成本持续下降，具有不同竞争优势的企业将单个价值模块进行跨企业的重新排列和组合，形成更有效率的价值链，从而完成价值链重建的过程。比如纵向一体化的分解战略首先就是对传统价值链进行解构，即把价值链条上的供、产、销的一个个环节拆解下来，从中选择那些本企业具有竞争优势的环节加以保留，然后再把分离出来的环节交给最佳的合作伙伴，与其形成一种战略联盟。价值链经过这样的解构，原来拥有整个链条的企业可能只保有其中某个或某几个环节，比如耐克公司将精力集中在产品设计和市场营销两个环节上，利用一个由低成本供应商组成的海外网络对生产过程进行外包，制造商这样做的目的主要是追求低成本和高质量，提高自己的竞争能力。因此，通过价值链创造价值的模式已经演化为围绕核心企业的联盟网络（如核心企业与供应商、供应商的供应商乃至与一切前向的关系，与用户、用户的用户及一切后向的关系）共同创造价值的模式。因此，纵向一体化分解旨在整合外部资源，巩固自身的核心竞争优势，从而使跨国经营中的外包现象更加普及。跨国公司进行价值链解构并将不具竞争优势的环节外包出去的做法不仅可以通过分工提高效率，而且还可以利用自己的竞争优势整合外部资源，扩大生产规模和市场占有率。

跨国公司通过在全球范围内构筑公司网络，使生产国际分工不仅成为跨国公司内部母子公司之间、子公司之间的专业化分工关系，而且也成为子公司与所在的东道国企业如供应商、经销商等的专业化分工。跨国公司战略联盟的兴起和蓬勃发展使跨国公司价值链不断分解并在不同国家延伸，从而可以充分利用世界各国的生产条件、需求条件、相关配套产业来创造其全球性竞争优势。事实上，跨国公司的全球化经营一方面具有垄断优势，另一方面也加剧了企业间的国际竞争。如今，国际竞争的格局已发生了巨大变化。竞争合作成为主流，竞争不仅发生在单个企业之间，而且也发生在联盟集团之间及其内部，因此更加错综复杂。图1表明宏观环境的改变对内部化相关优势、全球资源市场的影响，以及随之产生的企业战略选择的改变。对大型跨国公司来说，其经营战略具有全球一体化的特点，将研发、生产（包括资源筹供、零部件加工等）、营销、销售服务以及行政职能等等进行一体化管理，同时将更多的发展中国家的企业纳入其全球生产一体化的体系中去。

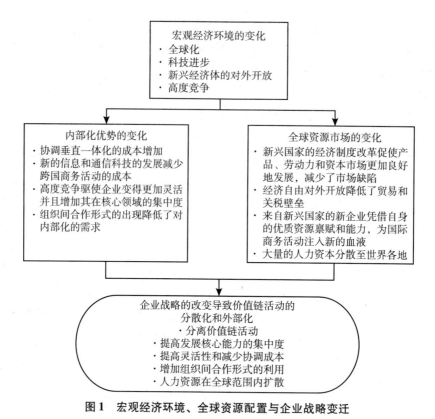

图1 宏观经济环境、全球资源配置与企业战略变迁

资料来源：Kedia, Ben L. and Debmalya Mukherjee, 2009: Understanding offshoring: A research framework based on disintegration, location and externalization advantages, Journal of World Business, 44: 250 – 261.

　　随着全球化竞争的加剧，敏捷生产和精益生产的发展，汽车和汽车零部件技术越来越复杂，推动了汽车制造商对它们的组织结构进行重组，把零部件从内部剥离出去，并把核心竞争力集中在车型设计、品牌、整车装配和市场方面，以便使运作体系更有效率。主要汽车制造商纷纷把它们的价值链向全世界延伸，形成了全球汽车生产网络。现在，越来越多的汽车已经不再由汽车制造商所制造，至少不是由消费者最熟悉的企业所制造。宝马集中精力于市场营销、合作和消费者关系，但一直维持最关键性的发动机专门技术。但是供应商生产大部分零件，并且越来越多的供应商组装最终的车辆。专业化规则证明了马格纳国际所装配的车辆比宝马的用时更少、价格更低、质量更好。事实上，一个闪亮的新型宝马X3或7系列并不是在自己的工厂出炉，而是由全球网络的供应商们来共同完成的，将近70%的部分不是宝马公司自己设计生产和装配的。宝马将大部分研发经费用在提高其汽车的基本机械结构上，如驱动器和底盘，近来宝马的研发经费越来越多投入使驾驶的感觉更加完美，特别是软件、电子设备以及与驾驶相关的方面。宝马将集中对那些决定它们品牌成功的子设备零部件的投资。这意味着它们更加集中于概念和设计阶段，然后是消费者经验和相关的下游服务。许多非核心的设计和生产能力被分离出来并交给合作者和供应商，让它们负责从零部件到最终装配的全部。中间的生产阶段将通过外包或通过合作或其他形式经营。这就是宝马最新的经营方式。

跨国公司放弃非核心资产，并通过松散的价值创造网络进行全球性的协作。它们不是采用旧的层级式的生产者和供应商的关系，领头企业和它们的合作者共同分担大型开发项目的成本和风险，这些项目跨越新产品的生命周期，从设计到生产，甚至在长期的维护与支持等方面都进行合作。这种合作性的生产方式允许公司利用最好的能力而无须为管理完全的并购而大伤脑筋。泰普斯科特和威廉姆斯（Tapscott & Williams，2007）的研究表明，主导企业越来越少从事生产和进行集中控制，而主要是负责设计系统和程序并协调合作。值得指出的是，设计和制造产品的大规模合作的出现并不是宝马和波音独有的。现在越来越多的旗舰企业在半导体、计算机、服装和自行车领域只负责生产概念，最后装配和营销。它们将生产和大部分零件的设计外包出去。它们还借助全球工厂获取几十甚至成百的企业来帮助完成产品装配。通过宽松的公司网络来为消费者共同设计和开发产品，供应商和全球制造商都达到双赢。供应商承担更多的设计和开发工作，它们在最终产品中增加其知识产权和利润份额。全球制造商增加了速度和灵活性，并集中于高附加值的活动。总之，这种方式使风险分散，同时还可以通过网络获取不同的技术和资源。战略联盟网络是社会的组织或个人，为了共同的远景，以信任为基础而建立的具有战略意义的组织或个人组成的社会关系网络，它是由消费者、供应商、竞争对手、中介机构、利益相关者、其他产业的企业、其他组织（如高校、科研机构、政府部门）和企业本身等节点构成的。

出于对提高效率和节约成本的考虑，越来越多的企业开始将生产集中于几个核心领域，并且将传统上企业内部的生产活动外包出去。全球不断发展的产品和服务市场以及信息和通信技术促进了外包环节包含的业务范围。外包现在不仅仅包括诸如清洁、餐饮和安全之类的外围的生产活动，还包括了如设计、制造、营销、人力资源管理以及后勤等商业活动。很多企业越来越重视把外包作为公司战略的关键环节。外包可看作降低成本改善业绩的有效手段。例如，供给市场上的专门公司知识比综合性公司发展程度更深，可以更多地投资于软件和培训系统，提高效率，从而可以提供更高的工资吸引更好的人才。外包还可以用来应对市场不确定性，从供应商的规模经济中获得好处（Ronan，2009）。表1为DLE模型的有关理论解释。

表1 DLE 模型

优势类型	理论基础	优势具体形式
分散化优势	核心竞争力理论 模块化理论	核心竞争能力优势：创新、通过资源重新配置获得的能力、产品和服务质量的提高 模块化生产优势：灵活性提高、效率提高成本下降
区位优势	地理区位选择理论 人力资本理论	国家层面：基础设施、国家政策 人力资本层面：劳动力优势、知识优势、时差优势
外部化优势	社会交换理论 组织能力和学习理论	关系资本优势 联合专业化优势 组织间相互学习优势

资料来源：Ben L. Kedia, Debmalya Mukherjee（2009），Understanding offshoring：A research framework based on disintegration, location and externalization advantages, Journal of World Business, 44：250－261.

当今，国际业务外包日益成为跨国公司的重要管理模式。外包较常见的有以下几种类型：（1）生产外包。即所谓的贴牌生产（Original Equipment Manufacturing, OEM），又称合同制造或合同生产，它是指跨国公司与当地企业订立供应合同，要求后者按照合同规定的技术要求、质量标准、数量和时间生产本企业所需要的产品，以跨国公司的品牌进行销售。目前，中国已成为跨国公司 OEM 生产的理想场所。比如，全球目前最大的微波炉制造商——广东格兰仕，其六成产品贴的都是国外品牌；再比如美国通用电器（GE）向四川长虹下了 10 万台空调的订单，菲利浦集团将其手机生产车间移至中国等。（2）营销外包。是指将企业的营销渠道交由其他的中间商（可分为经销商和代理商，而经销商又可分为批发商和零售商）进行产品在目标市场的营销活动的做法。其中经销商是指从事商品经销业务并拥有商品所有权的中间商；代理商是指受生产者委托，从事商品营销业务但不拥有产品所有权的中间商。除此之外，还存在着人力资源外包、物流外包、研发外包以及客服外包等形式的业务外包，外包已经成为跨国公司利用外部资源强化企业竞争优势的重要武器。

外包研究中两个比较有影响力的理论是：交易成本理论（TCE）和资源基础理论（RBV）。两种理论对解释外包都有重要贡献。交易成本理论研究什么情况下应该进行企业内部交易，什么情况下进行企业外部交易，如外包，交易成本理论认为商业交换是否应在内部进行的决定因素是交换中涉及的交易专用性资产。资源基础理论则从另一种角度来看待外包，该理论认为企业是资产和资源的组合，这些资产和资源如果以特定的方式进行组合则可以产生竞争优势。

在交易成本理论中，交易的特征决定了什么是最有效的管理结构。会产生交易困难的因素有：有限理性、机会主义、少数交易和信息不对称。有限理性是指人类的认知局限，阻碍人们认识到所有决策的复杂性。机会主义是指决策者出于狡猾和自身利益产生的行为。少数交易指卖方拥有满足需求的替代资源的程度。信息不对称指买卖双方的信息不相等。当交易存在资产专用性，不确定性和交易频繁等特征时，这些交易阻碍会增加交易成本。资产专用性是指交易的"订制化"水平。高水平的专用资产投资在其他种类交易中几乎没有价值，故而有很高的成本。这种成本的形式有专用实物资产（产品和服务定制化水平），专用人力资本（交易中知识特定化水平）或者专用地点（区位特定化）。交易成本理论认为，当交易需要一方或双方做出专用性投资时，极容易产生机会主义行为，因为基于套牢难题的这些投资会产生类租金。当资产专用性和不确定性程度低，交易又相对频繁时，交易一般由市场主导。当交易中存在较高不确定性而资产专用性程度高时，容易出现层级管理和内部一体化。尽管资产专用性、不确定性和交易频率都很重要，最为关键的因素是专用性资产。当资产专用性高时，容易出现层级管理，因为专用资产难以在其他交易中再利用，比如专门生产某种零部件的机器设备。不少经验研究证明了这一观点。然而关于不确定性和交易频率的研究并不是很确切。并未发现交易频率和层级管理有正相关关系，有的研究证明不确定性和层级管理之间有正相关关系，但也有研究证明它们之间是负相关关系（Ronan，2009）。

资源基础论将企业视为一系列资源的组合，如果使用得当可以产生竞争优势。根据巴尼的观点，有潜力产生竞争优势的资源必须符合一些标准：价值、稀缺性、不可模仿性以及组织特性。有价值的资源和能力必须是能为企业创造机会的资源。稀缺性是指拥有类似资源的竞争对手不能很多。不可模仿性是指企业资源很难被竞争对手复制。实际上也是指资源竞争优势的可持续性。组织特性包括一系列因素：财务结构、管理结构和薪酬政策等。资源基础论在解释外包的角度在于，某些组织活动的良好绩效表现本身就是该活动应该内部化的理由。资源基础论最关心的就是如何发展一个企业的能力并影响其竞争优势和表现。根据资源基础论（RBV）的逻辑，企业边界可以通过比较企业内部能力和企业竞争者的能力来决定。因此，外包决策受到企业发展和保持某些竞争优势的能力的影响。可以将企业缺乏相关能力和资源的项目外包出去，利用外部供给者的能力和优势（Ronan，2009）。科纳（Conner，1991）认为，从资源基础论的角度，即便没有机会主义产生的可能，将某项活动留在企业内部也是更合理的。关于企业内部合作，两种理论也可能产生不同的观点。从资源基础论的观点来看，当存在资源限制时，合作可以使企业得到互补的资源能力。企业间合作的支持者称这是一种理解企业产生和保持竞争优势的方法。企业可以以一定的方式联合不同的企业资源来获得竞争优势。该观点实际上是发展于交易成本理论在管理结构潜力方面的局限，是对资源基础论观点的拓展和延伸。仅从交易成本理论的观点来看，企业间的合作只是为了最小化管理成本。因此，不同理论可能给出不同结论：资源限制可能使企业寻求组织间合作，但从交易条件出发，这种合作并不是有效率的。

事实上，单凭某一种理论都无法充分解释外包决策，目前为止，也有不少文章研究交易成本理论和资源基础论的互补性。在一些案例中，交易成本理论和资源基础论提供的最后方案是互补的。例如，某企业拥有开发一种难以模仿的能力的资源，而且机会主义的概率很高，这时无论从哪种理论出发，都应该使该活动内部化。两种理论互补的本质基于这样的假设：特定资产和特定能力有着共同的特征，即难以交易和模仿。事实上，任何一种理论都难以单独解释企业间的合作，而需要两者结合。交易成本理论主要强调企业作为组织经济活动单位的管理效率（从交易方面分析），资源基础论强调塑造竞争优势的能力。实际上，交易成本理论强调管理技能，资源基础论强调生产技能。另外，实际中的外包决策既受能力因素影响又受资产专用性、少数交易等交易相关因素影响。尽管交易成本理论和资源基础论分别关注两个不同领域：（1）企业为何存在；（2）企业如何脱颖而出。资源基础论在经营管理领域的影响日益增加。资源基础论认为企业要把稀缺资源放在有价值的、稀缺的难以模仿的能力上。对于那些对竞争优势影响不大的活动可以选择外包出去。若把资源放在这些不关键的领域，则会有资源分散的风险。对竞争优势关键的活动只有有限的几个，而且需要大量的资源和管理的投入，来保持竞争优势。在以资源基础论为基础的研究中，很多关于竞争优势能力的例子，如出色的服务、创新能力等都与经营管理密切相关。能力的发展很大程度上影响了竞争能力（成本、质量、物流等）的选择，而这些选择正是企业经营策略的内容。资源基础论的核心就是聚焦发展某种特定能力，这反过来对哪些活动应内部化哪些活动应该外包的策略选择有重要意义。资源基础论可以将外包与企业表现和竞争优先权联系在一起，有助于分析企业自身能力。当然企业也可以将外包作为一种在成本、服务和质量领域改善经营表现的手段。交易成本理论不仅可以帮助分析供应商的表现，还可以帮助企业分析何时进行外包。交易成本理论在外包决策中提供了关于分析市场和层级管理的理论基础。而从资源基础论视角来看，组织内部合作是为了开发具有竞争优势的互补资源。尽管在经营管理领域交易成本理论和资源基础论都得到越来越多的重视（Ronan，2009）。

内部化理论认为跨国公司或者其他公司往往是由于他们察觉到交易市场存在故障，才会选择内部化市场。换句话说，只有当企业觉察到风险和不确定性时，它们才更偏好于选择内部化而不是外包。但是事实上，内部化和外部化的目的都是节省交易成本。诚然，外部化可以通过将价值链分离，然后将其分散至不同的拥有专业技能的供应商去完成，这样可以降低成本并为企业创造价值。但外部化也直接产生了一些附加的成本，如寻找潜在合作伙伴的成本、协商谈判成本、起草合同成本等，这些都将加重企业负担。通过离岸外包来创造价值主要还是依赖于分散化优势和外包分包公司的能力优势的加总是否能抵消或者超过交易成本。当企业发现通过外包非核心能力业务给其他企业相较公司内部消化可以带来更多利益时，企业会选择外包。企业分散化优势主要表现为通过减少交易费用去增加企业价值，通过非正式的机制（如相互信任、合作准则、共同利益等）去限制机会主义。外部化优势分成两种类型，分别是联合专业化优势和提供组织间相互学习的机会，两方面的优势也是企业选择外部化而非内部化的动因。在外部化过程当中，如果合作双方关系是建立在相互信任和合作的基础上，那么外部化导致的交易成本和其他风险都将降低，同时也可以获得联合专业化优势和组织间学习的优势（Kedia & Mukherjee，2009）。

在战略模式上，实行外包的跨国公司更专注于自身核心竞争力的发展。外包的目的在于巩固和扩大企业自身的核心竞争力。加强核心主业，把优势资源应用于巩固和发展核心竞争力上，使得优势更加突出和明显，保证企业沿着高效的路径不断前进。价值链的垂直分解能够减少层级管理结构中的协调成本，使企业更专注于核心能力的发展，重新配置有价值的资源。这将导致模块化生产模式的产生。在面对高度竞争的外部环境，模块化生产显得更加灵活和高效。外包作为一种战略措施被使用意味着某些一般化的企业机能（如数据管理，客户资料管理，信息加工处理等）是可以从企业自身价值链中分离出去的。外包能使企业更专注于发展其核心能力，从而在与同行业企业的竞争中获得竞争优势（Jacobides & Winter，2005）。企业具备良好的核心能力就相当于构筑了一道无形的墙，成为企业保持其市场份额的战略优势。例如，苹果公司将其最好的资源集中于 Apple DOS 和相应的支持软件，将其他的业务外包给外部供应商。由此，苹果公司将其有限的人力资源发挥至效应最大化，获得了近三倍的资本回报和最高的市场价值。随着企业分散处理某些价值链环节，组织系统开始向模块化发展，同时通过剥离非核心能力业务，企业发展成为专业模块化形式，并用外部市场的服务提供者来取代组织内分工合作。更多地利用外部有能力的劳动力和提高外包水平将使得企业灵活性提高，特别在计算机和服装行业更是如此。像微软、戴尔、锐步都已开始通过外包其非核心业务而取得分散化优势。比如一些专业印刷出版的巨头，将软件开发和编辑排版分散给新兴市场国家的企业，帮助企业出版更多的书籍、杂志。总的来说，模块化生产能使企业变得更具灵活性和高效性，更能适应外部需求（Kedia & Mukherjee，2009）。

在跨国公司理论中，区位选择是进行对外直接投资前应重点考虑的问题。邓宁的折衷理论试图解释企业的区位决策，并试图提供一个关于 FDI 范围和模式的理论分析框架。在邓宁的理论中，区位优势是建立在国家特殊资源、网络、机制及其他优势基础上的，是属于企业外部的优势。邓宁提出三种影响企业区位选择的因素：基础设施、风险因素、政府政策。邓宁之后，学者对区位优势的研究主要表现为：提出了一些潜在的国家特殊优势，如投入成本优势，劳动生产力优势、（潜在）市场规模、运输成本优势以及相对于母公司而言更邻近市场的距离优势。另外，还有一些其他的影响区位选择的因素：关税壁垒、税收制度、政策和法律环境、对 FDI 的态度、竞争机制等。其实，影响区位选择的因素还应包括人力资本、基础设施、营商环境、文化的相似性等。事实上，研究已经表明生产外包和服务外包在区位选择上的决定性因素是不同的，对于服务外包而言，充裕且高水平的人力资源、文化相似性以及先进的电信基础设施是影响区位决策的关键。

在高度竞争的环境中，企业可通过增加自身灵活性、简化层级结构以及集中发展核心能力来维持竞争优势。企业的组织结构也必须和它的价值链设计相一致。跨国公司的实践证明，通过分散非核心业务同时提升核心业务的集中度的方式来重构价值链是能够为企业和消费者创造价值的。20 世纪 80 年代以来，跨国公司缩小企业规模、垂直分散业务和外包、取消层级管理模式，取而代之的是结构简单、更加灵活的企业形式。通过价值网络创造价值已经成为许多大型跨国公司的锐利武器。这些企业专注于核心技术和程序，并通过战略联盟与供应商、分销商和竞争者间形成网络化交易关系。事实上，大学、企业、供应商、消费者都可以形成良好的合作关系。以惠普、英特尔以及谷歌等技术公司为例，其世界范围内的大学研究实验网络大大提高了其战略地位。除了大学，这些公司还将开放性资源公司作为发展的伙伴，并从中获取新的思想与技术。一旦发现前瞻性和有价值的研究思路，英特尔就展开了一系列协调和支持行动，包括额外奖励大学的研究人员并启动配套工程。同时，英特尔与其创业合作集团紧密合作以确定和投资每个新部门的有前景的业务。在大学和产业间调动人员并实现科技计划成功的关键是每次都同时资助多个项目。英特尔设定一些模式，这样大学和英特尔研究小组就能平行运作，并按时交流研究成果。对正式合作关系结束后仍持续创造价值的大学研究人员，英特尔公司与他们建立长期的合作关系。

总之，外包具有很多优势。实行外包的跨国公司具有更大的应变能力。由于大量非核心环节都由合作伙伴来完成，实行外包的企业通过机构精简而变得更精干，许多内部流程被简化甚至取消，中层经理的监督和协调功能被计算机网络所取代，金字塔的层级组织结构让位于扁平式的网络组织结构。在资源整合上，实行外包的跨国公司以信息网络为依托，与这些具有不同优势的企业组成依赖电子化手段联系的经营实体，企业成员之间的信息传递、业务往来和并行作业都由信息技术提供支撑。如在企业协调方面，计算机支持和群体协同工作环境为外包企业提供全新的协调管理方式。跨国公司将研究与开发、零配件制造、组装、市场营销、客户支持甚至相关的业务集聚到同一地点，形成产业集群，可以在寻找资源、分享技术和信息方面提高内部效率，将业务活动聚集到大学校园也使公司将更深的基础拓展到当地的集群，从而改善它们获取潜在利益的能力。

20世纪90年代末，随着外包规模的不断扩大，一批大型专业化合同制造商开始形成，许多制造业的产业价值链条已经呈现出全球分散布局、区域集中的格局。外包不仅是受廉价的劳动力驱使，同时还由于可以通过知识优势增加企业价值。卡笛尔和拉希里（Kedia & Lahiri，2007）认为，相对于美欧国家而言，提供相应接包服务的企业其员工往往具有更高的资质。近期一项研究表明在对一家大型软件公司的美国本土工程师和来自其外包企业的印度工程师就重要的专业技术进行测试时，美国本土工程师的得分明显低一些。许多学者认为美欧及其他西方发达国家都面临专业技术人员短缺的问题，而通过将技术部门转移到低工资水平的新兴国家是有效的解决途径。总之，新兴国家以其特殊的劳动资源禀赋（即能以相对低的工资水平提供受过良好教育和训练的劳动力）为企业转移服务和生产业务创造了良好的条件。

比较而言，层级制组织结构是一种等级制森严的金字塔结构。层级制的共同特点是企业经营决策权集中于高层管理者和各职能部门管理者手中，以纵向命令控制为主来协调整个组织的行为。传统的层级制组织结构如职能制、事业部制、联邦制等，虽然它们在提高企业运作效率上价值明显，但层次多，信息传递链长，在增强企业灵活性方面能力不强。员工处于听命行事的被领导地位，不利于职工积极性和创造性的发挥，不利于人力资源的开发。因此，面对日益多变的企业外部环境，组织结构的变革已成为提高企业应变能力的一种重要手段，减少管理层次、使组织结构扁平化是当今企业组织结构变革的一大趋势。

虽然层级制在可预见的未来还不可能消失，但是以层级制为主导的创造价值的时代已经成为过去。今天成功的企业往往拥有开放和可渗透的边界，通过跨越其组织边界来利用外部的知识、资源和能力。全球生产网络是典型的以全球为基础来制造和销售产品。企业向全球化发展，并大量利用合作生产使产品设计和装配更有效率。全球生产网络的兴起打破了跨国公司内部化生产和经营的主流模式。过去，跨国公司内部一体化的层级制结构，由总部拟订计划并下达命令，子公司、业务单位按照战略规划进行生产和经营。但是现在，企业正在转向新的模式——一个真正的全球企业，即在全球范围进行资源和能力的配置，旗舰企业通过跨越国界和组织边界来利用人力资源，建立起全球一体化的包括数百家甚至数千家的企业生态系统，以全球为基础协调商业活动和生产的各个部门来为消费者提供产品和服务。从构想为消费者提供产品直到交付完成的整个过程都是通过全球性松散组织的合作来完成的。

随着经济全球化的发展，跨国公司经营战略不断进行调整，其组织结构也从层级制向网络型组织结构转变。传统的科层制（也称层级制），重要的决策基本上是由母公司做出，信息从母公司向海外子公司单向传递。而在网络组织中，母子公司的信息交流更加充分，各部门之间的协调和配合更有助于共同的价值创造。同时，子公司的运作更具独立性，它往往可以根据需要与东道国的相关企业（包括在东道国的其他外国跨国公司的子公司）和机构结成联盟伙伴关系，使组织管理的范围向外延伸，使跨国公司的生产经营网络进一步扩大。现在跨国公司经营战略已不再强调内部化，而是逐渐为外部网络的构建而竭尽全力。从跨国公司内部的组织创新来看，网络型组织已逐步取代层级制的结构。网络型组织是一种柔性组织，并且常常组织起跨部门的团队组织，增强了应变能力。网络组织结构依靠现代信息技术进行管理，大大提高了企业的竞争优势和运行速度，其特点是流程短、信息充分，从而减少了跨国公司经营的不确定性和风险。在这样的组织形态中，企业组织变成一个由许多知识结点所组成的动态网络。这些知识结点可能是单个的员工，也可能是专业团队。网络化组织减少了中间管理层，是一种组织创新。组织结构的网络化，使企业与企业之间打破了地区之间、国家之间的边界限制，将触角伸向世界的各个角落，在市场机制的作用下，在全球范围内寻找合作伙伴，共同开发新市场、新产品、新业务，其目的主要是利用共享的生产要素，在联合企业内实现资源的优化配置，以取得单个企业所不能取得的协同经济效益。

从跨国公司的发展历史来看，跨国公司的内部化动机正在不断减弱，外部化趋势正在不断增强。20 世纪 30 年代福特式大规模生产方式、层级制和内部一体化的组织形式，后来被丰田的精益生产方式所取代。丰田生产方式之所以能够取代福特制而成为世界上竞争力最强的生产方式，除了丰田自身的优势之外，还因为它采用了准一体化市场（中间组织）的组织形式，即依靠那些围绕在核心企业而形成的庞大的企业系列集团。从制造业来看，总装企业所需的零部件可通过三种方式获得，即市场交易（外部市场）、完全自制（内部化）或准市场（中间组织）。以丰田为代表的日本分包制是一种能够克服纵向一体化（层级制）缺陷的组织形式。与完全的垂直一体化相反，分包制是以大企业作为协调中心，对生产、服务等过程进行垂直分解，把生产过程建立在与供应商长期交易关系的基础上。该组织形式成功运作的关键在于核心企业与供应商之间必须建立稳定的长期性交易关系。

资源基础论认为，一个企业之所以能够获取超出市场平均水平的高额利润，是因为它拥有某些竞争对手不具备的关键性资源和能力，而且它比竞争对手更善于将这些能力与在行业中取胜所需的其他因素结合在一起。也就是说，在合作内容方面，应该分析自身的弱势环节以及合作对象的能力对自己的互补性。比如，瑞典的阿斯特拉公司充分利用自己的研究开发能力，把它作为核心竞争资源，通过与美国最大的制药公司——默克公司结为伙伴关系，成功地打入美国市场，并获得了很大市场份额。由于阿斯特拉公司的产品颇具吸引力，于是默克公司负责临床实验、注册登记并在美国市场上销售阿斯特拉公司的 12 项新开发药品。1989 年，双方推出一种新药，到 1994 年该药品在美国的销售额达到 8.5 亿美元（史占中，2001）。可见，企业要获得竞争优势，必须在自己拥有某种核心能力的基础上，去积极寻找外部其他企业最具价值的核心能力，并找到运用这些能力和增加其价值的方法。外包（outsource）这一战略联盟形式已经成为增强企业核心竞争力的有效方式。企业仅在关键环节保持和发展自己的核心竞争力，而在次要环节则通过资源外取，借助其他企业的核心竞争力，从而塑造企业更强的整体竞争力。比如戴尔（Dell）本身并非计算机制造商，但它一跃成为一流的电脑公司。Dell 凭借的就是其客户反馈支持系统这一核心竞争力，而把剩下的全部外包出去。外包可以使企业更好地运用集中战略，将力量集中于一个市场、或一个细分市场或一种产品。

《维基经济学》指出，开放、共享、大规模合作和全球行动这四个准则越来越多地定义了 21 世纪的公司将如何竞争。这和主导 20 世纪的层级制的、封闭的、保密的和与外界隔绝的跨国公司完全不同。层级制不能提供在当今环境下公司保持竞争所需要的灵活性、创造力和连接水平。传统的创新观念是，企业最好在一个封闭的实体中创造新的思想并设法将其商业化。事实上，20 世纪中的大部分时间，企业都是遵循这样的创新理念。企业内部自主研发并将最新的科学发现转变为市场所需要的商品。它们很少关注来自企业外部的创新和思想。但是，随着研发成本的逐步升高，在内部创新中投入更多的资金将换来越来越少的技术突破。那些不能从企业外部获得更多新思想、新点子的公司将会发现，它们已经不能维持在现今的竞争环境中所需要的增长水平、灵活性、反应能力、敏感度、全球意识和创造力。

三、价值链的网络化和专业化

在经济全球化背景下，由于技术的发展，产业分工日益细化，过去的行业价值链已经解构。产业组织开始从传统的垂直一体化向垂直一体化分解的结构演进。20世纪80年代以来，汽车、电子、家电、通信设备、飞机、医药、服装等制造业领域，众多国际品牌制造商为了降低投资风险，规避市场不确定性，应对快速的技术变革和不断缩短的产品生命周期，纷纷开始通过外包和全球采购等方式剥离加工制造等非核心价值环节，甚至直接出售国内外的生产性分支机构。20世纪90年代以来，经济全球化进程加快，为跨国公司广泛获取在生产中所必需的生产要素创造了条件，开辟了更广阔的市场，创造了更多的机会。跨国公司将研发、设计、零部件生产、装配和销售这些活动分布在许多不同的国家，并对这些活动进行全球的整合和协调。跨国公司发展的新动向可概括归纳如下：强调价值增值活动的地理区位；价值链活动的进一步分解；子公司之间日益激烈的竞争；公司与当地企业建立联盟网络（Birkinshaw，2000）。跨国公司内部网络及其与其他公司或企业建立的外部网络相互渗透，实现优势互补和战略协同，共同构筑跨国公司参与全球竞争的战略基础。因此，全球价值链处在不断分解并不断重构的过程。

价值网络中不同的价值链相互交织，催生了一系列新的商务模式。一家公司可以充分发挥其特有的优势，如新技术、用户关系管理、基础设施管理等，专业从事一个或几个价值网节点所代表的经营活动；也可以选择价值网中的一条特定路径，为目标客户提供服务。在新经济发展的背景下，价值网络分析可以取代价值链分析，成为更好的分析工具。价值链的概念在过去的30年中很好地刻画了物质世界中，传统产业特别是制造业的相互关联的一系列经济活动。但是，在新经济的背景下，产品和服务已经相当的"非物质化"，价值链的概念用于分析今天的很多产业，尤其是在银行、保险、电信、新闻、娱乐、音乐、广告和一些特定的公共部门，去寻找这些产业价值的源泉已经变得不合适了。根据价值网络的概念，价值的创造不再是某个企业自己的事情，价值是被网络中不同主体相结合共同创造的。企业关注的重点不再是自己的公司和所在产业，而是整个的价值创造系统。不同的经济活动参与者（供应商、合作者、联盟、消费者）协同生产价值。

网络价值分析法（NVA）可以用来分析在一个价值网中价值在何处增加，价值是如何被创造出来的。网络分析法的步骤主要有五个：第一，确定目标网络，即定义研究边界；第二，识别、定义网络活动主体；第三，识别网络主体的价值方向，即明确网络参与者具体希望得到何种价值；第四，确定价值的联结点，即不同网络主体的价值联结点；第五，分析和描述。以移动服务运营商为例。在通信网络高度发展的前提下，网络的内容和服务成为增加网络传输业务量的驱动力。这些网络内容和服务必然要由第三方企业提供，不仅有大型联合娱乐公司，也有刚起步的小企业。移动运营商不能将第三方企业关在门外，因为移动运营商没有能力单独满足消费者日益多样化的需求。移动服务的未来将是消费者通过手中移动设备进行银行交易、网上购物、阅读新闻和故事、玩游戏、观赏视频和电视节目、博彩等活动。但是目前的移动运营商还不能也不愿意开发这些服务以满足消费者的日渐增长的需求。而价值网中一批不同的活动参与者正在基础设施、服务内容及其整合、软件开发和设备制造等领域争夺有利的市场地位（Peppard & Rylander，2006）。

全球价值链的专业化趋势是指跨国公司倾向于将价值链活动的各个环节分别集中在特定的国家或地区进行生产，在全球范围内选择最优区位，而不是在各个东道国完成一整套生产流程，将子公司建成母公司的复制品。美国跨国公司 1983～2003 年销售额的年度数据，进行了详细的归类和计算，从而验证价值链专业化趋势的存在。跨国公司子公司的年度销售额被分为母国—东道国公司间贸易、母国—东道国公司内贸易、东道国—东道国公司间贸易、东道国—东道国公司内贸易四个类别。经过计算和检验，发现在美国子公司的跨境销售份额（相对于国内销售份额）基本平稳、子公司跨境交易额整体增长的背景下，东道国—东道国贸易所占的比例有所上升，母国—东道国贸易比例明显下降。同时，跨国公司子公司的公司内贸易比例上升，而公司间贸易比重下降。检验结果表明在所研究的二十年间，东道国—东道国公司内贸易总量扩大，所占的比例有明显提高，验证了跨国公司全球价值链向专业化方向发展的趋势。跨国公司逐渐系统化地利用了国家间要素成本的差异。也有文献应用价值链分析对企业或行业的经营活动进行分解，特别是针对制造业的生产流程。其目的是研究这些产业哪些环节创造的价值更高，哪些环节的价值创造还有提升的空间，从而为制造商或监管部门提供相应的政策建议。还有一些文献着重研究价值链中的技术进步问题。技术转移以及技术传递的机制是学术界对于 FDI、外包和全球价值链研究的热点问题之一。以价值链本身的特点、变化规律等为对象的研究则是另外一个重要的研究领域，众多的实证分析能够与相关的理论研究紧密结合，相得益彰，为价值链理论的创新和发展奠定了坚实基础（Jensena & Petersen，2013）。

四、全球价值链与全球生产网络

关于全球价值链理论，英国萨塞克斯大学进行了一系列广泛且深入的研究，根据该大学的研究，全球价值链是一种产品从设计环节到最终报废整个生命周期中创造价值的全部活动组合。这种以产品为中心轴的跨国生产组织活动，非常重视产品链上的增值环节，同时也很看重价值链中各企业之间的互动与利益分配（Smith，2002）。

自 20 世纪 90 年代以来，全球生产在组织上变得更加分散，空间上也更加分散。迪肯（Dicken）在 2011 年的《全球转移》（*Global Shift*）中对此进行了雄辩的分析。但是大多数社会科学家，包括经济地理学家，仍然无法提供一个全面和动态的理论来解释这些全球化进程到底是如何组织起来的。2013 年的《世界投资报告》估计，约 80% 的国际贸易是通过全球生产网络协调组织领导企业在跨境投资生产性资产和交易的输入和输出，并与合作伙伴、供应商和客户建立商务合作关系。从经验上看，毫无疑问，全球生产网络（GPN）和全球价值链（GVC）是在全球基础上协调和组织制造业和服务业生产的最关键的组织平台。2010 年世界银行的一份报告声称，"考虑到生产过程在许多行业已经支离破碎，在全球范围内移动，全球价值链已经成为世界经济的支柱和中枢神经系统"（Henry Wai-chung Yeung，2015）。

赫斯和罗德里格（Hesse & Rodrigue，2006）认为，全球生产网络中的全球是指国际经济活动的地理空间配置，虽然距离和市场分割可能对空间产生约束，但是，在具有不同比较优势的区位间，空间将成为提高经济效率的重要因素；生产是指参与制造、转移资源、零部件和最终产品的各种活动；网络则是指主体间相互作用的复杂的联系，这包括生产、物流及其他的各种物质和非物质要素。亨德森等（Henderson et al.，2002）指出，全球生产网络是关于产品或服务的一系列的企业关系，这种关系分布于全球并构成了全球价值链。其中，跨国公司构造的生产网络为发展中国家融入全球网络并实现技术升级提供了宝贵的机遇。GPN理论将全球商品链/全球价值链（GCC/GVC）观点中的主体网络理论和各类商业系统理论结合在了一起，通过分析相互交错的节点的作用、价值和嵌入程度，解释跨国生产系统中的各类主体和各类关系，并且，GPN 理论还特别关注区域发展和集群动态演化（Coe & Hess，2006）。如表 2 所示。

表 2　　　　　　　　　　与全球工业组织和治理相关的三类理论

	全球商品链（GCCs）	全球价值链（GVCs）	全球生产网络（GPNs）
解释背景	经济社会学	发展经济学	关系经济学 地理学
研究对象	全球工业中的 企业间网络	部门逻辑下的 全球工业	全球网络配置和区域发展

续表

	全球商品链（GCCs）	全球价值链（GVCs）	全球生产网络（GPNs）
主要观点	产业结构 治理方法 组织性学习 产业升级	增值链 治理模型 交易成本 产业升级租	价值的产生、提升和获取整体的、共同的、制度性的调控 社会嵌入、网络嵌入和区域嵌入

资料来源：Coe and Hess, 2006. Global production networks：debates and challenges. Geographical Political Economy Research Group. http：//www. sed. macheser. ac. uk/geography/research/gpe.

　　全球生产网络（Global Production Networks，GPNs）通常被定义为生产和提供最终产品和服务的一系列企业关系，这种关系将分布于世界各地的价值链环节和增值活动连接起来，形成了全球价值链，它构成了全球化的重要微观基础（Ernst，1999；Dicken & Henderson，1999）。全球生产网络是跨国公司在组织上的重要创新，它是以互补性分工为基础的相互依存的关系，并通过一些正式的规制（契约）来相互联系的组织模式。全球生产网络作为一种复杂的生产组织方式，弥补和充实了除市场和企业这两种方式之外的大量中间产品的交易和中间状态的交易组织。恩斯特（Ernst，1999）提出了全球旗舰网络（Global Flagship Networks）为基础的全球生产网络。他认为全球生产网络（GPN）是一种特殊的组织创新，网络是公司间和国家间价值链分布的集合；网络参与者是具有清晰的等级阶层（Ernst & Kim，2001）。跨国公司的网络特征表现为不同国家中垂直分布、相互衔接的经济行为，见图2。公司建立这种全球生产网络的目的主要是在低成本地区获得灵活的、专业化的供应商。

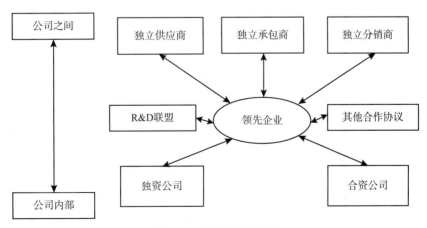

图2　全球生产网络结构

资料来源：Ernst and Kim, 2002：Global production networks, knowledge diffusion, and local capability formation. Research Policy, 31, pp. 1417 – 1429.

格里菲（Gereffi，1999）在全球价值链（GVC）理论的基础上发展了全球商品链（GCC）理论，认为企业的经营活动不仅应当实现地域上的全球化，还应实现组织结构上的全球化。全球商品链（Global Commodity Chain，GCC）是格里菲和科征尼维奇（Gereffi & Korzeniewicz，1994）提出的，它最初起源于一种相对结构主义的世界系统观点。拜尔（Bair，2005）认为，全球商品链的研究主要关注全球工业如何组织，它定义了参与生产和配置的全部主体，并指明了主体间的各类关系。该理论从影响生产过程中关键作用者的角度，探讨生产作用者间的权力结构关系、地域性（territoriality）以及制度如何影响企业决策和生产网络等内容。亨德森（Henderson et al.，2002）在恩斯特和格里菲德的基础上提出更加完整的全球生产网络（GPN）概念，全球商品链的理论的核心概念加以修改与延伸，将许多原全球商品链（GCC）抽象的概念，更细致且明确地给出操作上具体落实的定义与内容，如讨论嵌入性的定义与对于权力关系的分类上。但事实上就方法论的比较而言，二者之核心概念其实无太大的差异，全球价值链较偏向对于全球商品链概念上的深化。其理由在于，同样重视探讨生产作用者的权力关系，还有地域性与制度如何影响企业决策和生产网络的讨论。不同之处在于，全球生产网络不仅仅以全球商品链中生产作用者的角度加以分析，还包括从企业生产职能的网络加以区分（即研发、设计、生产、行销、服务等职能），其中权力关系强调价值创造的分布与意义，以了解企业如何组织与运作，另外，更明确地将生产组织中特定地方的嵌入性（embeddedness）概念从全球商品链地域性的讨论独立出来，具体定义嵌入性所要讨论的实际意义与内容。在全球化使得生产经营活动不再像过去那样受国家或地区边界限制的时候，就需要一种新的方法来研究生产经营活动如何在地理空间上的再配置（Dicken，1998）。

在经济全球化的背景下，生产链各个基本功能环节在地理空间上越来越发生分离，形成了全球离散布局的地理特征，但同时链上各个环节在空间又出现聚集的现象，而且生产链是相互作用、相互交错的，从而整个生产经营呈现出复杂的网络形状。那么，如何在众多的环节和区域中划分出关键与非关键环节呢？即哪些是起决定性作用的，哪些是主要推动力。为此，格里菲提出了两种动力模型，即生产者驱动与购买者驱动（Gereffi et al.，1994）可以适用于全球生产网络的分析，见表3。生产者驱动，指由生产者投资来推动市场需求，形成当地生产供应链的垂直分工体系。在电子和汽车产业的跨国公司全球生产网络，资本和技术密集型的跨国公司的生产系统具有生产者驱动型商品链的特征，如汽车、计算机、半导体、飞机制造、能源和其他的重型电子设备行业。对于生产者驱动型的商品链，公司权利从总部通过子公司传达到末端。购买者驱动，指拥有强大品牌优势和销售渠道的发达国家企业通过全球采购和贴牌生产（OEM）等组织起来的跨国商品流通网络，形成强大的市场需求。这些公司都是没有工厂的制造商，它们负责产品细分、购买订单和营销，生产被分配给那些做贴牌的独立的制造商；通常它们都有自己固定的供应商和外包商网络。对于购买者驱动型链来说，公司权利产生于零售商或品牌拥有者，但是不能被分散于该链中独立的其他公司。因此，购买者驱动型是水平运作的。另外，购买者驱动型组织的行业，大量价值的增值过程不在生产阶段，而在品牌和营销阶段。如沃尔玛、家乐福等大型零售商，耐克、锐步等品牌运营商和伊藤忠式贸易代理公司等跨国公司控制的全球生产网络则属于购买者驱动型的网络。格里菲（Gereffi，1999）的商品链分析方法的意义在于指出了某些类型商品链的驱动力，由此也揭示了不同类型企业间关系。但是，全球价值链形成的动力机制多种多样，有些全球价值链可能是购买者和生产者混合驱动，而不仅仅只是单一驱动。

表3 生产者驱动型和购买者驱动型全球生产网络比较

	生产者驱动型	购买者驱动型
驱动力	产业资本	商业资本
核心能力	研发	品牌、营销
进入壁垒	规模经济	范围经济
部门	耐用消费品、半成品	非耐用消费品
代表部门	汽车、计算机、飞机制造	服装、鞋帽、玩具
生产企业性质	跨国公司	本地企业、发展中国家的公司
主要网络联结	以投资为基础	以贸易为基础
网络结构	垂直	水平

资料来源：Gereffi, G. A Commodity Chain Framework for Analyzing Global Industries, Duke University Working Paper, 1999.

从以上论述可以看出两种驱动模型的主要区别在于有着不同的市场竞争规则。生产者驱动的生产链更加强调技术的研究和发展，生产工艺的不断改进，产品的不断更新，通过产业的垂直一体化来强化规模经济效应和加强基础设施的建设完善等方面的内容；而购买者驱动生产链则强调市场营销、拓展销售渠道获得范围经济、将制造业从产业链中分离出去和加强信息等软环境的建设等方面的内容。

2010年世界银行的一份报告声称：考虑到生产过程在许多行业已经支离破碎，在全球范围内移动，全球价值链已经成为世界经济的支柱和中枢神经系统。格里菲（Gereffi，1994）区分了生产者驱动和商品购买者驱动链。但是他未能将多商品或多行业生产网络中的竞争动态和进化过程理论化。大多数关于全球商品链（GCC）的研究都将 GCC 框架作为一种方法论而不是理论来对待。其结果是对特定链条和其中特定企业和地区的经验进行了大量的实证研究，而试图以系统和综合的方式解释这些发现的理论工作相对较少。在许多方面，全球生产网络仍然是一个尚未充分发展的全球生产网络理论（Henry Wai-chung Yeung，2015）。表 4 比较了全球商品链（GCC）理论与全球生产网络理论（GPN）的不同性质和内涵。

表 4 全球商品链理论与全球生产网络理论的比较

	全球商品链（GCC）	全球生产网络（GPN）
理论内容	1. 投入与产出的价值链：透过广泛相关的产业连结或整合，可以增加产品的附加价值、服务与资源 2. 权力支配结构：在此链中，企业间决定资源或要素，如何流动与分配的权力支配关系，是一种交易生产体系的协调过程 3. 地域性：以不同企业大小与种类的角度，来看生产扩散与营销网络是否在不同空间尺度下，具有集中或分散的现象 4. 制度结构：确认地方、国家、或区域，其制度与政策如何影响链中每阶段的全球化过程	1. 从企业生产机能的网络角度加以区分（即研发、设计、生产营销、服务等机能），看企业如何组织与运作 2. 从链接中探讨企业间的权力结构的关系，权力的运作来源包含了：（1）企业的权力：影响决策与资源的分布；（2）制度的权力：影响投资与领导型公司的决策；（3）集体组织的权力：影响公司在 GPN 中的区位及其治理方式 3. 讨论投入产出结构，其价值创造过程与移转的意义（即权力的分布），与 GCC 地域性讨论的相同点在于网络是镶嵌在空间性的考量，但必须注意其规模，且须以权利与价值创造的分布的观点作为基础 4. 制度如何影响企业的区位与生产网络 5. 镶嵌性的讨论，分为两种形式： （1）地域性镶嵌：指领导企业将生产机能扎根在不同地方，为了支持其网络各节点的机能，其中所包含的空间聚集程度，与承包网络的权力与社会关系，或地方政府政策，会随着地方而不同 （2）网络性镶嵌：特别指网络结构与连结程度，还有网络中参与作用者的稳定度与关系的持久度，特别是企业间的网络是由整合，控制与信任的关系所建构的，也被视为网络作用者信用建立作用的结果，其中连结的密度与强度越高，代表镶嵌程度越高

资料来源：根据 Henderson, J. Dicken, P. Hess, Coe, N. M., and Yueng H. W－C., 2002: Global production networks and the analysis of economic development, Review of International Political Economy, 9 (3): 436－464 整理。

科斯认为，企业和市场是两种不同的配置资源的方式。换句话说，企业间的交易既可以通过纯粹的市场交易，也可以通过实施内部化来进行。随着经济全球化的迅速发展，经济活动不再局限于一个或几个国家，跨国公司在全球范围内配置资源，组织生产，提供产品和服务。为了生产某种产品，往往需要许多不同国家的企业通过国际分工和协作才能完成。联合国工业发展组织对全球价值链的定义为：全球价值链是指为实现商品或服务价值而连接生产、销售、回收处理等过程的全球性跨企业网络组织，涉及从原料采购和运输，半成品和成品的生产和分销，直至最终消费和回收处理的整个过程。包括所有参与者和生产销售等活动的组织及其价值、利润分配,当前散布于全球的处于价值链上的企业进行着从设计、产品开发、生产制造、营销、交货、消费、售后服务、最后循环利用等各种增值活动(UNID0,2002)。

鲍威尔(Powell,1990)将生产网的治理结构分为三种:市场、网络和层级组织,并从一般基础、交易方式、冲突解决方式、弹性程度、经济体中的委托数量、组织氛围、行为主体的行为选择、相似之处等方面对三种经济组织形式进行了比较,如表 5 所示。鲍威尔的网络被命名为"关系型网络",此外又增加了"模块化网络"。不同于关系型网络中"紧密关系"的相互作用,全包式契约允许"松散关系"的相互作用,因为供应商明确制定其自身的生产过程。

表5 经济组织形式的对比:模式化网络的适应性组织形式

主要特征	市场	等级	关系型网络	模块化网络
一般基础	契约所有权	雇用关系	优势互补	契约优势互补
交易方式	价格	规则	关系	薄弱关系型价格法典式交易
信息及物质流通量	低	不可应用	高	中等
市场依存度	低	不可应用	高	中等到低
冲突解决方式	讨价还价法院强制	分散授权监督	互惠原则名誉考虑	竞争性转变多个合作伙伴
弹性程度	高	低	中等	高
体系内适应度	高	低	高	高
总体系的适应度	高	低	低	高
合作伙伴间的义务	低	中等到高	中等到高	中等到低
趋势	精确和/或怀疑	正式 官僚式	开放终端互利原则	精确 竞争 实效
成员偏好或选择	独立	依赖	内部依赖	有限依赖
形式的融合	重复交易等级式契约	非正式组织市场化特征:利润中心转移价格	地位等级化多个合作伙伴正式规则	紧密联系和长期关系有缓冲产能的承包商
空间方面	聚集或分散	分散	聚集	聚集和分散联结点

资料来源:Powell, W., 1990:Neither Market nor Hierarchy:Network Forms of Organization, Research in Organizational Behaviour, 12:295-336.

鲍威尔(Powell,1990)认为,市场交易可以快速地实现很多简单交易,层级型的组织具有清晰的权责边界和有效的决策机制，因此适合频繁而复杂的交易，而网络型的最大特点则在于它建立在一种优势互补的基础之上，而且形式多样，可以根据交易类型的不同而灵活改变。网络型关系的实例可以分为四种：一是工艺产业，比如建筑业、出版业、影视录像业；二是地域性经济组织和产业集群，比如意大利的手工业和德国的纺织业；三是战略联盟；四是以美国的汽车业为代表的垂直一体化生产网络。鲍威尔认为在面临资产专用性的时候，企业可以通过相互间的信任、品牌信誉或某些社会契约来达成合作关系，而并非一定需要进行垂直一体化。

斯图根（Sturgeon，2001）从组织规模（organizational scale）、地理分布（geographic scale）和生产性主体（productive actor）三个维度来分析全球价值链。从组织规模看，全球价值链包括参与某种产品或服务的生产性活动的全部主体；从地理分布来看，全球价值链必须具有全球性；从参与的主体看，有一体化企业（如 Phillips，IBM）、零售商（如 Sears、Gap 等）、领导厂商（如戴尔、耐克等）、交钥匙供应商（如 Celestica、Solectronic）和零部件供应商（如英特尔、微软等）。他还对价值链和生产网络的概念进行了区分：价值链主要描述了某种商品或服务从生产到交货、消费和服务的一系列过程，而生产网络强调的是一系列相关企业之间关系的本质和程度。

格里菲（Gereffi，2005）认为存在五种基本的价值链治理的类型：（1）市场型。（2）模块型。（3）关系型。（4）领导型。（5）等级型。关系型治理模式中，一般以中小企业为主，凭借信誉、相互信任而聚集，表现出较强的社会同构性、空间临近性、家族和种族性等特征，由于单个经济行为主体规模较小，对市场需求的识别能力较弱，其市场适应能力的强弱是以空间集聚为前提。领导型治理模式的显著特征是众多中小厂商依附于几个大中型厂商，这些大中型厂商对中小型厂商具有很强的监督和控制力，这种依附关系的改变需要较高的变更成本。从总的变化趋势看，是从等级制向外部市场交易的形式转变。有些产业从等级型转向模块型，有些则从领导型或关系型转向模块型。斯图根（Sturgeon，2002）认为，价值链模块化已经开始成为某些产业的新型组织结构特征。而所谓价值链模块化，即某一行业一体化的价值链结构逐渐裂变成若干独立的价值节点，通过各价值节点的横向集中、整合以及功能的增强，形成了多个相对独立运营的价值模块制造者以及若干模块规则设计与集成者的产业动态分化、整合过程。

斯图根（Sturgeon，2002）提出了非常具有影响力的模块化生产网络理论。另外，他还提出三种有代表性的生产网络模型：

（1）俘获型（captive production network，也译为领导型），以日本和韩国为代表。

此类网络一般由总公司对海外分支机构实施较强的控制，或由一个领导厂商协调各层次俘虏型供应商。供应商高度依赖一个或数个领导厂商，供应商和领导厂商之间的力量是不对称的。供应商和领导厂商之间的关系是长期的、稳定的。

（2）关系型（relational production network），以德国、意大利和东亚为代表。

关系型生产网络中企业间的关系相对平等，治理主要依赖网络主体之间的社会关系（如声誉和信任），而不是领导厂商的权威。这种关系型生产网络往往与一定地域的产业集聚密切相关，如意大利北部工业区，海外华人在东亚的以家族为纽带的业务网络等。

（3）模块型（modular production network），以美国汽车和电子产业为代表。

模块型生产网络中的供应商向领导厂商提供全承包服务，除了设计外几乎不需要领导厂商的支持或投入。模块型网络中企业之间的关系不像关系型那么稳定，在发生冲突或不满意时可以随时更换合作伙伴。在全球性竞争环境下，模块型生产网络与其他生产网络相比有更好的经济绩效。

斯图根的全球生产网络治理模型，揭示了国家特征和文化因素对价值链治理的重要影响；他细分了关系型、领导型和模块型三种不同的生产网络，并且对不同类型生产网络的竞争力和绩效做了对比研究，发现文化对经济组织模式的重要影响，揭示了产业特征、文化因素与经济组织治理模式之间的关系，开辟了全球价值链研究的新视角。如图3所示。

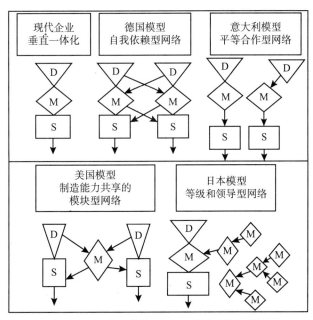

图3　斯图根关于生产网络治理的国别模型示意

注：D指设计，H代表制造，S代表销售，箭头连接表示企业之间的关系，图形相连表示企业内关系。
资料来源：Sturgeon，T and Lee，J. R.，2001：Industry Co - Evolution and the Rise of a Shared Supply - Base for Electronics Manufacturing，Paper Presented at Nelson and Winter Conference，Aalborg，June.

格里菲等（Gereffi，Humphrey & Sturgeon，2003）在斯图根的基础上提出了一个更为严谨和完整的全球价值链治理分析范式，如表6和图4所示。他们指出，影响全球价值链治理的三个关键变量是交易复杂度、交易标准化能力和供应商能力，并通过这三者在高低两个维度间的排列组合，最终确定了五类全球价值链的治理模式，按主体之间的协调和力量不对称程度从低到高依次排列为：市场、模块型、关系型、领导型和层级制。

（1）市场：通过合同可以降低交易成本，产品比较简单，供应商能力较强，不需要购买者太多投入，且资产的专用性较低时，就会采用市场交易方式。

（2）模块型：产品较复杂，供应商的能力较强，其资产专用程度较高，买卖双方的数量虽然有限，但仍有一定的市场灵活性，更换合作伙伴较容易。能够通过标准化契约来降低交易成本，协调成本也不高。

（3）关系型：产品复杂导致交易复杂，双方需要交换的信息量很大而且复杂，供应商的能力较强，领导厂商和供应商之间有很强的互相依赖关系。但双方可以通过信誉、空间的临近性、家族或种族关系降低交易成本。

（4）俘获型：产品复杂，供应商对领导厂商的依赖性非常强，难以改变交易对象，成为俘虏型供应商。领导厂商通过对供应商高度控制来实现治理，同时提供各种支持使供应商愿意保持合作关系。比如丰田的供应商网络。

（5）层级制：产品很复杂，外部交易的成本很高，领导厂商不得不采用纵向一体化的企业内治理方式。因为交易可能涉及领导厂商的核心能力如隐性知识、知识产权等，领导厂商无法通过契约来控制机会主义行为，只能采用企业内部化，通过行政安排进行资源配置。

表6　　　　　　　　　　　　　　**全球价值链治理的影响因素**

治理模式	交易复杂度	标准化交易能力	供应商能力	显性协调和力量失衡程度
市场	低	高	高	低
模块型	高	高	高	
关系型	高	低	高	↕
俘获型	高	高	低	
层级型	高	低	低	高

资料来源：Gereffi，G，Humphrey and Sturgeon，T.，2003：The Governance of global value chains，Review of International Political Economy，11（4），pp. 5 – 11.

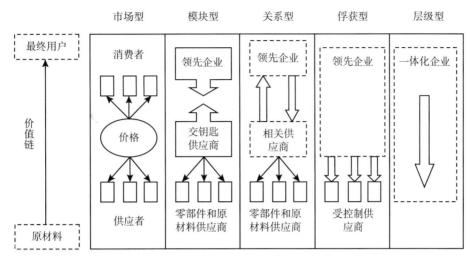

图 4 五种全球价值链治理模式分析

资料来源: Gereffi, Humphrey and Sturgeon, T., 2003: The Governance of global value chains, Review of International Political Economy, 11 (4), pp. 5 - 11.

该理论不仅分析五种价值链的治理类型,还进一步探讨了全球价值链治理的动态性问题。如果影响全球价值链治理模式的三个变量发生变化,治理模式也将随之变化。如表 7 所示。

表7 全球价值链治理模式的决定及动态变化表

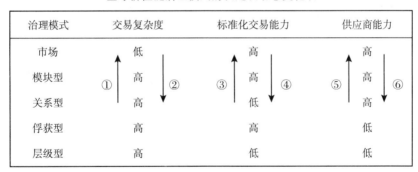

治理模式	交易复杂度		标准化交易能力		供应商能力	
市场		低		高		高
模块型	① 高	②	③ 高	④	⑤ 高	⑥
关系型		高		低		高
俘获型		高		高		低
层级型		高		低		低

注:①交易复杂程度的降低;②交易复杂程度的上升;③契约的可标准化能力增强;④契约的可标准化能力降低;⑤供应商的能力增加;⑥供应商能力降低。

资料来源: Gereffi, G, Humphrey and Sturgeon, T., 2003: The Governance of global value chains, Review of International Political Economy, 11 (4), pp. 5 - 11.

全球价值链治理模式的划分,对于研究新的国际分工、要素流动以及资源配置等问题具有重要的意义。模块型治理模式中,各企业是优势互补的关系,而非控制关系,企业的市场适应能力较强,投资的专用性程度较低,具有很强的空间转移能力。关系型治理模式,一般是以中小企业为主,凭借信誉、相互信任而聚集，表现出较强的社会同构性、空间临近性、家族和种族性等特征，由于单个经济行为主体规模较小，其空间转移能力较弱。领导型治理模式的显著特征是众多中小型企业依附于几个大型企业，这些大型企业对中小型企业具有很强的控制力，这种依附关系的改变需要较高的变更成本。

价值链治理的动态变化有几个代表性案例值得关注：（1）在自行车行业，由于规模经济、标准化和供应商能力的提高使治理方式从层级型转向市场交易；（2）服装行业由于交易复杂程度的降低和供应商能力的增强则可能由领导型发展为关系型；（3）新鲜果蔬行业中，大型超市为了应对激烈的市场竞争，满足消费者的不同需求，有可能与供应商的关系从市场型逐渐发展到关系型甚至是层级型的垂直一体化治理模式；（4）在美国电子产业，分工和专业化的发展使治理方式从层级型发展为模块型。

随着经济全球化的发展，跨国公司经营战略不断进行调整，其组织结构也从层级制向网络型组织结构转变。层级制组织结构是一种等级森严的金字塔结构。层级制的共同特点是企业经营决策权集中于高层管理者和各职能部门管理者手中，以纵向命令控制为主来协调整个组织的行为。传统的层级制组织结构如职能制、事业部制、联邦制等，虽然它们在提高企业运作效率上价值明显，但层次多，信息传递链长，在增强企业灵活性方面能力不强。员工处于听命行事的地位，不利于职工积极性和创造性的发挥，不利于人力资源的开发。传统的层级制（也称科层制），重要的决策基本上是由母公司做出，信息从母公司向海外子公司单向传递。而在网络组织中，母子公司的信息交流更加充分，各部门之间的协调和配合更有助于共同的价值创造。同时，子公司的运作更具独立性，它往往可以根据需要与东道国的相关企业（包括在东道国的其他外国跨国公司的子公司）和机构结成联盟伙伴关系，使组织管理的范围向外延伸，使跨国公司的生产经营网络进一步扩大。现在跨国公司经营战略已不再强调内部化，而是逐渐为外部网络的构建而竭尽全力。从跨国公司内部的组织创新来看，网络型组织已逐步取代层级制的结构。网络型组织是一种柔性组织，并且常常组织起跨部门的团队组织，增强了应变能力。在网络经济中，以信息网络为媒介，不但使各产业之间完全不同的技术相互联系结合，不断产生新技术、开发新产品，而且在生产和销售等方面出现了产业间相互渗透与异业结盟，从而使产业边界日益模糊。网络经济使社会环境急剧变化，并更加难以预测。在巨大的不确定性面前，层级组织控制信息的能力远不能适应信息爆炸的决策环境。层级制的组织原则和目标，已经与经济全球化、知识经济、可持续发展等为背景的时代要求相冲突（罗仲伟，2000）。网络组织结构依靠现代信息技术进行管理，大大提高了企业的竞争优势和运行速度，其特点是流程短、信息充分，从而减少了跨国公司经营的不确定性和风险。

在这样的组织形态中，企业组织变成一个由许多知识结点所组成的动态网络。这些知识结点可能是单个的员工，也可能是专业团队。网络化组织减少了中间管理层，是一种组织创新。组织结构的网络化，使企业与企业之间打破了地区之间、国家之间的边界限制，将触角伸向世界的各个角落，在市场机制的作用下，在全球范围内寻找合作伙伴，共同开发新市场、新产品、新业务，其目的主要是利用共享的生产要素，在联合企业内实现资源的优化配置，以取得单个企业所不能取得的协同经济效益。

结论

本文主要从企业间关系演进的视角，对纵向一体化如何发展为外包和价值链网络化，以及全球生产网络和全球价值链治理理论的发展等等进行分析和评述。总体来看，全球生产网络是一种组织安排，由全球旗舰企业协调的相互关联的经济和非经济行为体组成，并在全球多个地理区位为全球市场提供商品或服务。这些参与者包括不同类型的公司和非公司参与者，如不同地区的国家、国际组织、劳工组织、消费者和公民社会组织。全球生产网络是典型的以全球为基础制造和销售产品。企业向全球化发展，并大量利用合作生产使产品设计和装配更有效率。全球生产网络的兴起打破了跨国公司内部化生产和经营的主流模式。过去，跨国公司内部一体化的层级制结构，是由总部拟定计划并下达命令，子公司、业务单位按照战略规划进行生产和经营。但是现在，企业正在转向新的模式——一个真正的全球企业，即在全球范围进行资源和能力的配置，旗舰企业通过跨越国界和组织边界来利用人力资源，建立起全球一体化的包括数百家甚至数千家的企业生态系统，以全球为基础协调商业活动和生产的各个部门来为消费者提供产品和服务。从构想为消费者提供产品直到交付完成的整个过程都是通过全球性松散组织的合作来完成的。目前有关研究分析的重点显然是各行动者及其组织关系，这些行动者构成了不同行业的全球生产网络，旗舰企业是这一网络的核心。虽然层级制在可预见的未来还不可能消失，但是以层级制为主导的创造价值的时代已经成为过去。面对日益多变的企业外部环境，组织结构的变革已成为提高企业应变能力的一种重要手段，减少管理层次、使组织结构扁平化是当今企业组织结构变革的一大趋势。今天成功的企业往往拥有开放和可渗透的边界，通过跨越其组织边界来利用外部的知识、资源和能力。

参 考 文 献

［1］哈默等：《战略：45 位战略家谈如何建立核心竞争力》，中国发展出版社 2002 年版。

［2］池仁勇、邵小芬、吴宝：《全球价值链治理、驱动力和创新理论探析》，载于《外国经济与管理》2006 年第 3 期。

［3］罗仲伟：《网络组织的特性及其经济学分析》，载于《外国经济管理》2000 年第 7 期。

［4］泰普斯科特、威廉姆斯：《维基经济学》，何帆、林季红译，中国青年出版社 2007 年版。

［5］史占中：《企业战略联盟》，上海财经大学出版社 2001 年版。

［6］张晔、刘志彪：《外资代工型增长模式：以中国苏州为例》，载于《经济理论与经济管理》2008 年第 10 期。

［7］刘志彪、张晔：《中国沿海地区外资加工贸易模式与本土产业升级：苏州地区的案例研究》，载于《经济理论与经济管理》2005 年第 8 期。

［8］张向阳、朱有为：《基于全球价值链视角的产业升级研究》，载于《外国经济与管理》2005 年第 5 期。

［9］梁文玲、李鹏：《基于全球价值链治理的中国纺织企业升级战略思考》，载于《经济问题探索》2008 年第 7 期。

［10］Birkinshaw, Julian, 2000：Multinational Corporate Strategy and Organization：An Internal Market Perspective, 55 – 79, from Neil Hood and Stephen Young, The Globalization of Multinational Enterprise Activity and Economic Development, Macmillan Press LTD, 2000.

［11］Boge Gulbrandsen, Kare Sandvik, Sven A. Haugland, 2009：Antecedents of vertical integration：Transaction cost economics and resource-based explanations, Journal of Purchasing & Supply Management, 15, pp. 89 – 102.

［12］Peter D. Ooerberg Jensena and Bent? Petersen, 2013：Global Sourcing of Services：Risk, Process, and Collaborative Architecture, Global Strategy Journal, Volume 3, Issue 1.

［13］Conner, K. R., 1991：A historical comparison of resource-based theory and five schools of thought within industrial organization economics：do we have a new theory of the firm? Journal of Management, 17, 12, pp. 1 – 54.

［14］Dicken P. Global Shift, 3rd edition, London：Paul Chapman Press, 1998.

［15］Federica Saliola and Antonello Zanfei, Multinational firms, global value chains and the organization of knowledge transfer, Research Policy 38 (2009), pp. 369 – 381.

［16］Gary Gereffi, John Humphrey, and Timothy Sturgeon, The Governance of Global Value Chains, Review of International Political Economy, vol. 12 no. 1, 2005, pp. 78 – 104.

［17］Gereffi, G. and Korzeniewicz, M., 1994：Commodity chains and global capitalism, London：Praeger, pp. 94 – 98.

［18］Henderson J, Dicken P, Hess M, Coe, N. M., Yeung, HW – C, 2002：Global production networks and the analysis of economic development. Review of International Political Economy 9, pp. 436 – 464.

［19］Hess, M。and Yeung, HW – C (eds), 2006：Theme issue on global production networks. Environment and Planning 38, pp. 1193 – 1305.

［20］Humphrey, J. and Schmitz, H., 2000：Governance and Upgrading：Linking Industrial

Cluster and Global Value Chain Research, IDS Working Paper 120, Brighton: ID.

[21] Humphrey, J. and Schmitz, H. , 2001: Governance in Global Value Chains, IDS Bulletin 32. 3.

[22] Jacobides, M. G. & S. G, Winter, 2005: Entrepreneurship and Firm Boundaries: The Theory of A Firm, Journal of Mangement Studies, Nov.

[23] Peppard, Joe. & Anna Rylander, 2006: From value chain to value network—Insights for mobile operators, European Mangement Journal, 03, pp. 128 – 141.

[24] Powell, W. Neither market nor hierarchy: network forms of organization [J]. Research in Organizational Behavior, 1990, 12 (3), pp. 295 – 336.

[25] Ronan McIvor, 2009. How transaction cost resource—based theories firm inform outsourcing evaluation Journal of Operations Management, (27), pp. 45 – 63.

[26] Sturgeon, T. and Lee, J. – R. , 2001: Industry Co – Evolution and the Rise of a Shared Supply – Base for Electronics Manufacturing', Paper Presented at Nelson and Winter Conference, Aalborg, June.

[27] Sturgeon, T. , 2002: Modular Production Networks: A New American Model of Industrial Organization, Industrial and Corporate Change, 11 (3), pp. 451 – 96.

[28] Gereffi, G, Humphrey and Sturgeon, T, 2003. The Governance of global value chains, Forthcoming in Review of International Political Economy, 11 (4), pp. 5 – 11.

[29] Gereffi, Gary. , 2005: John Humphrey and Timothy Sturgeon, The Governance of Global Value Chains, Review of International Political Economy, Vol. 12 No. 1, pp. 78 – 104.

[30] Guerrieeri, P. and Pietrobelli, C. , 2004: Industrial Districts Evolution and Technological Regimes: Italy and Taiwan, Technovation, 11, pp. 899 – 914.

[31] Humphrey, J. and Schmitz, 2002: How Does Insertion in Global Value Chains Affect Upgrading Industrial Clusters? Regional Studies, 9, pp. 1017 – 1027.

[32] Humphrey, J. , and Schmitz, H. , 2002. How does insertion in global value chains affect upgrading in industrial clusters? Regional Studies 36, pp. 1017 – 27.

[33] Kaplinsky, R. , and Farooki, M. , 2011. What are the implications for global value chains when the market shifts from the North to the South? International Journal of Technological Learning, Innovation and Development 4, pp. 13 – 38.

[34] Kaplinsky, R. , and Morris, M. , 2001: A handbook for value chain research, Prepared for the IDRC. Available online: http: //asiandrivers. open. ac. uk/documents/Value _chain_ Handbook_RKMM _Nov_2001.

[35] Kedia, L and Mukherjee, D. , 2009: Understanding offshoring: a research framework based on disintegration, location and externalization advantages, Journal of World Business, 44 (3), pp. 250 – 261.

[36] Morrison A, Pietrobelli C. , and Rabellotti R. 2008: Global Value Chains and Technological Capabilities: A Framework to Study Learning and Innovation in Developing Countries, Oxford Development Studies, 1, pp. 39 – 58.

［37］Porter，M. E. ，1985：Competitive advantage. Free Press，New York.

［38］Saliolaf F，Zanfei，A. 2009，Multinational Firms，Global Value Chains and the Organization of Knowledge Transfer，Research Policy，38，pp. 369 - 381.

［39］Sturgeon，T. ，Humphrey，J. ，and Gereffi，G. 2011. Making the global supply base. In The market makers：How retailers are reshaping the global economy，ed. G. G. Hamilton，M. Petrovic，and B. Senauer，231 - 54. Oxford：Oxford University Press.

［40］Sturgeon，T. J. ，and Kawagami，M. ，2011. Global value chains in the electronics industry：Characteristics，crisis，and upgrading opportunities for firms from developing countries. International Journal of Technological Learning，Innovation and Development，4，pp. 120 - 49.

［41］Sturgeon，T. J. ，Van Biesebroeck，J. ，and Gereffi，G. ，2008. Value chains，networks and clusters：Reframing the global automobile industry. Journal of Economic Geography，8，pp. 297 - 321.

［42］Sturgeon. ，Timothy J. 2002：Modular Production Networks：A New American Model of Industrial Organization，MIT IPC Working Paper No. 2.

［43］Sunley，P. 2008. Relational economic geography：A partial understanding or a new paradigm? Economic Geography，84，pp. 1 - 26.

［44］Teece，D. J. 2009：Dynamic capabilities and strategic management：Organizing for innovation and growth，Oxford University Press.

［45］UNIDO，2002：Industry Development Report，pp. 107 - 116.

全球生产网络背景下中国产业的技术进步

摘要： 在经济全球化时代，产业的高度分解和国际分工的进一步深化形成了跨国公司全球生产和经营的技术基础。在利用外资的过程中，特别是在中国工业化的现阶段，承接发达国家的产业转移和吸收跨国公司的扩散技术是中国产业技术进步的重要途径之一。中国企业应增强吸收能力，通过模仿、学习、消化和吸收，加快技术学习和技术创新的步伐。政府应通过有选择的政策干预来扩大跨国公司的技术转移和技术扩散，促进产业的技术进步。

关键词： 全球生产网络　吸收能力　技术进步

毫无疑问，强调自主创新，并且把自主创新作为中国长期的发展战略都是非常正确的。但是自主创新并不等于自己创新。把自主创新与引进外资、引进技术对立起来是错误的。自主创新应选择开放的创新模式，即充分利用企业内部和外部的知识资源，利用跨国公司全球生产网络所提供的学习平台和学习机会。事实上，在工业化过程中，任何国家都不可能完全依靠本国的自主创新而不接受其他国家的技术转移和技术扩散。在经济全球化时代，产业的高度分解和国际分工的进一步深化形成了跨国公司全球生产和经营的技术基础。在中国工业化的现阶段，承接发达国家的产业转移和吸收跨国公司的扩散技术是中国产业技术进步的基本途径。

本文主要分析跨国公司技术转移和技术扩散的内在机理，从全球生产网络、国家创新体系和企业技术创新等几个方面分析和论述中国企业在利用 FDI 方面应该采取什么样的政策，如何利用跨国公司全球生产网络来促进中国产业的技术进步，提高产业的国际竞争力。

一、文献综述和相关理论分析

国家创新体系这个概念是英国经济学家弗里曼（Freeman，1987）首先提出来的。弗里曼认为，在一国的经济发展和追赶、跨越中，仅靠自由竞争的市场经济机制是不够的，政府应提供一些公共产品，并从一个长远、动态的视野出发，寻求资源的最优配置，以推动产业和企业的技术创新。弗里曼将国家创新体系定义为公私部门的机构组成的网络，它们的活动和相互作用促成、引进、修改和扩散了各种新技术。他认为其中有四个重要因素在起作用：政府政策、企业的研究和开发、教育培训以及产业结构。纳尔逊和罗森堡（Nelson & Rosenberg，1993）在《国家创新体系》一书中认为，国家创新体系在制度上十分复杂，它既包括各种制度因素和技术因素，也包括大学和研究机构以及政府的基金和规划的机构。而企业是技术创新体系的核心，它们相互竞争也彼此合作。国家的主要任务是保持技术的多元结构，因为科学和技术的发展存在不确定性。

关于 FDI 对东道国技术进步的作用，许多研究发现，这取决于跨国公司与本国企业之间的相互影响程度、东道国现有的经济发展水平以及企业的吸收能力。科恩和列温索尔（Cohen & Levinthal，1989）认为，企业研发投入直接促进了技术进步，而且企业研发投入也增强了企业对外来技术的吸收、学习和模仿的能力，使企业拥有更强的技术能力去吸收外部技术扩散。恩斯特和金（Ernst & Kim，2002）的研究表明，全球生产网络在东亚地区的技术扩散和能力发展过程中起到很大的作用。拉奥（Lall，1997）认为，跨国公司的技术转让一般通过四种形式实现：前向和后向一体化、横向关联、人员流动以及国际技术溢出。关联的建立与跨国公司内部组织的特征、东道国及其不同行业的特征都有关。而吸收能力是建立有效关联和转移企业特定优势的前提。这些能力可以是技能、技术性的知识、组织结构以及企业掌握一种引进技术所需的外部关联和支持体系，这些能力的发挥要看东道国是否具备使其适应当地的要素和市场条件，使其升级和保持在世界市场的竞争力并改进这种技术使其实现多样化运用的诸多因素。跨国公司技术外部性的存在并不意味着，国内企业可以轻易地将其吸收和利用。即使跨国公司拥有较强的企业特定优势而且愿意转让，但是它们对当地企业的技术转移并不是可以自动完成的，这需要当地企业具备相当的吸收能力。吸收能力之所以很重要，是因为它能够使国内企业获得那些宝贵的隐性知识。比如，同样的技术之所以在不同区位的运用及其效果会大不相同，是因为不同区位的技术能力水平的不同，也就是东道国的吸收能力水平的差异。伯伦斯坦（Borensztein，1998）认为，从国家的层次来看，如果要让 FDI 对更高的生产率增长做出贡献的话，吸收能力至少应该达到一个最小量。因为 FDI 对一国经济增长的作用受东道国人力资本的临界值影响，即只有当东道国人力资本存量足够丰裕时，东道国经济才能吸收 FDI 的技术外溢。

特瓦勒思和扬（Tavares & Young，2005）则认为，吸收能力的决定因素以及技术溢出的可能性主要受以下诸多因素的影响：技术差距、文化和心理距离、技术接受者与转移者的理念差异、地理邻近、产业或东道国的特性、外国所有权的比例、东道国的发展水平、企业的相对规模、贸易保护的程度以及制度体制的框架等。纳鲁拉（Narula，1998）将吸收能力分为四部分：企业—产业吸收能力、基础设施、先进的基础设施以及正式和非正式的制度。这几个方面是相互联系的，而且每一种因素在不同的发展阶段都有不同的成本和收益。其中，对教育和基础设施的投资有更显著的乘数效应。纳鲁拉认为，从企业层次看，只有那些具有较高吸收能力的企业才有可能从外资的溢出效应中获益。吸收能力不足可能导致技术流入的使用缺乏效率，而知识的累积一旦在吸收能力越过门槛之后就会变得很快，因为东道国企业一旦学会学习之后，技术的学习就更容易了。还有，如果技术转让者与接受者之间的相对技术能力的差距越小，东道国从与跨国公司建立的关联中获益则越大，反之则越小。

要认识吸收能力的重要性必须将经济当作一个体系来看，也就是说，一个产业的所有企业和非企业机构都是密切联系的。如果制度缺失或发展不健全，体系内的企业就无法吸收和有效地利用知识和技术。吸收能力包括将别人创造的知识内部化的能力以及对其加以改进以适应自己特定的需要、过程和惯例。吸收能力还包括通过非模仿的方式创造新技术的能力。吸收能力的一个重要组成部分是人力资源的可获得性，而这往往不是企业本身可以解决的而是与非企业部门相关的。非企业部门如科研机构和大学能为企业特定创新提供知识型基础设施，他们是国家知识储量的重要来源，它可以为所有企业提供潜在的知识和人力资源以促进企业的创新。

二、跨国公司全球生产网络与中国企业的技术学习

跨国公司根据对全球商业竞争环境的判断，以及它已有的竞争能力和战略布局来谋划和考虑对外投资活动。在最不发达国家的 FDI 主要是资源寻求型的，而处在追赶阶段的国家主要吸收的是市场寻求型的外资，而效率寻求型的外资将倾向于工业化程度更高的发展中国家。发展中国家如果要在世界市场参与竞争，就必须具备优良的交通和通信设施。要想成为竞争性的生产基地需要更高的技能、专业化的培训和灵活性，特别是想吸收更高的技术投资的发展中国家必须是有着良好的基础设施并且发展了一定的技术能力的地区才有可能。因此，东道国的吸收能力对技术升级和技术进步都至关重要。当地的吸收能力的提高可以吸引更高层次的外资的流入，同时可以增强技术扩散的效应，而要实现此目的需要相应的政策。当然，要制定详细的技术、产品的定位是困难的，因为技术是在不断变化的，但是制定较高的目标是必要的也是可行的，这方面可以参照发达国家

和新兴工业化国家的经验和做法。例如，缩小技术差距的政策包括研发投资体制（如国家技术创新体制），促进跨国公司与当地企业的关联（如建立研发联盟）。政府对跨国公司子公司与当地企业建立研发联盟的活动可以给予一些政策倾斜和优惠，如税收、信贷以及政府采购其研发创新产品等措施来激励其关联的建立和技术的溢出。政府还可以通过一系列政策来促进集聚经济，加速产业集群和生产服务网络的形成。地理的邻近可以增加正溢出的可能性，当地产业体制更适宜跨国公司的投资需求，而且可以提供增强竞争优势的互补性资源，如专业性和独特性、隐性知识、当地化的学习和特定的管理结构等。

值得强调的是，技术中包含许多隐性的知识，这需要吸收者通过长时间的学习才能掌握。这种隐性知识是包含在生产经验当中，但是大部分则需要企业对培训进行有目的的投资以寻求新的技术和其他知识，而且要通过实验来更好地掌握，最后还要发展一种组织能力来创造、交流并使知识在内部加以扩散。新技术的吸收还需要进行大量独立的研发活动。实际上，即使是工厂的布局、质量的保证和维护、过程的优化都要求大量的能力的培养。因此，除了企业内部的努力之外，还有赖于更广泛的社会的投资，包括对教育、培训和提供信息等诸多方面。而且，能力的形成还需要企业与企业之间的互动以及各种技术服务、标准化实验室、技术推广服务、研究中心、质量控制中心等服务机构的共同参与。总之，与技术、技能和组织能力相关的要素以及高质量供应商的存在可以统统归为发展中国家的"技术能力"，这种能力的水平直接影响外资流入的性质和投资的效应。

企业的竞争优势是明显地与其技术能力相关的，但是竞争优势还受技术之外的其他诸多因素的影响，其中一个重要方面就是该企业是否进入跨国公司的全球生产网络。当今，跨国公司发展的新动向可概括如下：价值链活动的进一步分解，即价值链切片和非完全一体化的趋势日益突出；子公司之间日益激烈的竞争以及子公司发展对母公司的影响更加显著；跨国公司与当地企业建立联盟对全球生产网络产生巨大的影响；跨国公司价值增值活动的地理区位的布局及其整合重新塑造跨国公司全球竞争优势和战略格局。总之，跨国公司在全球的投资和经营活动已经把世界各国纳入一体化或准一体化分工与交易的网络，大型跨国公司通过全球化的销售与生产，使许多产业比如通讯、计算机、半导体、汽车等的国际化程度大大提高。与此同时，跨国公司积极采取灵捷生产、大规模定制、零库存管理等方式来降低成本，满足消费者的个性化需求。跨国公司越来越重视构建和增强企业核心竞争力，由此更多采取资源外取战略，纷纷通过外包、分包和共同研发、营销等合作方式，提高企业的灵活性和应变能力。在制造业，跨国公司越来越多地将中间产品和零部件外包出去。跨国公司越来越重视构建和增强企业核心竞争力，由此更多采取资源外取战略，纷纷通过外包、分包和共同研发、营销等合作方式，提高企业的灵活性和应变能力。例如，一些大型的汽车厂商已不再津津乐道自己的完全的内部一体化的经营和管理方式，而是采取战略联盟的方式，也即对纵向一体化的分解方式。跨国公司更加重视在其投资的东道国寻求产业配套。因此，通过分包关系向跨国公司提供零部件可以为发展中东道国厂商进入跨国公司垂直一体化生产链条创造机会。1990 年的一项调查表明，在墨西哥的 63 个制造业的外资企业，其分包商有 59% 是东道国民族企业。与外资企业的分包关系主要集中在技术密集型和出口导向型的行业中。最明显的是汽车、计算机、电子、电器和化工等行业。外资企业向分包商提供的援助包括技术、管理、资金以及质量控制培训。据调查，质量控制培训占所有援助的 87%。在东亚和东南亚，当地厂商（主要是合资企业）已经在汽车和电子行业中建立了向跨国公司供货零部件的网络，而且在不同国家的工厂具有专业化的特点，形成地区性市场。在汽车工业中，主要的日本汽车大公司都依靠其海外企业和海外供货商提供零部件，利用了东盟国家的地区合作优势。在电子行业中，美国和日本跨国公司都建立了这种网络，开始是劳动密集型生产，后来逐渐向技术复杂的生产环节发展，从而使产品的国际流动逐步逆向流动（裴长洪，1998）。纳鲁拉（Narula，2001）的研究表明，跨国公司的 FDI 活动如果与东道国的比较优势较为匹配，那么就可能建立更多的关联。反之，如果国内企业与跨国公司的技术差距很大，那么后向关联就更少，跨国公司在当地采购也会更少。邓宁（Dunning，1997）认为，知识的形成具有路径依赖性，尤其是隐性知识中组织管理技能由于与企业的特定历史和文化相联系，转移难度更高，因此，隐性知识转移具有组织化特征，其获取过程依赖于组织的吸收能力和良好的沟通机制来推动其转化，单纯的技术引进无法实现知识资产的获取，即重新使知识公司特有化后，才能发挥其增值作用。这意味着当地企业必须建立自己的国际化组织和学习机制，通过吸收学习促进外部知识的异质化，以获取关键资源和知识。比如三星通过雇用熟练的工程师来获得半导体领域的知识、信息，但是单独的依靠这种人员流动是无法保证成功的。关键因素是快速地获取外部知识并内部化为技术竞争优势，然后用它们来建立和提高芯片制造系统。这样的企业需要一个基本的能力平台以形成更多的竞争优势，例如，在开发制造更复杂的产品之前需要掌握简单产品的制造技术，正是因为如此，韩国企业在大规模进入半导体行业并建立领先优势之前，花费了大量的时间在电子领域做"学徒"，从事简单产品的制造和贴牌生产（OEM）。

跨国公司通过对外直接投资，生产的各个环节根据各个地区的不同特点配置到不同的国家。这种生产网络促进了地区经济融合以及出口导向型经济增长，因为所有国家都可以从这种基于比较优势的劳动分工中获益。外部采购和分包增加了跨国公司子公司与当地企业联系的必要性。跨国公司与当地企业建立零部件筹供关系客观上大大降低了它们在东道国的生产成本，创造更大程度的专业化和灵活性，并更好地适应当地的技术条件、产品和服务。对发展中国家来说，跨国公司经营战略的调整客观上为东道国企业创造了有利的机遇。因此，在跨国公司子公司与本国企业之间建立关联是非常必要的。其实，跨国公司特别是当地市场寻求型的跨国公司投资越来越愿意扩大对当地原材料和零部件的采购，与当地企业建立更多的供应关系，而不是从其母国或他国进口零部件。当然，另一方面，跨国公司也在使其供应基地现代化，减少其所依赖的供应商的数量。现在跨国公司从世界范围选择最有竞争力的供应商，而且可以让本国或他国的供应商跟随其到新的地区投资。这样，当地或本国的供应商事实上必须与全球性的能够提供一揽子供给和服务的供应商进行竞争。全球供应商就可能对当地供应商产生挤出效应，使跨国公司装配商减少与当地零部件供应商的合作以及转让技术诀窍的倾向。而如果供应商发展战略和中小企业政策能够加大力度的话，那么当地供应商的发展状况和竞争能力将会极大地提高，至少可以进入二级供应商的行列。

国际产业转移和跨国公司全球生产网络的发展给发展中国家带来了许多学习、模仿、消化和吸收的机会。跨国公司越来越多地投资于技术和知识密集型部门，而且更多地与其他国家的企业建立战略联盟，这为东道国的产业技术进步提供了机遇。因此，利用跨国公司的直接投资及其全球生产网络来扩大技术扩散和溢出是一种较有效率而且成本较低的选择。首先，通过市场交易购买技术和技术诀窍的代价很大，对国内缺乏资金的企业来说不可行。而模仿创新可以依据领先创新者的思路和行为模式，因此研究和开发具有高度的针对性，可以降低技术开发中的风险和不确定性。同时模仿创新可以将资源更多地放在工艺创新和生产过程优化方面，从而生产出适应当地市场的差异化产品。其次，跨国公司总是想垄断其技术的竞争优势，不会将最先进的技术出售给发展中国家。况且，技术中所包含的许多隐性知识是无法通过购买技术就掌握的。而通过向其他企业学习，企业可以提高它们的新产品的水平，技术水平及产品质量的稳定性。

丰田网络之所以能够有效地实现知识共享，部分是因为存在一种强烈的网络认同感，以及建立了网络规则来支持协调、沟通和学习。在网络建立初期，丰田通过大量资助网络的活动来鼓励供应商参加并公开地分享知识。这一举动可以确保供应商意识到参加网络能带来大量实质性的好处，从而激励供应商加入网络。同时，丰田也介绍了一些网络层次的知识共享过程，这些过程帮助供应商建立了对网络的强烈认同感。通过参观学习，也使供应商更好地把书本上的知识应用于现实操作中。显性知识只有在个人或是组织掌握一定的隐性知识，才能很好发生作用。例如，日本的中小企业协会经常组织考查国外公司，通过这种观察获得所需要的新知识新技术。海外培训的高级工程师返回以及积极雇用海外经验丰富的工程师作为兼职，这些都会促进当地供应商的技术进步和技术升级。同时，当地工程师也了解旗舰企业组织和生产系统管理模式，并且在培训过程中直接从国外工程师学习内在知识。当然，当这些工程师回到本国后，也面临知识利用和当地化不可预见的问题。因此，旗舰企业也经常派工程师来帮助当地工程师解决工程上和生产中的问题。

索尼在韩国以合资形式建立晏和电子公司，以满足索尼消费电子产品外包生产需要。索尼不仅为该合资公司提供大规模生产所需的机械设备，而且提供产品的设计图、产品的样品信息以及生产质量的控制手册（编码知识）。另外索尼还邀请一些韩国方面的工程师、技术人员和经理参加索尼日本工厂的培训，内容包括生产、组织和人力资源管理等，实现嵌入性和文化性知识的转移。同时索尼也会派遣工程人员和技术人员前往韩国，帮助解决生产系统操作和维护方面的问题以及产品质量控制问题，以保证其满足索尼的技术要求。索尼正是通过 FDI 来实现知识转移。

跨国公司技术转让和技术扩散主要通过以下途径：（1）跨国公司对东道国雇员进行培训，经培训的技术和管理人员通过流动向其他企业转移。（2）跨国公司往往与当地上下游企业建立联系，从而产生前向和后向关联效应。一方面，与出口导向型的跨国公司联系可以使当地企业获取更多国际市场的信息；另一方面，为适应跨国公司对产品标准的要求，东道国供应商会不断地学习从而提高自己的生产效率。（3）跨国公司在带动当地上、下游产业发展的同时，还会吸引其海外配套企业进行跟随性投资，从而在特定区域形成产业集群。而产业集群实质上是建立在外部化和网络化基础上的竞争合作机制和新型专业化分工体系，可以更好地促进企业技术的学习和创新。

拉奥和纳鲁拉（Lall & Narula，2004）指出，全球生产网络对东道国来说具有累积的优势，全球生产网络一旦进入，这些跨国公司就会投资于员工的培训、促使供应商技术升级、改善基础设施并与相关机构建立关系。领头企业往往会引致其供应商的追随性投资。竞争者和相关企业往往会跟随领先的成功企业，从而建立产业集群。如果东道国在某一行业的技术基础和研发能力（研发人才）具有相对优势，那么它将吸引跨国公司更多地投资于东道国该行业的研发型生产活动。同时，跨国公司的技术扩散效应，会进一步提高当地的研究和开发能力，形成良性循环累加过程。从各国的发展经验来看，那些能够成为全球生产网络的一个组成部分的国家或地区就是那些工业化速度最快的国家或地区。而那些能够参与到全球生产网络之中的企业，也就是发展速度最快、市场竞争力最强、发展潜力最大的企业。1990 年的一项调查表明，在墨西哥的 63 个制造业的外资企业，其分包商有59%是东道国民族企业。与外资企业的分包关系主要集中在技术密集型和出口导向型的行业中。最明显的是汽车、计算机、电子、电器和化工等行业。外资企业向分包商提供的援助包括技术、管理、资金以及质量控制培训。据调查，质量控制培训占所有援助的87%。在东亚和东南亚，当地厂商（主要是合资企业）已经在汽车和电子行业中建立了向跨国公司供应零部件的网络，而且在不同国家的工厂具有专业化的特点，形成地区性市场。在汽车工业中，主要的日本汽车大公司都依靠其海外企业和海外供货商提供零部件，利用了东盟国家的地区合作优势。在电子行业中，美国和日本跨国公司都建立了这种网络，开始是劳动密集型生产，后来逐渐向技术复杂的生产环节发展，从而使产品的国际流动逐步逆向流动。

目前，中国已经成为全球制造业的一个重要基地，这是国际产业转移、全球产业结构大调整和中国作为新兴大市场等诸多因素作用下产生的必然趋势。鉴于中国潜在的市场巨大，许多跨国公司在中国投资主要是为中国市场进行生产，这些跨国公司的子公司在当地购买零部件和原材料的比例也相应较大。如果中国企业能够发展成为跨国公司价值链上的一个环节，成为其合格的供应商，那么就可以进一步参与全球性的国际分工。因此，培育零部件供应商并使其融入国际生产一体化体系，成为跨国公司全球生产的一个战略环节，具有很大的现实意义。随着全球生产网络的进一步发展，跨国公司在全球各有利区位布局并进行全球性战略运作。近年来，在发展中国家投资的跨国公司，特别是当地市场寻求型的跨国公司投资越来越愿意扩大对当地原材料和零部件的采购，与当地企业建立更多的供应关系，而不是从其母国或他国进口零部件。当然，跨国公司也在使其供应基地现代化，减少其所依赖的供应商的数量。现在跨国公司从世界范围选择最有竞争力的供应商，而且可以让本国或他国的供应商跟随其到新的地区投资。这样，当地或本国的供应商事实上必须与全球性的能够提供一揽子供给和服务的供应商进行竞争。全球供应商就可能对当地供应商产生挤出效应，使跨国公司装配商减少与当地零部件供应商的合作以及转让技术诀窍的倾向（Driffield & Hughes，2003）。但是，如果供应商发展战略和中小企业政策能够加大力度的话，那么供应商的发展状况和竞争能力将会极大地提高。技术先进的供应商还可以使跨国公司的子公司利用外部技术和技能，增强创新能力。当然跨国公司对供应商的选择条件也十分严格，只有那些在成本、质量和交货等方面能够满足跨国公司生产和经营的企业才有可能成为跨国公司的供应商，才有可能进入国际生产和贸易的潮流中去。因此，在跨国公司子公司与本国企业之间建立关联是非常必要的。当东道国企业能力更大，供应商特殊化和专门化的时候，跨国公司就会和东道国供应商建立持久的商务关系。如果这些关系很密切，就更有可能发生技术的扩散和传导效应，从而更有利于东道国企业所有权优势的升级，因为跨国公司会鼓励它们的分包商对其生产能力进行升级以达到所要求的标准，并且给它们提供技术、信息和生产流程，还提供技术学习辅导来帮助他们达到目的。

拉奥和纳鲁拉（Lall & Narula，2004）指出，跨国公司及其国际生产网络倾向于选择中等收入国家而非低收入国家作为生产区位，因为后者（比如非洲）往往缺乏熟练的劳动力、技术能力、基础设施、制度以及需求市场来支持国际生产网络，特别是那些技术水平较高的产业更是如此。甚至在那些拥有工业能力的国家，国际生产网络也避免在那些贸易和投资程序烦琐、基础设施差、劳动法严厉而出口加工区效率低，以及制度不完善、对技术进口没有政策优惠的国家投资。对 FDI 开放未必就能一定利用国际生产网络。因此，政策必须用来提高国内企业的生产率。通过进一步强调集群和网络来促进知识的转让并建立起跨国公司与当地企业之间的供应链，包括产业内和产业间的供应链。在某些产业，规模经济意味着复杂的网络将集中在一些地区。尽管工资成本增加，但是其累积的利益会使复杂的国际生产网络在一个地区相当的稳定，不像低端的服装加工业那样可以随时移至他地。国际生产网络的发展往往具有明显的路径依赖的特征。累积性、规模经济、外部性和首动优势可以解释为什么国际生产网络总是集中在一小部分国家。例如，汽车和电子工业的国际生产网络主要集中在东亚和拉美国家。但是路径依赖并不意味着，国际生产网络会在一个地方永远地待下去。去留的选择主要看这个地区的工资和成本的上升有多快以及它们能否通过技术升级和增加当地技术含量等来抵消工资等上升的影响。

随着企业更多地采用全球生产网络，跨国公司在全球各有利区位布局并进行全球性战略运作。但是，随着贸易投资自由化的发展，跨国公司并不会极力与国内企业建立关联，它们也不会想方设法促进东道国国内企业的发展，因为他们可以通过进口或在更优惠和条件更好的他国选择供应商。许多研究表明，跨国公司的技术溢出到东道国国内企业主要是纵向溢出，而很少在产业间发生横向的溢出。要促进技术的溢出必须具备两个前提：一是有相应的国内部门；二是这些部门或企业必须具有吸收能力来充分利用溢出的效应。但是第一个前提往往不存在，因为跨国公司及其建立的全球供应链往往对现有的国内企业产生挤出效应，或对具有较强能力的国内企业进行并购。这种现象在追赶型国家缕缕发生，这是外国资本代替国内资本，通过并购接管拥有技术资源的企业。

实践证明，哪个地区的企业能够成为跨国公司的分包合作伙伴或配套企业，哪个地区就会成为跨国公司投资的热点地区。中国目前已形成了几个产业集聚区，比如长江三角洲地区的上海、苏州和昆山等地吸引了大量 IT 产业的台商前来投资，因为当地的民营企业的发展相对集中在与 IT 有关的产业，使台商和跨国公司容易找到有效的配套企业，从而形成有效的产业关联效应和聚集效应，而且这种集群将进一步强化该地区的区位优势。再如顺德的家电聚集群和天津的微电子和移动通信产业集群都是卓有成效的区域集群。产业集群不仅在一国范围之内而且在全球范围内影响着竞争态势和企业竞争力。将研究与开发、零配件制造、组装、市场营销、客户支持甚至相关的业务集聚到同一地点，可以在寻找资源、分享技术和信息方面提高内部效率。将业务活动聚集到大学校园也使公司将更深的基础拓展到当地的集群，从而改善它们获取潜在利益的能力。对发展中国家来说，产业集群可以吸引更多的企业特别是外资企业到集群区内投资，并可以通过技术扩散效应、边干边学等加速企业的成长，通过合作竞争使优秀企业脱颖而出。

三、以比较优势为基础，竞争优势为目标，增强产业国际竞争力

20 世纪 90 年代中期以来，无论是市场寻求型、效率寻求型还是战略资产寻求型的跨国公司都纷纷在中国抢滩扎营，并进一步扩大在中国的投资。可见，中国的区位优势是非常明显的，它可以吸引各种类型的跨国公司的投资。2001 年《世界投资报告》指出，日益增强的全球竞争迫使跨国公司公司加强核心能力，并且比过去更加依靠与外部伙伴（供方、买方甚至是竞争者）的联系。可以说，跨国公司国际生产的地理分布和新的区位选择将是宏观经济环境、技术进步、经营战略以及东道国外资政策和市场潜力等诸多因素互动的结果。对于东道国来说，认识这些因素以及影响跨国公司区位布局的主要力量是什么是很重要的。

一般来说，一个国家或地区如果拥有巨大的市场并具备优良的交通和通信设施，同时拥有广泛和深厚的人力资源，那么就具备了吸引和留住跨国公司子公司的基本条件。对东道国来说，吸收能力的提高可以吸引更高层次的外资的流入，同时可以增强技术扩散的效应。当然，要实现此目的需要相应的政策。发达国家和新兴工业化国家的经验和做法值得借鉴。例如，缩小技术差距的政策包括研发投资体制（如国家技术创新体制），促进跨国公司与当地企业的关联（如建立研发联盟）。政府对跨国公司子公司与当地企业建立研发联盟的活动可以给予一些政策倾斜和优惠，如通过税收、信贷以及政府采购跨国公司与当地企业联合研发的创新产品等措施来激励其关联的建立和技术的溢出。政府还可以通过一系列政策来促进产业集群和生产服务网络的形成。产业集群是增强配套能力和再造区位优势的重要手段。而要进一步改善区位优势，必须增加对公共物品（如基础设施）的投资和管制条例的制定，而且要从与产业相关的分包机制、投融资和保障措施、研发合作、技术政策以及对企业国际化活动的政策支持等方面来考虑。此

外，选择什么样的跨国公司及其子公司来投资也是很重要的，因为并不是所有的子公司都对东道国有同样的溢出效应，比如销售部门的技术溢出效应相对于制造企业就要少得多。而市场寻求型的制造业 FDI 与资源寻求型的活动相比其溢出效应却要多得多。另外，跨国公司子公司的功能往往与东道国的市场规模和当地的产业能力直接相关。那些市场较小且当地产业能力较弱的东道国，跨国公司的子公司往往只设一个单一的部门，如市场营销部或自然资源加工部，而在较大的国家且有较强国内技术能力的国家，跨国公司子公司往往会设立研发部门。

中国应积极发展配套产业使跨国公司技术引进的链条进一步延伸，使本国企业切入跨国公司的全球经营和生产价值链的一个环节。必须指出的是，改善当地能力往往需要政策的干预来建立技术能力，提高当地企业的质量并强化制度建设。由于全球性的引资竞争，东道国必须具备稳定、透明和高效的管理机构和政策，此外，还应加强知识产权保护的机制。要吸引更多的 FDI 流入，东道国必须发展具有吸引力的地方性的有利条件。比如汽车和电子这些高技术产业，如果某个地区具有成本低、效率高的半技术劳动力和有效的出口加工设施则可以吸引最后阶段的装配。公共政策可以用来帮助企业进行对外直接投资，如通过信息和技术帮助、直接的融资支持、财政激励以及投资保险。尤其重要的是，要从多方面考虑和制定发展战略，重视经济和商业环境以及制度框架的形成，关联和供应商发展政策要与外资政策、技术政策和竞争政策等相一致。其中，外资政策尤其重要，吸引那些有较大关联性潜力或能够促进现有子公司升级的跨国公司的投资会更有利于促进与当地企业关联的形成，推动更多的中小企业加入到跨国公司全球生产网络当中。

2001 年的《世界投资报告》认为，建立关联的过程明显受到东道国总的政策环境、经济和体制框架、可获取的人力资源、基础设施以及政治和宏观经济的稳定程度的影响。但是最重要的东道国因素是有没有国内供方及其费用和质量如何。现实中，制造业跨国公司在供应链的每一个环节都会选择在价格、质量和及时交货等方面能满足其要求的供应商，因此跨国公司往往在全球范围内选择合适的企业作为其供应商或由国外进口零部件，这在各国关税进一步降低，贸易自由化的条件下更容易做到。因此，作为东道国的当地企业，其面对的竞争不仅是本国的同行，还包括世界其他国家或地区的企业。如果国内公司能力单薄，外国子公司就可能从内部，或从东道国境外的某个更理想的供方去寻求最精密和复杂的部件和配件的来源。因此，政府应当采取各种措施促进国内供方和外国子公司的合作，并在信息、技术、培训和资金等关键领域加强它们的联系，如提供资料和信息，为国内企业与跨国公司牵线搭桥，鼓励外国子公司参加旨在提高国内供方的技术能力的各种方案，促进建立供方协会；联合进行培训，以及增加国内供方获取合作机会的各种筹划。这将成为影响跨国公司 FDI 区位选择中的决定性因素而更具有战略性意义。

因此，政府应加强社会网络和中间组织建设，为企业提供信息服务，减少企业由于独自搜集信息造成的巨大成本和信息的不完全。同时，要加强有利于生产者和市场互动的公共机构和交流手段的建设，鼓励企业与大学和科研机构的合作，建立为生产者提供技术培训、技术支持和市场信息的公共机构。此外，要建立公共信息平台，充分发挥行业协会的作用，培育各种中间组织机构。商会的作用应更大程度地发挥，比如可以向当地供应商提供装配商的信息，包括这些装配商需要的零部件的信息。此外，贸易投资洽谈会和各种类型的研讨会也可以起到牵线搭桥的作用，比如投资机会的发布，主要的业内大企业和供应商的数据库的建立等。对当地企业来说，如果能成为跨国公司全球生产体系中的一部分，成为跨国公司生产网络和价值链上的一个环节，就可以真正融入国际生产和贸易的潮流，扩大出口销售，而且可以从跨国公司那里获得生产效率所需要的知识和信息。技术先进的供应商还可以成为跨国公司的重要合作伙伴，从事高附加值的产品生产或研发。特别是要高度重视建立和培养供应商的能力和质量，这可以提高本国供应商对跨国公司子公司的要价能力。对中小企业来说，如果他们不能在价格、技术标准、产品质量和交货及时等方面符合要求，就会影响到关联的持续和稳固。

现代产业日益全球化，使国家往往只能专业化于某个产业的一个部分而不是整个产业（比如专门生产汽车发动机而不是整个汽车产业），而且全球化的进程是由发达国家及其跨国公司主导的，因此要在许多技术密集型产业独立地发展动态比较优势将变得更加困难。发达国家日益集中在技术密集型的活动，一些较低技术的部分则由新兴工业化国家的企业接手。当然，发展中国家在当代国际分工中并不是无所作为，而是大有可为。因为科技革命所导致的现代产品功能和特性的多样化以及产品生产的复杂性，使得产品所包含的零配件大大增多，一国想要在所有零配件上都具有优势是不可能的。因此，这就要求各国通过发挥各自优势实现零部件的专业化生产。零部件生产的专业化分工改变了各国产品的竞争方式，同类产品的竞争优势已更多地取决于产品的功能特点和新颖设计，以及能否实现在零部件专业化生产基础上富有成效的国际合作。零部件专业化生产是当代国际分工中最具代表性的形式，它以灵活方便的分工方式展示了各国的比较优势，并将各国经济活动紧密地联系在一起（张幼文，1999）。

值得指出的是，对中国这样的发展中大国来说，参与国际经济合作不能仅停留在全球价值链的低端位置，满足于生产、加工和低技术的组装等业务，仅仅从事低附加值产品的出口。而应该把眼光放得长远一些，要加快产业结构升级的步伐，要善于将比较优势转化为竞争优势。金碚指出，从全球资源配置过程看，一国产业结构的调整和升级必须体现该国在全球经济中所具有的比较优势和竞争优势。比较优势涉及的主要是各国间不同产业或产品之间的关系；而竞争优势涉及的是各国间的同一产业的关系，或者说，是各国的同类产品或可替代产品间的关系。比较优势更多地强调各国产业发展的潜在可能性，而国际竞争优势则更多地强调各国产业发展的现实态势。比较优势最终归结为一国的资源禀赋或产业发展的有利条件；而竞争优势则更加强调企业的策略行为。

区分比较优势和竞争优势（它们都是竞争力的源泉）对政策措施是很重要的。比较优势主要强调改善区位优势，因此要增加对公共物品（如基础设施）的投资和管制条例的制定；而竞争优势则强调改善企业特定优势，而且要从与产业相关的分包机制、融资和保障措施、研发合作、技术政策以及对企业国际化活动的政策支持等方面来考虑。公共政策可以用来帮助企业进行对外直接投资，比如通过信息和技术帮助、直接的融资支持、财政激励以及投资保险。产业层面的政策可以通过建立技术联盟来提高企业特定优势或通过对公共物品进行投资。尤其重要的是，政策要有稳定性，要从多方面考虑和制定发展战略，重视经济和商业环境以及制度框架的形成，关联和供应商发展政策要与宏观的政策，比如外资政策、技术政策和竞争政策等相一致。其中，外资政策尤其重要，吸引那些有较大关联性潜力或能够促进现有子公司升级的跨国公司的投资会更有利于促进与当地企业关联的形成。既然关联性有其积极的作用，因此宏观经济政策和商业激励措施就应当积极促进后向关联，而且应该促进更多的中小企业加入跨国公司的生产供应链当中。如果对中小企业采取歧视政策，如果投资政策只有利于国际供应商，或者整个商业环境不利于促进本地供应商的发展，那么就很难成功地实行关联政策，也不利于本国中小企业的发展。政策的执行要有明确性，不能政出多门，谁都可以管，否则政策难以出台，而且也容易造成政策缺乏持续性。具体的策划和服务的实施也要有一个强有力的机构来协调，要由一些权力部门和有经验的官员来负责实施。此外，公共部门与私营机构在政策的贯彻和实施过程中要建立互动的关系。一些商业服务机构或商会的作用应更大程度地发挥，如可以向当地供应商提供装配商的信息，包括这些装配商需要的零部件的信息。此外，研讨会也可以起到牵线搭桥的作用，比如投资机会的发布，主要的业内大企业和供应商的数据库的建立等。政府必须在跨国公司与国内或本地的供应商之间起桥梁的作用。对当地企业来说，如果能成为跨国公司全球生产体系中的一部分，成为跨国公司价值链上的一个环节，就可以更大程度地融入国际生产和贸易网络，扩大出口销售，而且可以从跨国公司那里获得生产效率所需的知识和信息。技术先进的供应商还可以成为跨国公司的重要合作伙伴，从事高附加值的产品生产或研发。特别是要高度重视建立和培养供应商的能力和质量，这可以提供本国供应商对跨国公司子公司的要价能力。对中小企业来说，如果它们不能在价格、技术标准、产品质量和交货及时等方面符合要求，这会影响到关联的持续和稳固。此外，也应看到，即使建立起跨国公司子公司与当地供应商的联系，但是如果全球经济不景气，或者跨国公司的组织形式发生变化或者其他地区有更好的投资机会或更廉价的供应商，这些都会影响到已经建立的关联。

目前，中国的区位优势是非常明显的，它可以吸引各种类型的跨国公司的投资，无论是市场寻求型、效率寻求型还是战略资产寻求型的跨国公司都纷纷在中国抢滩扎营。2001 年《世界投资报告》指出，日益增强的竞争迫使各公司加强核心能力，并且比过去更加依靠与外部伙伴（供方、买方甚至是竞争者）的联系。可以说，跨国公司国际生产的地理分布和新的区位选择将是宏观经济环境、技术进步、经营战略以及东道国外资政策和市场潜力等诸多因素互动的结果。对于东道国来说，认识这些因素以及影响跨国公司区位布局的主要力量是什么是很重要的。要吸引更多的 FDI 流入，东道国必须发展具有吸引力的地方性的有利条件。例如，汽车和电子这些高技术产业，如果某个地区具有成本低、效率高的半技术劳动力和有效的出口加工设施则可以吸引最后阶段的装配。而产业集聚区是增强配套能力和再造区位优势的重要手段。对政府来说，可以做的主要是改善投资软硬环境，并通过产业集群来加强区位优势。

当然，要吸引更高质量的外资，政府还应进一步培育产业集群和加强教育和技术的投入，此外还应该有选择地促进那些包含动态比较优势的幼稚产业的发展。为什么要有选择地进行干预？原因在于：（1）跨国公司在发展中国家有可能控制创新活动而加强其在那里的生产能力。如果被动地依赖跨国公司升级和深化其技术能力要花费很长时间。（2）促进技术深化对工业化国家是有利的，因为它可以更经济地引进和吸收新的技术，参与更多先进的技术活动，紧跟技术发展的前沿，开发新产品和生产过程，更好地利用当地的资源和关联。（3）在一个产业，如果跨国公司过于强势，也会阻碍当地技术企业的深化，因为设计和开发能力的发展面临更大的风险和更长的学习时间，那些面对跨国公司激烈竞争的企业就可能倾向于引进国外已有的技术，而不是对自己的研发能力进行投资，因为它们认为，这样不仅成本很高而且风险也很大。

从全球的角度来看，跨国公司对子公司能力的策略和经营范围的调整正在发生四种变化：（1）不断投资建立新的子公司；（2）持续投资以增强现有子公司的能力；（3）减少某些地区子公司的活动范围；（4）利用当地企业的私有化，通过并购重新调整所有权结构。国际资本流动的自由化使跨国公司可以将生产集中在一些区位，利用规模经济和集聚经济的效应，这些区位往往是各方面有利于跨国公司投资活动和具有较强能力的区位，而在一些地区，其子公司则下降为仅仅是市场营销的部门，基本上没有技术溢出的机会。因此，选择什么样的跨国公司及其子公司来投资也是很重要的。因为并不是所有的子公司都对东道国有同样的溢出效应，比如销售部有很多业务而且也雇佣许多员工，但是其技术溢出效应相对于制造企业就要少得多。同样地，资源寻求型的活动，比如采矿业也往往是资金密集型的，但是相对于市场寻求型的制造业 FDI 来说，其溢出效应也要少得多。在进口替代阶段，大多数跨国公司建立起与母国类似的子公司，但是其功能并不完全相同，而且往往因东道国不同而异。子公司的功能往往与东道国的市场规模和当地的产业能力直接相关。那些市场较小，当地产业能力较弱的东道国，跨国公司的子公司往往只设一个单一的部门，如市场营销部或自然资源加工部，而在较大的国家且有较强的国内技术能力的国家如巴西和印度，跨国公司子公司往往设有研发部门。

要吸引更高质量的外资，政府还应该有选择地促进那些具有动态比较优势的幼稚产业的发展。有选择地进行干预的理由在于：首先，跨国公司在发展中国家有可能控制创新活动而加强其在那里的生产能力，如果被动地依赖跨国公司升级和深化其技术能力要花费很长时间。其次，促进技术深化对工业化国家是有利的，因为它可以更经济地引进和吸收新的技术，参与更多先进的技术活动，紧跟技术发展的前沿，开发新产品和生产过程，更好地利用当地的资源和关联。再次，在一个产业，如果跨国公司过于强势，也会阻碍当地技术企业的深化，因为设计和开发能力的发展面临更大的风险和更长的学习时间，那些面对跨国公司激烈竞争的企业就可能倾向于引进国外已有的技术，而不是对自己的研发能力进行投资。而产业政策通过选择主导产业并对其创造性资产进行强化投资，可以加速该国家在投资发展路径的步伐。比如吸引跨国公司对某个特定产业或部门的投资可以加速产业结构的升级，因为跨国公司的投资可改善某个部门的创造性资产，而某个部门的创造性资产（如消费电子）可以有许多知识流动外溢到其他部门（如微电子设计），而这又意味着对另一个部门（软件开发）的巨大的投入。拉奥认为，有选择的干预对加速和深化产业发展具有重要意义，而且在一定条件下政府的干预可以非常有效。特别是那些面临严重市场失灵的复杂的技术更需要政府的干预（Lall，1997）。

有选择的干预不仅包括产品和资本市场，也包括教育、技术、信息和体制的发展等方面。有效的产业政策应该在这些方面进行有选择的干预，并且要围绕一个确实的战略目标将产品市场和要素市场的干预有机地结合起来。发展中国家要对一些战略产业，特别是对那些还处于幼稚阶段，处于学习阶段的产业要加以有效的保护和政策支持。但是在这些产业也要促进其国内企业之间的竞争，使其提高竞争能力并更快地进入国际市场。日本和亚洲新兴工业化国家都曾采取国家产业政策和其他干预措施来推进重化工业的发展，如交通运输成本、不同的标准和政府采购等。韩国和中国台湾都曾实行有限制地利用 FDI 的政策，但是他们十分注意建立强有力的当地技术能力，并通过 OEM 方式利用国际生产网络中的跨国公司，然后逐步建立起自己的国际生产网络（Lall & Narula，2004）。

结论

对于发展中国家的企业来说，只有加入跨国公司的全球生产网络，并通过协作和不断的学习才能跻身全球产业增值链的竞争行列，才能将自己的比较优势转化为竞争优势，提高产业的国际竞争力。具体来说，中国企业应逐步从 OEM（贴牌生产）过渡到 ODM（依照客户需求，为客户设计并代工生产），最后实现 OBM（自主品牌生产）。对国家来说，仅仅对外资开放是不行的，而应相机制定合理和配套的政策并拥有有效的干预工具。国家应引导跨国公司进入那些可以促进产业升级的活动，发展要素市场使其能够有助引资质量的上升，政府可以选定更加复杂的和本国急需的技术引导跨国公司进入并提供强有力的激励措施，同时也可以引导跨国公司将其投资从最后的组装和加工领域转向那些需要适应、改进、开发、设计和创新的领域。国家的干预应该保证对当地企业投资研发提供激励措施，政府等相关部门要提供必要的信息和体制支持，资本市场和风险投资要能够更好地为企业技术创新融资。总之，这种干预是要让跨国公司来增强其在当地的技术活动，与当地技术研究部门建立更密切的联系，强化当地的技术和研发能力。这样，发展中国家就可以更充分地利用跨国公司的技术扩散效应，促进本国产业升级和技术的进步。

参 考 文 献

［1］金碚：《经济全球化背景下的中国工业》，载于《中国工业经济》2001 年第 5 期。

［2］裴长洪：《利用外资与产业竞争力》，社会科学文献出版社 1998 年版。

［3］滕维藻、冼国明：《90 年代跨国公司经营战略及影响》，载于《南开学报》1999 年第 5 期。

［4］张幼文：《世界经济一体化的历程》，学林出版社 1999 年版。

［5］庄卫民：《产业技术创新》，东方出版中心 2004 年版。

［6］Barnes, Justin. and Jochen Lorentzen, 2003: Learning, Upgrading, Innovation in the South African Automotive Industry, Working Paper.

［7］ Bloomstrom, M. and A. Kokko, 1996: Multinational Corporations and Spillovers, Journal of Economic Survey, 12, pp. 247 - 277.

［8］ Borensztein et al. , 1998: How Does FDI Affect Economic Growth? Journal of International Economics, 45, pp. 115 - 13.

［9］ Cohen and Levinthal, 1989: Innovation and Learning: The Two Faces of R&D, Economic Journal, Vol. 99.

［10］ Driffield, Nigel. and Dylan Hughes, 2003: Foreign and Domestic Investment: Regional Development or Crowding Out? Regional Studies, Vol. 37. 3, pp. 277 - 288.

［11］ Ernst & Kim, 2002: Global Production Networks, Knowledge Diffusion, and Local Capability Formation, Research Policy, Vol. 31.

［12］ Freeman, C. , 1987: Technology, Policy, and Economic Performance: Lessons from Japan. London and New York: Pinter Publishers.

［13］ Lall, Sanjaya, 1997: Investment, Technology and International Competitiveness, The New Globalism and Developing Countries, edited by J. H. Dunning and K. A. Hamdani, The United Nations University Press.

［14］ Lall, Sanjaya and Rajneesh Narula, 2004: FDI and Its Role in Economic Development: Do We Need a New Agenda? The European Journal of Development Research, Vol. 16, No. 3, Autumn 2004, pp. 447 - 464.

［15］ Lall, Sanjaya, 2004: Mapping Fragmentation: Electronics and Automobiles in East Asia and Latin America, Oxford Development Studies, Vol. 32, No. 3.

［16］ Lall, Sanjaya, 1997: Investment, Technology and International Competitiveness, The New Globalism and Developing Countries, edited by J. H. Dunning and K. A. Hamdani, The United Nations University Press, pp. 232 - 259.

［17］ Laurids S. Lauridsen, 2004: FDI, linkage formation and supplier development in Thailand during the 1990s—the role of state governance, The European Journal of Development Research, Vol. 16, No. 3, Autumn, pp. 556 - 580.

［18］ Michael Dietrich, 1992: The Foundations of Industrial Policy, from Keith Cowling and Roger Sugden, Current Issues in Industrial Economic Strategy, Manchester University Press.

［19］ Narula, Rajneesh and Wakelin, K. , 1998: Technological Competitiveness, Trade and Foreign Direct Investment, Structural Change and Economic Dynamics, Vol. 9.

［20］ Narula, Rajneesh, 1996: Multinational Investment and Economic Structure, Routledge.

［21］ Narula, Rajneesh, 2003: Globalisation and Technology, Cambridge, Polity Press.

［22］ Narula, Rajneesh and Anabel Marin, 2005: Exploring the relationship between direct and indirect spillovers from FDI in Argentina, conference paper.

［23］ Nelson, R. R. Rosenberg N. , 1993: Technical innovation and national System in Nelson, Oxford University Press.

［24］ Nunnenkamp, Peter, 2004: To What Extent Can Foreign Direct Investment Help Achieve International Development Goal? The World Economy, No. 5, pp. 657 - 677.

［25］Tavares，Ana Teresa & Stephen Young，2005：FDI and Multinationals：Patterns，Impacts and Policies，International Journal of the Economics of Business，Vol. 12，No. 1.

　　（本文在论文《跨国公司全球生产网络与中国产业的技术进步》（载于《厦门大学学报哲社版》2006 年第 6 期）的基础上加以扩展和完善）

全球生产网络的知识扩散和转移机制

摘要： 国际产业转移和跨国公司全球生产网络的发展给发展中国家带来了许多学习、模仿、消化和吸收的机会。跨国公司越来越多地投资于技术和知识密集型部门，而且更多地与其他国家的企业建立战略联盟，这为东道国的产业技术进步提供了机遇。因此，利用跨国公司的直接投资及其全球生产网络来扩大技术扩散和溢出是一种较有效率而且成本较低的选择。

关键词： 全球生产网络　知识扩散　隐性知识

技术差距对发展中国家的经济发展具有积极意义。凡勃伦与格申克龙提出的"后发优势"理论指出，发展中国家与发达国家间技术差距的存在，有时可以表现为一种赶超的机会。技术差距导致发展中国家利用技术和知识的压力越大，使其更有动力去采用新技术来实现技术进步与经济增长。由于起点低，发展中国家面临的技术资源就越丰富，可供选择的余地就越大，发展中国家初期的经济增长速度会快于发达国家，并最终有可能实现经济发展上的趋同甚至超越。

一、全球生产网络的知识扩散和转移机制

（一）知识的类型

波拉尼（Polanyi，1965）把知识分为显性知识（Explicit Knowledge）和隐性知识（Tacit Knowledge）。这是一个非常有创新性的分类，随后极大地促进了该领域的研究，形成了丛林般的文献。显性知识是指那些可以被系统编码的知识，它们可以被组合、存储、重复使用，并且可以在各种相关机制中轻松转移。隐性知识是指那些深藏在个人身上或是思维上的，很难被编码和转移的知识。这些知识只有在行动、参与或是融入一个具体的任务和地区时，才会表现出来。隐性知识是基于经验获得的：人们通过观察、模仿和实践获得。它的扩散要求特别的培训和面对面的互动交流，并通过大量隐性知识携带人员的流动实现转移。例如，

西北拉面的制作，或针灸技术的学习，不是看几本相关的书或手册，或仅仅站在一旁观察就可以学会的，而是需要师傅手把手地教，并经过自己长期的训练才能够掌握其中的诀窍。

（二）全球生产网络的知识转移机制

知识网络是组织对组织内外知识进行选择、吸收、整理、转化与创新，形成一个无限循环的流动知识网络。在知识网络中，人与人之间、人与组织之间、组织与组织之间被一种无形的知识网链所连接。

从知识网络的覆盖范围来看，知识网络可分为：组织内部知识网络和跨组织知识网络。跨组织知识网络是组织为有效弥补组织的知识缺口，而与能为其提供所缺知识的外部组织进行交流、合作所构成的网络体系。全球生产网络中，旗舰企业需要把技术和管理知识转移给当地供应商。这样才能提高供应商的技术和管理水平，以达到旗舰企业的技术规范和标准。而网络中的供应商如果能够成功提升自身的能力，则会激励旗舰企业转移更多最新和尖端的技术给供应商，包括工程技术、产品和加工技术等。这也是应对竞争不断强化的需要。如在电子行业，产品生命周期已经缩短到了 6 个月，有的甚至不到 6 个月。这样就要求一旦有新产品出现，就要展开全球范围内的生产运作。因此只有在旗舰企业与海外的子公司和供应商分享主要的设计信息的情况下，才能顺利进行。快速市场反应要求全球生产网络内不同结点的工程师们参与旗舰企业设计的讨论（网上或是面对面）。旗舰网络对企业的技术和管理创新能力的影响是通过溢出效应间接产生影响的（Ernst & Kim，2001）。

组织是一个开放式的系统，包含投入—转换—产出等环节，以及与外在环境的互动交流。组织从外在环境中获得信息与资源，再通过生产、制造等技术活动将投入转化为产出，并向外部环境提供产品或服务。知识管理与战略性人力资源管理有很大的交集。莱特和斯赖尔（Wright & Snell，1991）将该理论应用到战略人力资源管理领域，并提出了控制理论视角的战略人力资源管理模型。该模型认为战略人力资源管理是从外界获取人力资源知识、技术和能力，并将其投入到组织运作中，通过人力资源的行为将其转换，最终的产出则由员工的生产率、满意度、流动率等指标进行衡量。同时，该模型指出战略人力资源管理主要包括能力管理和行为管理两个通用子系统。其中，能力管理包括能力获得（是指在招聘、培训与开发等环节确保组织个体能够具备所需要的能力）、能力利用（是指充分利用潜在和当前能力）、能力保留（是指通过培训、降低员工流动率来保留人才）、能力更新（是指通过培训、开发等环节确保员工能力的更新）。伍兹（Uz-zi，1996）从网络层面研究了结构性嵌入与绩效之间的关系，认为嵌入与网络结构会影响到最后的网络绩效。

知识流动的方式包括：（1）潜移默化，指隐性知识到隐性知识的转化，即知识在个人间的分享；（2）外部明示，指隐性知识到显性知识的转化即隐性知识的编码，这样有利于知识在组织内部的转移；（3）汇总组合，指将隐性知识与显性知识的结合，即将显性知识从个人层次转换成组织层次，组织通过讨论和整合不同来源的显性知识形成新的概念和模式，并将其用于整个组织；（4）内部升华，指显性知识到隐性知识的转化，这是新的显性知识内部化于个体隐性知识并再用于实践的过程。通过这四种模式的知识转换形成了个人隐性知识与组织知识之间的联系，学习能力和吸收能力是影响知识流动效率的关键因素（Nonaka，1991）。

国际化企业作为一个网络，由三种主要的价值链活动组成：R&D、生产和营销。这些活动可能选择区位于企业的母国、目标国（企业主要市场的所在地）和有着大量资源的东道国（技术和非技术劳动成本最低）。在价值链活动中，企业内和企业间知识流动包括：生产设计方面的数据，制造的指导和生产成本，技术知识在销售渠道中的传递，从销售渠道中得到的生产设计和竞争者技术方面的反馈，关于生产缺陷、竞争者活动、交货合同（时间和数量）、生产能力和成本考虑的信息。企业外知识转移主要包括：特定产品特征的说明、顾客定制的特定功能的数据、技术支持、顾客对产品专业化变化的要求等。所有的知识流动被认为从价值附加活动的上游流向下游，最后流到顾客那里。

全球生产网络（GPNs）对东道国来说具有累积的优势，全球生产网络一旦进入，这些跨国公司就会投资于员工的培训、促使供应商技术升级、改善基础设施并与相关机构建立关系。领头企业往往会引致其供应商的追随性投资。竞争者和相关企业往往会跟随领先的成功企业，从而建立产业集群。如果东道国在某一行业的技术基础和研发能力（研发人才）具有相对优势，那么它将吸引跨国公司更多地投资于东道国该行业的研发型生产活动。同时，跨国公司的技术扩散效应，会进一步提高当地的研究和开发能力，形成良性循环累加过程。拉奥（Lall，1985）以印度为例分析了跨国公司技术转移对发展中国家技术成长的影响。他将跨国公司的技术转移归纳为四种类型：（1）简单的技术进口，如机器设备进口、技术贸易，即 Know-how 能力；（2）基本的加工与工艺技术的转移，其意味着对现有技术能进行一定的改造和提高，甚至优化，即 Know-why 能力；（3）应用研究能力的转移，即将现有的科学知识应用于商业性创新过程所体现的技术能力，主要指研究与开发层次的技术与创新能力；（4）基础研究能力的转移，即在东道国进行基础科学领域的研究。

跨国公司技术转让和技术扩散主要通过以下途径：其一，跨国公司对东道国雇员进行培训，经培训的技术和管理人员通过流动向其他企业转移。其二，跨国公司往往与当地上下游企业建立联系，从而产生前向和后向关联效应。一方面，与跨国公司联系可以使当地企业获取更多国际市场的信息；另一方面，为适应跨国公司对产品标准的要求，供应商可以不断地学习从而提高自己的生产效率。其三，跨国公司在一个地区的投资会吸引其海外配套企业进行跟随性投资，从而在特定区域形成产业集群。而产业集群实质上是建立在外部化和网络化基础上的竞争合作机制和新型专业化分工体系，可以更好地促进企业技术的学习和创新。

参与旗舰网络对企业的技术和管理的促进作用主要表现为示范与模仿效应，前后向联系和人力资本流动三种方式。

第一，上下游关联效应。上述两种效应对外国企业或者合资企业而言是被动或者无意识情况下发生的，因而是非意愿情况下的消极溢出效应。当然，跨国公司为了保证其产品的质量和竞争能力，也会主动给当地企业以技术支持的行为。从知识扩散媒介和中小企业在知识转移与扩散中的态度这两个维度出发，可以将旗舰网络中知识在产业上下游之间的转移与扩散。

当外资企业与当地企业建立关联后，由于信息、技术知识、默示技能的传播和交换，当地企业就有可能从外资企业获取先进的技术或组织管理经验，于是就发生了外溢。在前向关联中，由于产业中技术复杂程度的加深，使得外国子公司与其东道国客户（分销商）之间的接触日益增多。例如，外资企业为东道国客户提供相关设备的使用和维修技术；提供相关人员的技术培训与指导；帮助当地分销商建立销售渠道；向当地分销商提供市场信息等。

在后向关联中，外资子公司向当地供应商提供技术支持的方式也很多。《2001年世界投资报告》列举了几种主要的方式：（1）转让与产品有关的技术，包括提供专有产品技术。一些外国子公司将它们拥有的与产品有关的专有知识转让给当地供应商，其方式是授予供应商企业使用专有知识的许可或允许供应商企业使用该项知识。（2）转让工艺技术，包括：①向供应商提供机械设备。马扎尔铃木是日本铃木公司在匈牙利的子公司，它在临近自己的艾兹特哥姆的工业园安装了生产设备，这些设备可以与当地供应商共同使用。②为生产计划、质量管理、检查和测试提供技术支持。在马来西亚的电子工业中，外国子公司已向其当地供应商提供了显著的技术支持，这些技术支持包括解决具体的技术问题、帮助进行工厂布局、生产计划以及设备安装。③访问供应商的工厂，就布局、操作和质量提供咨询。（3）提供组织和管理知识，包括：①帮助进行存货管理和使用及时生产系统和其他系统。例如，墨西哥的外国子公司向当地汽车部件供应商提供及时的生产程序方面的技术培训。②帮助实施质量保障体系。

跨国公司全球生产网络的发展进一步扩大了这种知识转移机制和知识转移量。跨国公司很大程度上依赖于图1第一象限的转移机制，以建立他们的工厂并进入保护市场。相反地，网络中的旗舰企业不仅通过图1中的第一象限机制，也通过第三象限中的机制实现知识转移。这些知识技术转移对旗舰企业是非常必要的。因为这样当地供应商才能为其提供有竞争力的产品和服务，并且满足市场和技术要求的变化（姜恩，2007）。

	主动　　旗舰企业的态度　　被动	
市场	直接投资、专利或技术转让、技术许可、技术咨询等形式	购买先进机械设备、网络外部技术引进、购买先进的系统软件
知识扩散媒介	内部市场	外部市场
非市场	跨职能团队、共同研发小组、临时项目小组等	参观学习、派驻业务代表和技术专家、人员培训等形式
	互动创造	培养指导

图1　知识转移机制

资料来源：Ernst. Global production networks knowledge diffusion and local capability formation，2002.

第二，示范和模仿效应。关联形成之后，跨国公司会向参与企业（如供应商）展示更多的新技术、新管理和市场开拓策略，当地企业可以获得更多的信息，以及学习、模仿和采用这些技术和管理的机会，逐步积累国际化经验，熟悉海外市场的客户需求以及国际商务环境和运作规则，提升国际商务管理能力。

第三，人力资本流动促进了网络参与企业创新能力的提高。由于当地人力资本水平相对较低，跨国公司需要对当地雇员生产操作、营销、技术和管理等方面进行培训，特别是随着当地化程度提高，对员工的培训不断向高级化发展，培训内容更加广泛深入。跨国公司培训当地管理和技术人员，如果这些员工后来跳槽到当地企业，就可能把获得的技术营销管理知识扩散出去。这个溢出过程中的内容除了技术，也包含管理经验、营销技巧等。

二、全球生产网络的知识整合机制与当地能力的形成

科古特和赞德（Kugut & Zander，1996）认为，企业的主要作用并不在于节约市场交易费用，而是能够提供一套更高层次的组织原则和更丰富的社会环境来

支持复杂的知识创造和融合的过程。随着分工的演进和市场竞争的变化，知识整合已经由企业内部扩展到企业组织之间，知识的共享和转化开始在产业链的层面上发生。而全球生产网络（GPN）为知识整合提供了良好的组织和信息管理平台。如今，企业的知识开发不仅发生在母国，而且发生在其投资的全球所有地区。创新也不限于研究所或实验室，知识的创新来自组织学习的各个方面。跨国公司的关键性挑战在于能否通过其多国体系发现新的知识、转让知识并将知识和技能融为一体，对知识进行整合，从而实现技术创新。

（一）知识整合模式

全球价值链是产品开发、设计、制造、配送和市场管理等基本能力要素的组合。它包含由业务流程组成的生产价值链，由交易流程组成的交易价值链，以及由创新元素、隐性知识和无形资产等组成的知识价值链。旗舰企业控制产业链中的核心能力要素，而将非核心能力分离出去，进行多种形式的全球外包，同时根据客户的要求，以公开、明晰的设计规则整合不同地区的生产能力和生产要素。如图 2 所示。

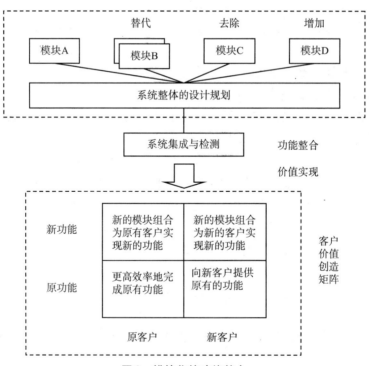

图 2　模块化的功能整合

资料来源：骆品亮、刘明宇：《模块化创新的网络化知识集成模式》，载于《科学学与科学技术管理》2009 年第 3 期，第 132～138 页。

企业全球化经营所需要的知识来源是分布在世界各地。过去跨国公司开展跨国经营时多半是将国内市场的生产、销售管理经验带到东道国的经营活动中去，并适当根据当地的情况加以修改。随着世界经济的日益一体化，依赖跨国公司总部的做法已不能满足企业全球化经营的需要，其中最明显的迹象是企业间的技术联盟的日益增多以及许多跨国公司将研发机构设在靠近顾客的市场。事实上，重组来源不同的现有知识（技术和管理上的）以便于创新这种行为可被视为跨国公司的基本功能之一。知识来源在网络中的广度越大，置身其中的公司获取知识的机会越大，用已获得的知识来更新自身知识，并完成创新活动。

跨国公司作为创造、获取、融合和应用不同区位的知识的国际性网络，给我们提供了一个更丰富的关于跨国公司通过知识创造价值的过程。它也使人们进一步认识跨国公司管理知识开发和应用过程可以采取的不同制度安排。跨国公司全球生产网络中的知识流动主要包括以下几种类型：（1）母公司向子公司的知识流动。（2）子公司向母公司的知识流动。子公司已经成为跨国公司信息传播网络和知识学习网络的重要节点。（3）公司通过学习、模仿或与竞争对手建立联盟网络关系获得有价值的知识，或者通过研究竞争对手的管理和组织优势而获得相应的知识。这有赖于企业对信息的评估、过滤、选择能力以及吸收能力的提高。（4）对当地能力和资源的利用。企业通过国际扩张可以接近当地集群和商业网络，获得企业群聚及其知识扩散的好处。随着分工的演进和市场竞争的变化，知识的流动已经由企业内部扩展到企业组织之间，知识的共享和转化开始在产业链的层面上发生。而全球生产网络为知识流动和整合提供了良好的组织和信息管理平台。

不同类型的产业链，知识共享与知识整合的内容不同，形式也不同。对于市场需求变化剧烈的产品链，例如，基于柔性专业化生产的产业链或产业集群，需要共享的是如何满足客户需求的知识，知识整合要把客户知识和技术知识有效联结起来。知识整合模式反映了全球生产网络背景下产业链适应环境变化的方式。这是环境特征和内部模块结构化的要求共同决定的。一方面全球生产网络要求有效的知识整合模式来适应市场和技术的变化；另一方面这种知识整合不仅推动了供应商的生产标准化和技术进步而且也促进了旗舰企业的创新能力。

全球生产网络（GPN）下的产业链是以模块化生产为基础的。知识的整合表现为模块结点间的知识共享与重组。知识共享和知识整合是全球生产网络中知识管理系统中密不可分的部分，知识的共享是知识整合的前提。全球生产网络下的知识扩散机制，为知识的共享创造条件和平台，但知识在共享和扩散之后各企业能否有效地吸收利用，还要看其知识整合是否有效。因此，模块企业间必然要求形成有效的知识流动和整合机制。通过分享机制，知识和经验获得了最大范围的传播，从而促进了模块间的各种联系，使知识、经验的价值在最大程度上得到体现；知识整合则最终确定模块之间的联系规则，并形成标准。标准又通过知识共享平台进行传播，模块生产企业将标准所代表的设计知识和客户知识、技术知识进行整合，产生了新的知识。由此不断循环往复。

在一个动态的技术不断变化的环境中，一个企业建立广泛的联盟关系，包括与那些目前还没有显现其价值的企业建立关系是很有益处的，它隐含着更高的学习的潜能，可以应对复杂的形势。在技术前沿领域，当主导性技术标准尚未确定，还存在很多潜在选择时，即使签订一些有交叉性的或重叠的协议也是值得的。R&D 的海外投资是跨国公司投资的重要组成部分。R&D 投资的形式也同样表现为内部化与外部化的关系。鉴于 R&D 合作的特殊性，特别是技术导向型 R&D 活动的复杂性，用交易成本理论很难作出令人满意的解释。技术导向型 R&D 活动并不完全是企业按照交易成本大小进行选择和设计的自主行为，而在很大程度上属于联盟伙伴获取资源和能力的战略行为，常常涉及合作双方资源和能力的双向交流，有时甚至是完全外部化的。丰田与其供应商建立的知识和技术共享网络就是知识流动和技术扩散的一个很好的例子。丰田促进网络间学习过程主要经验如下：

1. 供应商协会（Kyohokai）

丰田在日本的供应商协会建立于 1943 年，主要是为了促进丰田与其部分供应商之间的关系，以及交换技术信息。丰田的供应商协会被分为三个部分：分别是东海（Tokai）供应商协会，关东（Kanto）供应商协会，以及关西（Kansai）供应商协会。丰田之所以建立三个区域的协会是因为它们相信供应商只有在地理上很接近，才有可能实现协会的目标。丰田的供应商协会每两个月举行一次大会，进行关于产品计划、政策和市场走势等高级别的网络内的交流。这些会议促进了各个成员之间显性知识的分享。更频繁的交流发生在协会的主题委员会（主题包括成本、质量和安全性等）。丰田的质量委员会组织了许多活动，这些活动能够增加网络中关于产品质量的知识。委员会每年选一个特定的主题（1994 年的主题是"消除供应商设计缺陷"），每年碰头 6 次来分享关于这一主题的知识。这些主题是供应商在那些对大部分成员都重要的领域内选取的。质量委员会赞助"基础质量训练""参观优秀工厂"和一个每年的"质量管理会议"。供应商协会组织该质量训练课程，来训练来自丰田和其供应商的工程师。每年约 100 个工程师参加这个为期 12 天的质量训练。这一训练为网络中的成员提供了一个（培养吸收能力的）知识基础，这样它们可以通过参观工厂或者会议的方式，更有效地传播更复杂的知识。而参观优秀工厂使得网络中的成员可以参观汽车产业内或者汽车产业外，最优的示范工厂，这一活动使得供应商可以学到该工厂的第一手实践从而提高该供应商自身的产品质量。质量管理会议每年举行一次，丰田的供应商可以通过丰田有经验的高级管理层和经理的演讲来学习（Dyer & Nile，2004）。简而言之，供应商协会的主要目标是发展各个成员间的联系和通过多边知识转移来传递显性知识。而委员会既促进了显性知识的传递也促进了隐性知识的传递。供应商协会是建立对丰田生产网络或丰田集团认同感的重要手段。

2. 咨询小组/问题解决小组（Consulting teams/problem-solving teams）

丰田于20世纪60年代中期，开始为供应商提供专家顾问来帮助供应商。后来，丰田建立了运营管理咨询部（OMCD），旨在获取、储存和传播丰田生产网络中有价值的知识。OMCD包括6个经验丰富的高级行政人员（其中每个人负责2个丰田的工厂以及10左右的供应商）和50个左右的顾问。其中15~20个顾问是OMCD的长期员工，其他的是通过在OMCD进行3~5年的职位轮换来学习丰田生产体系（Toyota Production System，TPS）年轻一些的员工。丰田通过派遣内部的专家来帮助供应商解决在实现TPS中遇到的问题，有时会待上几个月。1992年，丰田在美国建立了美国版的OMCD，丰田供应商支持中心（TSSC）。同OMCD一样，TSSC也需要加入的供应商与其他供应商分享项目结果。这一政策允许丰田向其他供应商展示某些供应商在TPS的实现过程中的优秀表现，并且鼓励供应商向彼此开放。这一政策非常关键，因为一个优秀的工作模板可以帮助供应商更好地将知识复制到自己的工厂区。TSSC帮助每个供应商的生产率（每个员工的产出生产率）提高了123%，库存减少了74%。这一结果说明，尽管知识转移需要大量努力，但是它极大地改善了供应商的工作表现。值得指出的是，丰田并没有因为这些改善，而要求直接的降价或者从因改善带来的利益中提成，短期内供应商拥有所有的好处。当然，丰田依然能通过每年和供应商的价格复查来获得利益。丰田通过一套目标价格系统，让供应商知道自己对某一具体部分的合理价格的看法。这使得供应商有动力持续降低这些的成本以获得更多的利润（Dyer & Nile，2004）。

3. 自愿学习小组

1977年，OMCD组织了丰田在日本的50多个主要供应商参加自愿学习小组，通过参加自愿学习小组来改善其产品的生产率和质量。在OMCD顾问的帮助下，这些小组决定一个主题并花费3个月的时间来解决每一个工厂关于该主题的问题。学习小组是一个高级的知识共享机制，通过这一机制，成员们可以像一个小组一样学习、探索新的观点和应用TPS。这一学习小组将有价值的经验传递给丰田，然后在整个供应商网络中进行传播。1994年，丰田在美国复制了自愿学习小组的概念，由此建立了3个工厂发展活动（plant development activity，PDA）核心小组（约40个供应商组成）。这个小组与供应商协会一样是自愿加入的。

PDA 在传递隐性知识是非常有效的，主要是因为它可以在特定的环境内学习隐性知识（Dyer and Nobeoka，2000）。

（二）全球生产网络与当地能力的形成

全球生产网络是一个系统性的整体，所有的企业和非企业机构间都存在密切的联系。价值链活动的分解为知识转移扩散提供了必要条件。旗舰企业在发展过程中，逐步转向非完全一体化的治理结构。表现在：子公司和分支机构的发展对母公司的影响越来越大；各子公司之间的竞争日益激烈；旗舰企业与东道国企业建立的战略联盟影响巨大；旗舰企业的地理区位布局及其重新整合的过程重塑了跨国公司的全球竞争优势和战略格局。但是跨国公司技术外部性的存在并不意味着，国内企业可以轻易地将其内部化。即使外国跨国公司拥有较强的企业特定优势而且愿意转让，但是他们对当地企业的技术转移并不是可以自动完成的，这需要当地企业具备相当的吸收能力。研究认为，技术转让者与接受者之间的相对技术能力的差距越小，东道国从与跨国公司建立的关联中获益则越大。反之则越小。因此，当地供应商只有在已经具备相当能力的情况下，才能有效地吸收旗舰企业的技术扩散。知识内部化和能力的建立既要求个人学习也要求有组织的学习。个人是学习和知识创造的主要参与者，组织学习并不是简单的个人学习的总和，只有有效的组织才能把个人学习和能力转化为组织的学习和能力。供应商在承接外包的过程中，实现专业化的优势和更为低廉的成本。而在生产合作的过程中，旗舰企业不断增加对供应商的技术输送。

事实上，全球生产网络（GPN）是一个巨大的知识水库。对子公司或合资公司，网络中的旗舰企业将利用大范围的正式机制来实现知识的转移。例如，英特尔、摩托罗拉、德州仪器和仙童这样的旗舰企业往往采用对外直接投资（FDI）和技术顾问的机制在东南亚国家建立自己的子公司，它们通过技术许可证和技术转移来实现完整的生产体系。而旗舰企业向独立供应商实现知识转移的方式则是通过大范围的贴牌（OEM）安排而实现。旗舰企业通过技术规范和技术援助等方式实现向独立供应商的知识转移。跨国公司会向网络参与企业展示更多的新技术、新管理及其赢利能力，因此当地企业可以获取更多的信息，可以更好地学习、模仿和采用这些技术和管理，可以逐步积累国际化经验，熟悉海外市场的客户需求、文化和商业规则，有助于提升企业国际竞争力及国际管理能力。格兰特（Grant，1996）认为，企业的功能是将分散的个人知识整合为企业知识，然后将企业知识转化为产品或劳务。因此，如何建立起整合知识，特别是隐性知识的协调机制是企业能力获得的关键。知识是有黏性的，无法顺畅地从公司的一部门转移到另一部门，除非借助于组织力量。然而，并非所有的网络都具有同样的创新能力或者知识丰富性。隶属于创新能力较小的跨国公司的子公司，或者初始定位是利用现有技术的子公司，它们在创新过程中获取新知识的机会就相对受限。这些跨国公司可能不会拥有先进精密的创新系统和工艺，故使得其子公司不仅在技术性知识方面，在促进创新的程序和实践方面也处于相对劣势。一般来说，子公司所属的跨国公司技术越丰富，该子公司所具的创新潜力越大。而且，如果子公司所处的东道国技术更丰富，该子公司所拥有的创新潜力也更大（Grant，1996）。如果从跨国公司子公司研发和创新战略来看，子公司可分为知识利用型（主要是为利用跨国公司的现有知识而进行研发）和知识探索型（主要是为探索跨国公司的现有知识而进行研发）。知识利用型更多依赖于跨国公司已有的知识和技能，但知识探索型企业却更多趋向于对东道国知识的探索。20 世纪 90 年代以来，跨国公司子公司的作用越来越大，子公司知识和诀窍的逆向工程和逆向知识反馈和转移也变得越来越重要。有些重大的技术创新和新产品的开发往往是子公司完成的。因此，跨国公司母公司或总部的职责更多是起协调作用，帮助子公司有价值的知识或诀窍进行公司内部的转移，从而创造出更多的产品和价值。在跨国公司全球生产网络中，子公司可以获得广泛的合作和整合机制以联系各个主体。拥有广泛联系将增加子公司可获知识的数量和种类，也有望获得更多的创新。一般来说，与跨国公司拥有更多知识联系的子公司更具有创新性。此外，与东道国拥有更多知识联系的子公司通常也更具创新性。

1. 吸收能力的含义

公司可以通过转化隐性知识和显性知识的动态程序来实现知识创新（Nonaka，1999），即通过知识整合来完成知识的吸收。但是有效的知识转化必须具备以下两个条件：一是具备现成的知识基础或能力；二是努力程度。科恩和列温索尔（Cohen & Lavinthal，1990）称为"吸收能力"。当地供应商内部化转移知识的成败和快慢取决于它们的吸收能力和持续升级能力的强弱。

吸收能力是建立有效关联和转移企业特定优势的前提。这些能力可以是技能、技术性的知识、组织结构以及企业掌握一种引进技术所需的外部关联和支持系统，这些能力的发挥要看东道国是否具备使其适应当地的要素和市场条件，使其升级和保持在世界市场的竞争力并改进这种技术使其实现多样化运用的诸多因素。

企业吸收能力是决定企业从外部获取创造性资产并转化为企业核心竞争力的关键因素。科恩和列温索尔（Cohen & Levinthal，1990）将吸收能力定义为：企业认识、消化外部新知识和信息，并用它于实现商业化能力，它是企业技术创新能力关键。组织的吸收能力，不单单仅是个人吸收能力的集合，也有一些是组织层次所特有的。在组织行为学里，吸收能力则被定义为组织为提高竞争优势而获取、吸收、开发新知识的能力，这种能力被认为是一种组织能力，即企业整合组织及个人的学习和经验的能力。吸收能力有些成分是企业特有的、镶嵌于组织系统之中，难以在市场上购买或快速地整合至企业内部。吸收能力亦具有路径相依的特性，尤其是具有累积性，以及影响企业未来期望形成的特征。科古特和赞德（Kogut & Zander，1992）提出了整合能力，即企业整合内部和外部资源，进行创新并产生新知识的组织能力。因此，吸收能力可视为企业将从外界所移转进入的知识，与原先知识基础加以整合，以创造价值的能力。

技术或知识的吸收能力是一种企业的组织惯例和程序，企业通过这样的程序进行对技术的吸收、转移并且使用技术知识来产生一种动态的组织能力。它不仅包括了人力资源而且还包括组织创造价值，吸收并商业化新知识能力的结构属性。这与企业的特征例如战略和组织的灵活性有密切联系。隐性知识是通过企业的内部学习获得的，隐性知识本来就是无法用来交换的。而且知识越缺乏系统性、难以传授和复杂，被复制和转移就越困难。而隐性知识不易被模仿的原因在于其被嵌入的状态，例如，当资源被深深地嵌入其组织程序时，它们就成为该企业所特有的。由于资源很难被模仿，它们转移到其他公司将造成竞争优势的丧失，从而促使公司采取内部转移的方式。而且，被嵌入的知识往往存在于复杂的社会互动和组织内部的团队关系中。它不能被系统地编码而只能通过密切的社会互动进行转移。嵌入知识的传播需要通过已建立好的程序和组织过程。吸收能力不仅仅是掌握新技术，还包括调整跨国公司系统以适应新的技术机会的能力。吸收能力决定了跨国公司能否更快更好地转移知识并将某一特定知识或技术诀窍内部化的能力。吸收能力的发展对更新现有竞争优势和创造新的核心能力至关重要。如果一个企业的员工的学习能力和综合素质普遍提高，那么该企业就能够更快速地吸收和利用外部的新技术。

由于跨国公司管理具有跨国际、跨区域、跨文化管理等特征，因此公司内部信息的传播渠道并不十分顺畅。企业内部人员即使在接收到信息后，由于存在文化差异，可能会对信息的处理出现一定的偏差，造成员工对企业文化、目标理解的偏差，增加企业后续的管理难度。因此，如何打破地理、文化的壁垒，在确保准确性和时效性的同时，实现企业内部创新知识和信息的共享、交流，是跨国公司面临的一大难题。

吸收能力可以是技能、技术性的知识、组织结构以及企业掌握一种引进技术所需的外部关联和支持系统，这些能力的发挥要看东道国是否具备使其适应当地的要素和市场条件，使其升级和保持在世界市场的竞争力并改进这种技术使其实现多样化运用的诸多因素。但是跨国公司的资产可能是隐性知识并根植于企业组织之中，这些资产不可能被当地企业轻易获得。跨国公司技术外部性的存在并不意味着，国内企业可以轻易地将其内部化。即使外国跨国公司拥有较强的企业特定优势而且愿意转让，但是它们对当地企业的技术转移并不是可以自动完成的，这需要当地企业具备相当的吸收能力。吸收能力之所以重要，是因为它能够使国内企业获得那些宝贵的隐性知识。

伯伦斯坦（Borensztein et al.，1998）认为，从国家的层次来看，如果要让FDI对更高的生产率增长做出贡献的话，吸收能力至少应该达到一个最小量。纳鲁拉（Narula，2003）认为，从企业层次看，只有那些具有较高吸收能力的企业才有可能从外资的溢出效应中获益。吸收能力不足可能导致技术流入的使用缺乏效率，而知识的累积一旦在吸收能力越过门槛之后就会变得很快，因为东道国企业一旦学会学习之后，技术的学习就更容易了。同样的技术之所以在不同区位的运用及其效果会大不相同，是因为不同区位的技术能力水平的不同，也就是东道国的吸收能力水平的差异。

在模块化生产网络中，隐性知识基础在显隐性知识转化过程中起最重要的作用。企业吸收知识的能力取决于已有的知识基础和在特定转化过程中的努力。在区域产业技术能力形成和提升的过程中，当地知识基础的强度决定了转化知识的复杂程度。而对特定转化过程的努力，仅对转化的过程起加速的作用。

影响吸收能力主要有以下四个因素：先验知识、研发投入程度、学习强度和学习方法、组织学习机制（刘常勇，2003）。首先企业吸收能力与先验知识密切相关。一个企业对外界资讯、知识、技术的吸收与使用能力将与企业本身拥有的先验知识密切相关。企业本身具有的先验知识对于企业认知、吸收和使用外部新知识起了很大的作用。由于知识能力是渐进积累的，企业吸收的新知识大多与其先验知识相关。吸收能力的决定因素以及技术溢出的可能性主要受以下因素的影响：技术差距、文化和心理距离、技术接受者与转移者的理念差异、地理邻近、产业或东道国的特性、外国所有权的比例、东道国的发展水平、企业的相对规模、贸易保护的程度以及制度体制的框架等。纳鲁拉（Narula，2003）将吸收能力分为四部分：企业—产业吸收能力、基础设施、先进的基础设施以及正式和非正式的制度。这几个方面是相互联系的，而且每一种因素在不同的发展阶段都有不同的成本和收益。其中，对教育和基础设施的投资有更显著的乘数效应。吸收能力包括将别人创造的知识内部化的能力以及对其加以改进以适应自己特定的需要、过程和惯例。吸收能力还包括通过非模仿的方式创造新技术的能力，因此吸收不是纯粹的模仿。企业如果没有自己投资搞研发，将很难吸收外部的知识，因为很多知识具有隐性知识的特点。其次，学习强度和学习方法影响企业的吸收能力。企业本身投入学习的用心程度，也会影响企业吸收新知识的效果。也就是说，吸收能力会受到"先验知识"与"学习强度"的双重影响。当企业在技术移转过程中，投入于学习与使用新知识的强度越高，则本身吸收能力所呈现的学习效果也一定会越显著。

研发投入有助于提升企业的吸收能力。科恩和列温索尔（Cohen & Levinthal，1990）的研究证实，企业吸收能力与其研发投入具有密切关系。也就是说研发活动除了带动创新与开发新产品之外，对于强化企业的吸收能力也会具有显著的效益。例如，研发活动中的基础研究、合作研究、技术移转、派员出席技术会议、与供应企业合作开发等，都会有助于企业引进新知识。影响吸收能力的因素是企业在制造活动投入的程度，因为经由制造活动的投入，企业将可获得许多有关产品与技术相关的知识，这类由制造经验积累的知识内涵，将有助于企业进入比较深层次的技术学习。

此外，组织学习机制是影响吸收能力的重要因素。吸收能力的一个重要组成部分是人力资源的可获得性，而这往往不是企业本身可以解决的而是与非企业部门相关的。非企业部门如科研机构和大学能为企业特定创新提供知识型基础设施，它们是国家知识储量的重要来源，而这些知识性基础设施属于公共产品，它可以为所有企业提供潜在的知识和人力资源以促进企业的创新。企业除了以研发投入与教育训练来强化员工的吸收能力外，发展学习组织显然也是影响企业吸收能力的重大因素。如图3所示。一般而言，组织学习可以区分为内部学习与外部学习，所谓内部学习指的是组织内部的知识扩散与知识创新活动，而外部学习则指的是技术模仿、移转与引进。企业虽然由个人组成，但企业的吸收能力不等于员工个人的吸收能力。企业的吸收能力除了包括自外部吸收新知识外，还包括新知识在组织内的扩散、利用与再创新，因此是一种外部学习与内部学习的整合。

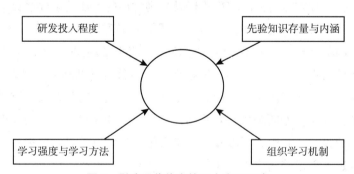

图3 影响吸收能力的四大主要因素

资料来源：刘常勇、谢洪明：《企业知识吸收能力的主要影响因素》，载于《科学学研究》2003年第3期，第307~310页。

企业吸收能力还包括知识的内化、共同化、外化、整合化及知识的创新。在组织内部进行知识扩散，将与组织文化、价值观、沟通机制密切相关。如果新知不能符合组织的价值观或利益，往往也会很难移转、扩散或被利用。如果组织内部过于封闭，则对于外部新知的吸收能力必然会有负面的影响（Nonaka & Takeuchi，1997）。因此如何增加组织内部个人与部门的知识广度与吸收能力，也是建立组织学习机制的一大目的。如果组织成员能与外部知识源，如顾客、供应商、设备企业等有更多的知识交流，将有助于提升组织整体的吸收能力。

科古特和赞德（Kogut & Zander，1992）提出了结合能力（combinative capabilities），即企业将整合内外部资源，进行创新并产生新知识的组织能力。因此，吸收能力可视为企业将从外界所移转进入的知识，与原先知识基础加以整合，以创造价值的能力。总而言之，吸收能力决定了企业是否能有效地吸收及整合所移转而来的知识，进而强化或建立企业本身的能力。

2. 全球生产网络中的知识共享与知识转移

跨国公司子公司绩效很大程度上取决于其拥有知识和管理知识的能力。知识包括市场知识：关于消费者、竞争者、供应商、分销商等的知识，也包括内部诸如技术、管理能力等知识。知识管理能力包括三个相互联系的过程：知识的获取、知识的转化、知识的应用。其中，知识的获取是指获取积累知识的过程；知识的转化能力是指将现有的知识运用起来的能力，包括公司收集知识、整合知识、梳理知识、传播知识的能力；知识的应用是指公司储存知识、检索知识、应用知识、分享知识的能力。如果企业拥有强大的知识管理能力，不仅能够把握消费者需求、竞争对手变化等市场动向，而且能够使企业掌握更先进的技术或提高其技术升级的能力、拥有更完善的质量管理体制等，从而提升公司绩效。知识的获取必须经过转移和内部吸收学习两个过程。知识的形成具有路径依赖性，具有公司特有的性质，尤其是隐性知识中组织管理技能由于与企业的特定历史和文化相联系，转移难度更高，因此，隐性知识转移具有组织化特征，其获取过程依赖于组织的吸收能力和良好的沟通机制来推动其转化，单纯的技术引进无法实现知识资产的获取，即重新使知识公司特有化后，才能发挥其增值作用。这意味着当地企业必须建立自己的国际化组织和学习机制，通过吸收学习促进外部知识的异质化，以获取关键资源和知识。转化能力指的是跨国公司通过收集、消化、综合、再配置内部现有知识以发展新知识和技术，以适应组织特定的或现实需要的能力。转化能力是一个内部驱动的过程，它能帮助跨国公司扩展现有竞争优势以创造新的更有效率的生产和生产工序。知识管理能力必须能够应对知识创造所需条件的复杂性。这种复杂性不仅与多样化的知识及其关系有关，而且与知识创造、知识转移和融合的过程所需的协调有关。

知识创造是内部产生的知识与所吸收知识的结合。如果新知识要与现有的知识相结合，那么知识创造与知识扩散则是同一过程。如果一个组织将其一部分知识转移给另一个组织，接受者的知识基础增加了，而且接受者不仅仅是简单地接受这种知识转让，而是会产生在所接受的知识与接受者现有的知识之间的互动。企业是创新和应用知识的公共机构，员工是创造知识的独立实体，是企业的有形资源。企业知识和能力的获得主要通过员工学习。特定岗位的工人掌握了一定的知识和技能后，才能将优势应用到产品和服务的生产上，企业的知识和能力最终只有通过员工的活动才能体现出来。因此，知识转化并不是将知识从一个地理区位向另一个地理区位进行简单的复制，而是一种知识创造过程。知识转化是一个螺旋上升的过程。人们不断学习吸收的过程增加了其脑中的隐性知识，通过交流和组织学习，扩大了人们原有的显性知识，不断地挖掘这些知识，并将这些知识整理、加工、记录，使知识不断积累和增加。由于企业在技术创新中持久的竞争优势更多是建立在企业拥有的经验性知识的基础之上，而经验性知识存在于组织程序与企业文化之中，其转化是一个复杂的过程。经验性知识是隐含性的，根植于企业文化或人的大脑和身体中，很难系统地编辑和交流，而只能通过某一特定情景中的行动来表达，并且也只能通过观察、模仿和实践才能获得。

通过联盟网络，旗舰企业为当地供应商提供编码知识，如包含新知识新技术的机器设备、设计图、生产和质量控制手册等。这些都帮助供应商建立自身的生产能力，并且这都是提供质量合格、价格合理的产品和服务所必需的。当地供应商员工试图吸收转移的外在知识，并转化为自己的内在知识。当然在大多数情况，仅仅对外在知识的吸收是不足以使供应商掌握该知识并应用于生产中。因为在实际的生产和操作中，还需要有内在知识的辅助。因此，为了增加外在知识的转化，旗舰企业通常邀请当地供应商的工程师和经理到其最佳工厂参观、学习。其次当地供应商试图将显性知识如生产和质量控制手册、人力资源手册及其他一些技术和管理手册应用到自身相应的部门。毫无疑问这些部门更加适应当地的制度和商业环境。这时就发生了知识的重组，一系列的显性知识转化为有当地特色的显性知识。在这一过程中，同时也发生了知识的外在化，即当地工程师通过编制新的手册把隐性知识转化为显性知识。

3. 学习型联盟网络促进当地企业能力的形成

（1）当地企业的学习过程。在全球生产网络背景下，产业链间的知识整合不仅表现为企业间显性知识的共享，而且表现为显性知识和隐性知识的相互转化以及自身内部转化。显性知识和隐性知识的相互作用和转换存在四种模式：社会化（Socialization，从隐性到隐性）、外在化（Externalization，从隐性到显性）、组合化（Combination，从显性到显性），以及内在化（Internalization，从显性到隐性）（Nonaka，1991）。知识转化的四种模式构成了持续的螺旋过程（SECI）（如图4所示），知识的创新在这一过程中产生。

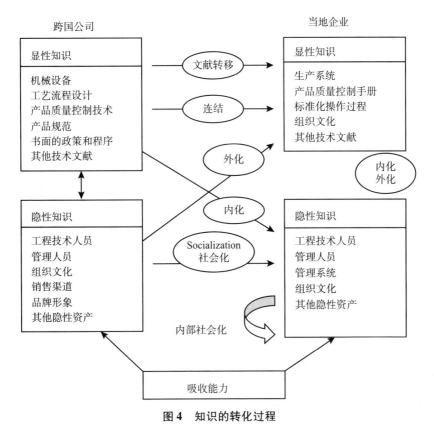

图4　知识的转化过程

资料来源：Ernst，Dieter，2002：Global production networks，knowledge diffusion and local capability formation，Research Policy，31，pp. 1417 – 1429.

可见，提高企业吸收知识资产能力的学习过程包括知识的内化、社会化、外化、组合、以及知识的创新。当外部创造性资产社会化、外化和连结，进一步内化到企业的隐性知识基础上时，它们就成为有价值的资产。为了让企业知识有创新产生，组织中个人所累积的隐性知识必须能和其他成员发生"社会化"，进而展开更高层次的知识创新循环（Nonaka & Takeuchi，1995）。

创新能力是指转化和利用知识的能力，以便成功地产生、接受和实施新思想、新过程、新产品和新服务。这种能力要求企业认识到新的外部信息的价值，吸收它并应用它来造福最终客户（Cohen & Levinthal，1990）。为了实现这一目标，供应商联盟的形成是非常可取的，因为它允许买方公司建立知识和技能基础，通过投资于研究和开发（R&D）来提高创造力，为客户识别和创造新的价值，利用组织智慧和管理技术来增加创新。在联盟中与供应商建立稳定的关系还有助于建立紧密的工作关系和透明的信息流动，使买方公司能够以适当的价格获得适当质量的产品或服务进行创新，而供应商则能够提供有利润的高质量供应。

在技术交流中，旗舰企业主要提供给东道国供应商文字化的显性知识，例如，包含新技术的机械、图纸、产品和质量控制说明、生产和服务规则、培训手册等。在大多数情况下，仅仅获得这些显性知识是远远不够的。现实中，为了增加显性知识的效用，网络中的旗舰企业可能组织本地供应商的工程师和管理者到旗舰企业表现最好的分支机构参观学习。这一过程不仅有助于供应商的产品、服务以及管理的内部化过程，还将有助于供应商通过与国外工程师共同培训的过程，直接吸收隐性知识，也就是图4中的社会化过程。尽管相比起旗舰企业传递知识的质量和数量，本地供应商的知识吸收能力对知识转化过程效率的影响更为明显。另外，本地供应商也会为旗舰企业提供包含本地惯例和商业特征的显性知识。合作将使旗舰企业和供应商的部分显性知识合并，产生供应商和旗舰企业共用的新的知识。在这一过程中，知识也将从旗舰企业的工程师和管理者那里获得的隐性知识，外部化为一系列以说明和手册等形式出现的显性知识。全球生产网络中的联系也可能引发本地供应商之间的知识转化。区域在提升产业技术能力的过程中，将逐步形成科研机构、服务机构、制度支持，以及宝贵的交流沟通环境。在这一环境下，本地供应商将快速地分散本地化和内部化的各类知识。随着越来越多创新主体的参与，知识将在本地供应商内，以螺旋状的社会化过程不断分散。这种螺旋状的知识转移决定了区域的内部知识基础。显性知识和隐性知识在转化中不断经历外部化和内部化过程，进而逐渐形成和提升技术创新能力（陈引羽，2013）。

值得强调的是，由于技术中包含许多隐性知识，吸收者需要通过长时间的学习才能掌握。这种隐性知识往往是包含在生产经验当中。技术和知识也可能根植于企业组织之中，这些技术和知识不可能被当地企业轻易获得。因此需要企业对培训进行有目的的投资以寻求新的技术和其他知识，而且要通过实验来更好地掌握，最后还要发展一种组织能力来创造、交流并使知识在内部加以扩散和使用。新技术的吸收还需要进行大量独立的研发活动。因此，除了企业内部的努力之外，还有赖于更广泛的社会投资，包括教育、培训和提供信息等诸多方面。而且，能力的形成还需要企业之间的互动以及各种技术服务、标准化实验室、技术推广服务、研究中心、质量控制中心等服务机构的共同参与。总之，与技术、技能和组织能力相关的要素以及高质量供应商的存在可以统统归为发展中国家的"技术能力"，这种能力和水平将直接影响外资流入的性质和投资的效应。

一般来说，知识的默会性越高，其向子公司转移的可能性越大；知识的可编码性和可传授性越强，转移到合作伙伴的可能性越大。旗舰企业为当地供应商提供编码知识，如包含新知识新技术的机器设备、设计图、生产和质量控制手册等。这些都帮助供应商建立自身的生产能力，并且这都是提供质量合格、价格合理的产品和服务所必需的。当地供应商员工试图吸收转移的外在知识，并转化为自己的内在知识。当然在大多数情况，仅仅对外在知识的吸收是不足以使供应商掌握该知识并应用于生产中。因为在实际的生产和操作中，还需要有内在知识的辅助。因此，为了增加外在知识的转化，旗舰企业通常邀请当地供应商的工程师和经理到其最佳工厂参观、学习。只有这样供应商的管理和技术人员才能更好地理解知识，并使供应商更好地利用溢出知识。通过参观学习，也使供应商能更好地把书本上的知识应用于现实操作中。同时，当地工程师也了解旗舰企业组织和生产系统管理模式，并且在培训过程中直接从国外工程师学习内在知识。当然，当这些工程师回到本国后，也面临知识利用和当地化所难以预见的问题。因此，旗舰企业也经常派工程师来帮助当地工程师解决工程上和生产中的问题。例如，索尼公司在韩国以合资形式建立电子公司，以满足索尼消费电子产品外包生产需要。索尼不仅为该合资公司提供大规模生产所需的机械设备，而且提供产品的设计图、产品的样品信息以及生产质量的控制手册（编码知识）。另外，索尼还邀请一些韩国的工程师、技术人员和经理参加索尼在日本工厂的培训，内容包括生产、组织和人力资源管理等，实现嵌入性和文化性知识的转移。同时索尼也会派遣工程人员和技术人员前往韩国，帮助解决生产系统操作和维护方面的问题以及产品质量控制问题，以保证其满足索尼的技术要求。索尼正是通过 FDI 来实现知识转移。

（2）学习产出与能力形成。学习产出就是公司特有的知识，来自系统地吸收、实践和改进外部获取的知识。建立吸收能力是企业早期杠杆获取战略的目标，当企业获得一定竞争优势后，吸收能力又转化为企业进一步杠杆获得更先进的资产的前提或基础，不断循环向上的学习提升了企业进一步获取创造性资产的知识平台，从而最终实现自身能力的形成。外部知识源并不等于知识质量的提高，知识的获取过程是一个累积和渐进的过程。创新是在不断积累内部创造性资产基础上产生的，前一阶段的技术和学习能力为后续的创造性资产的吸收提供了基础平台，三星的发展经历了"消费电子—分立半导体设备生产—吸收 LSI 技术—吸收 VLSI 技术"的过程，在前一阶段获取和积累的知识使三星能够获得与后面技术相关的知识，公司内部积累的知识是跨越这些不同平台技术能力的基础。

威廉和科巴赫（Wilhelm & Kohlbacher，2011）提出了商业合作的一个新概念——合作性竞争（co-opetition），他们认为，合作和竞争间的紧密联系在知识共同创造的过程中扮演了重要角色。合作和竞争的平行关系通常被称为"合作性竞争"。他们使用这个概念来探索组织间知识共同创造的过程，并且提出合作性竞争是产生多技术创新更好的策略。而如何利用合作竞争来进行知识分享和知识创造，可以关注以下几个方面：

①组织间网络中的合作。在汽车业的原始设备制造商和其供应商的网络中，竞争主要发生在水平方向的供应商之间。另外，原始设备制造商和其供应商之间的关系主要是合作。然而，由于网络中的这些关系的相关性，水平方向的供应商之间的竞争可能会对垂直方向的合作产生不利影响。由于没有供应商——供应商的关系是可以单独存在的，故汽车制造商和两个对立的供应商之间的三方关系显得尤为重要。例如，如果一个汽车厂商持续地通过招标来压低价格，则会影响它与供应商的合作。事实上，每个网络中合作和竞争都有其内在的紧张关系。为了概念化这一关系，采用概念——合作性竞争，这一概念克服了传统的对竞争和合作的明确划分。威廉和科巴赫（Wilhelm & Kohlbacher，2011）集中研究了组织间的网络，该网络被视为同时包含了竞争和合作的元素。同时，合作性竞争的网络文化会强烈地影响组织间的合作和竞争之间的平衡，反之亦然。

②合作和组织间知识分享。技术中包含许多隐性的知识，这需要吸收者通过长时间的学习才能掌握。这种隐性知识是包含在生产经验当中，但是大部分则需要企业对培训进行有目的的投资以寻求新的技术和其他知识，而且要通过实验来更好地掌握，最后还要发展一种组织能力来创造、交流并使知识在内部加以扩散和使用。事实上，组织、使用和分享已存知识可以被视为利用过程；知识创造被视为探索过程。知识利用"意味着利用已有知识提高知识资本"；知识探索是公司的一种策略，通过在组织内部创造独特的私人知识来增加它的知识资本，因此它意味着一个公司自己获得的知识资本的改进（Ichijo，2002）。日本的公司和西方国家的公司有所不同，他们更专注于知识共享中的隐性知识和知识创造中的显性知识。在汽车业中，紧密的供应商关系保证了日本汽车装配商保持精简和灵活，同时类似于垂直统一管理的方式来控制供应商也使装配商受益（Nonaka，1994）。另外，日本的汽车制造商和供应商之间深层次的信任和长期的合作关系，促进了新模型发展时间的缩短。毋庸置疑，日本供应商网络中强烈的信任和紧密的联系在知识共享的过程中扮演了重要角色。

③合作和组织间知识创造。知识学习和创造过程的中介、供应链合作伙伴的洞察力以及供应链中买方和供应商之间的协作水平会影响合作的绩效。丰田成功地创造了一个具有强烈认同感和合作性质的知识共享网络。威廉和科巴赫（2011）认为，合作与竞争对产生新知识都很重要，然而不同类型的创新需要不同类型的知识管理策略：知识共享可能可以很好地促进增值性的创新，但可能不足以产生更彻底的创新。因此，企业必须发展一个知识共同创造的策略：合作和竞争同时存在，有助于产生多技术创新。具体来说，以彻底的多技术创新为目标的组织间环境中有效的知识共同创造需要合作性竞争。

在学习型战略联盟中，两个企业的员工必须在一起紧密地工作，相互切磋与交流，才能实现知识的转移，从而达到学习的目的。围绕以知识的不断创新为基础而建立的战略联盟，能够加强企业间的关系，促进不同价值观、知识和文化在企业中的融合，使之成为企业革新的推动力。企业之间在 R&D 方面的合作与联盟可以为这种隐性的技术知识的转让或传递提供一种有效的机制，通过不同组织之间的密切联系以及人员之间面对面的沟通和交流，可以形成适当的开发体系，从而使合作企业从中获得通过外部市场交易难以获取的技术和技术诀窍。

在全球生产网络中，旗舰企业实现知识转移，但是当地企业能否从中获得自身需要的知识包括技术和管理乃至组织和社会制度规则，则一定程度上取决于当地企业的有效学习和吸收过程。全球生产网络下的知识扩散和创新整合有其客观的原因，并由此给后进者提供产业和技术升级的契机。一方面，由于现代科学技术具有高度的复杂性和综合性，任何个人、企业和国家，都不可能垄断性地占有全部科技技术知识和完成技术创新的过程，都不得不通过国家之间、企业之间的科技交流与合作，来增加和储备，促进技术创新。另一方面，跨国旗舰企业为了快速在全球范围内扩张，就必须进入不同的国家和地区，就要想方设法适用当地的特定社会制度和文化。因此，与当地企业的合作就可以降低自身经营的风险。当地企业就是将重点放在国际和国内知识的融合上，为产业创新提供外部知识、信息输入和产品的销售渠道。东道国的吸收能力对技术升级和技术进步都至关重要。当地的吸收能力的提高可以吸引更高层次的外资的流入，同时可以增强技术扩散的效应，而要实现此目的需要相应的政策。比如，缩小技术差距的政策包括研发投资体制（如国家技术创新体制），促进跨国公司与当地企业的关联（如建立研发联盟）。融入全球生产网络，可以将从国外获得的知识来源与国内产业创新体现联系起来，构建开放式产业创新体系，是很多发展中国家实现自主创新和产业升级的途径。

三、结论与对策建议

企业能力的提升主要是通过企业内部的学习机制（包括个人学习和组织学习）来实现的。企业通过专业化分工、经验传授、知识创新等途径实现能力和知识的积累、开发和利用，从而促使竞争能力的提高。知识通过组织在学习的过程进行创造，企业努力比它的竞争者更快地学习和创造新的知识。企业还特别注意通过学习促进隐性知识的流动和升级。跨国公司往往通过联盟网络进行学习、通过并购学习或通过模仿学习。显然，快速的学习可以提升知识管理的效率并加快国际化的进程。而且跨国公司的技术进化和能力的积累是一种具有路径依赖的学习过程。在这个过程中，跨国公司纷纷进入新的技术领域并在多个地理区域建立创新活动并以此作为发展公司潜在能力的场所。企业开发国外的互补性资产和协同性资源，然后与自己现有的核心能力加以整合，从而创造更大的竞争优势。

彼得·圣洁（Senge，1997）认为，学习型组织具有创造性学习和适应性学习的双重功能，是企业竞争优势的源泉。他提出的五项修炼包括：系统思考、自我超越、挑战心智模式、建立共同愿景、促进团队学习。对于跨国公司而言，比竞争对手学习得更快的能力是赢得竞争优势的唯一持久源泉，学习被视为组织不断提高并保持适应能力的重要手段，是企业获得生存和事业发展机会最持久有效的方法。所谓学习型组织，就是通过不断的学习来进行自我改革。在个人、团队、组织和组织相互作用的共同体中进行学习。学习不仅增长了知识，同时也成为企业加以战略性运用的过程。学习不仅导致了知识、信仰和行动的变化，还可以组成学习共享系统，从而提高组织的创新能力和成长能力。学习型组织强调不同文化背景的个人之间以及个人和集体之间的互动，鼓励员工继续扩大个人的心智能力，崇尚世界主义的人文素养，鼓励和引导系统思考、自我超越、共同愿景来共享文化的资源和不同文化的生存智慧。这种组织结构是开放的、灵活的、网络化的。

与传统的注重个人学习以提高经营管理模式有所不同，学习型组织强调以团队为基础的不同文化背景的人将进行愉快的对话。从企业人力资源开发与管理的角度来看，学习型组织的有效性将成为人力资源工作绩效的重要衡量标准，也是在更高层次上为跨国公司置于全球化和企业达到跨文化经营管理目的的战略决策管理的目的。福特公司的学习方式值得一提。它利用标杆管理来提高知识管理的效率，培养竞争优势。所谓标杆管理，就是不断寻找和研究同行一流公司的最佳实践，并以此为基准与本企业进行比较、分析、判断，从而使自己企业得到不断改进，进入赶超一流公司创造优秀业绩的良性循环过程。其核心是向业内或业外的最优企业学习。通过学习，企业重新思考和改进经营实践，创造自己的最佳实践，这实际上是模仿创新的过程。福特公司开发了一种专门资源来支持公司的标杆管理。利用标杆管理这个工具，即通过外部连接数据库、虚拟网络和标杆管理网址，福特公司取得显著成功，而且正逐渐实现成为全球性的汽车产品和服务的主要生产厂商的目标。

值得注意的是，全球生产网络下的知识扩散和创新整合给发展中国家提供了产业升级和技术升级的契机。一方面，由于现代科学技术具有高度的复杂性和综合性，任何企业都不可能垄断性地占有全部科学技术知识和所有的技术创新过程，都不得不通过国家之间、企业之间的科技交流与合作，来促进技术创新，现在也越来越多地与发展中国家的科研机构和企业建立合作关系。另一方面，跨国公司为了在全球范围内进行扩张，必须进入不同的国家和地区进行投资和经营。跨国公司与当地企业的合作为发展中国家的产业技术创新提供了许多学习、模仿和创新的机会。因此，融入全球生产网络，将参与全球生产网络所获得的知识与国内产业创新活动联系起来，构建开放式产业创新体系，是发展中国家实现自主创新和产业升级的重要途径。

目前，中国已经成为全球制造业的一个重要基地，这是国际产业转移、全球产业结构大调整和中国作为新兴大市场等诸多因素作用下产生的必然趋势。鉴于中国潜在的市场巨大，许多跨国公司在中国投资主要是为中国市场进行生产，这些跨国公司的子公司在当地购买零部件和原材料的比例也相应较大。如果中国企业能够发展成为跨国公司价值链上的一个环节，成为其合格的供应商，那么就可以进一步参与全球性的国际分工。以汽车业为例，培育零部件供应商并使其融入国际生产一体化体系，成为跨国公司全球生产的一个战略环节，具有很大的现实意义。随着全球生产网络的进一步发展，跨国公司在全球各有利区位布局并进行全球性战略运作。全球生产网络倡导将集中地分散与系统整合的形式相结合。长期以来的技术差距，使跨国公司的先进技术成为发展中国家集群创新技术发展的重要来源。全球生产网络中不断增长的产品价值链长度，以及标准的模块化生产方式，为小型、专业化的供应商提供了合适的位置和宝贵的发展和学习的机会。加入全球生产网络，将使集群创新主体获得潜在的知识流动和产品链中的技术升级。

近年来，在发展中国家投资的跨国公司，特别是当地市场寻求型的跨国公司投资越来越愿意扩大对当地原材料和零部件的采购，与当地企业建立更多的供应关系。当然，跨国公司也在使其供应基地现代化，减少其所依赖的供应商的数量。现在跨国公司从世界范围选择最有竞争力的供应商，而且可以让本国或他国的供应商跟随其到新的地区投资。这样，当地或本国的供应商事实上必须与全球性的能够提供一揽子供给和服务的供应商进行竞争。全球供应商就可能对当地供应商产生挤出效应，使跨国公司装配商减少与当地零部件供应商的合作以及转让技术诀窍的倾向但是，如果供应商发展战略和中小企业政策能够加大力度的话，那么供应商的发展状况和竞争能力将会极大地提高。技术先进的供应商还可以使跨国公司的子公司利用外部技术和技能，增强创新能力。当然跨国公司对供应商的选择条件也十分严格，只有那些在成本、质量和交货等方面能够满足跨国公司生产和经营的企业才有可能成为跨国公司的供应商，才有可能进入国际生产和贸易的潮流中去。因此，在跨国公司子公司与本国企业之间建立关联是非常必要的。当东道国企业能力更大，供应商特殊化和专门化的时候，跨国公司就会和东道国供应商建立持久的商务关系。如果这些关系很密切，就更有可能发生技术的扩散和传导效应，从而更有利于东道国企业所有权优势的升级，因为跨国公司会鼓励它们的分包商对其生产能力进行升级以达到所要求的标准，并且给它们提供技术、信息和生产流程，还提供技术学习辅导来帮助他们达到目的。对发展中国家来说，可以通过跨国公司全球生产网络的技术扩散效应，通过边干边学的方式加速企业的成长。

参 考 文 献

［1］陈引羽：《全球生产网络下区域产业技术创新能力的提升》，厦门大学硕士论文，2012 年。

［2］姜恩：《电子产业全球生产网络研究》，厦门大学硕士论文，2007 年。

［3］林季红：《跨国公司全球生产网络与中国产业的技术进步》，载于《厦门大学学报哲社版》2006 年第 6 期。

［4］刘常勇：《影响吸收能力的因素》，载于《科学学研究》2003 年 21 卷第 3 期。

［5］孟静：《全球生产网络与中国汽车产业升级》，厦门大学博士论文，2013 年。

［6］芮明杰：《网络状产业链的知识整合研究》，载于《中国工业经济》2006 年第 1 期。

［7］张辉：《全球价值链动力机制与产业发展策略》，载于《中国工业经济》2006 年第 1 期。

［8］联合国贸易与发展委员会：《世界投资报告》（中文版），中国财政经济出版社 2001 年版。

［9］Ahuja, G. , 2000：The duality of collaboration：Inducements and opportunities in the formation of interfirm linkages, Strategic Management Journal, Special Issue, 21, pp. 317 – 343.

［10］Anand, B. N. and T. Khanna. , 2000：Do firms learn to create value? The case of alliances, Strategic Management Journal, Special Issue, 21, pp. 295 – 315.

［11］Antonio. E. T. , 2001：Country Sector Stud：Philippines, a paper presented at the Progress Review Meeting of the International Competitiveness of Asian Economies：A Cross – Country Study, Asian Development Bank, Manila.

［12］Borrus M. Ernst D, Haggard S, International Production Networks In Asia：Rivalry or Riches. Routledge London 2000.

［13］Brian, Uzzi. , 1996：The Sources and Consequences of Embeddedness for the Economic Performance of Organizations：The Network Effect, American Sociological Review, 61, pp. 674 – 698.

［14］Cohen, W. M. and Levinthal, D. A. , 1990：Absorptive Capacity：A New Perspective On Learning And Innovation. Administrative Science Quarterly, March, 35, 1；ABI/Nform Global. pp. 128 – 152.

［15］Cusumano, M. A. and Takeishi, A. , 1991：Supplier relations and management：A survey of Japanese, Japanese-transplant and U. S. auto plants, Strategic Management Journal, 12,

pp. 563 – 588.

[16] Das, T. K. and Teng, B. S. , 2000: Instabilities of strategic alliances: An internal tensions perspective, Organisation Science, 11, pp. 77 – 101.

[17] Dyer, J. H. and Nobeoka, K. , 2000: Creating and managing a high-performance knowledge-sharing network. Strategic Management Journal, 21 (3), pp. 345 – 367.

[18] Dicken, P. , 2000: Places and flows: situating international investment, ed. G. L. Clark, M. P. Feldman, and M. S. Gentler, Oxford University Press.

[19] Dicken, P and Henderson, J. , 1999: Making the connections: global production networks in Britain, East Asia and Eastern Europe. A research proposal to the Economic and Social Research Council (July).

[20] Dicken, P. and Malmberg, A. , 2001: Firms in territories: a relational perspective, Economic Geography.

[21] Dicken, P. , 2003: Web of Enterprise: The Geography of Transnational Production Networks. ed. Peter Dicken in Global Shift (4th) CH8, London: Paul Chapman.

[22] Dyer, J. H and Hatch, Nile W. , 2004: Using Supplier Networks to Learn Faster. MIT Sloan Management Review, Spring, pp. 57 – 64.

[23] Ernst, Dieter. , 2002: The economic of Electronics industry: Competitive Dynamics and Organization. The International Encyclopedia of Business and Management (IEBM), Handbook of Economics, London: International Thomson Business Press.

[24] Ernst, Dieter and Kim, Linsu, 2002: Global Production Networks, Knowledge diffusion and local capability formation, Research Policy, 31, pp. 1417 – 1429.

[25] Ernst, Dieter. , 2002: Global production networks the changing geography of innovation system: implication for developing countries, Journal of the Economics of Innovation and New Technologies 12, pp. 1 – 27.

[26] Ernst, Dieter. , 1997: From Partial to Systemic Globalization: International Production Networks in the Electronics Industry. BRIE Working Paper 98, April.

[27] ESRC Research Project team, 2001: Global Production Networks and The Analysis of Economic Development. ESRC Research Project R000238535.

[28] Gereffi, G. , 2000: Global production systems and third world development, ed. B. Stallings, Cambridge: Cambridge University Press.

[29] Gereffi, G. , 1999: A commodity chains framework for analyzing global industries, mimeo, Department of Sociology, Duke University.

[30] Gereffi, G. , 1994: The organisationof buyer-driven global commodity chains: how US retailers shape overseas production networks, in G. Gereffi and M. Korzeniewicz (eds), Commodity Chains and Global Development. Westport, Praeger, pp. 95 – 122.

[31] Gomes – Casseres, B. , 1996: The Alliance Revolution: The New Shape of Business Rivalry, Boston, MA: Harvard University Press.

[32] Grant, R. M. , 1996: Toward a Knowledge-based Theory of the Firm, Strategic manage-

ment Journal（17），Winter Special issue，pp. 109 – 122.

［33］Harrison. B. , 1992：Industrial districts：old wine in new bottles? Regional Studies，26，pp. 469 – 83.

［34］Henderson. J. , 1989：The Globalization of High Technology Production. London，Routledge.

［35］Henderson，J. , 1998：Danger and opportunity in the Asia – Pacific' in G. Thompson（ed），Economic Dynamic in the Asia – Pacific，London，Routledge.

［36］Henderson. J. , Dicken. P，Hess. M，Coe. N，and Yueng. H. , 2002：Global production networks and the analysis of economic development，Review of International Political Economy，9（3），pp. 436 – 464.

［37］Ichijo, K. , 2002：Knowledge exploitation and knowledge exploration：Two strategies for knowledge-creating companies，In：C. W. Choo and N. Bontis（eds. ）The Strategic Management of Intellectual Capital and Organisational Knowledge，pp. 477 – 483.

［38］Ikujiro Nonaka，Ryoko Toyama and Noboru Konno，2000：SECI Ba and Leadership：a unified model of dynamic knowledge creation，Long Range Planning 33，pp. 5 – 34.

［39］Jeffrey，H. D. , 2005：Global Production Networks，Competition，Regulation and Poverty Reduction：Policy Implications. Centre for Regulation and Competition Workshop. University of Manchester，June 22 – 24.

［40］Jeffrey，H. D. and Nile W. H. , 2004：Using Supplier Networks to Learn Faster，Sloan Management Review，45（3），pp. 57 – 63.

［41］Kedia，Ben L. and Mukherjee，Debmalya. , 2009：Understanding offshoring：A research framework based on disintegration，location and externalization advantages，Journal of World Business，44，pp. 250 – 261.

［42］Khanna，T. , Gulati，R. and Nohria，N. , 1998：The dynamics of learning alliances：Competition，co-operation and relative scope，Strategic Management Journal，19，pp. 193 – 210.

［43］Kogut，Bruce，2000：The network as knowledge：Generative rules and the emergence of structure，Strategic Management Journal，Special Issue，21，pp. 405 – 425.

［44］Kogut，Bruce and Zander，Udo. , 1992：Knowledge of the Firm and the Evolutionary theory of the Multinational Corporation. Journal of International Business Studies. Vol. 24，No. 4，Forth quarter.

［45］Kogut，B. and Zander，U. , 1992：Knowledge of the firm，combinative capabilities，and the replication of technology，Organization Science，3（3），pp. 383 – 397.

［46］Kugut，B. and Zander，U. , 1996：What Firms Do：Coordination，Identity，and Learning，Organization Science，7，pp. 502 – 518.

［47］Kogut，B. , 2000：The network as knowledge：Generative rules and the emergence of structure，Strategic Management Journal，Special Issue，21，pp. 405 – 425.

［48］Liliana perez – Nordtvedt，Emin Babakus and Ben L. Kedia，2010：Learning from international business affiliates：developing resource-based learning capacity through networks and knowledge acquisition, Journal of International Management, Volume 16, Issue 3, September, pp. 262 – 274.

[49] Granovetter, Mark S. , 1973: The strength of weak ties, American journal of sociology, 1973.

[50] Nonaka, I. and Takeuchi, H. , 1995: The knowledge-creating company: How Japanese Companies Create the Dynamics of Innovation, Oxford University Press.

[51] Polanyi, M. 1966: The Tacit Dimension, Doubleday, Garden City, New York.

[52] Senge, P. M. , 1997: Sharing Knowledge. Executive Excellence, 14 (11), pp. 17 – 20.

[53] Teece, D. J. , G. Pisano and A. Shuen. , 1997: Dynamic capabilities and strategic management, Strategic Management Journal.

[54] Wilhelm, M. M and Kohlbacher, F. , 2011: Co-opetition and knowledge co-creation in Japanese supplier-network: The case of Toyota, Asian Business and Management, 3.

[55] Wright, P. M. and Snell, S. A. , 1991: Toward an Integrative View of Strategic Human Resource Management [J]. Human Resource Management Review, 1 (3), pp. 203 – 225.

国际生产非一体化与企业价值创造方式的演变

摘要： 国际生产非一体化和全球生产网络的兴起打破了跨国公司内部化生产和经营的主流模式。国际生产非一体化趋势以及日益一体化的世界市场给发展中国家带来了前所未有的机遇。中国企业可以实现从加工组装开始，到零部件生产、自主核心技术研发、自主品牌生产的发展路径。

关键词： 国际生产非一体化　全球价值链　价值创造模式　战略联盟

在经济全球化背景下，技术迅猛发展，产业分工日益细化，过去的行业价值链已经解构。以计算机行业为例，20世纪80年代以前，IBM公司占据了80%的市场份额，由于其控制了有关计算机物理性能的绝大多数相关行业，如CPU（中央处理器）等，其他的同行业公司根本无法与之竞争。而现在，整个行业已经分解为操作系统、应用软件、中央处理器以及网络软件等多个行业。其他行业也正在陆续出现这种价值链的解构，全球竞争日益激烈。因此，无论是在汽车、家电、通信设备，还是在飞机、医药、服装等行业，众多国际品牌制造商为了降低投资风险，规避市场不确定性，应对快速的技术变革和不断缩短的产品生命周期，纷纷开始通过外包和全球采购等方式剥离加工制造等非核心价值环节，以此来增强自己的核心竞争力。自20世纪90年代以来，国际制造业正在发生一场深刻的结构变革，产业组织开始从传统的垂直一体化（Vertical Integration）结构向垂直分离（Vertical Disintegration）结构演进。也就是说，国际生产非一体化成为重要的发展趋势，全球生产网络得到前所未有的发展。

全球生产网络（Global Production Networks）通常被定义为生产和提供最终产品和服务的一系列企业关系，这种关系将分布于世界各地的价值链环节和增值活动连接起来，形成了全球价值链，它构成了全球化的重要微观基础。全球生产网络是跨国公司在组织上的重要创新，它是以互补性分工为基础的相互依存的关系，并通过一些正式的规制（契约）来相互联系的组织模式。全球生产网络作为一种复杂的生产组织方式，弥补和充实了除市场和企业这两种方式之外的大量中间产品的交易和中间状态的交易组织。跨国公司建立全球生产网络的目的主要是在低成本地区获得灵活的、专业化的供应商。

全球生产网络的兴起打破了跨国公司内部化生产和经营的主流模式。过去，跨国公司内部一体化的层级制结构，由总部拟定计划并下达命令，子公司、业务单位按照战略规划进行生产和经营。但是现在，企业正在转向新的模式——一个真正的全球企业，即在全球范围进行资源和能力的配置，旗舰企业通过跨越国界和组织边界来利用人力资源，建立起全球一体化的包括数百家甚至数千家的企业生态系统，以全球为基础协调商务活动和生产的各个部门来为消费者提供产品和服务。

一、国际生产非一体化的原因

（一）信息技术的发展

信息和通信技术的迅猛发展为企业提供了一个更容易交流和合作的环境。新的通信工具，如互联网、电子邮件、电子数据交换（EDI）的出现改变了许多部门商务活动的方式，使企业共享不同地区的技术、管理诀窍、信息、营销网络和其他资产。一个企业的知识资产，比如新产品设计和主意可以快速地被遥远的国家和企业所采用。由于信息技术的广泛应用，人们不再需要在工程和设计小组之间来回寄工程图。团队中的成员在任何时间，任何地点都可以访问、检验和修订同一张设计图并通过软件追踪修订来进行模拟。非工程方面的管理者也可以加入其中。轻便的浏览器能够使得从营销经理到成本会计的每个人在他们的计划需要改进时，可以对计划进行回顾和评论，以确保最终计划在信息最充分的背景下完成。

信息和通信技术的进步为跨国公司实施全球化经营管理创造了更为便利的条件，提高了公司在地区、全国以及全球范围内协调公司活动的能力。信息技术日益成为企业创造竞争优势的重要因素。表现在降低成本（信息技术的进步使信息搜索、存贮、处理和传送的成本迅速下降）、扩大差异（大规模定制）、改变竞争范围（信息技术能够改变竞争范围与竞争优势之间的关系）。此外，信息技术能够改变购买者、供应商、新进入者的威胁、替代产品的威胁以及现有竞争者之间的竞争这五种竞争力量，从而改变产业吸引力，并逐步消除对运作结构的许多限制，创造变革的要求和机会。信息技术的发展正在改变运作结构。从制造业来看，信息技术主要体现在管理信息系统和以计算机辅助设计和计算机辅助制造为核心的柔性制造系统。信息技术影响到各个环节的价值创造活动，从计算机辅助设计到工厂车间的自动化。此外，信息革命还在不断催生新的业务。从 20 世纪

90 年代开始一直十分盛行的业务流程再造（BPR）就是企业为达到组织灵活、反应迅速的目标而采用的一种借助信息技术来改造企业内部组织结构和管理流程的新的方式（哈默等，1999）。信息技术还影响公司与其供应商、销售渠道和购买者之间的联系，比如利用有关软件，公司的采购人员只要点击几下鼠标，就可以查看与顾客订单相对应的原材料存货情况、查看供应商的存货，查看电子采购网站上有关零部件的最新价格；电子数据交换软件可以让产品部件的供应商迅速了解新顾客定单的详细情况。再比如，在波音公司，传统的会议得到视频会议、全数字化、合作工作空间的补充，使 787 项目所有的合作者成为一个单一、无缝的团体。这些都是因为信息技术的飞速发展才得以实现的。

（二）国际分工的深化

当代国际分工的最新趋势是：从过去的产业间分工发展到产业内分工，现在又进一步发展到产品内分工。很多产品生产过程所包含的不同工序和区段，被拆散后在空间上分布和展开到不同国家去进行，形成以工序、区段、环节为对象的分工体系。由于产业链拉长和国际分工的进一步细化，比如产品零部件的分工和产品工艺流程的分工，世界性产业分工网络日渐形成，每一个企业及其生产环节都可能成为国际生产体系的一部分，每个企业都可能成为国际生产网络中的一个节点。具体来说，产业链条可分为三大环节：一是技术环节，包括研发、创意设计、生产及加工技术的提高和技术培训等；二是生产环节，包括后勤采购、系统生产、终端加工、测试、质量控制、包装和库存管理等；三是营销环节，包括分销物流、批发及零售、广告、品牌管理及售后服务等。发达国家主要从事研发和品牌营销，控制核心技术以及经营和管理技巧，而把加工制造环节转移出去；发展中国家则在全球价值链条中，主要从事加工制造。由于分工的进一步细化，比如产品零部件的分工和产品工艺流程的分工，世界性产业分工网络日渐形成，每一个企业及其生产环节都可能成为国际生产体系的一部分，每个企业都可能成为国际生产一体化网络的一个节点。

琼斯和凯尔科斯基（Jones & Kierzkowski，2001）用"片段化"（Fragmentation）来描述一个生产过程中不同部分的分离。他们认为这一生产过程在全球的分离是一种全新的现象。它将不同国家的生产形成一个跨国生产网络，这一跨国网络可在企业内部，也可以企业之间。芬斯塔（Feenstra，1998）通过将"贸易一体化"与"生产非一体化"在全球经济中联系起来更进一步发展了这种观点。企业内部贸易的产品结构实际上是一系列构成"你的产品即我的投入品"的上下游关系的最终产品的组合，其次是一系列处于同一生产过程不同工序的中间产品的组合。基于这样的产品结构，企业内部贸易往往发生在那些技术密集度适中、技术成熟度高的生产行业，即按产品生命周期理论描述的处于成熟阶段的产品生产最容易形成内部分工和内部贸易，因为这类产品生产技术成熟，适于对生产过程甚至工序进行分割，且这种分工可能达成不同工序间技术密集度的差异，部分工序仍是技术密集型的，部分工序已可标准化，适于劳动密集型生产，所以可以通过将分布于不同要素禀赋国家的各生产过程再经企业内国际贸易获得最佳效率。企业内部贸易方式的形成为跨国公司降低交易成本，实现全球利润最大化（通过企业内部定价机制转移利润）提供了保证。

总之，在新的国际分工背景下，企业纷纷采取核心竞争力战略。事实上，这一战略的实行就是将企业价值活动进行分解的过程，也就是价值链解构的过程。专业分工导致了垂直一体化的瓦解。跨国公司将精力主要放在研发、设计和营销方面，而合同制造商成为服务全世界的供应者。外包已日益成为获取速度、创新和知识的方法。跨国公司将利用它们的合作者和供应商网络潜在的知识资本来开发和生产产品，由此获得最好的能力，并通过紧密合作和跨越边界来转让技术诀窍。

（三）市场竞争的全球化

全球化包括市场全球化和产业全球化。20 世纪 90 年代以后，随着经济全球化的发展，新的经营方式不断涌现，信息交流过程的根本性变革，及敏捷制造系统的采用，今天的全球商业环境已变得越来越动荡。一些富有创新性的竞争对手可以比较容易和迅速地破坏大的领先企业的优势而进入市场。没有哪一个组织能够建立持久的竞争优势，每种竞争优势都可能受到侵蚀。

任何企业想要在这样一个变幻莫测、竞争激烈的环境中生存，仅仅依靠内部创新是不够的。在当今的国际竞争中，一个公司的竞争地位不再完全取决于公司内部所拥有的能力和资源，而在相当程度上取决于与世界范围内其他公司或企业所结成的战略联盟网络的广度和深度。企业之间彬彬有礼地在竞争的浅水池里分割国内市场的时代已经一去不复返了。如今的跨国公司是在充满了卡脖子竞争的大海里互相拼杀，要么生存，要么覆灭。因此，跨国公司在 21 世纪的竞争战略显然必须增加对外部战略性资源的重视。现在那些通过企业外部来获得思想和人力资本的企业要比单单依靠内部资源和能力的企业经营得更好。任何企业要脱颖而出，则必须发展和巩固自身的核心竞争力。而通过与其他企业建立战略联盟，可以有效地获取本企业原先不具备的互补性资产，特别是联盟企业在融合各自的核心能力之后，可以发挥双方的互补和协同优势，使企业的某一核心能力在联盟中得到新的组合和延伸。

经济全球化、技术进步加速以及国际市场竞争加剧等因素综合在一起，使得宏观经济环境更加复杂。在这样的大环境下，来自不同产业的越来越多的企业开始重构它们的价值链，从而使那些至关重要的资源配置到核心能力领域。同时，伴随着科技进步的全球化带来了人力资源更加自由地配置，从而使外包更易操作。科技革命使人类很大程度上克服了由于物质、地理、文化或者散居差异所导致的障碍。于是企业为了在这种高度竞争的环境中保持竞争优势、保证其持续的发展就必须采取新的经营战略。研究表明，在这种环境下企业要分散其经营业务，更多地利用外包。

分散企业价值链环节能减少层级管理结构中的协调成本；使企业更专注于核心能力的发展，重新配置有价值的资源；直接导致了模块化生产模式的产生，在面对高度竞争的外部环境模块化生产显得更灵活、高效。外包作为一种战略措施被使用意味着某些一般化的企业机能（如数据管理，客户资料管理，信息加工处理等）是可以从企业自身价值链中分离出去的。外包能使企业更专注于发展其核心能力，从而在与同行业企业的竞争中获得竞争优势。此外，企业也可以在它们拥有竞争优势的情况下剥离稀缺资源用于发展核心能力。通过将支持性业务从价值链中分离，企业可以把有限且有价值的资源重新配置到能为消费者创造利益的核心领域中去。企业具备良好的核心能力就相当于构筑了一道无形的墙，成为企业保持其市场份额的战略优势。例如，苹果公司将其最好的资源集中于 Apple DOS 和相应的支持软件，将其他的业务外包给外部供应商。由此，苹果公司将其有限的人力资源发挥至效应最大化，获得了近三倍的资本回报和最高的市场价值（Kedia，2009）。

随着企业分散处理某些价值链环节，组织系统开始向模块化发展，同时用相对宽松的连结形式取代高度一体化的组织形式。通过剥离非核心能力业务，企业发展成为专业模块化形式，并用外部市场的服务提供者来取代组织内分工合作。这种分散、简洁和更加模块化的组织形式更具灵活性。组织的灵活性指的是在面对新事物时企业的反应能力。管理学强调在新的竞争环境灵活操作的重要性。更多地利用外部有能力的劳动力和提高外包水平将使得企业灵活性提高，使企业快速应对市场上未预期的威胁和机遇。涉及这方面的案例有很多，特别是在计算机和服装行业。微软、戴尔、锐步都已开始通过外包其非核心业务而取得分散化优势。再比如，威科集团作为美荷专业印刷出版的巨头，它将软件开发和编辑排版分散给印度和菲律宾的企业，帮助企业出版更多的书籍、杂志。总的来说，模块化生产能使企业变得更具灵活性和高效性，更能适应外部需求。

二、全球价值链的解构与国际生产非一体化的发展

在跨国公司的历史上，特别是在 20 世纪 60 年代中期以前，为控制供应链，

保证原材料供应和市场占有，跨国公司通过新建或并购进行垂直一体化管理，曾是企业战略的主流，并形成了金字塔状的层级组织。到 20 世纪 70 年代初美国跨国公司设在发达国家的子公司中有 72.5% 是采用全部股权形式，只有 8.4% 是少数股权；设在发展中国家的子公司中，全部股权的子公司占 52.6%，少数股权的子公司占 19.8%（邱立成，1999）。但是后来，发达国家的一些大型跨国公司针对发展中国家政治经济环境的不稳定性，比如东道国政府的股权限制政策及其他外资政策的限制和引导，跨国公司以少数股权或分包方式安排的业务迅速增加，这在汽车、电子、服装工业表现得最为明显。在电子工业，跨国公司在亚洲和拉美国家建立加工装配线。在那些较早成为全球性产业如纺织服装工业，美日跨国公司早在 20 世纪 60 年代就通过外部筹供的方式建立起一体化的国际生产体系，也就是将纺织、服装生产过程在母国和东道国进行合理的分解和安排。跨国公司主要负责设计、提供商标、控制分销渠道，其目的是利用当地廉价的劳动力从而降低生产成本。

越来越多的研究表明，跨国公司基于内部交易，纵向或横向一体化，对子公司国际网络的集中控制的组织，正在被强调合作以及与其他企业之间通过合同安排而取得协调的新范式所取代。到 1984 年，47 个发展中国家生产或装配的大约 300 万辆汽车中，47% 的总产值是由跨国公司的非股权安排方式生产的。在微电子工业，由于价格竞争日趋激烈，加之半导体产品加工装配的劳动密集型特性，导致主要的跨国公司在一些亚洲和拉美国家建立加工装配线。在服装业，非股权安排形式有着特别重要的作用。发达国家的纺织品或成衣制造商以及服装零售商，主要负责设计、提供原材料、组织运输、进行产品广告宣传和提供商标，并且控制分销渠道。生产业务大多以国际分包或少数股权形式安排在发展中国家进行。最早采用这种形式的是日本的系列集团与亚洲"四小龙"的企业之间的国际分包合同安排，它们在 20 世纪 60 年代末期就与中国香港、中国台湾、新加坡等地的生产商签订分包协议，并引起其他国家的跨国公司纷纷效仿（刘海云，2001）。当然，跨国公司在 20 世纪六七十年代的经营战略，比如采取合资方式或非股权安排很大程度上是由于东道国政府的外资政策限制和引导所致，因而多少带有被动的性质。而在 70 年代中期以后，很多发展中国家放宽了所有权限制，并转而采取鼓励全股权投资的政策，但少数股权和非股权形式的新直接投资仍然继续大量增加。这种新直接投资显然不是被动性的投资（唐勇，1999）。

跨国公司是经济全球化的载体和推动力量。跨国公司发展的新动向可概括如下：强调价值增值活动的地理区位；价值链活动的进一步分解；子公司之间日益激烈的竞争；公司与当地企业建立联盟网络。跨国公司通过在全球范围内构筑公司网络，使生产国际分工不仅成为跨国公司内部母子公司之间、子公司之间的专业化分工关系，而且也成为子公司与所在的东道国企业如供应商、经销商等的专业化分工。跨国公司战略联盟的兴起和蓬勃发展使跨国公司价值链不断分解并不断在不同国家延伸，从而可以充分利用世界各国的生产条件、需求条件、相关配套产业来创造其全球性竞争优势。现在跨国公司在东道国寻求资源的范围扩大了，跨国公司可以更多地利用和其他企业的非股权和合作关系来实现公司的多种目标。这些安排在使企业分享创新活动的成本和风险的同时，可以更好地获得技术或其他资产，降低生产成本。特别是网络型组织的出现扩大了跨国公司与当地企业互动的范围。

跨国公司经营战略的变迁引起了跨国公司 FDI 决策模式的变化。跨国公司 FDI 决策模式一般分为四种：（1）资源导向型；（2）市场导向型；（3）效率导向型；（4）战略资产导向型。20 世纪 80 年代中期以来，战略资产导向型和效率导向型投资日益成为许多跨国公司投资决策的重要模式。之所以出现这种情形，主要是因为跨国公司的竞争已趋近全球化了。随着全球竞争的加剧，跨国公司的投资和经营更多是从动态的竞争角度来考虑投资的区位和经营布局。在强化企业价值链中的薄弱环节方面，既重视通过优化内部结构，也强调与外部企业建立战略联盟等方式来实现。在建立战略联盟时，不仅着眼于降低生产和经营成本，而且更重视塑造未来的竞争环境，制定产业的技术标准，掌控产业的发展方向并在其中占据主导地位。在组织结构上，网络型组织成为跨国公司偏爱的一种组织形式。跨国公司不仅在其内部采取宽扁平的网络型组织以取代过去的金字塔式的层级制结构，而且广泛地与外部企业建立战略伙伴关系以强化技术开发和核心竞争力，或通过虚拟经营方式，以把握随时可能出现的商机。因此，有远见的跨国公司都纷纷在全球范围内建立起以自己为主导的全球性的研发、生产和销售网络，而许许多多的中小企业成为其网络上的一个节点，发挥各自的专业化分工优势。这些遍及世界各地的经营网络使跨国公司能够有效地获得生产、管理、营销和技术开发方面的优秀人才，并将不同区位的优势加以整合和发挥，从而强化公司的创造性和活力，塑造跨国公司的长期竞争优势。

跨国公司的全球经营战略涉及两个方面：其一是利用其子公司网络而形成的将全球市场内部化的过程；其二是通过全球性的战略联盟来构筑跨国公司的外部筹供网络。就内部化过程而言，跨国公司通过所有权控制关系将其所属的海外子公司纳入其全球性的研发、生产和销售网络之中。对纵向一体化的跨国公司来说，子公司成为母公司的前向和后向联系的经营单位，分别承担不同产品的生产或同一生产部门不同阶段的生产任务。同时，在原材料、中间产品和技术等通过内部市场体系进行交换，从而将传统的国际市场内部化。比如跨国公司通过其国际化生产网络转移软硬件生产技术，使其子公司获得生产产品和零部件所需的技术知识和管理经验。中间投入品市场也可以通过内部市场来进行贸易。各子公司独立生产某个环节的零部件或半成品，通过内部市场供地区分市场上的中心工厂进行最后的组装。对横向一体化跨国公司而言，公司内分布在不同地区的各子公司分别承担同一种产品不同零部件的生产，然后集中到某个子公司进行装配和向外销售。

跨国公司体系内的市场并不囿于母子公司之间。东道国当地企业通过合资或分包关系为跨国公司的全球分支机构提供零部件或组装产品也被纳入跨国公司的全球性纵向一体化的生产网络之中。这是因为跨国公司为在全球范围内有效地组织生产和销售，往往将股权安排和非股权安排结合在一起。而跨国公司的对外直接投资常常带动了东道国当地企业的发展，因为跨国公司全球性生产和营销网络成为东道国企业进入国际市场的重要通道。对东道国供应商而言，通过 OEM 或分包关系可以为自己带来稳定的和有利的进入全球市场的渠道，在服装、电子、汽车工业，此类联系极为普遍。在这些产业，美国、日本跨国公司对东亚制造商的依赖程度很高，从而为东亚中小企业进入国际市场提供了有效的途径。比如日本汽车业跨国公司几乎都在东南亚地区设立零部件加工基地，丰田在泰国、马来西亚都建立了与供应商密切的关系，以分包方式让供应商为其加工和生产零部件或模块化部件。这些汽车厂商通过提供产品设计或品牌，指导当地企业进行生产，并在技术、管理、营销等方面给予持续的支持，这种网络化的关系通过灵活且又可靠的中间产品或零部件的外部供应增强了跨国公司的生产能力，同时由于该地区的廉价的劳动力和便利的交通，以及东道国政府的积极开放的外资政策，因此成为美日跨国公司建立全球生产体系的理想区位。因为分包外包等外源化筹供方式可以最大限度地挖掘成本优势，同时，分包可以使跨国公司本身只专注于价值链的某些关键性或战略性环节。

斯特恩（Sturgeon，2001）从组织规模、地理分布和生产性主体三个维度来界定全球价值链。从组织规模看，全球价值链包括参与了某种产品或服务的生产性活动的全部主体；从地理分布来看，全球价值链必须具有全球性；从参与的主体看，有一体化企业、零售商、领导厂商（如戴尔、耐克等）、交钥匙供应商和零部件供应商（如英特尔、微软等）。他还对价值链和生产网络的概念进行了区分：价值链主要描述了某种商品或服务从生产到交货、消费和服务的一系列过程，而生产网络强调的是一群相关企业之间关系的本质和程度。20 世纪 90 年代，格里菲（Gereffi，1994）等提出"全球商品链"的分析框架，把价值链的概念与全球产业组织联系起来。格里芬用"购买商驱动的全球商品链"说明全球购买商如何利用外在协调功能建立强大功能的供应基地。基于这个基地，全球规模的生产和分销系统甚至在没有直接所有权的情况下也可以建立。格里菲认为存在五种基本的价值链治理的类型：（1）市场。（2）模块型。（3）关系型。（4）领导型。（5）等级型。从总的趋势看，价值链治理是从等级制向外部市场交易的形式转变。有些产业从等级型转向模块型，有些则从领导型或关系型转向模块型。

联合国工业发展组织认为，全球价值链是指为实现商品或服务价值而连接生产、销售、回收处理等过程的全球性跨企业网络组织，涉及从原料采购和运输，半成品和成品的生产和分销，直至最终消费和回收处理的整个过程。包括所有参与者和生产销售等活动的组织及其价值、利润分配，分散在全球的处于价值链上的企业进行着从设计、产品开发、生产制造、营销、交货、消费、售后服务等各种增值活动。从该定义可以看出，全球价值链主要从纵向维度来研究全球经济组织，而全球生产网络则更倾向从纵、横两个维度来研究经济组织。产品越复杂，其生产包括的工序越多，其纵向维度更长；产业越庞大，专业化分工越有可能获得规模经济，其横向维度也会更发达，因而也更有可能形成规模宏大、结构复杂的生产网络。全球生产网络是全球价值链发展的高级形式，而全球价值链既可以看作是生产网络的初级形式，也可以理解为是对全球生产网络的抽象和简化。价值链代表对产品和劳务的运输，消费和保存的垂直工序——指明许多价值链使用了共同的要素和动态地重复使用以及在正在进行的基础上被重新组装，而网络则强调把许多公司结合到更大的一个经济集团的内部关系的性质和范围（汤普森，2005）。

价值链解构的实质就是将构成价值链的各个能力要素进行模块化。价值链的整合是指按照联系规则（界面标准）将独立的价值模块整合起来形成更加复杂的价值功能系统的过程。随着信息技术的发展，不同企业之间的交易成本持续下降，具有不同竞争优势的企业将单个价值模块进行跨企业的重新排列和组合，形成更有效率的价值链，从而完成价值链重建的过程。比如纵向一体化的分解战略首先就是对传统价值链进行解构，即把价值链条上的供、产、销的一个个环节拆解下来，从中选择那些本企业具有竞争优势的环节加以保留，然后再把分离出来的环节交给最佳的合作伙伴，与其形成一种战略联盟。价值链经过这样的解构，原来拥有整个链条的企业可能只保有其中某个或某几个环节，比如耐克公司通过将精力集中在产品设计和市场营销两个环节上，利用一个由低成本供应商组成的海外网络对生产过程进行外包，制造商这样做的目的主要是追求低成本和高质量，最终目的是提高自己的竞争能力。因此，通过价值链创造价值的模式已经演化为围绕核心企业的联盟网络（如核心企业与供应商、供应商的供应商乃至与一切前向的关系，与用户、用户的用户及一切后向的关系）共同创造价值的模式。因此，纵向一体化的分解旨在整合外部资源，巩固自身的核心竞争优势，从而使跨国经营中的外包现象更加普及。跨国公司进行价值链解构并将不具竞争优势的环节外包出去的做法不仅可以通过分工提高效率，而且还可以利用自己的竞争优势整合外部资源，扩大生产规模和市场占有率。

由于全球竞争加剧，也由于科学技术的发展，很多跨国公司已经从过去自我完善型的运营系统向资源外取型的运营系统转变。它们纷纷把价值链中的加工组装环节转移出去，以便降低成本、提高效率，形象的说法是：从橄榄型向哑铃型的转变。随着经济的发展，跨国公司经营战略"外部化"有了新发展，它们进一步地转移价值链中附加值更大的研发环节、设计环节、采购环节、服务环节也转移和外包出去。在组织结构上，实行外包的跨国公司具有更大的应变能力。由于大量非核心环节都由合作伙伴来完成，实行外包的企业通过机构精简而变得更精干，许多内部流程被简化甚至取消，中层经理的监督和协调功能被计算机网络所取代，金字塔的层级组织结构让位于扁平式的网络组织结构。在资源整合上，实行外包的跨国公司以信息网络为依托，与这些具有不同优势的企业组成依赖电子化手段联系的经营实体，企业成员之间的信息传递、业务往来和并行作业都由信息技术提供支撑。如在企业协调方面，计算机支持和群体协同工作环境为外包企业提供全新的协调管理方式，它综合应用计算机和通信技术、人工接口技术等，提供系统服务、基本协同服务和任务协同服务三种基本的协调功能。在战略模式上，实行外包的跨国公司更专注于自身核心竞争力的发展。外包的目的在于巩固和扩大自身的核心竞争力，加强核心主业，把优势资源应用于巩固和发展核心竞争力上，使得优势更加突出和明显，保证企业能沿着高效的路径不断前进。

现在，越来越多的汽车已经不再由整车制造商所生产。宝马集中精力于市场营销、合作和消费者关系，但一直维持最关键性的发动机专门技术。而供应商则生产大部分零件，并且越来越多的供应商组装最终的车辆。马格纳国际所装配的车辆比宝马公司用时更少、价格更低、质量更好。事实上，一个闪亮的新型宝马X3 或 7 系列并不是在宝马公司自己的工厂出炉，而是由全球网络的供应商们来共同完成的，将近 70% 的部分不是宝马公司自己设计生产和装配的。宝马将大部分研发经费用在提高其汽车的基本机械结构上，如驱动器和底盘。宝马的研发经费越来越多投入使驾驶的感觉更加完美，特别是软件、电子设备以及与驾驶相关的方面。宝马将集中对那些决定他们品牌成功的子设备零部件的投资。这意味着他们更加集中于概念和设计阶段，然后是消费者经验和相关的下游服务。许多非核心的设计和生产能力被分离出来并交给合作者和供应商，让它们负责从零部件到最终装配的全部。中间的生产阶段将通过外包或通过合作或其他形式经营。这就是宝马最新的经营方式（泰普斯科特和威廉姆斯，2007）。

波音公司放弃非核心资产，并通过松散的价值创造网络进行全球性的协作。他们不是采用旧的层级式的生产者和供应商的关系，领头企业和它们的合作者共同分担大型开发项目的成本和风险，这些项目跨越新产品的生命周期，从设计到生产，甚至在长期的维护与支持等方面都进行合作。这种合作性的生产方式允许公司利用最好的能力而无需为管理完全的并购而大伤脑筋。主导企业越来越少从事生产和进行集中控制，而主要是负责设计系统和程序并协调合作。值得指出的是，设计和制造产品的大规模合作的出现并不是宝马和波音独有的。现在越来越多的旗舰企业在半导体、计算机、服装和自行车领域只负责生产概念，最后装配和营销。它们将生产和大部分零件的设计外包出去。它们还借助全球工厂获取几十甚至成百的企业来帮助完成产品装配。通过公司网络来为消费者共同设计和开发产品，供应商和全球制造商都达到双赢。供应商承担更多的设计和开发工作，它们在最终产品中增加其知识产权和利润份额。全球制造商增加了速度和灵活性，并集中于高附加值的活动。总之，这种方式使风险分散，同时还可以通过网络获取不同的技术和资源（泰普斯科特和威廉姆斯，2007）。

三、网络型组织的盛行与企业价值创造模式的创新

随着经济全球化的发展，跨国公司经营战略不断进行调整，其组织结构也从层级制向网络型组织结构转变。层级制组织结构是一种等级制森严的金字塔结构。层级制的共同特点是企业经营决策权集中于高层管理者和各职能部门管理者手中，以纵向命令控制为主来协调整个组织的行为。传统的层级制组织结构如职能制、事业部制、联邦制等，虽然它们在提高企业运作效率上价值明显，但层次多，信息传递链长，在增强企业灵活性方面能力不强。员工处于听命行事的被领导地位，不利于职工积极性和创造性的发挥，不利于人力资源的开发。因此，面对日益多变的企业外部环境，组织结构的变革已成为提高企业应变能力的一种重要手段，减少管理层次、使组织结构扁平化是当今企业组织结构变革的一大趋势。网络组织结构依靠现代信息技术进行管理，大大提高了企业的竞争优势和运行速度，其特点是流程短、信息充分，从而减少了跨国公司经营的不确定性和风险。在这样的组织形态中，企业组织变成一个由许多知识结点所组成的动态网络。这些知识结点可能是许多单个的员工，也可能是一个个专业团队，也可能是为解决特定问题的组织。网络化组织减少了中间管理层，是一种组织创新。在网络组织中，母子公司的信息交流更加充分，各部门之间的协调和配合更有助于共同的价值创造。同时，子公司的运作更具独立性，它往往可以根据需要与东道国的相关企业，包括与在东道国的其他外国跨国公司的子公司和机构结成联盟伙伴关系，使组织管理的范围向外延伸，使跨国公司的生产经营网络进一步扩大。

基于资源的战略管理理论区分了企业的战略意图和组织结构效率，强调企业

管理决策的重要性，而将组织结构效率视为竞争优势的来源。在跨国公司的经营中，基于资源的战略管理理论认为，跨国公司的战略意图和组织结构的效率对市场进入决策都是很重要的。而传统的跨国公司理论偏重于解释企业第一次走向海外，成为国际化企业的各种因素。究其原因，可能是传统的跨国公司理论建立的时期也是西方跨国公司开始扩张的时期。因此这些解释西方跨国公司对外直接投资的跨国公司理论是时代的产物，因此难以摆脱其时代的局限性。虽然交易成本在一定程度上可以用来解释海外进入决策所导致的组织边界和内部化水平及其绩效，但是跨国公司在进行海外市场进入决策时的战略选择是无法单纯地用交易成本来解释的。

资源基础论从动态的角度分析跨国公司如何获取核心能力和竞争优势。显然，在跨国公司已经发展到相当程度，并走向全球性生产一体化的时代，资源基础论关于跨国公司行为的解释更具指导意义。因为当今时代，许多跨国公司已建立起遍布全球的子公司的网络体系，因此如何在国际化甚至全球化的网络体系中进行经营管理将变得更加重要。资源基础论更关注跨国公司之间在全球范围的竞争战略的调整。比如对外部资源的争夺、对新兴市场的争夺。因此，对跨国公司的研究也从解释"为什么"到解释"如何"，从而使跨国公司理论向前迈进了一大步，且研究的重点更侧重经营战略、投资决策等方面。跨国公司理论的新进展中，一个突出的特征就是引入战略分析。这样，跨国公司理论将更加接近现实。事实上，企业从事跨国经营活动与获取竞争优势是一个互动的过程。跨国经营的本质在于保持和发展竞争优势并寻求新的竞争优势（刘海云，2001）。

现实中，跨国公司的市场行为就其关系来说十分复杂，它们在某一外国市场的行为，可能是母公司的经营目标直接驱动和规定的，也可能是对国际市场竞争者行为跟进的防御性措施。主流跨国公司理论更多地是从企业自身特定优势出发考虑问题，较少考虑市场竞争对手的情况，缺少对跨国公司之间的相互作用相互影响的分析，而在现实中，跨国公司的形成和发展往往受到竞争状况以及其他跨国公司战略的影响。在经济全球化条件下，跨国公司在一国市场上不仅要面对当地同行业的竞争者，也要面对其他国际竞争者，同时还要面对潜在的加入者、替代者、购买者和供应者。因而跨国公司在确定战略和战术时，一方面要考虑这几种竞争力量，另一方面其重点应对的对象也会有很大不同，而重点放在哪里，则与进入市场的深度和市场结构的变化有很大的关系。

现在跨国公司经营战略已不再强调内部化，而是逐渐为外部网络的构建而竭尽全力。战略联盟网络是社会的组织或个人，为了共同的远景，以信任为基础而建立的具有战略意义的组织或个人组成的社会关系网络，它是由消费者、供应商、竞争对手、中介机构、利益相关者、其他产业的企业、其他组织（如高校、科研机构、政府部门）和企业本身等节点构成的。组织结构的网络化，使企业与企业之间打破了地区之间、国家之间的边界限制，将触角伸向世界的各个角落，在市场机制的作用下，在全球范围内寻找合作伙伴，共同开发新市场、新产品、新业务，其目的主要是利用共享的生产要素，在联盟网络内实现资源的优化配置，以取得单个企业所不能取得的协同经济效益。

从资源角度来看，当一个企业拥有或控制了不可模仿和替代的资源时，它们就为企业带来了持久的竞争优势。战略网络使成员企业得以获取实现其战略目标所需的各类关键资源。由于企业网络具有异质性和独特的路径依赖性，嵌入企业网络之中的社会关系也具有异质性，因此联盟网络本身就是一种难以模仿或替代的资源。由于战略网络各具特性，难以识别其资源和能力，因此网络结构极难模仿，并能使企业在获得有价值的信息和行动上快于竞争对手。同时，网络中的成员也同样具有特质，嵌入于战略网络中的隐性的、不可模仿的网络关系和网络成员是企业学习和能力的关键来源。网络成员企业的能力将增强核心企业发现市场机会的能力。此外，由于不同企业特定的发展路径和社会声誉使得企业的联盟网络不仅具有重大价值而且很难为竞争对手所模仿，从而拥有可持续的竞争优势（李梅，2006）。

在工业化时代，福特式的大规模生产和金字塔的层级制曾经占据主导地位并发挥出强大的生产效率。而在信息技术时代，组织的虚拟化和网络化更加明显。网络与协同效应的重要性大大提高，企业外购零部件与服务比以前更多了。在技术发展中企业与供应商和买方的合作更加紧密了。全球化又使这种合作发展到国际范围，供应商追随客户到国外，新的供应商选择成本更低的地区等。在信息技术时代，层级制组织形式已经成为企业发展的障碍。现在许多企业倾向于采取网络组织结构，采用敏捷制造以快速响应市场和顾客需要。在企业内部组建跨部门的队组织，在企业外部通过建立广泛的战略联盟来应对环境的不确定性和争取在基于时间和速度的竞争中克敌制胜。

对大企业来说，最激进的结构改革就是对价值链进行分解。大规模定制要求制造商加强与供应商、分销商和客户的联系和协作，丰田、耐克、戴尔等大型跨国公司就是很好的例子。以丰田模式为代表的分包制，正是一种可以克服纵向一体化缺陷的组织模式。分包制是沿着厂商网络对生产、服务等过程进行垂直分解，大企业或核心企业不再从其内部提供所需的大部分资源，而是作为"协调中心"，把生产过程建立在与分包商和供应商长期交易关系的基础上。该组织模型成功运作的关键在于大型核心企业与供应商之间必须建立相对稳定的互补关系，主要运用于具有复杂技术并且发展变化迅速的资本密集型产业。在转包安排的关系中，无论是从资金还是技术角度来看，大型核心企业一般都居于主动的地位，中小分包企业通常都受大公司的支配。据此可以认为，分包制是属于"准一体化"的一种中间性经济组织形式。企业组织形式演变的另一个趋势是公司之间的战略联盟。相对于一体化（包括横向或纵向一体化以及混合一体化）组织，企业联盟不是依靠所有权关系的扩张（内部化），而是通过优势互补，加强彼此薄弱环节和有机协调的"共生"方式，达到实际扩大企业边界的效果。企业联盟强调战略上的合作，即通过合作，使企业间知识形态的资源进行水平式双向或多向流动，形成组织间的学习，从而提升企业的核心竞争力。它们之间的联盟与竞争也使各自旗下的转包厂商卷入进来，构成了居金字塔型巨大网络顶端的大企业之间联合与竞争的格局（胡刚，2001）。

坎特韦尔（Cantwell，2001）在分析企业为什么日益倾向采取准层级制或准内部一体化的安排胜过完的内部化时指出，成本因素并不能完全解释合作的增长。如果是这样的话，那么交易成本和监督成本的下降至少可以使传统的层级制安排也同样受益。要回答这个问题，必须从战略联盟的"战略"来考虑。现代企业的竞争很大程度上表现为对外部战略性资源的争夺。而通过战略联盟可以增强企业自身的弱势部位。因此企业倾向于利用"非内部化"方式来进行技术创新，特别是通过战略联盟的方式。跨国公司战略联盟的飞速发展及其联合与竞争网络的形成，正是跨国公司适应国际竞争环境的变化趋势而进行的战略调整。在当今的国际竞争中，一个公司的竞争地位不再完全取决于公司内部所拥有的能力和资源，而在相当程度上取决于与世界范围内其他公司或企业所结成的战略联盟网络的广度和深度。

从组织学习角度来看，战略网络中的要素流动主要是知识的流动，战略网络具有显著的学习特性。企业通过网络不断传播、使用、吸收、融合和创新知识，有效地发挥现有核心能力的作用并形成新的核心能力。因此，网络内的学习和知识共享是企业获取竞争优势的关键。硅谷里与计算机相关产业的创业型公司的成功案例，已经使人们不断在跨越公司的边界并在公司间的网络里寻找竞争优势的源泉，因此发展战略网络被看作一种有价值的组织能力。实证研究表明，战略网络的发展与竞争优势之间存在密切的关系，它可以是企业增强市场能力，降低交易成本，共担风险，产生信用和组织学习，积聚资源和能力等。

事实上，跨国公司可以凭借其所有权优势，与不同区位的其他企业协作和联合来创造协同和竞争优势，而这并非一定得通过内部化的方式。跨国公司外部网络的形成和发展，争取外部资源已成为跨国公司参与全球竞争的必然选择。战略联盟作为介于市场与企业的中间组织，发挥着组织化市场的作用。战略联盟可以在不扩大组织规模的情况下，充分利用外部资源，实现企业之间的资源共享，节约企业新的投入，同时降低企业的进入和退出壁垒，提高企业的灵活性和应变能力。根据钱德勒的"结构跟随战略"的著名论断，与每个阶段不同的企业战略相适应，将产生不同的组织结构或形式。例如，与垂直一体化战略相适应的是层级制组织形式，与多元化战略相适应的是事业部制的分权管理结构，而与核心竞争力相适应的则是网络型的组织结构——在企业内部，强调团队组织的形式，在与外部企业的关系中则重视资源外取和能力互补的战略联盟形式。随着全球竞争的加剧，跨国公司的投资和经营更多是从动态的竞争角度来考虑投资的区位和经营布局。在强化企业价值链中的薄弱环节方面，既重视通过优化内部结构，也强调与外部企业建立战略联盟等方式来实现。在建立战略联盟时，不仅着眼于降低生产和经营成本，而且更重视塑造未来的竞争环境，制定产业的技术标准，掌控产业的发展方向并在其中占据主导地位。在组织结构上，网络型组织成为跨国公司偏爱的一种组织形式。跨国公司不仅在其内部采取宽扁平的网络型组织以取代过去的金字塔式的层级制结构，而且广泛地与外部企业建立战略伙伴关系以强化技术开发和核心竞争力，或通过虚拟经营方式，以把握随时可能出现的商机。因此，有远见的跨国公司都纷纷在全球范围内建立起以自己为主导的全球性的研发、生产和销售网络，而许许多多的中小企业成为其网络上的一个节点，发挥各自的专业化分工优势。这些遍及世界各地的经营网络使跨国公司能够有效地获得生产、管理、营销和技术开发方面的优秀人才，并将不同区位的优势加以整合和发挥，从而强化公司的创造性和活力，塑造跨国公司的长期竞争优势。

与工业社会相比，信息社会更加注重参与、共享、合作、分散、柔性、信任和学习。电子商务和虚拟化经营已成为 21 世纪跨国公司全球化拓展的重心和热点。技术进步将对 21 世纪跨国公司的战略导向、组织结构和业务流程产生深远的影响。战略联盟已成为企业培育和增强核心竞争力的有效组织形式。与层级制明显不同的是，网络型组织是一种柔性组织，并且常常组织起跨部门的团队组织，增强了应变能力。同时，其组织管理的范围也向外部延伸，供应商、客户、竞争对手以及政府机构、非政府组织等都可以成为网络管理所需调动的资源。当今，通过价值网络创造价值已经成为许多大型跨国公司的锐利武器。事实上，大学、企业、供应商、消费者都可以形成良好的合作关系。以惠普、英特尔以及谷歌等技术公司为例，其世界范围内的大学研究实验网络大大提高了其战略地位。除了大学，这些公司还将开放性资源公司作为发展的伙伴，并从中获取新的思想与技术。一旦发现前瞻性和有价值的研究思路，英特尔就展开一系列协调和支持行动，包括额外奖励大学的研究人员并启动配套工程。同时，英特尔与其创业合作集团紧密合作以确定和投资每个新部门的有前景的业务。在大学和产业间调动人员并实现科技计划成功的关键是每次都同时资助多个项目。英特尔设定一些模式，这样大学和英特尔研究小组就能平行运作，并按时交流研究成果。对正式合作关系结束后仍持续创造价值的大学研究人员，英特尔公司与他们建立长期的合作关系。

利用网络的能力对于那些在国际扩张中内部化能力不足的中小公司来说尤其重要。20纪80年代初，日本公司就是采用联盟的方式减少风险并加速了国际化进程，亚洲国家的跨国公司除了利用商务网络，还利用社会文化和种族网络弥补自身内部能力不足的问题。知识是隐性的和企业特有的，难以用文字、程序或蓝图等方式复制，因此很难迅速传递。企业之间在R&D方面的合作与联盟网络可以为这种隐性的技术知识的转让或传递提供一种有效的机制，通过不同组织之间的密切联系以及人员之面对面的沟通和交流，形成适当的开发在快速变化的环境中，与拥有互补技能的外部行为者建立合作即利用网络可以帮助企业获得需要的知识并为企业提供学习的机会，一样可以为企业提供一个多样化的发展内部能力的平台。事实上，跨国公司的知识和经验并不是可以轻易模仿和超越的。比如戴尔公司利用网络的能力使得"戴尔直销模式"看似简单，但是很多厂商却无法成功效仿。

开放、共享、大规模合作和全球行动这四个准则越来越多地定义了21世纪的公司将如何竞争。这和主导20世纪的层级制的、封闭的、保密的和与外界隔绝的跨国公司完全不同。层级制不能提供在当今环境下公司保持竞争所需要的灵活性、创造力和连接水平。传统的创新观念是，企业最好在一个封闭的实体中创造新的思想并设法将其商业化。事实上，20世纪中的大部分时间，企业都是遵循这样的创新理念。企业内部自主研发并将最新的科学发现转变为市场所需要的商品。他们很少关注来自企业外部的创新和思想。但是，随着研发成本的逐步升高，在内部创新中投入更多的资金将换来越来越少的技术突破。那些不能从企业外部获得更多新思想、新点子的公司将会发现，它们已经不能维持在现今的竞争环境中所需要的增长水平、灵活性、反应能力、敏感度、全球意识和创造力。

四、结论与政策建议

全球生产网络、国际生产非一体化趋势以及日益一体化的世界市场给发展中国家带来了前所未有的机遇。中国逐渐成为全球制造业中心，这是国际产业转移、全球产业结构大调整和中国作为新兴大市场等诸多因素作用下的必然趋势。鉴于中国潜在的巨大市场，许多跨国公司在中国投资主要是为中国市场进行生产，这些跨国公司的子公司在当地购买零部件和原材料的比例也相应较大。跨国公司正在逐步扩大供应商的数量，加强供应链的管理。当然其对供应商的选择条件也十分严格，只有那些在成本、质量和交货等方面能够满足跨国公司生产和经营的企业才有可能成为跨国公司的供应商，才有可能进入国际生产和贸易的潮流中去。在全球化的大背景下，中国企业应该积极加入跨国公司的全球生产网络，并通过协作和不断的学习才能更快地将自己的比较优势转化为竞争优势，提高自己的国际竞争力。对政府来说，应大力发展产业集群，促进大中小企业的专业化分工合作，特别要利用全球生产网络来促进本国的技术进步和产业结构升级。对企业来说，可以从加工组装环节起步，通过联盟网络的学习机制，逐步向产业链的高端迈进。由下游生产加工组装逐步向上游生产关键零部件的制造发展，并逐步向下游的营销和服务环节渗透，从而实现从加工组装开始，到零部件研发生产、自主核心技术研发、自主品牌产品生产的新型企业成长目标。

参 考 文 献

［1］迈克尔·波特等：《战略：45 位战略家谈如何建立核心竞争力》，中国发展出版社2002 年版。

［2］胡刚：《中间性经济组织：对产业组织合理化内涵的新认识》，载于《中国经济问题》2001 年第 6 期。

［3］刘海云：《跨国公司经营优势变迁》，中国发展出版社 2001 年版。

［4］邱立成：《论跨国公司技术转让的内部化》，载于《南开经济研究》1992 年第 6 期。

［5］唐勇：《跨国公司行为的政治维度》，立信会计出版社 1999 年版。

［6］汤普森：《战略管理》，中国财政经济出版社 2005 年版。

［7］泰普斯科特和威廉姆斯：《维基经济学》，中国青年出版社 2007 年版。

［8］李梅：《基于战略网络的企业竞争优势分析》，载于《东北财经大学学报》2006 年第1 期。

［9］Cantwell, John & Narula, Rajneesh, 2001: The Eclectic Paradigm in the Global Economy, MERIT – Infonomics Research Memorandum Series.

［10］Gereffi, Gary, 2005: The Governance of Global Value Chains, Review of International Political Economy 12: 1 February, pp. 78 – 104.

［11］Jones, R. W. and Kierzkowski, H., 2001: A Framework for Fragmentation. In: Arndt, S. W. and Kierzkowski, H., Eds., Fragmentation. New Production Patterns in the World Economy, Oxford University Press, Oxford, pp. 17 – 34.

［12］Kedia, Ben L, 2009: Understanding offshoring: A research framework based on disintegration, location and externalization advantages, Journal of World Business, 44, pp. 250 – 261.

［13］Kierzkowski, Arndt S, 2001: Fragmentation: New Production Patterns in the World Economy, Oxford: Oxford University Press.

［14］Feenstra，Robert C. 1998：Integration of Trade and Disintegration of Production in the Global Economy，Journal of Economic Perspectives 12（4），pp. 31 - 50.

［15］Sturgeon，Timothy J，2001：How Do We Define Value Chains and Production Networks. MIT IPC Globalization Working Paper，2001.

（本文在论文《国际生产非一体化论析》的基础上做了进一步扩展、修改和补充，原文发表于《厦门大学学报哲社版》2008 年第 5 期）